Jessica Nitsche (Hrsg.)
Mit dem Tod tanzen
Tod und Totentanz im Film

Jessica Nitsche (Hrsg.)

unter Mitarbeit von

Daniel S. Ribeiro

Mit dem Tod tanzen

Tod und Totentanz im Film

Neofelis Verlag

Gedruckt mit freundlicher Unterstützung der Wim Wenders Stiftung
und der Universitätsgesellschaft Paderborn.

Bibliografische Information der Deutschen Nationalbibliothek
Die Deutsche Nationalbibliothek verzeichnet diese Publikation in der Deutschen Nationalbibliografie; detaillierte bibliografische Daten sind im Internet über http://dnb.d-nb.de abrufbar.

Umschlaggestaltung: Marija Skara
Druck: PRESSEL Digitaler Produktionsdruck, Remshalden
Gedruckt auf FSC-zertifiziertem Papier.
ISBN (Print): 978-3-943414-58-5
ISBN (PDF): 978-3-943414-79-0

Inhalt

Wie der Film den Totentanz re-animiert

Eine Einleitung

One night I was dancing with a lady in black
Wearing black silk gloves and a black silk hat
She looked at me longing with black velvet eyes
She gazed at me strange all cunning and wise
Then I saw the flesh just fall off her bones
The eyes in her skull were just burning like coals
Lord, have mercy, fire and brimstone
I was dancing with Mrs. D[1]

Wenn es eine Tätigkeit gibt, die in besonderem Maße Leben und Lebendigkeit symbolisiert, so ist es der *Tanz*. Was aber, wenn es nicht die Lebenden sind, die tanzen, sondern die *Toten*?

Das Motiv des Totentanzes kann auf eine jahrhundertelange Tradition zurückblicken, und das insgesamt zu diesem Thema existierende Material ist kaum zu überblicken.[2] Es findet sich in nahezu allen Medien – von der spätmittelalterlichen Handschrift über den Songtext im Rock'n'Roll bis hin zum Computerspiel – und keinesfalls nur in Europa, sondern weltweit. Seinen Anfang nimmt die Entwicklungslinie in Spanien und Frankreich Ende des 14. Jahrhunderts und einige Jahrzehnte später auch in Deutschland.[3] Im sogenannten Oberdeutschen Totentanz ergreifen 24 Verstorbene verschiedener

1 The Rolling Stones: „Dancing with Mr. D". Es handelt sich um die dritte und letzte Strophe des Songs, geschrieben von Mick Jagger und Keith Richards, erstveröffentlicht 1973 auf der LP *Goats Head Soup*.

2 Die für diesen Band relevante Forschungsliteratur zum Totentanz ist in der Bibliographie im Anhang versammelt.

3 Vgl. Uli Wunderlich: *Der Tanz in den Tod. Totentänze vom Mittelalter bis zur Gegenwart*. Freiburg im Breisgau: Eulen 2001, S. 13–35. Wunderlich beschreibt hier die Anfänge des Totentanzes: Die spanische *Danza de la Muerte*, die französische *Danse Macabre* und den sogenannten *Oberdeutschen Totentanz*.

Berufsgruppen das Wort und klagen darüber, statusunabhängig nach der ‚Pfeife des Todes tanzen zu müssen'.[4] Diese Aufhebung der Standeszugehörigkeit im Angesicht des Todes ins Bild zu setzen, ist eines der typischen Merkmale spätmittelalterlicher Totentänze. Die Voraussetzung für die Vorstellung des Totentanzes besteht darin, den Tod als etwas Lebendiges zu denken, als ein Wesen, das handeln, sich bewegen, *tanzen* kann. Woraus sich das Motiv des Totentanzes entwickelt hat, ist nicht eindeutig auszumachen, sondern ein Konglomerat aus verschiedenen Vorstellungen, Bildern, Texten und gesellschaftlichen Entwicklungen. Phänomene aus dem 13. Jahrhundert, die als Vorläufer angenommen werden, sind zum einen die Vado-Mori-Dichtung, die insbesondere in Frankreich Verbreitung fand und die Legende der Begegnung von drei Lebenden und drei Toten, in der erstmalig sprechende Todesgestalten in Erscheinung treten; sie verbreiteten sich zu dieser Zeit in Text- wie auch Bildform in ganz Europa und ließen die Lebenden wissen: *Quod fuimus estis – quod sumus eritis* (*was wir waren seid ihr – was wir sind, werdet ihr sein*)[5]. Doch auch der Glaube an spukende Geister, Darstellungen zerfallender Leichen (*transi*) wie auch Riten aus der Bestattungs- und Memorialkultur mögen Einfluss auf den Totentanz und dessen textliche und bildliche Darstellung genommen haben. Ebenso werden die schweren Pestepidemien des 14. Jahrhunderts als wichtige Einflussfaktoren angesehen.[6] Seit dem ausgehenden Mittelalter nahm man sich den zum Leben erweckten Toten, die die wahrhaft Lebenden unabhängig von Alter, Geschlecht und Stand heimsuchten, durch alle Epochen hindurch immer wieder an. Entstanden sind Darstellungen des Todes in Form ‚lebendiger' Skelette, die sich unter die Menschen mischen und diese zwingen, ihnen in den Tod zu folgen – mal stehen sie still in deren Rücken, mal zerren sie an ihnen oder fallen zu Pferde über ganze Dörfer her, mal bleiben

4 Oberdeutscher Totentanz aus dem Heidelberger Blockbuch um 1460–65 (Autor anonym). Nachzulesen unter http://www.totentanz-online.de/medien/literatur/heidelberger_blockbuch.php (Zugriff am 10.09.2014).

5 Vgl. Wunderlich: *Der Tanz in den Tod*, S. 38–41.

6 Arnold Böcklin verband die Darstellung von Pest und Totentanz in seinem Werk *Die Pest* aus dem Jahr 1898, seine Werke hatten wiederum Einfluss auf die Filme von Fritz Lang (vgl. dazu den Beitrag von Silke Hoklas in diesem Band); sich selbst stellte der Maler mit musizierendem Knochenmann im Rücken dar (*Selbstbildnis mit fiedelndem Tod*, 1872).

sie in tanzenden oder musizierenden Gruppen unter sich. Sie sind teils mit Pfeil und Bogen ausgestattet, teils mit Trommel, Pfeife oder Dudelsack;[7] sie können hinterlistig und grausam erscheinen, jedoch ebenso gesellig und lustig.[8] Der Totentanz fokussiert das Geschehen an der Schwelle zwischen Leben und Tod, und die Rollen der Akteure kehren sich um: Während die Lebenden in Tote überführt werden, erfreut sich der Tod des Lebens. Bilder von Totentänzen sind zugleich Visualisierungen eines Schauspiels und performativen Aktes, der den fundamentalen Kontrast zwischen dem Tod und dem blühenden Leben wie auch die Allgegenwart des Todes im alltäglichen Leben ins Bild zu setzen vermag. So fern das Mittelalter auch erscheinen mag und so wenig es mit der lebensweltlichen Praxis des 20. und 21. Jahrhunderts zu tun zu haben scheint, so nah ist doch das, was der Totentanz zum Thema macht: die Unvorstellbarkeit des Todes wie auch dessen gerne verdrängte Allgegenwart.

Daher verwundert es wenig, dass sich das Motiv auch in der Kunst des 20. Jahrhunderts großer Beliebtheit erfreut; prominente Beispiele dafür sind die Zeichnungen von Alfred Kubin (*Ein Totentanz. Die Blätter mit dem Tod*, 1918), die Holzschnitte von HAP Grieshaber (*Totentanz von Basel*, 1966) wie auch die Radierungen von Horst Janssen (*Nihil ut umbra*, 1983). In der zweiten Hälfte des 20. Jahrhunderts entstehen mehr Totentänze denn je, und dies in allen erdenklichen Medien und Genres: in Grafik und Malerei, Roman, Drama und Lyrik, in der Oper wie auch der populären Musik, in Performance, Film und Fotografie. Nicht selten verbindet sich das Totentanzmotiv hier mit aktuellen politischen Themen wie atomarer Bedrohung (Robert Hammerstiel, *Niederösterreichischer Totentanz*, 1983), Ökologie (Heinz Diekmann, *Totentanz der Bäume*, 1989) oder Pazifismus.[9] Jüngst hat im Jahr 2014, in dem sich der Ausbruch des Ersten Weltkriegs zum hundertsten Mal jährte, eine Ausstellung den Totentanz noch einmal explizit aufgegriffen: *Der Erste Weltkrieg im Spiegel expressiver*

7 Vgl. Wunderlich: *Der Tanz in den Tod*, S. 25–29.

8 Vgl. dazu auch die Ausführungen von Viola Rühse über die Tradition des *Día de Muertos* in Mexiko in diesem Band wie auch Paul Westheim: *Der Tod in Mexiko. La calavera.* Hanau am Main: Müller & Kiepenheuer 1986; Wunderlich: *Der Tanz in den Tod*, S. 49, 58.

9 Vgl. dazu auch Wunderlich: *Der Tanz in den Tod*, S. 128–134.

Kunst. Kämpfe, Passionen, Totentanz.[10] Und auch die Jahrestagung der Europäischen Totentanz-Vereinigung widmete sich 2014 in Kassel jenen Totentänzen, deren Entstehung auf die politischen Ereignisse zwischen 1914 und 1918 zurückgehen.[11] Resümierend zeigt sich, dass man sich bis in die Gegenwart hinein mit der Idee des Totentanzes und dessen vielfältigen Darstellungsformen auseinandersetzt.

Der vorliegende Band hat einen spezifischen Fokus gewählt: Er nimmt den Totentanz im Kontext des *Films* in den Blick und damit innerhalb eines Mediums, das aus kunsthistorischer Perspektive eher ‚neu' – aus medienwissenschaftlicher Sicht hingehen bereits als ‚alt' – zu bezeichnen ist. Der Film als vergleichsweise junges und genuin modernes Medium und der Totentanz als mediale Erscheinung mit jahrhundertelanger Tradition bilden eine asymmetrische Konstellation. Aus ihr ergeben sich wiederum Fragestellungen, durch deren Bearbeitung sowohl für zeitgenössische Erscheinungsformen des Totentanzes als auch hinsichtlich der Frage, wie sich der Film diesem Motiv annimmt und dabei zum einen seine medienspezifischen Potentiale nutzt, zum anderen auf eine tradierte Bildsprache zurückgreift, neue Erkenntnisse zu gewinnen sind. Auf diesem Weg widmet sich die vorliegende Publikation einem blinden Fleck, der durch die Logik der Fachdisziplinen entstanden ist: Die Kunstgeschichte, in der Totentänze intensiv erforscht wurden, klammert den Film aus – die Film- und Medienwissenschaften befassen sich zwar durchaus mit der Thematik des Todes, setzen diese wiederum selten explizit in Beziehung zu der kunstgeschichtlichen Tradition des Totentanzes.[12]

10 Die Ausstellung fand vom 1. Februar bis zum 21. Februar 2014 im Städtischen Kunstmuseum Spendhaus in Reutlingen statt; vgl. Gerhard Schneider / Ralf Gottschlich / Christiane Ladleif (Hrsg.): *Der Erste Weltkrieg im Spiegel expressiver Kunst. Kämpfe, Passionen, Totentanz – Werke aus der Sammlung Gerhard Schneider und aus Künstlernachlässen*. Ausstellungskatalog. Reutlingen: Städt. Kunstmuseum Spendhaus 2014.

11 Siehe http://www.totentanz-online.de/tagungen/tagung-kassel.php (Zugriff am 23.09.2014).

12 Selbstverständlich gibt es Ausnahmen, beispielsweise: Evelyn Echle: *Danse Macabre im Kino. Die Figur des personifizierten Todes als filmische Allegorie*. Stuttgart: ibidem 2009. Auch die Europäische Totentanz-Vereinigung (ETV), die Erscheinungsformen des Totentanzes durch alle Epochen wie auch Medien hindurch untersucht (siehe http://www.totentanz-online.de), hat am Rande den Film in den Blick genommen. In ihrem unter dem Titel *L'art macabre* erscheinenden Jahrbuch sind dazu bislang folgende Beiträge erschienen: Mischa von Perger: Der Tod als Spieler im Film. In: *L'art macabre* 12 (2011), S. 169–224; Friedhelm Scharf: Straccis makabrer Tod. Zu Gesellschaftskritik und Bildsprache in Pier Paolo Pasolinis *La Ricotta*. In: *L'art macabre*. 11 (2010), o. Pag.;

Das Medium Film verfügt über einige so selbstverständliche wie im Kontext des Totentanzes bemerkenswerte Besonderheiten: Seine Bilder stehen nicht still, sondern bewegen sich; sie zeigen nicht einen im Bild verfestigten Moment, sondern einen zeitlichen Ablauf; ein Film beginnt und er endet. Strukturell gesehen korrespondiert er daher – anders als die Fotografie – vielmehr mit dem *Leben* als mit dem *Tod*. Da es eine mediale Eigenschaft des Films ist, stillgestellte (‚tote') Bilder in (‚lebendige') Bewegung zu versetzen, ergibt sich bereits medienontologisch eine Affinität zum Totentanz. Anders als Gemälde, Fresken, Graphiken etc. birgt der Film die Möglichkeit, den Tod tatsächlich ‚zum Tanzen zu bringen'. Welche Bilder sollten daher besser dazu geeignet sein, den Tod lebendig werden zu lassen, als Filmbilder? Der Film kann folglich als wichtiger Verhandlungort des Totentanzes verstanden werden (und damit zugleich als ein kommentierender Beitrag zur Kunstgeschichte).

Ein Blick in die Geschichte des Mediums bestätigt dies, denn im Film ‚tanzt der Tod' bereits seit dessen Erfindung. Schon im Jahr 1898 führten die Gebrüder Lumière mit den noch begrenzten technischen Mitteln den Kurzfilm *Le squelette joyeux* auf, der ein wild tanzendes, zwischendurch in Einzelteile zerfliegendes Skelett zu sehen gibt. Ein weiterer Totentanz aus der Frühzeit des Films findet sich in *Le Palais des mille et une nuits* (1905) von Georges Méliès. Der Film beginnt mit einer Sequenz, in der die Protagonisten tanzende Skelette niederschlagen, bevor die eigentliche Geschichte anfängt. In diesen frühen Beispielen steht noch nicht das filmische Erzählen im Vordergrund, sondern die Schaulust und das Spiel mit den neuen medialen Mitteln. Die Bilder, die zu ‚laufen' beginnen, führen um 1900 erneut zusammen, wofür es bereits Jahrhunderte zuvor eine statische Bildsprache gab: *Tod* und *Tanz*. Filmische Darstellungen des Totentanzes sind

Thomas Wortmann: Der Tod und die Leinwand. Zeitkritik und selbstreflexive Momente in Ingmar Bergmans *Siebentem Siegel*. In: *L'art macabre* 11 (2010), S. 289–302; Evelyn Echle: Wenn der Tod zum Tanz einlädt. Herk Harveys *Carnival of Souls* als filmisches Niemandsland zwischen Diesseits und Jenseits. In: *L'art macabre* 8 (2007), S. 53–60; Angelika Gross: Zur Bedeutung der Totentanz-Sequenz in Jean Renoirs Film *Die Spielregel* von 1939. In: *L'art macabre* 6 (2005), o. Pag. Bedauerlicherweise sind die hier aufgeführten Texte kaum öffentlich verfügbar, da die Bände 1 bis 7 des Jahrbuchs vergriffen und sämtliche Bände in Bibliotheksbeständen kaum vorhanden sind (aus diesem Grund konnten nicht zu allen Beiträgen Seitenzahlen angegeben werden).

folglich so alt wie das Medium selbst und lassen sich bis in die Gegenwart weiterverfolgen. Zugleich sind sie außerordentlich vielschichtig und reichen von den populären Personifikationen des Todes von Fritz Lang (*Der müde Tod*) oder Ingmar Bergman (*Das siebente Siegel*) über ein musikalisches, den Friedhof durchstreifendes Quartett aus Knochenmännern von Walt Disney (*The Skeleton Dance*) bis hin zum planetarischen Totentanz bei Lars von Trier (*Melancholia*).[13]

Ziel des Bandes ist *nicht*, eine Anleitung dafür vorzulegen, wann in Bezug auf einen Film kunsthistorisch legitimiert von einem Totentanz gesprochen werden kann; vielmehr wird dessen Offenheit für zeitgenössische Bezüge genutzt. Folglich beschränkt sich der Band – wie der Titel anzudeuten vermag – nicht auf Filme, die unmissverständlich Totentänze *zeigen*, und auch nicht auf solche, die *Personifikationen des Todes* enthalten, sondern eröffnet ebenso die Möglichkeit, Filme bzw. Filmkonstellationen *als* Totentänze zu verhandeln oder einzelne Elemente des traditionellen Totentanzes in Filmen aufzufinden und für deren Analyse fruchtbar zu machen. Fragen, die innerhalb der Beiträge erörtert werden, sind beispielsweise: Wie greift der Film auf, was Totentänze immer schon ins Bild zu setzen versucht haben? Wie nutzt er seine Potentiale, *erzählen* und *mit bewegten Bildern arbeiten* zu können? Liefert er Vorschläge, wie mit der Allgegenwart des Todes umzugehen und wie der immer präsente Kontrast zwischen Leben und Tod zu verarbeiten ist? Wie entwickelt die Filmgeschichte das traditionsreiche Motiv des Totentanzes weiter – welche Elemente werden aufgegriffen, welche verworfen? – Dies ist nur eine kleine Auswahl an Fragen, die der Band anhand einschlägiger wie auch weniger auf der Hand liegender Beispiele aus der Historie des Mediums untersucht, um einen Einblick in den Film als Medium des Totentanzes zu geben.

Die Autorinnen und Autoren stammen aus unterschiedlichen Forschungskontexten und Fachdisziplinen (Kunstgeschichte, Germanistik, Komparatistik, Medien- und Filmwissenschaft), wodurch ein großes Spektrum möglicher Perspektiven auf den Totentanz im Film eröffnet wird. Das Panorama der bearbeiteten Filme reicht vom

13 Vgl. dazu die Beiträge von Silke Hoklas, Susanne Kaul und Bernd Schneid in diesem Band; zu Ingmar Bergmans *Das siebente Siegel* vgl. Wortmann: Der Tod und die Leinwand in *L'art macabre*.

expressionistischen Stummfilm der 1920er bis ins Hollywoodkino der 2010er Jahre, vom Dokumentar- und Trickfilm bis hin zu Videos aus dem Kontext der zeitgenössischen Kunst; darüber hinaus finden auch Feste, die den Tod und die Toten ausgelassen feiern (wie *Bon-Odori-Feste* in Japan, der *Día de Muertos* in Mexiko und die *Festa dei Morti* auf Sizilien) und deren Eingang in den Film Berücksichtigung. Damit versammelt diese Publikation neue Forschungsansätze zu einem Thema, dessen Untersuchung mit diesem spezifischen Fokus bislang ein Forschungsdesiderat geblieben ist. Um zugleich auch einen Ausgangspunkt für die weitere Forschung zu bieten, schließt der Band mit einer ausführlichen Bibliographie wie auch einer über die bearbeiteten Beispiele hinausgehenden Filmographie. Letztere erfasst mit einem erweiterten Fokus Filme und TV-Produktionen zum Thema *Tod und Totentanz* von 1898 bis 2014.

Dass dieses Buch entstehen und erscheinen konnte, verdankt sich einigen Menschen und Institutionen: Mein größter Dank gilt den Autorinnen und Autoren, die sich mit so vielfältigen, kreativen und fundierten Beiträgen an der vorliegenden Publikation beteiligt haben und ohne deren Begeisterungsfähigkeit und Produktivität dieses Buch niemals hätte entstehen können. Daniel S. Ribeiro danke ich darüber hinaus für die redaktionelle Mitarbeit wie auch dessen gründliches Lektorat. Dem Neofelis Verlag sei für die konstruktive Zusammenarbeit gedankt und dafür, diesem Projekt von Anfang an großes Interesse entgegengebracht und den Band in sein Programm aufgenommen zu haben. Auch gilt mein Dank Frau Dr. Uli Wunderlich, Präsidentin der Europäischen Totentanz-Vereinigung, die durch die Tagung *Spiel mir das Lied vom Tod* in Graz (2012), wo einige der hier versammelten Autorinnen und Autoren erstmalig zusammentrafen, die Idee zu diesem Band entstehen ließ. Abschließend möchte ich betonen, dass es mich besonders freut, dass wir neben der Universitätsgesellschaft Paderborn die Wim Wenders Stiftung als Förderer des vorliegenden Buches gewinnen konnten.

Palermo, September 2014, Jessica Nitsche

Todesbilder

Das Motiv des Totentanzes in den Stummfilmen Fritz Langs

Silke Hoklas

Die bildliche Darstellung des Todes im bewegten Bild, so offenbart schon ein kurzer Blick in die Frühgeschichte des Films, übte von Beginn an eine besondere Faszination aus. Gerade unter dem Aspekt der Körperlichkeit sind Todesbilder im Sinne einer Balasz'schen Rückkehr zur visuellen Kultur reizvoll, wird doch die sprachliche Allegorie des personifizierten Todes visuell erfahrbar. Schon in den Vorstufen des Films finden sich daher Darstellungen von Tod und Teufel, die der Abschreckung dienen sollen. Laterna-Magica-Bilder aus dem 17. und 18. Jahrhundert projizierten wahlweise den Tod als Sensenmann mit Stundenglas, grausig grimassierende Dämonen oder den Sünder im Fegefeuer für ihre staunenden Betrachter. Steckt hinter diesen Bildern noch eine deutlich religiöse Aussage, die abzuschrecken sucht, so vermag im 19. Jahrhundert ein bekanntes Choreutoskop bereits auch auf unterhaltsam-profane Weise ein eher skurril-schauriges, tanzendes Skelett zum Leben zu erwecken.[1] Kurz, der Tod geht um im frühen Film. Und mit der technischen Entwicklung des Mediums mehrt sich auch das Interesse an den Inszenierungen belebter

1 *Das tanzende Skelett* ist ein Laternenbild für das Choreutoskop, einem Vorläufer der Kinematographie, von L. S. Beale aus dem Jahr 1866. Seine Variante des Choreutoskops besteht aus einer rotierenden Metallscheibe mit einer Flügelblende, die nacheinander sechs verschiedene Stellungen eines tanzenden Skeletts zeigt, wobei der Bildwechsel verdeckt wird und so der optische Eindruck entsteht, dass das Skelett tanzt.

Todes-Bilder.[2] Denn – selbst „Doppelgänger des Lebens“ – erzeugt der Film, wie zuvor die Fotografie, die ebenfalls von Anfang an vielfach metaphorisch mit dem Tode verknüpft wird, auch die Illusion, der Sterblichkeit durch das verewigende Filmmaterial entrinnen zu können.[3]

Gelegentlich springt im Medienwechsel der Kinobesuch sogar als neuartige Vergegenständlichung des Todes in die Literatur über. So greift zum Beispiel die 1924 in der *Jugend* veröffentlichte Novelle „Der Film des Todes“ von Willy Seidel das Spiel mit dem lebenden Bild, dessen Abbildung stets bereits vergangen ist, auf. Darin wird ein alter Mann von einem Fremden – es ist offensichtlich der Tod, hier personifiziert als „große, dunkle Gestalt mit wallendem Überwurf“, – in ein leeres Kino gelockt. Im Vorführsaal, in dem es dunkel, warm und still „wie in einer Gruft“ ist, werden ihm zu seiner Überraschung täuschend echte Szenen aus verschiedenen Stationen seines eigenen Lebens vorgeführt.[4] Fasziniert will er aufstehen, um den Spuk zu berühren und verdeckt dabei mit seinem Schatten das projizierte Bild, woraufhin er mit diesem erlischt: „Der Greis taumelte nach vorne in den Lichtkegel hinein. Er brachte es nicht über sich, zu widerstehn… Da verdeckte sein eigener unförmiger Schatten das Bild, schluckte es spurlos auf“[5]. Der Tod als Filmvorführer macht hier die Aufspaltung von Akteur und Abbild wieder rückgängig – was das Ende beider zur Folge hat.

In diesem Faible des frühen Films für den Tod finden sich auffällig oft – gerade auch in den Stummfilmen Fritz Langs – Todesdarstellungen, hinter deren gehäufter Umsetzung sich ein evidentes biographisches Interesse zu verbergen scheint.[6] „Während einer schweren Erkrankung fühlte Lang“, so fasst der Filmwissenschaftler Michael

2 Die Faszination für Geisterhaft-magisches verliert sich in der Mitte der 1920er Jahre langsam.

3 Gerald Bär: *Das Motiv des Doppelgängers als Spaltungsphantasie in der Literatur und im deutschen Stummfilm.* Amsterdam: Rodopi 2005, S. 680.

4 Willy Seidel: Der Film des Todes. In: *Jugend* 25 (1924), S. 635–641, hier S. 635, 636, 638.

5 Ebd., S. 641.

6 Da Fritz Lang stets auf extreme Weise auch sein eigenes Leben inszeniert hat, lassen sich die Egodokumente, wenn auch nur eingeschränkt zur faktischen Erhellung, doch unter dem Aspekt lesen, dass sie zumindest Zeugnis über Langs Inszenierung seiner eigenen Person ablegen.

Töteberg eines der wenigen Egozeugnisse über Langs Jugend zusammen, die „*Todesnähe mit einer Art von müder Schärfe* und sah im Fiebertraum eine Gestalt aus Licht und Schatten, der er aus innerem Zwang folgen mußte.“[7] Empfunden habe er „*Grauen, aber frei von Panik. Und selbst das Grauen löste sich auf in eine Art von mystischer Verzückung […]. Die aus Grauen und Zuneigung gemischte Liebe zum Tode, wie ihn die Gotiker gestaltet haben, ist mir treu geblieben.*“[8] Der Hinweis auf den Tod, „wie ihn die Gotiker gestaltet haben“ referiert auf die enorme Gotikrenaissance um die Jahrhundertwende.[9] Die Gotik, als Stilepoche ursprünglich nur auf die Architektur bezogen verwendet, „galt für viele Zeitgenossen als die bedeutendste Epoche nationaler Entfaltung, da sie nicht nur als Einheit von Baukunst, Plastik und Malerei, sondern vor allem als Einheit künstlerischer und religiöser Intention betrachtet wurde.“[10] Und tatsächlich zeigen Langs Inszenierungen des Todes einen starken Bezug zu mittelalterlichen Todesbildern. Speziell verschiedene Ausgestaltungen des Totentanzes haben es dem Regisseur und Autor angetan, doch inszeniert er in seiner deutschen Schaffenszeit zwischen 1917 und 1933 sehr verschiedene Todesbilder und nicht alle darunter stellen Totentänze im strengen Sinne dar.

Zum ersten Mal begegnet uns eine noch nicht tanzende oder musizierende Personifikation des Todes in Langs dritter Drehbucharbeit, *Hilde Warren und der Tod*, die unter der Regie von Joe May 1917

7 Michael Töteberg: *Fritz Lang*. Reinbek: Rowohlt 2005, S. 12. Die kursivierten Passagen zitieren Langs Aussagen in folgendem Artikel: Fritz Lang: Vom gütigen Tod. In: *Berliner Tageblatt*, 01.01.1927. In einer Übersetzung ins Englische findet sich ein Abdruck in der ungekürzten englischen Fassung von Lotte H. Eisner: *Fritz Lang*. New York / London: Secker & Warburg 1976. Die Übersetzung des Artikels darin stammt vermutlich von Eisner selbst.

8 Töteberg: *Fritz Lang*, S. 12.

9 Cornelia Nowak: „Die Expressionisten im Dom“. Mittelaltersehnsucht, Gotikbegeisterung und künstlerischer Aufbruch. In: Dies. / Kai Uwe Schierz / Justus H. Ulbricht (Hrsg.): *Expressionismus in Thüringen. Facetten eines kulturellen Aufbruchs*. Katalog zur gleichn. Ausstellung, Galerie am Fischmarkt Erfurt. Jena: Glaux 1999, S. 304–315. Für eine umsichtige und umfassende Kritik auch der nationalistischen und kulturkonservativen Implikationen, die sich mit der Gotikbegeisterung um die Jahrhundertwende verbinden, vgl. Magdalena Bushart: *Der Geist der Gotik und die expressionistische Kunst. Kunstgeschichte und Kunsttheorie 1911–1925*. München: Schreiber 1990. Zur kunsthistorischen Bedeutung vgl. Heinrich Vogeler: *Zwischen Gotik und Expressionismus-Debatte. Schriften zur Kunst und Geschichte*, hrsg. u. eingel. v. Siegfried Bresler. Bremen: Donat 2006.

10 Nowak: „Die Expressionisten im Dom“, S. 306.

umgesetzt wurde.[11] Der Tod „[s]tilisiert als maeterlincksche Gestalt“[12] erscheint hier einer zu Beginn vor Lebensfreude und Selbstbewusstsein überschäumenden jungen Schauspielerin. Entgegen ihrer anfänglichen Überzeugung und in der Erkenntnis ihrer Ohnmacht gegenüber ihrem sich unaufhaltsam verdunkelnden Schicksal, bittet sie jedoch schließlich den Tod um Erlösung. Tod und Mädchen sind dabei in *Hilde Warren und der Tod* als Gegenspielerkomposition angelegt. Mit der Kontrastierung von Tod und weiblicher Schönheit und Jugend als Sinnbild des Lebens, der Sinnlichkeit und der Erotik wird ein Topos der Totentanzdarstellungen aufgegriffen, der schon in den frühen Bilderzyklen zu finden ist und bis ins 20. Jahrhundert dominant bleibt. Hier sind sie umgesetzt als der grimme Tod und die junge, vor Lebensfreude strotzende Aktrice, die laut Zwischentitel zu Beginn verkündet: „Ewig möchte ich leben, ewig jung, ewig schön. Mein Lebensmut würde dem Tod trotzen“[13]. Ihr gegenüber wirkt der Tod im wahrsten Sinne des Wortes blass. Seine ganze Erscheinung ist geisterhaft und unwirklich. Umgesetzt in einer schemenhaft-durchscheinenden Doppelbelichtung, ist er ein Gespenst, das nicht zur Welt der Lebenden gehört.[14] Wie Victor Sjöströms geisterhafter Fuhrmann des

11 Der von Joe May nach einem Skript von Fritz Lang gedrehte Film wurde von 2000 bis 2001 durch die F.-W.-Murnau-Stiftung in Zusammenarbeit mit dem Bundesarchiv-Filmarchiv restauriert. Der Film liegt somit zwar in einer restaurierten Fassung, aber in keiner kommerziellen Edition vor. Diese kann zu Studienzwecken direkt über den Rechteinhaber des Films, die Murnau-Stiftung, als DVD- oder VHS-Kopie sowie vom Verleiher, der Transit Film, für nicht-kommerzielle Zwecke als 35-Millimeter-Kopie leihweise bezogen werden.

12 Heide Schlüpmann: Wahrheit und Lüge im Zeitalter der technischen Reproduzierbarkeit. Detektiv und Heroine bei Joe May. In: Hans-Michael Bock / Claudia Lenssen (Hrsg.): *Joe May. Regisseur und Produzent.* München: Ed. text + kritik 1991, S. 45–60, hier S. 50. Maurice Maeterlinck wurde sechs Jahre zuvor mit dem Nobelpreis für Literatur ausgezeichnet. Sein symbolistisches Werk thematisiert wiederholt die Absurdität und das Geheimnis des Todes sowie die menschliche Unfähigkeit, diese zu begreifen. Vgl. hierzu insb. Mohammed Anâm: *Hugo von Hofmannsthal und Maurice Maeterlinck. Zur Darstellung und Rezeption der Maeterlinckschen Todesauffassung und Theaterästhetik bei Hugo von Hofmannsthal.* Freiburg im Breisgau: Hochschul-Verl. 1995.

13 00:02:46. (Ich zitiere die Restaurierung der F.-W.-Murnau-Stiftung von 2000/01. Die Angabe bezieht sich auf den durchlaufenden Timecode der Verleihfassung der Murnau-Stiftung. Das erhaltene Filmmaterial von 1386,1 der ursprünglichen 1497 Meter entspricht bei 18 Bildern/Sekunde einer Laufzeit von 67:37 Minuten.)

14 Diese technisch anspruchsvolle Umsetzung als schemenhafte Doppelbelichtung ist nur eine Variante der verschiedenen Todesbilder des frühen Kinos. Üblicher scheint die Darstellung des Todes als Gerippe oder als blasse menschliche Figur, die mit Attributen wie Stundenglas oder Sense versehen ist.

Abb. 1: *Hilde Warren und der Tod*, die Theaterdiva begibt sich in die Arme des sanftmütigen Todes.

Todes in *Körkarlen* (*Fuhrmann des Todes*, SE 1921, R: Victor Sjöström), die Seele des am Neujahrsabend zuletzt Gestorbenen, die daraufhin für ein Jahr zum *Körkarl*, zum Kutscher, der die Seelen der Menschen abholt, wird, hat er „keine Macht über die Lebenden“[15]. Im Gegensatz zum *Müden Tod*, der zwar eine nicht minder magisch-übernatürliche, aber trotzdem reale Figur ist, agiert der Tod auch nicht unter den Lebenden, sondern er erscheint lediglich Hilde als schemenhafte Vision. Während Langs *Müder Tod* und Sjöströms *Fuhrmann des Todes* selbst nur ausführende Vollstrecker einer höheren Macht sind, ist es in *Hilde Warren und der Tod* die Protagonistin, die den Tod steuert. Er erscheint, wenn ihre dunklen Gedanken ihn rufen und sie ist es, die bis zuletzt entscheidet, ob sie ihn fortschickt oder sich in seine Hände

15 So der Zwischentitel, als der ehemalige Freund den Seelensammler, der stets mit der symbolischen Sense ausgestattet ist, anfleht, den Selbstmord und Mord seiner Frau und der Kinder zu verhindern. Im schwedischen Original heißt es: „Jag har ingen makt över de levande människorna“ (arte Edition / absolut Medien 2008, 01:22:51). *Körkarlen* [Angaben bereits im Text] nach einer Erzählung von Selma Lagerlöf ist neben den Filmen des dänischen Regisseurs Holger Madsen *En Opstandelse* (DK 1915) und *Elskovsleg* (DK 1914) sowie *Enhver* (DK 1915, R: Vilhelm Glückstadt) eine der wenigen weiteren Umsetzungen von Todespersonifikationen im Stummfilm.

begibt. So erschrickt sie zwar die ersten drei Male, wenn ihr der Tod erscheint, sie fürchtet ihn aber bei keiner der Begegnungen. Steht also hier der allgemeine Memento-mori-Gedanke im Vordergrund, an den der Tod erinnert, indem er als bleiche Gestalt die Lebenden gemahnt, an die Vergänglichkeit ihres Glückes zu denken, so verdichten sich die Bilder des Todes in späteren Filmen zu komplexeren Gestalten.

Ebenfalls nach einem Drehbuch von Lang entstand 1919 der nicht erhaltene *Totentanz* unter der Regie des Unterhaltungsregisseurs Otto Rippert. Angekündigt als *Nocturno in fünf Akten* inszeniert dieser gleich zwei Formen des den Tod bringenden Tanzes: Ist es zunächst die überirdisch schöne, namenlose „Sie“, die im Auftrag des diabolischen Dr. Sephar mit ihrem unwiderstehlichen Tanz Männer verführt und tötet, so endet der Film nach dem Mord an ihrem Geliebten mit ihrem eigenen Todestanz, den „Sie“, nachdem sie sich vergiftet hat, bis zum Zusammenbrechen tanzt. Diese Form des Totentanzes – oder hier Todestanzes, das heißt, als Tanz bis zum tödlichen Zusammenbrechen – wird Lang später in *Das Indische Grabmal* (D 1921, R: Joe May) wieder aufgreifen. Erstmals taucht hier auch ein wiederkehrendes Motiv Langs auf: die durch ihre verführerische Schönheit Tod und Verderben bringende Frau.

Noch im selben Jahr wird als erster Film der Monumentalfilmreihe „Decla-Weltklasse“ *Die Pest in Florenz* (D 1919, R: Otto Rippert) uraufgeführt – ebenfalls ein Drehbuch Langs, das Tod und Tanz verbindet und erneut um eine unglaublich schöne Frau kreist, der die Männer verfallen, die Morde provoziert und schließlich den Untergang einer ganzen Stadt bringt. Im Film wächst das Florenz der Renaissance zum Sündenpfuhl aus, bis schließlich (so heißt es in der *Ersten Internationalen Film-Zeitung* in einer Inhaltsparaphrase auf Basis der Promotionsmaterialien) „[d]as Gespenst des Todes“ dem „immer toller“ werdenden Tanz Einhalt gebietet.[16] Tatsächlich blendet der Film mit dem Siegeszug der Pest aus, die als grausige Personifikation leichtfüßig tanzend durch die Stadt zieht, während sie disharmonisch auf der Geige der soeben getöteten Gaukler spielt. Hier ist also der Tod bei

16 Anon.: *Pest in Florenz* (Decla-Film). In: *Erste Internationale Film-Zeitung* 13,41 (1919), S. 54–55, hier S. 55. Es handelt sich hierbei um eine Filmbeschreibung auf Basis der Promotionsmaterialien der Decla.

Abb. 2: *Pest in Florenz*, die personifizierte Pest tanzt Geige spielend.

Lang erstmals tänzerisch aktiv. Dabei wird deutlich auf bekannte Bildtraditionen zurückgegriffen: Die Darstellung der Pest als abgehärmte Frau in schwarzen Lumpen zeigt eindeutige Bezüge zu Arnold Böcklins *Die Pest* aus dem Jahre 1898.[17]

In *Pest in Florenz* tritt der vermenschlichte Schwarze Tod neben unzähligen weiteren Vanitas-Motiven als Vollstrecker der göttlichen Strafe auf, als Mahnung daran, ein gottgefälliges Leben zu führen. Florenz, gezeichnet als Stadt des Lasters und der Zügellosigkeit, lässt sich dabei ohne Weiteres in Analogie zur modernen Metropole lesen und fungiert als historisch (und für das deutsche Publikum auch geographisch)[18] distanzierter Imaginationsraum, wie Michael Töteberg formuliert:

> [S]exuelle Freizügigkeit, vom Bürger herbeigesehnt und zugleich gefürchtet, wird, legitimiert durch das historische Kostüm, vorgeführt, ohne das herrschende Moralsystem zu verlassen. Sexuelle Wünsche und Triebphantasien werden mobilisiert, zugleich den Schuldgefühlen Tribut gezollt: Die Pest, Akt

17 Der starke Einfluss Arnold Böcklins auf Lang ist früh angemerkt, wenn auch nicht ausgeführt worden, und lässt sich auch in weiteren Filmen deutlich nachweisen.

18 Über die Aufführung des Films in Italien liegen mir keine Daten vor.

> der Bestrafung, verwandelt dieses Sodom und Gomorra in eine Stätte des Grauens.[19]

Der Tanz der sinnenfrohen Florentiner mutiert so zum Totentanz. Das Kino fungiert damit auch bei Lang als moralische Versuchsanstalt.

Ebenfalls 1919 war wohl in einer weiteren Zusammenarbeit mit Otto Rippert *Die Frau mit den Orchideen* geplant. Von dem nicht erhaltenen Film gibt es jedoch keinerlei Pressenotizen, was an seiner Fertigstellung oder zumindest seiner Veröffentlichung zweifeln lässt.[20] Es ist dennoch möglich, dass Lang hier in einer Dreifachrolle eine Personifikation des Todes selbst spielt, da er gemäß eigener Aussage angibt:

> I appeared in a film of mine which Otto Rippert directed, as an actor in three roles: as a German mounted telegraph messenger, as old priest, and as Death. The Viennese Touch![21]

Aufgeführt oder nicht, lässt bereits der Titel auf eine schon genannte Konstante der Lang'schen Filme schließen, eine Schlussfolgerung die auch Georges Sturm und zuvor schon Lotte Eisner ziehen und vermuten, dass eine *Femme fatale* im Mittelpunkt der Handlung steht.

In *Der müde Tod* (D 1921), der schließlich Langs Durchbruch als Regisseur bedeutet, trägt der Tod dann erstmals individualisierte Züge. Der Tod tritt in dieser um ein junges Paar konstruierten Parabel in Episodenform nicht mehr nur als mahnende Figur oder als Richter auf, sondern das gemeinsam mit Thea von Harbou verfasste Drehbuch macht ihn zur agierenden Figur. Der Tod, selbst nur machtloser Vollstrecker, ist von seiner Aufgabe müde, zermürbt.[22] Nachdem alle Versuche im Leben scheitern, vereint er schließlich die Liebenden im

19 Töteberg: *Fritz Lang*, S. 17.

20 Georges Sturm vermutet gar, es handle sich um den Arbeitstitel von *Totentanz*. Vgl. Georges Sturm: *Die Circe, der Pfau und das Halbblut. Die Filme von Fritz Lang 1916–1921*. Trier: WVT 2001.

21 Patrick McGilligan: *Fritz Lang. The Nature of the Beast*. London: Faber & Faber 1997, S. 53.

22 Wim Wenders greift die Figur des erschöpften aber gutmütigen Todes in seinem Film *Palermo Shooting* (2008) wieder auf, vgl. dazu den Beitrag von Jessica Nitsche in diesem Band. Das Märchen vom Gevatter Tod wird zudem in dem mexikanischen Film *Macario* (Mexiko 1960, R: Roberto Gavaldón) wieder aufgegriffen. Die Bildidee einer Halle mit brennenden Kerzen, die die Lebenslichter illustrieren, ist dabei ein deutliches Zitat von Langs *Der müde Tod*.

Jenseits. Die bildliche Darstellung bleibt dabei weiterhin traditionsgeladen. Schon die erste Begegnung zeigt ihn an einem Kreuzweg. Versehen mit den Insignien Sense und schwarzem Mantel sowie einem Stock mit Skelettknauf kommt er ganz in der Darstellungskonvention des Schnitters daher. Zugunsten einer individuellen Physiognomie erscheint er aber nicht als Skelett, sondern als blasse menschliche Figur. Im weiteren Handlungsverlauf dominieren in der Darstellung des Todes dann die Märchenelemente. Getreu dem volkstümlichen Untertitel *Ein deutsches Volkslied* rekurriert im *Müden Tod* das Bild der Kathedrale im Reich des Todes mit seinen brennenden Lebenslichtern stark auf das Grimm'sche Märchen vom *Gevatter Tod.*

Unter Langs Bildern des Todes fällt ferner die von Walter Ruttmann inszenierte Tricksequenz in Langs Adaption des Nibelungenstoffs auf. Als Kriemhild im ersten Teil des monumentalen Großfilms, *Siegfried*, dessen Leichnam entdeckt, sieht sie in einer Rückblende den Abschied des jungen Recken, der in eine avantgardistische Todesvision umschlägt. Aus dem blühenden Strauch vor dem der lebenslustige naive Siegfried ihr zum Abschied winkt, wird in dieser Sequenz die Silhouette eines weißen Totenschädels. Kriemhilds Vision zeigt das blühende Leben, das in den Tod umschlägt, und nimmt so bereits den Ton des zweiten Nibelungenfilms *Kriemhilds Rache* vorweg.

Doch am markantesten ist die Ausformung des Totentanzmotivs in Langs frühen Filmen schließlich im Monumentalepos *Metropolis*, das „in der Nachfolge der gigantischen Dekorationen von *Pest in Florenz*"[23] steht. Hier kulminieren die verschiedenen Elemente der Totentanztradition. Erneut wird „eine verführerisch schöne Frau zum Zerstörung und Tod bringenden Werkzeug"[24], das seinen Ausdruck im Tanz findet. Wieder wird eine Stadt zum Sündenpfuhl und so der Tod heraufbeschworen. Und erneut mahnt in *Metropolis* die Personifikation des Todes drohenden Untergang; und zwar während Vertreter aller Klassen tanzend durch die Straßen der Metropole ziehen. Auffällig ist, dass Lang hier gerade für eine Schlüsselszene die Totentanztradition funktionalisiert, um am Ende des *Zwischenspiels* mit einem zum Leben erweckten Spielmann Tod das *finale furioso* einzuleiten. Die Inszenierung des Totentanzes ist – in expressionistischer Tradition – dabei mit

23 Sturm: *Die Circe, der Pfau und das Halbblut*, S. 120.

24 Töteberg: *Fritz Lang*, S. 17.

verschiedenen christlichen Elementen kombiniert: vor allem der Apokalypse, der Hure Babylon und den sieben Todsünden. Geschnitzte Holzplastiken der Hauptsünden – Neid, Zorn, Hass, Geiz, Völlerei, Wollust und Eitelkeit – werden um den personifizierten Tod als Spielmann in einer Nische des gotischen Doms platziert. Der Tod steht diesem „Schnitzwerk" vor. Er hebt sich aber deutlich von diesen ab, auch wenn die Gruppe eindeutig als Ensemble aus demselben Material entworfen wurde. Im Drehbuch heißt es: „Das Ganze / mehr barock als gotisch, / nur der Tod / von der ganzen frommen Einfalt / gläubiger Gotik / geformt."[25] Damit streicht die Szene überaus effektiv den Gedanken des allgegenwärtigen Todes heraus.

Metropolis: Der Totentanz der Todsünden

Die Plastik vom Tod und den sieben Sünden im gotischen Dom, dem Zentrum der Stadt, wird bereits in einer dem Totentanz proleptisch vorangestellten Sequenz eingeführt, die praktisch funktionsgleich in Thea von Harbous ebenfalls 1927 erschienenen Roman *Metropolis*, im erhaltenen Arbeitsdrehbuch des Komponisten und im fertigen Film vorkommt.[26] Darin bittet der Protagonist Freder den Tod, ihm und der Liebsten fern zu bleiben. In dieser ersten Konfrontation mit dem Tod bleibt es jedoch bei dieser einseitigen Fürbitte:

> Er wanderte durch den Dom, der menschenleer schien. Einmal blieb er stehen, da stand er dem Tod gegenüber. In einer Seitennische stand der gespenstische Spielmann, holzgeschnitten, in Hut und weitem Mantel, die Sense geschultert, am Gürtelstrick baumelnd das Stundenglas, und der Spielmann spielte auf einem Knochen wie auf einer Flöte. Die sieben Todsünden waren sein Gefolge. Freder sah dem Tod ins Gesicht. Dann sprach er: „Wärest du früher gekommen, du hättest mich nicht erschreckt. Jetzt bitte ich dich: Bleibe mir und der Liebsten fern!" Aber der grausige Flötenspieler schien auf nichts anderes zu hören als auf das Lied, das er spielte.[27]

Der Roman attribuiert den Tod mit den gängigen Insignien, wodurch seine Physiognomik keiner genaueren Beschreibung bedarf. Hut,[28]

25 Thea von Harbou: Metropolis. Unveröffentlichtes Typoskript (Archiv des Filmmuseums Berlin – Deutsche Kinemathek), S. 238 (160. Bild/1).

26 Im Gegensatz zu den massiven Veränderungen, die der Film an anderen Stellen erfahren hat, unterlag die Totentanzsequenz kaum Kürzungen oder Umstellungen.

27 Thea von Harbou: *Metropolis*, hrsg. u. mit einem Nachw. v. Herbert W. Franke. Frankfurt am Main / Berlin / Wien: Ullstein 1984, S. 87.

28 Der im erhaltenen Arbeitsdrehbuch des Komponisten Gottfried Huppertz noch

Mantel, Sense, Stundenglas und Knochenflöte verweisen überdeutlich auf die Ikonographie als Sensenmann und Spielmann. Das Bild des Todes ist über diese Requisiten bereits klar umrissen; sein in *Metropolis* erstmals tatsächlich knochiges Gesicht – ein grinsender Schädel – erfährt keine Individualisierung. Im Zentrum steht hier nicht der Tod, sondern der Totentanz. Wie im Film fungiert die Szene auch im Roman primär als Prolepse auf kommende Gefahr, die durch das unerklärte Fehlen Marias am vereinbarten Ort für Freder bereits spürbar wird. Das Publikum ist Freder voraus, Marias Entführung und die gegenläufigen Pläne Rotwangs und Fredersens sind bereits bekannt, wodurch die dunkle Vorahnung, die durch die Gegenüberstellung mit dem Tod ausgelöst wird, an Ausdruckskraft gewinnt.
Der durch diese erste Szene bereits proleptisch heraufbeschworene folgende Auftritt des Todes kommt wenig später als Aufruf zum Todesreigen. Die Totentanzsequenz[29] ist dabei als Fiebertraum angelegt, die – typisch für das expressionistische Kino – die Sphäre des Phantastischen auslagert in den regelfreien Raum des Traumes.[30] Darin sieht man den Tod lebendig werden. Im Drehbuch beginnt die Sequenz wie folgt:

> 219. Bild.
> Dom innen wie 160. Bild andere Apparat-Stellung.
> das Schnitzwerk vom Tode und den sieben Tod-Sünden.
> der Tod
> hebt die Flöte,
> um aufzuspielen
> Gross-Aufnahme:
> der Tod,
> die Flöte spielend,
> sich im Takte der Melodie

aufgeführte Hut fehlt in der filmischen Umsetzung, wo er durch einen Kuttenmantel ersetzt ist.

29 Die Einteilung der Sequenz erfolgt nach dem inhaltlichen Aspekt des Auftrittes des Todes. Sie umfasst je nach Fassung etwa eine Minute und entspricht den Einstellungen 696–719 nach Enno Patalas: *Metropolis in/aus Trümmern. Eine Filmgeschichte.* Berlin: Bertz 2001.

30 Vgl. den Fall *Das Cabinet des Dr. Caligari* (D 1920, R: Robert Wiene). Hier wurde die Einfügung der Handlung in eine Rahmenerzählung erst nachträglich auf Idee von Fritz Lang, der ursprünglich als Regisseur vorgesehen war, hinzugefügt. Dadurch werden in der doppelten Konstruktion als Traum/Träumender erst die logischen Brüche und Wahrnehmungsverzerrungen mit der Sphäre des Realen verknüpfbar.

wiegend
…
die sieben Todsünden
schweben weg aus dem Schnitzwerk,
nur der Tod
bleibt übrig
und spielt seine Flöte,
von seinem Sockel heruntersteigend,
spielend,
sich wiegend
…
überblenden[31]

Es folgt darauf mit der Überblende eine Verschachtelung zweier getrennter Ereignisse. Die Anleihe an die Totentanztradition wird als komplexe Parallelmontage inszeniert, die mittelalterlichen Totentanz und erotisch-exotischen Tanz im japanisch anmutenden Unterhaltungsparadies Yoshiwara[32] überblendet, also zwei zeitlich parallele aber örtlich getrennte Phänomene miteinander in Beziehung setzt, wobei sich die Sequenz durch einen schnellen, suggestiven Bildwechsel auszeichnet. Diese montieren den Tanz von Tod und schöner Frau. Auf der einen Seite steht der fiebernde Protagonist, der den Tanz der Holzplastiken mit dem Tod erblickt, sehr wirkungsvoll musikalisch durch die Verwendung des Xylophons zur Veranschaulichung der klappernden Knochen unterlegt, die auf Camille Saint-Saëns *La Danse Macabre* (1875) zurückgeht.[33] Auf der anderen Seite steht der Tanz des Roboters mit seinen synkopischen Jazzrhythmen. Über das Motiv des Tanzens wird hier das Lebendigwerden von zwei Formen unbelebter Materie verbunden: Die laszive künstliche Frau, deren Auftritt vor den Oberen der Stadt im Film nur die Funktion erfüllt, sie als perfektes Baudrillard'sches Simulacrum vor Publikum

31 Harbou: Metropolis (Typoskript), S. 330 (219. Bild).

32 Der Begriff ‚Yoshiwara' spielt offensichtlich auf das im 17. Jahrhundert begründete Vergnügungs- und Rotlichtviertel Tokios an. Vgl. Tresmin-Trémolières: *Yoshiwara. Die Liebesstadt der Japaner*, hrsg. v. Iwan Bloch, aus d. Französischen v. Bruno Sklarek. Berlin: Marcus [ca. 1910]; Leo Schidrowitz: *Sittengeschichte des Hafens und der Reise. Eine Beleuchtung des erotischen Lebens in der Hafenstadt, im Hotel, im Reisevehikel – Die Sexualität des Kulturmenschen während des Reisens und in fremdem Milieu.* Wien / Leipzig: Verl. f. Kulturforschung 1927, S. 123–124.

33 Im Drehbuch ist handschriftlich zu der Sequenz vermerkt: „Violinen, Bratschen, Cellis col legno, Xylophon & Piccoloflöte und gest. Trpt & gest. Hörner (2) spielen Dies irae-Motiv" (Harbou: Metropolis (Typoskript), S. 330).

zu testen und die hölzerne Schnitzfigur des Todes, die im Medium des Films zum Leben erweckt wird, werden gegeneinander gesetzt.[34] Die damit auch in das Bild selbst übergehende Montage aus dem Tanz des Maschinenmenschen und das lebendig werdende Todsündenensemble um den Tod, der zum Tanz aufspielt, stellt einen klaren Bezug her, bei dem die Körperinszenierungen der genusssüchtigen und verblendeten Oberschicht in eine direkte Analogie zum Totentanz gesetzt werden.[35]

Auch die zeitgenössische Kritik erkannte und benannte dies bereits ganz konkret: „Bald mittelalterlicher Totentanz, bald moderner Totentanz", notiert Herbert Jhering und offenbart damit zum einen die Popularität des Bildprogramms, zum anderen dessen aktuelle Interpretation, in der der mittelalterliche Totentanz als Allegorie auf die Genusssucht der zeitgenössischen Gesellschaft Verwendung findet.[36] Dabei wird deutlich, dass es in *Metropolis* nicht um einen individuellen Sündenfall geht, sondern, in babylonischer Allegorie, um den einer gesamten Stadt, ja vielmehr einer ganzen Gesellschaft.

„In dieser Zeit gab es ein Plakat in Berlin: Berlin, dein Tänzer ist der Tod", führt Fritz Lang selbst die populäre Rezeption des Totentanzmotivs in den 1920er Jahren aus.[37] Das hier angesprochene Plakat zeigt neben der dominierenden Aufschrift, die vollständig lautet: „Berlin, halt ein! Besinne dich. Dein Tänzer ist der Tod", in innigem Tanz verschlungen, ein Skelett in makellos glänzenden, schwarzen

34 Die narrative Anlage im Roman ist weitaus komplexer und läuft auf eine Dualisierung zweier rivalisierender Ströme von Tänzern und Tänzerinnen hinaus (Ober- und Unterschicht). Im Film liegt der Reiz des Auftritts der falschen Maria im selbstreflexiven Moment. Wie die vorangegangene Übertragung als ‚Abfotografieren' von Marias Gestalt auf die Maschine geht es darum, die eigene mediale Scheinhaftigkeit zu thematisieren.

35 Brennpunkt dieses Totentanzes ist die Frau als destruktive Macht.

36 Herbert Jhering: Der Metropolisfilm. Ufa-Palast am Zoo. In: *Berliner Börsen-Courier*, 11.01.1927, S. 2.

37 Lang kannte damit zumindest die offensichtlich sehr bekannte grafische Umsetzung in Plakatform, wie seine Aussage zum Mabuse-Film belegt: „Dr. Mabuse ist ein Spieler. Er spielt Karten, er spielt Roulette, und er spielt mit den Menschen. […] Und er spielt mit dem Leben dieser Menschen, und er spielt mit dem Tod. In dieser Zeit gab es ein Plakat in Berlin: Berlin, dein Tänzer ist der Tod." (Fritz Lang über seinen Film. In: *Atlas-Filmheft*, Bd. 38: Der deutsche Film I. Die zwanziger Jahre – Atlas-Retro-Programm von Erwin Leiser. Frankfurt am Main: Atlas Film + Medien [ca. 1964], o. Pag.; zit. n. Wolfgang Jacobsen: *Berlin im Film. Die Stadt. Die Menschen.* Berlin: Argon 1998, S. 13.)

Tanzschuhen und eine jungen Frau mit seltsam historisierendem Kopfschmuck. Dass das Plakat den Nerv der Zeit exakt trifft, zeigt sich daran, dass es mit dem Dadaisten Walter Mehring und dem Expressionisten Friedrich Hollaender gleich mehrere Lyriker zu der wörtlichen Aufnahme des Spruches „Berlin, dein Tänzer ist der Tod" animiert. Beide kritisieren die großstädtische Vergnügungssucht, das unbeschwerte Verlangen nach Ablenkung, Unterhaltung und Sensation im Angesicht des noch nicht vergessenen Krieges und der aktuellen gesellschaftlichen Situation. Der Totentanz zeigt sich hier in seiner Funktion als Gesellschaftskritik.[38] Es tritt das Motiv der Gleichheit – der Tod als eine die gesellschaftlichen Schichten übergreifende Figur – hervor. So auch bei *Metropolis* – wenngleich es der Film mehr oder weniger bei diesem für Lang geradezu typischen Einsprengsel mittelalterlicher Motive in Form der kurzen, aber direkt in das Zentrum des ideologischen Programms des Films führenden Totentanzsequenz belässt und mit dem Zwischentitel „Der Tod ist über der Stadt – – – !" apokalyptisch, messianisch auf die kommenden Ereignisse verweist. Die Anleihe an den Totentanz war zunächst, so zeigt das erhaltene Drehbuch, jedoch noch deutlich ausgeprägter geplant:

> Und plötzlich verstummte die Orgel, plötzlich der Tanz. Die Stimme des Predigerkerls auf der Kanzel verstummte. Und durch die Stille, die nicht zu atmen wagte, erscholl der Ton einer Flöte. Die spielte der Tod. Es spielte der Spielmann das Lied, das ihm keiner nachspielt, auf seiner Flöte; die war ein Menschenknochen. Aus einer Seitennische trat der gespenstische Spielmann, holzgeschnitten, in Hut und weitem Mantel, die Sense geschultert, am Gürtelstrick baumelnd das Stundenglas. Die Flöte spielend trat er aus seiner Nische und zog in den Dom hinein. Und hinter ihm zogen die sieben Todsünden als Gefolge des Todes. Es zog der Tod um jede Säule den Kreis. Lauter und lauter erklang das Lied seiner Flöte. Die sieben Todsünden faßten sich bei den Händen. Als weitgeschwungene Kette schritten sie hinter dem Tod; und allmählich wurde ihr Schreiten ein Tanz.
>
> Die sieben Todsünden tanzten hinter dem Tod her, der die Flöte spielte.[39]

38 Vgl. zum Antiurbanismus linker wie rechter Lager in der Weimarer Republik als Idealisierung einer traditionellen ländlichen Lebensweise oder in der Utopie der ‚Neuen Stadt' vor allem durch die Expressionisten: Ulrich Linse: Antiurbane Bestrebungen in der Weimarer Republik. In: Peter Alter (Hrsg.): *Im Banne der Metropolen. Berlin und London in den zwanziger Jahren*. Göttingen / Zürich: Vandenhoeck & Ruprecht 1993, S. 314–344.

39 Harbou: Metropolis, S. 113.

Hier gibt es eine deutliche Umgewichtung. Das Motiv des Tanzens, das im Film primär über die Flöte und die Musik vermittelt wird, ist hier markant herausgestellt. Die Personifikation des Todes spielt nicht nur zum Tanz auf, sondern die Todsünden folgen ihr tatsächlich als tanzende Kette, die, sich um jede Säule schlängelnd, durch den Dom zieht. Das Motiv des Tanzes wird zudem nicht nur singulär in dieser Szene verwendet, sondern im Folgenden immer wieder aufgegriffen. Das Motiv des Totentanzes ist hier sogar Motor bis zum Finale am Dom. Denn tatsächlich zieht im Anschluss an den Auftritt im Unterhaltungsparadies der tanzende Zug durch die Straßen der Stadt. Der Tanz geht über vom Totentanz der Todsünden zum Tanz des Maschinenmenschen, der schließlich die Anwesenden zum Tanzen durch die Straßen aufruft, um zuzusehen, wie die Welt zugrunde geht. Der Zug der Tänzer und Tänzerinnen trifft schließlich auf den Zug der revoltierenden Arbeiter und Arbeiterinnen, die zuvor ebenfalls wie von Sinnen vor der zerstörten Maschine und später um den Scheiterhaufen tanzen. Die komplette zerstörerische Revolution findet ihren Ausdruck im Tanz. Bedenkt man das Wesensmerkmal des Totentanzes, die Gleichheit vor dem Tod, so gewinnt das parallele Tanzen beider Züge enorme Bedeutung. Der Untergang der Stadt und der darin lebenden Menschen vereint sie – wird damit bei Thea von Harbou zur Möglichkeit der Versöhnung und zur Wiederherstellung der Ordnung. Vor dem Tod der Metropolis sind alle gleich. Die gesamte Anlage als Totentanz beider rivalisierender Ströme auf das Finale zu – mit ‚Hexenverbrennung', Buße, Bekehrung und Versöhnung vor dem Eingang des mittelalterlichen Doms im Angesicht des Todes – wird so deutlich.

Totentanz und Zeichentrick

Filmkomik in Walt Disneys *The Skeleton Dance*

Susanne Kaul

Einleitung: Totentanz und Zeichentrick

Der 5½-minütige Kurzfilm *The Skeleton Dance* (USA 1929, R: Walt Disney)[1] bildet den Auftakt der von Walt Disney und dem Komponisten Carl Stalling ins Leben gerufenen Zeichentrick-Reihe *Silly Symphonies*, deren Name insofern Programm ist, als die Musik ins Zentrum der Cartoons rückt: Die Animationen von Ub Iwerks werden synchron mit den Rhythmen und Melodien dargestellt, die Stalling für den Film komponiert hat. Die technische Neuerung der Pinpoint-Synchronisation befähigte die Disney Studios, Bild und Ton so präzise gleichzeitig ablaufen zu lassen, wie es damals in keinem anderen Studio möglich war.[2] So kam es, dass die frühen Disney-Kurzfilme stark von Musik und choreographierter Bewegung geprägt waren. *The Skeleton Dance* fällt in die Entstehungszeit der musikalisch untermalten Mickey-Mouse-Filme, deren Zeichner ebenfalls Iwerks war. Das Verfahren, durch Musik die Bewegungen im Bild mimetisch zu akzentuieren und Geräusche musikalisch auszudrücken, wird daher in der Filmtheorie nicht von ungefähr als ‚Mickey-Mousing' bezeichnet. Das Dargestellte ist zumeist mehr durch Tänze, Musik

1 DVD-Titel: *Walt Disney Treasures. Silly Symphonies* [Dt. Ausgabe: *Lustige Welt der Melodien*]. Buena Vista Home Entertainment 2014. Der Kurzfilm ist zudem abrufbar auf Youtube unter http://www.youtube.com/watch?v=h03QBNVwX8Q (Zugriff am 17.03.2014).

2 Vgl. Russell Merrit / J. B. Kaufmann: *Walt Disney's Silly Symphonies. A Companion to the Classic Cartoon Series*. Bloomington: Indiana University Press 2007, S. 8.

und typische Cartoon-Gags als durch Handlungsmuster und Charaktere strukturiert.

The Skeleton Dance handelt von einem lustigen Tanz der Skelette auf dem nächtlichen Friedhof und ist trotz der mittelalterlichen Totentanz-Tradition, die damit assoziiert wird, harmlos komisch. Es findet hier keine Anknüpfung an das Motiv der Macht, des Mahnens oder des Schreckens des Todes statt, ebenso wenig geht es um einen Memento-mori-Ruf oder eine Einbeziehung der Lebenden bzw. Sterbenden in den Reigen der Toten, wie es in dieser Tradition üblich ist.[3] Lebende Menschen kommen gar nicht vor, somit weder ein Hinüberführen in den Tod noch moralisierende Hinweise auf die Aufhebung der sozialen Rangunterschiede im Tod. Der *Skeleton Dance* verfolgt keine religiösen oder ethischen Absichten, er ist ein rein ästhetischer Spaß, der einesteils mit schwarzem Humor arbeitet (Tanz der Skelette; Musizieren mit Knochen), anderenteils aus Gründen der atmosphärischen Gestaltung mit Gruselklischees spielt (Vollmond, Eule, Spinne, Katzen, Grabsteine). Auch als Satire auf Totentanzmotive kann der Kurzfilm nicht interpretiert werden, weil eine Satire trotz ihrer Witzigkeit immer den Ernst des Beklagens bestimmter Missstände impliziert. Der Disney-Film hingegen enthält viele musikalische, visuelle, motivische und choreographische Anspielungen auf Musikstücke, Tänze und andere Disney-Filme sowie zahlreiche witzige Überraschungseffekte. Auffällig ist vor allem die Selbstreferentialität mit Bezug auf die typische bildliche Komik von Cartoons und Animationsfilmen. Aber es gibt hier keinen Hauch von Sozialkritik oder Tiefsinn. Innerhalb der Geschichte des *Danse Macabre* hat also allenfalls die spätere, vom Karneval beeinflusste Traditionslinie als Modell gedient, in der die Skelette als lustige Musikanten erscheinen. Allerdings beruht auch diese Ausprägung des Totentanzes letztlich auf der christlichen Tradition, in der es darum geht, die alltägliche Welt ins Gegenteil zu verkehren, um an die Vergänglichkeit zu erinnern.[4] In *Skeleton Dance* wird hingegen durch das Totentanzmotiv

3 Vgl. Friedrich Zoepfl: Totentanz. In: *Lexikon für Theologie und Kirche*, Bd. 10: Teufel – Zypern, hrsg. v. Josef Höfer / Karl Rahner. Freiburg: Herder 1965, S. 277–279, hier S. 277.

4 Dies ist die Rolle des Narren in der Fastnacht. Laut Uli Wunderlich besteht hierin eine Analogie zwischen Totentanz und Fastnacht. Fröhliche Skelette finden sich außerdem in Lateinamerika, allerdings handelt es sich hier um karikaturistische

Abb. 1

lediglich eine schauerliche Kulisse für einen heiteren Zeichentrickfilm hergestellt, denn der Kontrast zwischen den Todesrequisiten und der ausgelassenen Lebendigkeit des Tanzens und Musizierens stellt die Normalvorstellung des ewigen Friedens auf den Kopf und erhöht die Komik. Davon wird im selben Jahr der Disney-Kurzfilm *The Haunted House* (USA 1929, R: Walt Disney) profitieren, denn auch hier tanzen die Skelette, zeitweise in offensichtlicher Anlehnung an *Skeleton Dance*, und Mickey Mouse muss für sie auf der Orgel spielen (Abb. 1). Die Heimsuchung Mickeys vom Geisterhaus verweist auf die andere Traditionslinie des Totentanzes, in der die Lebenden in den Reigen der Toten einbezogen werden. Der Zeichner Ub Iwerks reproduzierte das erfolgreiche Thema Jahre später noch einmal, nachdem er das Disney Studio verlassen hatte: Er fabrizierte am Columbia Animation Department den Kurzfilm *Skeleton Frolics* (USA 1937, R: Ub Iwerks), ein Remake des *Skeleton Dance* in Farbe. Hier ist die Anbindung an die Totentanztradition jedoch schwächer, weil ein prägnantes musikalisches Motiv fehlt, das den Tanz vom übrigen Geschehen abhebt, wie das bei Stallings Score der Fall ist. Außerdem weckt der orangefarbene Kürbis, den ein Skelett zwischendurch als Kopf trägt, eher Assoziationen zu Halloween (Abb. 2).

Darstellungen, die politischen Zwecken dienen und zugleich die Menschen trösten sollen. Vgl. Uli Wunderlich: *Der Tanz in den Tod. Totentänze vom Mittelalter bis zur Gegenwart.* Freiburg im Breisgau: Eulen 2001, S. 48–49, 58.

Abb. 2

Synchronizität: Bild/Tanz – Ton/Musik

The Skeleton Dance schließt filmhistorisch direkt an Walt Disneys großen Erfolg mit seinem Mickey-Mouse-Kurzfilm *Steamboat Willie* (USA 1928, R: Ub Iwerks / Walt Disney) an. Zwar gibt es hier keinen Totentanz, aber das Xylophonspielen auf Körperteilen, hier den Zähnen einer Kuh, wird im *Skeleton Dance* aufgegriffen (dort auf den Knochen eines Skeletts) und musikalisch und thematisch vollendet. Denn was in *Steamboat Willie* nur ein Gag ist, wird im *Skeleton Dance* durch die Handlung, den Tanz der musizierenden Skelette, motiviert. Außerdem steht die Musik hier noch mehr im Vordergrund, als es je in den Animationsfilmen der Fall gewesen ist. Die Zeichentrickbilder werden der Musik angepasst; die Musik ist nicht nur, wie zumeist üblich, nachträgliche Untermalung des visuellen Geschehens. Aufgrund der präzisen Synchronizität zwischen Bildebene und Musik galt der Pilotfilm der *Silly Symphonies* in der zeitgenössischen Rezeption als außergewöhnliche Neuheit.[5]

Die erste Hälfte des *Skeleton Dance* kreiert eine lustige Gruselstimmung, die zweite Hälfte zeigt den Tanz der Skelette. Zum Schauerlichen gehören: der vom Vollmond erhellte Friedhof, die Mitternacht

5 „While scoring the earlier Mickey shorts, Carl Stalling, ever the musician, had suggested to Walt that they create a ‚musical novelty'. Rather than using the traditional approach of scoring to the animation, they would begin with the music and animate to the score. […] Togehter with Iwerks […] he produced a cartoon that was ‚quite out of the ordinary'. *Film Daily* said of it, ‚Here is one of the most novel cartoon subjects ever shown on screen.'" (Newton Lee / Krystina Madej: *Disney Stories. Getting to Digital.* New York et al.: Springer 2012, S. 41–42.)

schlagende Kirchturmuhr, die Fledermäuse, die Eule, die Spinne, die feindseligen Katzen auf den Grabsteinen, der heulende Hund und die aus den Gruften emporkommenden Skelette. Als Geschichte erzählt: Um Mitternacht entsteigen vier Skelette ihren Gräbern, um inmitten der schattenhaften Friedhofstiere einen Tanz aufzuführen und zu musizieren, indem sie sich gegenseitig als Instrumente gebrauchen. Mit dem ersten Hahnenschrei eilen sie in ihre Gräber zurück. Der Film hat also eine Handlung, lebt aber vor allem von der schaurigen Atmosphäre im ersten Teil und dem Tanz der Knochenmänner im zweiten. Beides wird auf der Bildebene erzeugt und durch die Musik vollendet, die zunächst eine Art Atmo erzeugt, indem sie das Rufen der Eule, die Kirchenglocken, das Heulen der Hunde, das Miauen der Katzen, das Flattern der Fledermäuse, das Rascheln der Äste, das Klappern der Skelette etc. simuliert, um später in Musik überzugehen, die erst nicht diegetisch ist (als der Tanz beginnt), dann aber diegetisch wird, als die Skelette selber musizieren und also die Quelle der Musik auf der Bildebene zu erkennen ist. Hier überkreuzen sich Natürliches (die Tiere) und Übernatürliches (die tanzenden Skelette), sowie Leben (Tanz) und Tod (Friedhof) – oder auch Natur und Leben einerseits mit Kunst (Tanz und Musik) andererseits. Dadurch wird eine Spannung erzeugt, aus der sowohl das Schaurige als auch das Komische hervorgeht. Hinzukommt die zeitliche Dimension: Dadurch, dass die Skelette sich nachts austoben und mit dem Hahnenschrei zurück in die Gräber stürzen, wird die Komik noch zusätzlich genährt, denn das vorübergehende Auf-den-Kopf-Stellen der Normalität wirkt dadurch um so mehr wie ein Kinderstreich oder wie eine temporäre karnevalistische Subversion des ewigen Friedens.

Da der *Skeleton Dance* von den moralischen Funktionen der Totentanztradition abgekoppelt ist, erscheint er als harmloser Selbstzweck: nicht einmal als *l'art pour l'art* (sofern dahinter noch ein ästhetisches Programm der Kunst als Autonomie steht), sondern als reines Film-Vergnügen. Dabei steht die Musik im Vordergrund. Der Komponist Stalling, der die Idee zu dem Zeichentrickfilm hatte, hat den Score selber komponiert, bis auf den *Trolltog* (dt. *Zug der Trolle*, auch *Zwergenmarsch* genannt) aus Edvard Griegs Lyrischer Suite von 1891.[6] Stallings Bearbeitung dieses Stückes setzt erst nach knapp vier Minuten ein, als

6 Die *Lyriske Stykker* wurden zunächst von Grieg für Klavier solo komponiert und später als Lyrische Suite orchestriert. *Trolltog* ist die Nummer 3 des Opus 54.

Abb. 3

die Skelette aufeinander zu musizieren beginnen. Ein Skelett entwendet einem anderen, auf allen Vieren stehenden Skelett die Oberschenkelknochen, verwendet diese als Schlägel und musiziert auf dessen Wirbeln, Rippen und Schädel (Abb. 3). Die synchron erklingenden Xylophon-Töne werden vom Halswirbel bis zum Steißbein höher, die Rippen klingen hell, der Schädel tief und holzkopfartig. Hier wird also inmitten des hochgradig Fiktiven und Selbstreferentiellen ein Realitätseffekt erzeugt: Die Musik ertönt nicht nur begleitend, sondern scheint vom musizierenden Skelett auszugehen. Sie begleitet aber im Folgenden auch die Tänze, wird kurz vor Schluss vom Hahnenschrei unterbrochen und ertönt dann noch einmal mit aller Kraft, als die Skelette ins Grab zurückeilen müssen. In den Büchern über die *Silly Symphonies* wird wiederholt auf Saint-Saëns' *Danse Macabre* als Vorläufer für die Musik Stallings in *Skeleton Dance* verwiesen;[7] Stalling streitet dies jedoch in einem Interview explizit ab. Seine Musik ähnele nicht im Mindesten dem *Danse Macabre*, sondern sei „mostly a fox trot, in a minor key"[8]. Dass Stalling kaum bereits existierende Musik verwendet hat, liegt daran, dass Walt Disney für Musik möglichst wenig bezahlen wollte. Der Zeichentrickfilm hat also ebenso wenig aus der Musikgeschichte entlehnt wie aus der Kunst-, Film- oder sonstigen Kulturgeschichte. Die Idee geht laut Stalling auf einen

7 Vgl. bspw. Merrit / Kaufmann: *Walt Disney's Silly Symphonies*, S. 8.

8 Zit. n. Daniel Goldmark / Yuval Taylor (Hrsg.): *The Cartoon Music Book*. Chicago: Cappella 2002, S. 39.

Abb. 4

Ausschneidebogen aus seiner Kindheit zurück, aus dem ein tanzendes Skelett gebastelt werden konnte.[9] Die Totentanztradition wird von Stalling also eher unbewusst fortgesetzt, jedoch dadurch verfeinert, dass dem tanzenden Skelett Musik verliehen wird. War das hampelmannartige Skelett aus dem Bastelbogen ein geeignetes Medium für den Totentanz, so ist es der Film durch die Tonspur um so mehr. Die technische Entwicklung erlaubt es Stalling somit, in dieser Hinsicht auch den Film zu übertreffen, in dem das Totentanzmotiv zum ersten Mal erscheint, Edisons einminütige Dokumentation *Skeleton Dance, Marionettes* (USA 1898, R: James H. White). Ähnliches gilt für einen weiteren Stummfilm-Vorläufer: *Les Palais des Milles et une Nuits* (FR 1905, R: Georges Méliès).

Einerseits betont Stalling wiederholt, dass die Musik im Vordergrund stehe und die *Silly Symphonies* so entworfen seien, dass sie sich der Musik anpassen, andererseits ist es nicht so, dass *Skeleton Dance* aus einem homogenen Musikstück besteht, das nur bebildert wird wie bei einem Videoclip. Die Choreographie bildet das Zentrum: Die Bewegungen der Körper im Bild und die Musik sind genau synchron. Teilweise tanzen die Skelette, teilweise musizieren sie. Es gibt außer dem *Zwergenmarsch*, der den zweiten Teil des Films dominiert, mehrere Wechsel der musikalischen Themen: Beispielsweise wenn die Skelette sich an der Hand nehmen und im Kreis tanzen wie Kinder beim Ringelreigen (Abb. 4) wechseln Melodie und Instrumentierung und

9 Ebd., S. 40.

Abb. 5

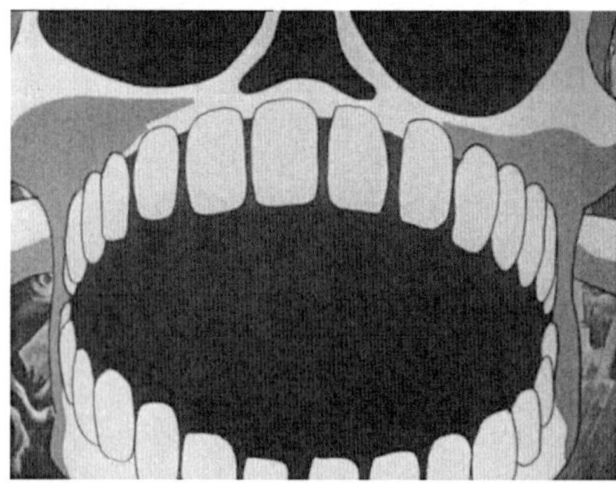

Abb. 6

damit der Charakter der Musik, obwohl der Rhythmus gleich bleibt: Die bedrohlich tiefen Töne der Klarinette werden herausgenommen und die Passage wirkt sodann wie Kinderkarussellmusik. Auf diese und ähnliche Weise werden insgesamt in dem Tanz der Skelette kleine Einheiten von Tanznummern zusammengefügt, die unter anderem einen Charleston umfassen (Abb. 5). Die Synchronizität ist exakt gegeben. Technisch wird dies so realisiert, dass auf dem Bildmaterial Linien für den Rhythmus gemacht werden, die das Orchester bei der Aufnahme sehen kann, die aber bei der Filmvorführung wieder verdeckt werden. Was beim Tanz den Eindruck erweckt, als entstamme die Musik der Szene, ist zudem die nach Knochen klingende musikalische Untermalung der Skelettbewegungen, also das Klappern der Zähne und der Knochen oder das Aufschlagen der Schädel auf dem Rumpf oder auf dem Boden. Die Synchronizität geht sogar so weit, dass, wie J. P. Telotte feststellt, der Eindruck von visueller und auditiver Perspektivierung entsteht:

> We might note that [...] in the middle of the dance, one skeleton moves directly into the camera until the skull completely fills the frame, and as it does so, its teeth chatter in time to the Grieg music, becoming louder as it nears us. This very dramatic use of sound perspective pointedly serves a fantastic effect, underscoring a kind of transgression as the skeleton moves beyond the proscenium-like situation in which the dance has occurred, as if it were coming into our world.[10]

Hier wird der Eindruck erzeugt, als würde vor der Kamera wie bei einer musikalischen Revue oder dem zeitgenössischen Vaudeville-Theater ein Tanz aufgeführt und das tanzende Skelett bewege sich auf die Kamera zu und wieder zurück, während die Musik lauter zu werden scheint, als das Glissando in die Höhe geht und der Schädel das Bild ausfüllt. Dieser perspektivisch wirkende Musikeinsatz ist für die damalige Zeit sehr avanciert, stellt aber eher einen Realitätseffekt als einen ‚fantastic effect' her, weil dem Film-Zuschauer suggeriert wird, an einer Live-Show zu partizipieren, ohne dass, wie Telotte behauptet, eine Transgression der Ebenen stattfindet. Abgesehen von der Immersionssteigerung wird auch die Schauerlichkeit dadurch erhöht, besonders als in der ersten Filmhälfte das gerade auferstandene Skelett auf die Kamera zuzuspringen scheint und der Zuschauer beinahe vom Totenschädel gefressen wird (Abb. 6).

Im Unterschied zu stillgestellten Totentanz-Darstellungen im Medium der Malerei kann der Film neben symbolischen Zeitverweisen wie dem Skelett, das für das Memento mori stehen kann, oder die Zeit der Geisterstunde, die durch Nachttiere, Dunkelheit und Uhrendarstellung (Abb. 7) zum Ausdruck gebracht wird, eine objektive Zeit der körperlichen Bewegungsabläufe vorführen. Die Echtzeit des Tanzens, bei der die Darstellungszeit mit der dargestellten Zeit übereinstimmt, unterstützt den genannten Realitätseffekt einer Live-Präsentation und damit zugleich die Komik, weil auf der anderen Seite die Fiktionalität des Dargestellten offensichtlich ist (komische Inkongruenz).[11]

10 J. P. Telotte: *The Mouse Machine. Disney and Technology*. Urbana / Chicago: University of Illinois Press 2008, S. 31.

11 Die Inkongruenztheorie der Komik geht auf eine Formulierung des schottischen Philosophen James Beattie zurück: „Laughter arises from the view of two or more

Abb. 7

Danse Macabre – makabre Komik

Die Synchronizität der Bewegungen und der Musik unterstreicht die Komik, die sich vor allem auf der visuellen Ebene konstituiert. Die Skelette bewegen sich nicht nur synchron zur Musik, sondern auch zueinander und konfigurieren mitunter auch Symmetrien, die komisch wirken, etwa, wenn vier Totenschädel gleichzeitig hinter einem Grabstein hervorlugen. Ähnliches gilt für die Katzen, die ihren Kampf zeitweise symmetrisch (Fauchen) und zeitweise wie ein Echo (Nase langziehen) ausführen. Der Kontrast zwischen der Naturhaftigkeit der Katze und der Künstlichkeit der Choreographie erzeugt einen Teil der Komik in dieser Szene. Entscheidend ist jedoch die extreme Verformbarkeit der Körper, denn auf dieser Ebene vollzieht sich eine Komik, die so nur im Zeichentrickfilm möglich ist. Beispielsweise dreht die Eule ihren Kopf mehrmals um, so als säße er nicht fest auf dem Rumpf, und sie bläht sich auf, um zu heulen (wie auch der Hund, der den Mond anheult); die Katzen können grinsen und einen übertriebenen Buckel machen; sie ziehen sich gegenseitig die Nasen so lang als wären sie aus Gummi, bis die Nasenlänge die gesamte Körperlänge übertrifft und sodann wieder zur Ausgangslänge zurückkehrt. Ähnliches geschieht mit dem Katzenfell, das vor Schreck von

inconsistent, unsuitable, or incongruous parts of circumstances, considered as united in one complex." (James Beattie: An Essay on Laughter and Ludicrous Composition. In: Ders.: *The Philosophical and Critical Works of James Beattie*, Bd. I: Essays (1776), hrsg. v. Bernhard Fabian. Hildesheim / Zürich / New York: Olms 1975, S. 582–705, hier S. 602.)

Abb. 8

Abb. 9

den Körpern fliegt, als das Skelett hinter dem Grabstein auftaucht, und sogleich wieder den Weg zurück zu den fliehenden Katzen findet. Solche Verwandlungen mit sofortiger Wiederherstellung des Originalzustands sind typisch für den Cartoon bzw. den Trickfilm und nur in ihm herstellbar. Die Übertreibung und das Unrealistische bewirken die spezifisch visuelle Komik, die hier einerseits makaber ist, weil sie mit Gewaltdarstellung einhergeht, andererseits harmlos, weil der Fiktionalitätsstatus offenbar ist und kein bleibender Schaden verursacht wird. Das schaurige Motiv des Totentanzes wird also in *Skeleton Dance* durch das cartoonhafte Squash-and-Stretch-Verfahren in Komik überführt, denn auch die Skelette bewegen sich sehr elastisch und ändern dauernd ihre Gestalt: ein Skelett ist nach einem Sprung nur noch ein Knochenhaufen, setzt sich aber sogleich wieder zusammen; es wirft seinen Schädel nach der Eule (Abb. 8) und dieser springt wie ein Ball zurück, bis er wieder auf dem Kopf landet. Hier überlagert

Abb. 10

Abb. 11

sich die visuelle Komik der wandelbaren Körper, deren klassischer Fall das Ausdehnen und Schrumpfen der Skelette beim Tanz ist (Abb. 9), mit der Zweckentfremdung der Körperteile, die auch einen erheblichen Teil der Komik ausmacht. Dazu gehört auch, dass sich die Skelette gegenseitig als Instrumente und Hüpfgeräte gebrauchen. Der Katzenschwanz wird als Cello benutzt (Abb. 10). Die Komik wird hier durch die Musik verstärkt, die aus den Körpern zu kommen scheint. Das Eigenleben, das der Schädel zu haben scheint, verweist auf eine weitere Quelle der Komik: die Verlebendigung von starren Gegenständen. Diese wird besonders deutlich, wenn zu Beginn des Films die Äste nach der Eule greifen und am Ende des Films ein Paar Füße, das nicht schnell genug war und sich vom fliehenden Viererskelett (Abb. 11) abgelöst hat, an den Grabstein anklopft, weil es auch noch hineinspringen will (Abb. 12). Das Viererskelett ist selbst

Abb. 12

Abb. 13

schon visuell komisch aufgrund der irrealen Verwandlung, aber das Eigenleben der Füße, hervorgehoben durch die synchrone Musikuntermalung, treibt die Komik auf die Spitze. Ein letzter Aspekt der animationsspezifischen Komik ist in den Comiczeichen zu sehen, die im Film verwendet werden, etwa beim Katzenkampf: Hier erscheinen Sternchen, die comictypisch anzeigen, dass jemand außer Gefecht gesetzt wurde (Abb. 13), oder an einer anderen Stelle sind Striche um den Totenschädel herum zu sehen, die den Ärger des Skeletts über die Eule indizieren.[12]

12 Bei Paul Wells findet sich eine Tabelle mit Comiczeichen und dem, was sie bedeuten, unter anderem auch *stars*, die einen „Confused look of being knocked out“ bezeichnen. Vgl. Paul Wells: *Understanding Animation*. New York: Routledge 1998, S. 136.

Die Quellen der Komik sind also erstens die Verwandlungen bzw. die Elastizität der Körper, zweitens die synchron-symmetrisch choreographierten Bewegungen der Tiere und Skelette, drittens die Zweckentfremdung, viertens die Verlebendigung der starren Gegenstände und fünftens die Comiczeichen. Gründe für die Komik sind in der Regel die Inkongruenzen, die dadurch entstehen (ein Fußpaar läuft normalerweise nicht allein, Katzen können sich üblicherweise nicht die Nasen langziehen usw.). Die Darstellungsform der Komik ist in diesem Film das Zeitlich-Visuelle der animierten Cartoons. Und gerade in diesem Punkt der zeitlichen Dimension der Bilder wird die Tradition des Totentanzes buchstäblich re-animiert.

Die Filmkomik trifft auf den Totentanz, anders gesagt, der *Danse Macabre* wird zur Zielscheibe einer makabren Komik. Diese ist jedoch so verharmlosend, wie es beim schwarzen Humor zumeist der Fall ist: Der Tod als Tabuthema schlechthin wird in einer spielerischen Weise behandelt.[13] Wenn die Skelette nachts munter auf dem Friedhof tanzen und mit dem Hahnenschrei in ihre Gruft zurückeilen, dann ist das komisch, weil Skelette in Wahrheit nicht nachts fröhlich tanzen, und verharmlosend, weil dem Thema Tod dadurch der Schrecken genommen wird. Diese Spannung aus Schrecken und Spaß macht den Reiz des Films aus. Die schwarze Komik gibt dem Totentanzthema also eine verniedlichende Wendung: Der Tod erscheint wie ein Kinderspiel höchst lebendig und lustig, Gewalt folgenlos und Zerstörungen temporär, denn Knochenhaufen setzen sich wieder zusammen, unverhältnismäßig lang gezogene Nasen normalisieren sich umgehend und die Toten sind gar nicht tot, sondern schlafen nur tagsüber. Das Artifizielle des Tanzes und das Zurschaustellen der Fiktionalität erleichtert dabei die Komik (im Unterschied etwa zu einer realistischeren Darstellung von Totentänzen wie der in Michael Jacksons Musikvideo *Thriller* (USA 1983, R: John Landis).[14]

13 Peter Nusser definiert den schwarzen Humor wie folgt: „Schwarzer Humor ist eine Bewußtseinshaltung, die mit den aus Angst verdrängten Bereichen unseres Lebens spielerisch umgeht, und zwar so, dass sie eben diese Bereiche und den von der Norm abweichenden Umgang mit ihnen zur Anschauung bringt.“ (Peter Nusser: *Schwarzer Humor*. Stuttgart: Reclam 1987, S. 14.)

14 Auch Peter Nusser weist in der Einleitung zu seiner Textsammlung *Schwarzer Humor* darauf hin, dass die emotionale Distanz zum Geschehen die komische Wirkung erleichtern kann: „Aber je unwahrscheinlicher, verspielter, konstruierter die

Die extreme Fiktionalisierung bildet generell die Basis für Komik in Zeichentrickfilmen, in denen Gewalt angewendet wird.[15] Eine präzise Begründung dafür, dass im Animationsfilm Sachen komisch sein können, obwohl Unheilvolles geschieht, gibt der Titelsong von *Der rosarote Panther*:

> Machst ja manchmal schlimme Sachen,
> über die wir trotzdem lachen;
> denn du bist, wir kennen dich,
> doch nur Farb- und Pinselstrich.[16]

In der Totentanztradition geht es zumeist darum, an die Sterblichkeit zu gemahnen, sei es in Schreckensbildern oder in fröhlichen Bildern. Die komische Totentanzdarstellung in *Skeleton Dance* ist hingegen nicht nur entsakralisiert, sondern auch ohne belehrende Funktion. Daher lässt sich letztlich nicht einmal von einer Verharmlosung des Todes durch die Filmkomik sprechen, denn um einen bestimmten Umgang mit dem Tod geht es überhaupt nicht, sondern nur um einen musikalischen Spaß im Sinne der *Silly Symphonies*. Die makabren Elemente dienen lediglich dazu, eine schaurige Kulisse zu gestalten und durch den Kontrast zum fröhlichen Tanzen und Musizieren die Komik zu erhöhen. Insgesamt wird hier also einerseits die Tradition des Totentanzes durch die Zeitlichkeit der Bilder, durch die Musik und durch die zeichentrickfilmspezifische Komik reanimiert, andererseits lässt der Film den ursprünglich moralischen Zweck und die religiöse Herkunft dieser Tradition hinter sich und widmet sich ganz dem ästhetischen Vergnügen am musikalischen Cartoon.

Situationen sind, je mehr also auch die Angst verfremdet wird, desto geringer ist die Betroffenheit des Rezipienten, desto leichter kann er sich innerlich von der Angst lösen. Etwas Entscheidendes kommt hinzu: Wir können dem Spiel mit der Angst um so eher zustimmen, je unbeteiligter wir uns fühlen." (Ebd., S. 12.)

15 Vgl. Kai Spanke: Fun ist ein Blutbad. Zur Komik von Gewalt und Tod im amerikanischen Verfolgungscartoon. In: Susanne Kaul / Oliver Kohns (Hrsg.): *Politik und Ethik der Komik*. München: Fink 2012, S. 133–149. Zur Körperkomik im Animationsfilm vgl. Jan Siebert: *Flexible Figuren. Medienreflexive Komik im Zeichentrickfilm*. Bielefeld: Aisthesis 2005.

16 *Wer hat an der Uhr gedreht* (1973), Titellied der Animationsserie *Der rosarote Panther* (Originaltitel der TV-Serie: *The Pink Panther Show*, USA 1969–1976), Text: Eberhard Storeck.

Sergei Eisensteins mexikanische *danse macabre* und ihre Rezeption in den filmtheoretischen Entwürfen von Siegfried Kracauer

Viola Rühse

> Das Gesicht gilt dem Film nichts, wenn nicht der *Totenkopf* dahinter *einbezogen* ist:
> „Danse macabre". Zu welchem Ende? Das wird man sehen.
>
> (Siegfried Kracauer: *Marseiller Entwurf zu einer Theorie des Films*, 1940/41)

Die lebensfrohen Feierlichkeiten am mexikanischen ‚Tag der Toten' stehen in großem Kontrast zu dem traditionell stillen Totengedenken Anfang November in den Kirchen und auf Friedhöfen in Europa. An dem zensurfreien ‚Día de Muertos' kursiert in Mexiko generell viel politische Satire. Besonders bekannt sind die makabren Darstellungen des Stechers José Guadalupe Posada aus der Zeit der mexikanischen Revolution. In diesen wird europäische Memento-mori-Ikonographie mit sehr rigoroser Gesellschaftskritik in mexikanischer Manier verbunden. Anfang der 1930er Jahre beeinflusste Posadas Kunst die Filmaufnahmen zum mexikanischen Tag der Toten für das unvollendet gebliebene Filmprojekt *¡Que viva México!* von Sergei Michailowitsch Eisenstein. In dem von Sol Lesser geschnittenen Kurzfilm *Death Day* wurden hauptsächlich diese eindrücklichen Totentagsszenen ohne die vielen weiteren Aufnahmen aus Eisensteins umfangreichem Filmvorhaben exponiert (Abb. 1 und 2). Siegfried Kracauer griff *Death Day* ab 1940 als besonders wichtiges Exempel in den frühen Entwürfen seiner bekannten *Theorie des Films* auf.[1] Eisensteins Aufnahmen des

1 Dieser Text ist E. und F. R. gewidmet. – Siegfried Kracauer: Marseiller Entwurf zu einer Theorie des Films. In: Ders.: *Werke in neun Bänden*, Bd. 3: Theorie des Films.

Abb. 1: *¡Que viva México!* (1931), Epilog (Bekleidetes Skelett).

Día de Muertos dienen Kracauer in erster Linie zur Illustration seines Grundverständnisses des Mediums Film. Gegenüber Eisensteins sozialutopischer Konnotation der Szenen nimmt der Filmtheoretiker allerdings eine skeptische Haltung ein. Im Folgenden werden Eisensteins mexikanische *danse macabre* und ihre medientheoretische Rezeption durch Siegfried Kracauer unter besonderer Berücksichtigung der bislang in diesem Kontext noch nicht eingehend behandelten Totentanzthematik analysiert.[2] Beide Positionen stellen exzeptionelle sowie

Die Errettung der äußeren Wirklichkeit, hrsg. v. Inka Mülder Bach, unter Mitarb. v. Sabine Biebl. Frankfurt am Main: Suhrkamp 2005, S. 521–779, hier S. 531. Siegfried Kracauers *Theory of Film* ist seit ihrem Erscheinen sehr umstritten; Rudolf Arnheim würdigte sie jedoch folgendermaßen: „[...] probably the most intelligent book ever written on the subject of the film." (Rudolf Arnheim: Melancholy Unshaped. In: *Journal of Aesthetics and Art Criticism* 21,3 (1963), S. 291–297, hier S. 291.)

2 Aus der extensiven Forschungsliteratur zu Eisensteins *¡Que viva México!* sticht besonders Masha Salazkinas profunde Auseinandersetzung zum Beispiel mit den

kulturhistorisch interessante Bezugnahmen auf die Ikonographie der *danse macabre* dar. Sie unterstreichen so die vor allem für das 20. Jahrhundert „offene Form" des Genres Totentanz, auf die insbesondere Hartmut Freytag in seinen Forschungen verwiesen hat.[3]
Der sowjetische Regisseur Sergei Eisenstein wurde durch seine filmischen Innovationen und die sozialkritische Thematik in dem 1925 uraufgeführten Film *Panzerkreuzer Potemkin* schnell international

Einflüssen mexikanischer Künstler auf Eisenstein hervor. Vgl. Masha Salazkina: *In Excess. Sergei Eisenstein's Mexico.* Chicago: University of Chicago Press 2009. Unverzichtbar sind immer noch Marie Setons detaillierte Biographie zu Eisenstein (Marie Seton: *Sergei M. Eisenstein. A Biography.* London: Dobson 1978) sowie der von Harry M. Geduld und Ronald Gottesmann herausgegebene Quellen- und Materialienband zu dem mexikanischen Filmprojekt des sowjetischen Regisseurs (Sergei Eisenstein / Upton Sinclair: *The Making and Unmaking of ¡Que Viva Mexico!*, hrsg. v. Harry M. Geduld / Ronald Gottesmann. London: Thames & Hudson 1979). – Eine tiefergehende kritische Analyse der mexikanischen Filmaufnahmen und Schriften von Eisenstein in Bezug auf ihre politischen und sozialutopischen Inhalte erscheint weiterhin trotz der vielen neuen Detailerkenntnisse zu *¡Que viva México!* wünschenswert. – Kracauers filmtheoretische Entwürfe waren längere Zeit in Vergessenheit geraten. Erst Anfang der 1990er Jahre wurde auf seine ausführlichen Aufzeichnungen zu einem Filmbuch vor seiner Einreise in die USA von Klaus Michael aufmerksam gemacht (Klaus Michael: Vor dem Café. Walter Benjamin und Siegfried Kracauer in Marseille. In: Michael Opitz / Erdmut Wizisla (Hrsg.): *„Aber ein Sturm weht vom Paradiese her." Texte zu Walter Benjamin.* Leipzig: Reclam 1992, S. 203–221). Tiefergehend untersucht wurde dieser sogenannte *Marseiller Entwurf* insbesondere von Miriam Bratu Hansen; in der neuen Ausgabe der Werke Siegfried Kracauers wurde er dank des Engagements von Sabine Biebl auch veröffentlicht (Miriam Bratu Hansen: „With Skin and Hair." Kracauer's Theory of Film, Marseille 1940. In: *Critical Inquiry* 19,3 (Frühling 1993), S. 437–469; dies.: Introduction. In: Siegfried Kracauer: *Theory of Film. The Redemption of Physical Reality.* Princeton: Princeton University Press 1997, S. vii-xlv; dies.: *Cinema and Experience. Siegfried Kracauer, Walter Benjamin and Theodor W. Adorno*, hrsg. v. Edward Dimendberg. Berkeley / Los Angeles / London: University of California Press 2011; Kracauer: *Werke*, Bd. 3, S. 521–779). Zur Bedeutung von Marseille als symbolischer Ort für Kracauer in den 1920er Jahren vgl. Viola Rühse: Poetisch, philosophisch, politisch. Interieurgestaltung in Siegfried Kracauers Romanen. In: Barbara von Orelli-Messerli (Hrsg.): *Ein Dialog der Künste. Beschreibungen von Innenarchitektur und Interieurs in der Literatur von der Frühen Neuzeit bis in die Gegenwart.* Petersberg: Imhoff 2014 (im Erscheinen).

3 Vgl. Hartmut Freytag: Literatur- und kulturhistorische Anmerkungen und Untersuchungen zum Lübecker und Revaler Totentanz. In: Ders. (Hrsg.): *Der Totentanz der Marienkirche in Lübeck und der Nikolaikirche in Reval (Tallinn). Edition, Kommentar, Interpretation.* Köln / Weimar / Wien: Böhlau 1993, S. 13–57, hier S. 44. – Durch die Lektüre der Publikationen und den Besuch der Lehrveranstaltungen von Herrn Prof. Dr. Hartmut Freytag durfte ich viele Erkenntnisse über die faszinierende Totentanzthematik gewinnen, wofür ich ihm sehr dankbar bin.

bekannt.[4] 1929 bekamen Eisenstein, sein Assistent Grigori Alexandrow und sein Kameramann Eduard K. Tissé von Josef Stalin die Erlaubnis für einen längeren Aufenthalt im Ausland, um dort ihre Filmkunst zu vermitteln und den Tonfilm zu studieren. Da in Hollywood aus kommerziellen und politischen Gründen eine Zusammenarbeit Eisensteins mit der Produktionsfirma Paramount nicht zustande kam, schlug der Maler Diego Rivera dem Regisseur als Alternative einen Film über Mexiko vor.[5] Riveras Heimatland erhielt damals nicht nur aus länderkundlichen und kulturtouristischen Gründen Aufmerksamkeit, sondern zog auch das Interesse linker Intellektueller und Künstler aufgrund der Revolution von 1910 bis circa 1920 und der Absetzung des diktatorischen Präsidenten Porfirio Díaz auf sich. Auch Eisenstein hatte sich mit den Ereignissen in Mexiko zuvor schon auseinandergesetzt und war sehr an einem Filmprojekt über Mexiko interessiert.[6]

Als Geldgeber für Eisensteins Film konnten der sozialkritische Schriftsteller Upton Sinclair und dessen Frau, die Schriftstellerin Mary Craig Sinclair, gewonnen werden. Sinclair sympathisierte mit dem Sozialismus und schien daher für die Zusammenarbeit mit dem Regisseur des Revolutionsfilms *Panzerkreuzer Potemkin* besonders geeignet zu sein. Eisenstein musste dem Ehepaar Sinclair jedoch versichern, dass der Film über Mexiko unpolitisch und nicht sozialkritisch sein würde. Offiziell sollte der Film nach dem ersten Grobkonzept die Vielfalt der Menschen, der Landschaft und der Sitten in Mexiko thematisieren. Die unterschiedlichen Gegenden Mexikos waren damals durch verschiedene zivilisatorische Entwicklungsstände geprägt; im tropischen Tehuantepec lebten die Menschen beispielsweise fast gänzlich unberührt von der modernen Zivilisation, während in Tula

4 Броненосец Потёмкин (*Panzerkreuzer Potemkin*, SU 1925, R: Sergei Eisenstein).

5 Oksana Bulgakowa: *Eisenstein. Eine Biographie.* Berlin: PotemkinPress 1997, S. 149. Ernest Lindgren vermutete zuvor, dass Mexiko als Filmthema von dem Filmstudenten Agustín Aragón Leiva vorgeschlagen worden war. Vgl. Ernest Lindgren: Introduction. In: Sergei M. Eisenstein: *Que viva Mexico!* London: Vision 1951, S. 5–25, hier S. 9.

6 Vgl. Seton: *Sergei M. Eisenstein*, S. 187; David Gillespie: Sergei Eisenstein and the Articulation of Masculinity. In: *New Zealand Slavonic Journal* 42 (2008), S. 1–53, hier S. 6–7.

Abb. 2: , *¡Que viva México!* (1931), Epilog (Totenköpfe vor Karussell).

die hochmoderne Tolteca-Zementfabrik situiert war.[7] Inspiriert von dem damals vielbeachteten Film *Intoleranz* von David W. Griffith wollte Eisenstein verschiedene historische Epochen anhand unterschiedlicher Landschaften thematisieren.[8] Behandelt werden sollten das Leben der mexikanischen Indianer, der Kolonialherren und der Arbeiter auf den Haziendas sowie das Revolutionsgeschehen.
Eisensteins detaillierteres Filmkonzept mit insgesamt vier Episoden und einer Rahmenhandlung entstand erst vor Ort in Mexiko, als sich das Filmteam besser mit dem Land vertraut gemacht hatte.[9] Aufgrund der von den Produzenten gewünschten unpolitischen Thematik und der mexikanischen Zensur war das offizielle Drehbuch jedoch bewusst poetisch und sehr komprimiert gehalten. Denn die mexikanischen Machthaber wünschten eine positive Darstellung ihres Landes, und Eisenstein musste mit ihnen kooperieren, um das Filmprojekt

7 Vgl. Salazkina: *In Excess*, S. 56–60, 163–167.

8 *Intolerance* (*Intoleranz*, USA 1916, R: David W. Griffith). Vgl. Lindgren: Introduction, S. 10, 12.

9 Vgl. Seton: *Sergei M. Eisenstein*, S. 194, 197.

umsetzen zu können.[10] Die realisierten Aufnahmen Eisensteins sind trotzdem durchaus sozialkritisch und politisch: Das Leben der relativ von moderner Kultur isolierten indigenen Bevölkerung in Mexiko gestaltet der sowjetische Regisseur als paradiesartig. Im Kontrast dazu stellt Eisenstein das Leben der kolonialen Oberschicht als sehr dekadent dar und prangert die Grausamkeit der Grundbesitzer gegenüber den Landarbeitern während des Porfiriats an. Anhand kritischer Darstellungen kirchlicher Zeremonien moniert Eisenstein ebenfalls die christliche Legitimierung der Kolonialherrschaft. So unterstreicht er die Bedeutung der seiner Ansicht nach unverzichtbaren Revolution in Mexiko.

Eisenstein verband mit dem Projekt *¡Que viva México!* außerordentliche künstlerische Ambitionen; er suchte lange nach den richtigen Schauplätzen und wiederholte häufig Aufnahmen. Darüber hinaus trugen widrige Umstände wie schlechte Witterung, Krankheiten und Organisationsschwierigkeiten dazu bei, dass die Dreharbeiten statt der ursprünglich geplanten drei- bis viermonatigen Dauer auch nach fast einem Jahr noch nicht abgeschlossen waren.[11] Daher brach das Ehepaar Sinclair die unvollendeten Dreharbeiten ab und beauftragte mit der Postproduktion der Aufnahmen Sol Lesser. Dieser war mit Eisensteins innovativer Montagekunst, die konstitutiv für das Filmschaffen des sowjetischen Regisseurs war, jedoch nicht vertraut und berücksichtigte beim Schneiden nur partiell Eisensteins Drehbuch. In dem längeren Film *Thunder over Mexico* verwendete er beispielsweise lediglich die Aufnahmen der Episode der kolonialen Repressionen zusammen mit Rahmenszenen und in dem Kurzfilm *Death Day* vornehmlich die Szenen des Epilogs.[12] Trotz des Schnittes aus

10 Vgl. Seton: *Sergei M. Eisenstein*, S. 212.

11 Vgl. Lindgren: Introduction, S. 14–15.

12 *Thunder over Mexico (Donner über Mexiko,* USA 1933, R: Sergei M. Eisenstein). – Da Sinclair Geld brauchte, um seinen Wahlkampf für die Kandidatur als Gouverneur von Kalifornien 1934 zu finanzieren, ließ er vor *Death Day* (USA 1934, R: Sergei M. Eisenstein) schon den Kurzfilm *Eisenstein in Mexico* (USA 1933, R: Sergei M. Eisenstein) von Lesser schneiden. Die Originalnegative von *Thunder over Mexico* und *Death Day* wurden später durch Feuer in Hollywood vernichtet. Vgl. Günther Specovius: *Die Russen sind anders. Mensch und Gesellschaft im Sowjetstaat.* Düsseldorf / Wien: Econ 1963, S. 524. Die Kopie von *Death Day* in der Cinémathèque française in Paris wurde 1950 von Kenneth Anger weiterbearbeitet. Vgl. Scott MacDonald: Interview with Kenneth Anger. In: Ders.: *A Critical Cinema 5. Interviews with Independent Filmmakers.*

fremder Hand und der Abwesenheit von Starnamen wurden Lessers Filmversionen wegen der beeindruckenden Aufnahmen gelobt und erhielten viel Publikum. Eisenstein, der nach Moskau zurückreisen musste, litt jedoch sehr unter der Entscheidung des Ehepaars Sinclair und kritisierte immer wieder, dass seine eigentlichen Intentionen in Lessers Produktionen kaum deutlich werden würden.[13] Die noch erhaltenen Aufnahmen von *¡Que viva México!* sowie spätere Texte und Bemerkungen Eisensteins ermöglichen heute immerhin eine recht gute Annäherung an das ursprünglich geplante Konzept. Trotz der Vorgaben seitens der Produzenten und der mexikanischen Regierung wird an den erhaltenen Materialien Eisensteins politische Kritik erkennbar, die auch das zeitgenössische Mexiko tangierte. An den für den Filmschluss gedachten Aufnahmen mit der mexikanischen *danse macabre* wird zudem deutlich, dass der sowjetische Regisseur Mexiko als ein besonders ideales Exempel für seine politische und soziale Utopie ansah.

Eisenstein bezieht sich auch in seiner Autobiographie auf das Projekt *¡Que viva México!* In dieser stellt er heraus, dass die Freiheit des Menschen nur durch soziale Taten und revolutionären Kampf gegen

Berkeley / Los Angeles / London: University of California Press 2006, S. 16–54, hier S. 24–25. – Sinclair ließ zudem die Bell & Howell Company sechs Erziehungsfilme über Mexiko schneiden, von denen fünf auch als Feature mit dem Titel *Mexican Symphony* (USA 1941, R: Sergei M. Eisenstein) gezeigt wurden. Aufgrund ihrer künstlerischen und symbolischen Gestaltung eigneten sich die mexikanischen Aufnahmen Eisensteins für solche didaktischen Filme aber eigentlich nicht. Erst mehrere Jahre später entstanden Rekonstruktionen, bei denen man sich genauer mit Eisensteins ursprünglichen Absichten auseinandersetzte. Beispielsweise produzierte Marie Seton *Time in the Sun* (*Unter Mexikos Sonne*, USA 1940, R: Sergei M. Eisenstein) und Paul Leyda gab 1958 *Eisenstein's Mexican Film. Episodes for Study* (USA 1958, R: Sergei M. Eisenstein) heraus. Von Eisensteins ehemaligem Assistenten Grigori Alexandrow, der in Mexiko eng an der Regie und am Drehbuch beteiligt war, wurde die Version Да здравствует Мексика! (*Que viva México – es lebe Mexico!*, SU 1979, R: Sergei M. Eisenstein) erarbeitet. Alexandrows Filmversion wird heute häufig bei Bezugnahmen auf Eisensteins mexikanisches Filmprojekt präferiert. Aus politischen Gründen wurden darin jedoch zum Beispiel Aufnahmen einer modernen Fabrik fortgelassen. Vgl. Salazkina: *In Excess*, S. 163. Zurzeit arbeiten Lutz Becker und Felix von Moreau an einer weiteren Rekonstruktion. Vgl. ebd., S. 2; siehe außerdem die Website ihres Filmprojektes *¡Qué viva México! The Discovery of a Lost Masterpiece of Cinema* unter http://www.quevivamexico.info (Zugriff am 15.01.2014).

13 Zur Kritik Eisensteins an Sinclair vgl. z. B. Sergei M. Eisenstein: Introduction to the Scenario of *¡Qué viva México!* In: Seton: *Sergei M. Eisenstein*, S. 504–512 (Appendix V), hier S. 511–512.

destruktive Kräfte möglich sei. Die zerstörerischen Kräfte werden von dem sowjetischen Regisseur mit dem Tod assoziiert, die positiven sozialen Taten dagegen ermöglichen ihm zufolge einen Sieg über den Tod. Eine solche Unsterblichkeit ist nach Eisenstein natürlich nicht Christus geschuldet, sondern allein dem Menschen.[14] Seine säkulare Soteriologie hat Eisenstein in den Aufnahmen über den Día de Muertos, die für den Epilog seines mexikanischen Filmprojektes gedacht waren, besonders eindrücklich zum Ausdruck gebracht. Die symbolische Darstellung der sozialen Überwindung des Todes am Ende von *¡Que viva México!* sollte dabei die Prologszenen einer traditionellen mexikanischen Beerdigung als Ausdruck der Unterwerfung unter den biologischen Tod kontrastieren.

Die lebensfrohen Feierlichkeiten am Día de Muertos, die sich so sehr von dem Totengedenken Anfang November in Europa unterscheiden, sind durch den alten Volksglauben geprägt, dass die Seelen der Verstorbenen an diesen Tagen zu ihren Familien zurückkehren.[15] Aufgrund der traditionellen Aufhebung der Zensur am mexikanischen Tag der Toten wird zudem viel gesellschaftliche Kritik in satirischer Form geäußert. Besonders bekannt sind die sarkastischen Darstellungen von José Guadalupe Posada aus der Zeit der Revolution, in denen die Verfehlungen der kolonialen Oberschicht in Verbindung mit europäischer Memento-mori-Ikonographie angeprangert werden.[16] Da diese Darstellungen für die Revolutionspropaganda nicht unerheblich waren, konnte Posada posthum von den mexikanischen Muralisten zu ihrem Vorgänger und zum Revolutionskünstler stilisiert werden.[17]

14 Vgl. Sergei M. Eisenstein: *Yo – Ich selbst. Memoiren*, Bd. 2, hrsg. v. Naum Klejman / Walentina Korschunowa. Wien: Löcker 1984, S. 797–803.

15 Vgl. Stanley H. Brandes: *Skulls to the Living, Bread to the Dead. The Day of the Dead in Mexico and Beyond.* London: Wiley 2007, S. 23; Paul Westheim: *Der Tod in Mexiko. La calavera.* Hanau am Main: Müller & Kiepenhauer 1987; Octavio Paz: *Das Labyrinth der Einsamkeit.* Frankfurt am Main: Suhrkamp 1990, S. 59–69. – Von der UNESCO wurde der Día de Muertos auf Grund seiner Bedeutung für die indigenen Gemeinschaften Mexikos in die Liste des immateriellen Kulturerbes aufgenommen.

16 Einen ersten Überblick über das Œuvre Posadas bieten Hannes Jähn (Hrsg.): *Das Werk von José Guadalupe Posada. The Works of José Guadalupe Posada.* Frankfurt am Main: Zweitausendeins 1997; Carlos Cortez (Hrsg.): *Viva Posada! A Salute to the Great Printmaker of the Mexican Revolution.* Chicago: Kerr 2002.

17 Vgl. Salazkina: *In Excess*, S. 141; Anita Brenner: *Idols Behind Altars. Modern Mexican Art and Its Cultural Roots.* New York: Dover 2002, S. 185–198.

Posadas makabre Satire bewunderte Eisenstein sehr,[18] konnte er darin doch seine Vorstellung des siegreichen revolutionären Prinzips des Lebens *par excellence* gespiegelt sehen. Unter Berücksichtigung der mexikanischen Kultur und Ästhetik stilisierte Eisenstein die rasanten Szenen der Fiesta am Día de Muertos zu einem Denkmal des seiner Meinung nach weiterhin wachsenden und alle Hindernisse überwindenden revolutionären Mexikos. Den mexikanischen Sieg über den Tod betonte Eisenstein zum Beispiel anhand von Tanzszenen junger Männer mit Totenmasken. Die sehr sinnlich wirkenden Tänzer engagierte Eisenstein aus den damals berüchtigten mexikanischen Cabarets. Ihre vitalen und erotischen Tanzbewegungen vermitteln Lebendigkeit, die in betontem Kontrast zu den starren Totenmasken steht. Formal sind die Darstellungen Eisensteins inspiriert von den wilden Tänzen in spätmittelalterlichen Totentanz-Darstellungen.[19] In der *danse macabre* des ausgehenden Mittelalters dient der Tanz als Symbol der lasterhaften Weltverfallenheit.[20] Eisensteins Tanzaufnahmen am Día de Muertos fungieren jedoch als positiver Ausdruck der Lebensfreude und der befreienden Kraft der Mexikaner gegen die Macht des Todes.[21] Vorbereitet wurde dies schon vorher in der Filmhandlung mit Darstellungen der Hochzeitstänze mexikanischen indigenen Bevölkerung, deren Sinnlichkeit von Eisenstein als positiv gegen die dekadente koloniale Oberschicht abgesetzt wurde.

Eisenstein filmte auch Grafiken des Stechers Posada, um sie in die Totentagsszenen einzubringen. Darüber hinaus gestaltete der Regisseur für den Höhepunkt des Epilogs eigene satirische Skelettfiguren in Anlehnung an Posadas *calaveras*, mit denen der mexikanische Künstler politische Kritik übte. Eisenstein lieh sich aus der medizinischen Schule in Mexiko-Stadt Skelette aus[22] und verkleidete die Gerippe als Vertreter der vorrevolutionären, aber auch der zeitgenössischen mexikanischen Gesellschaft, z. B. als Haziendero, Bankier und General.

18 Vgl. ebd., S. 23, 141–143.

19 Vgl. Eisenstein: Introduction to the Scenario of *¡Qué viva México!*, S. 509.

20 Vgl. Reinhold Hammerstein: *Tanz und Musik des Todes. Die mittelalterlichen Totentänze und ihr Nachleben.* Bern / München: Francke 1980, S. 84.

21 Auf die inhaltlichen Unterschiede seiner Epilogaufnahmen zur europäischen Ikonographie der *danse macabre* macht Eisenstein in seiner Autobiographie aufmerksam. Vgl. Eisenstein: *Yo – Ich selbst*, Bd. 2, S. 801.

22 Seton: *Sergei M. Eisenstein*, S. 212.

Die verkleideten Skelette wurden wie die feiernden Menschen am Día de Muertos ebenfalls mit Totenmasken ausgestattet. Am Ende des Films enthüllen die beweglichen Knochenmänner ihre Totenschädel hinter den Totenmasken. Eisenstein wollte so herausstellen, dass diese exemplarischen Personen als „Leichen einer sozial toten Klasse“[23] den Tod versinnbildlichen. Als Kontrast zu den entmaskierten *calaveras* gestaltete Eisenstein die Maskenabnahme von Arbeitern und Kindern. Sie enthüllen ihre lächelnden und lachenden Gesichter als symbolische Geste für Eisensteins Vorstellung der „Unsterblichkeit durch Kampf für das revolutionäre Ideal der Freiheit“[24]. Die verkleideten Skelette sind deutlich inspiriert von der besonderen Ironie am mexikanischen Tag der Toten, der *vacilada.* Zudem stellen Eisensteins *calaveras* eine künstlerisch überaus gelungene Ergänzung seiner makabren Tanzaufnahmen dar. Denn die Auswahl repräsentativer Protagonisten der zeitgenössischen mexikanischen Gesellschaft weist eine formale Analogie zur europäischen Totentanztradition auf, nämlich zu den bewusst ausgewählten Ständevertretern und der Ständesatire in den makabren spätmittelalterlichen Reigendarstellungen. Der spätmittelalterliche Totentanz stand jedoch im Dienst der Ständedidaxe. Gemäß den damaligen kirchlichen und sozialen Reformvorstellungen sollte die gesamte Gesellschaft unter Androhung des Verlustes des ewigen Lebens zur Buße und zu einem besseren Leben aufgerufen werden.[25] Im Spätmittelalter war damit gerade kein revolutionärer Umsturz intendiert; im Gegenteil, die sich damals allmählich auflösende Ständegesellschaft sollte gefestigt werden. Bei Eisensteins Skelettdarstellungen dagegen fehlt die christliche Buß-Symbolik gänzlich; mit ihrer betont negativen Charakterisierung wird ein revolutionärer Umsturz legitimiert. In den übrigen Filmepisoden stellt Eisenstein ebenfalls heraus, dass seiner Meinung nach von der kolonialen Oberschicht keine Besserung der sozialen Verhältnisse zu erwarten gewesen sei und die Revolution unumgänglich war. Mit ihrem fröhlichen Triumphduktus über den Tod unterscheiden sich Eisensteins Filmszenen auch von modernen Totentänzen in Europa

23 Eisenstein: Introduction to the Scenario of *¡Qué viva México!*, S. 511.

24 Eisenstein: *Yo – Ich selbst*, Bd. 2, S. 797.

25 Vgl. Viola Rühse: Die Pariser „danse macabre“ von Johannes Gerson. Unveröffentlichtes Manuskript, S. 81–88.

in der ersten Hälfte des 20. Jahrhunderts. Die europäischen Darstellungen sind zwar ebenfalls säkular ausgerichtet, sie gemahnen aber meistens melancholisch an den Verlust der alten Gesellschaft oder kritisieren die Grausamkeit des Ersten Weltkriegs.[26]

Eisenstein wollte zunächst offizielle Aufnahmen des mexikanischen Generals Plutarco Elías Calles und des Erzbischofs von Mexiko aus seinen Auftragsarbeiten für die mexikanische Regierung mit den Totentagsszenen in eine sarkastische Parallelmontage bringen. Diese Aufnahmen wurden in den bisherigen Filmrekonstruktionen jedoch nicht eingesetzt[27] und trotz gegenteiliger Quellenlage sogar als profaschistisch gedeutet.[28] Damit wird unterminiert, dass Eisenstein durchaus auch am zeitgenössischen Mexiko faschistische und diktatorische Tendenzen herausstellte, die auf die damalige internationale Politik, insbesondere die in mehreren Ländern zunehmenden faschistischen Bewegungen verweisen sollten.[29] Mit seiner ungewöhnlichen *danse macabre* wollte Eisenstein wohl gerade angesichts der kritischen weltpolitischen Lage zur weiteren Unterstützung des Sozialismus anhand des nachrevolutionären „neu wachsenden Mexikos“[30] aufrufen.

Insbesondere für Rezipienten außerhalb Mexikos sind Eisensteins Szenen zum Día de Muertos besonders eindrücklich, da der Tod in der westlichen Kultur seit der Neuzeit tabuisiert wird.[31] Dabei ist

26 Vgl. z.B. Brigitte Schulte: Der Totentanz vor dem Hintergrund der industriellen Revolution und den Auswirkungen des Ersten Weltkrieges. In: Winfried Frey (Hrsg.): *„Ihr müßt alle nach meiner Pfeife tanzen.“ Totentänze vom 15. bis zum 20. Jahrhundert aus den Beständen der Herzog-August-Bibliothek Wolfenbüttel und der Bibliothek Otto Schäfer Schweinfurt.* Ausstellungskatalog. Wiesbaden: Harrassowitz 2000, S.203–230; Jens Guthmann: Die Bedrohung des Menschen durch den Menschen. Totentanz in der bildenden Kunst seit dem Zweiten Weltkrieg. In: Frey (Hrsg.): *„Ihr müßt alle nach meiner Pfeife tanzen“*, S.231–276.

27 Bulgakowa: *Eisenstein*, S.165.

28 Seton: *Sergei M. Eisenstein*, S.212, Anm. 1.

29 Zu anderen bislang häufig übergangenen Aufnahmen Eisensteins mit Kritik am zeitgenössischen Mexiko vgl. James Goodwin: Eisenstein, Ecstasy, Joyce and Hebraism. In: *Critical Inquiry* 26,3 (Frühling 2000), S.529–557, hier S.552–553; Eisenstein: *Yo – Ich selbst*, Bd.2, S.801.

30 Vgl. Eisenstein: Introduction to the Scenario of *¡Qué viva México!*, S.87.

31 Vgl. Philippe Ariès: *Geschichte des Todes.* München: dtv 2005. – Simone du Beauvoir beschreibt zum Beispiel in einem Brief an Jean-Paul Sartre am 3. Februar 1940 das „komische Totenfest“ in Eisensteins Film als „ganz merkwürdig und lustig“ (Simone de Beauvoir: *Briefe an Sartre*, Bd.2: 1940–1963, hrsg. v. Sylvie Le Bon de Beauvoir. Reinbek: Rowohlt 1997, S.97).

auffällig, dass sich die Lebensfreude und Sinnlichkeit in Eisensteins Aufnahmen deutlich von dem Puritanismus der stalinistischen Moral unterscheiden.[32] Während Eisenstein sich in Mexiko intensiv um eine progressive ästhetische Gestaltung der Filmaufnahmen bemühte, wurde das künstlerische und soziale Leben in der Sowjetunion immer stärker von Staat und Partei kontrolliert. Immer mehr wurde das avantgardistische Experimentieren unterbunden, das nach der Revolution von der offiziellen sowjetischen Kulturpolitik zunächst unterstützt worden war.[33] Bertolt Brecht kritisierte die starke emotionale Erschütterung, die Eisenstein dem Zuschauer zumutet, da diese ihr analytisches Vermögen vermindere.[34] Kulturhistorisch mag Eisensteins Schock-Ästhetik bei der mexikanischen *danse macabre* jedoch die brisante soziale und politische Situation der modernen Gesellschaft indizieren, die u. a. durch einen florierenden Faschismus Anfang der 1930er Jahre gekennzeichnet war. Schon mit der drastischen Buß-Ästhetik der spätmittelalterlichen Totentänze wurde auf eine forcierte Krisensituation im Übergang zur neuzeitlichen Gesellschaft reagiert, die u. a. bestimmt war durch die auf nominalistischen Erkenntnisproblemen basierende Heilsangst und die Auflösung der damaligen Ständegesellschaft.[35]

Siegfried Kracauer war sehr von Eisensteins frappierenden Aufnahmen des Día de Muertos beeindruckt. Er machte sich zu ihnen ausführliche Notizen und Skizzen, als er die Totentagsszenen in dem von Lesser geschnittenen Kurzfilm *Death Day* im Januar 1940 im Pariser Avantgardekino Les Ursulines sah.[36] *Death Day* griff Kracauer darüber hinaus als sehr wichtiges Exempel in den Vorentwürfen seiner *Theorie des Films* auf. Gefördert durch seine journalistische Tätigkeit beschäftigte sich Kracauer früh eingehend mit den Medien und Phänomenen der entstehenden modernen Massenkultur, insbesondere

32 Vgl. Gillespie: Sergei Eisenstein and the Articulation of Masculinity, S. 6.

33 Eisenstein wurde über die Situation in der UdSSR über Briefe informiert. Vgl. Bulgakowa: *Eisenstein*, S. 158.

34 Vgl. ebd., S. 176.

35 Vgl. Rühse: Die Pariser „danse macabre" von Johannes Gerson, S. 85–86.

36 Von Kracauers Notizen während dieser Kinovorführung des Kurzfilms Lessers unter dem französischen Titel *Kermesse funèbre* sind die Blätter 1 und 6 als Faksimile abgedruckt in Kracauer: *Werke*, Bd. 3, S. 515–516.

mit dem Film.[37] Eisensteins *Panzerkreuzer Potemkin* lobte Kracauer in seiner Rezension der Frankfurter Filmaufführung im Jahr 1926 sehr[38] und setzte sich weiterhin mit den Arbeiten und Schriften des sowjetischen Regisseurs auseinander. So sah er sich auch Filme an, die wie *Death Day* aus Eisensteins mexikanischen Aufnahmen geschnitten worden waren, als er sich im französischen Exil ab 1937 wieder intensiver mit dem Filmmedium beschäftigte. Kracauer begann damals mit der Arbeit an einem „Standard-Buch für das gebildete Publikum" über die „Kulturgeschichte des internationalen Films", in dem „historische, ästhetische und soziologische Betrachtung stetig ineinandergreifen" sollten.[39] Dieses Buchprojekt sollte die Bewerbung Kracauers für ein Forschungsprojekt in der Film Library des Museum of Modern Art in New York unterstützen und eine Emigration in die Vereinigten Staaten ermöglichen. In der Hoffnung auf eine Einreiseerlaubnis in die USA fuhr Kracauer mit seiner Frau im Juni 1940 nach Marseille; erst im April 1941 konnte das Ehepaar Kracauer jedoch nach Bewältigung vieler Schwierigkeiten von Lissabon aus nach New York reisen.

Während der verzweifelten Bemühungen um das Visum begann Kracauer in Marseille am 16. November 1940 mit einem recht detaillierten Grundgerüst als Vorbereitung für eine ausführliche Niederschrift

37 Ungefähr ein Drittel von Kracauers Zeitungsartikeln behandeln Filmthemen. Vgl. Hansen: *Cinema and Experience*, S. 4.

38 Für die Rezension von Eisensteins Film *Panzerkreuzer Potemkin* vgl. Siegfried Kracauer: Die Jupiterlampen brennen weiter. Zur Frankfurter Aufführung des Potemkin-Films. In: Ders.: *Werke*, Bd. 6.1: Kleine Schriften zum Film 1921–1927, hrsg. v. Inka Mülder-Bach, unter Mitarb. v. Mirjam Wenzel u. Sabine Biebl. Frankfurt am Main: Suhrkamp 2004, S. 234–237 (Nr. 159). Außerdem sei auf Miriam Bratu Hansens aufschlussreiche Bemerkungen zu dieser Filmbesprechung hingewiesen. Vgl. Hansen: *Cinema and Experience*, S. 38.

39 Siegfried Kracauer: Ideenskizze zu meinem Buch über den Film. In: Ders.: *Werke*, Bd. 3, S. 807–809. – Unmittelbar nach dem Reichstagsbrand flüchtete Kracauer Ende Februar 1933 als politisch links stehender Jude nach Frankreich. Ab Januar 1937 schrieb er regelmäßig Filmkritiken für schweizerische Zeitungen. Für das Filmbuch hatte Kracauer einen Vertrag mit dem Verlag Allert de Lange abgeschlossen, wegen der zunehmenden materiellen Verelendung und den Emigrationsbemühungen konnte er den ursprünglichen Abgabetermin am 1. Oktober 1939 jedoch nicht einhalten; im Juni 1940 musste der Verlag für deutsche Exilliteratur nach der deutschen Besetzung der Niederlande liquidiert werden. Vgl. Inka Mülder-Bach: Nachbemerkung und editorische Notiz. In: Kracauer: *Werke*, Bd. 3, S. 847–874, hier S. 848–850.

seines Filmbuches.[40] In mehreren parallelen Kolumnen notierte er die Hauptargumentation, Bemerkungen, Beispiele und weitere Ergänzungen. Eine allgemeine Studie über den Film konnte Kracauer jedoch erst 1960 mit seiner *Theory of Film. The Redemption of Physical Reality* veröffentlichen, da er die Arbeit an dem Filmbuch-Projekt immer wieder wegen anderer Verpflichtungen unterbrechen muss. Während der 20 Jahre vom ersten Vorhaben dieses Buches bis zu seiner Publikation verändern sich die Sprache, die Gliederung, Akzentsetzungen, Begrifflichkeiten sowie partiell auch die historische und philosophische Stoßrichtung aufgrund neuer Erfahrungen und der Ereignisse in den Kriegs- und Nachkriegsjahren.

Von 1940 bis 1955 räumte Kracauer dem Kurzfilm *Death Day* in den Entwürfen des Filmbuches eine besondere Bedeutung ein. Der Filmtitel sollte als Bezeichnung des Schlusskapitels dienen, in dem mit Bezug auf den Kurzfilm nicht nur das Buch zusammengefasst, sondern auch letzte Schlussfolgerungen formuliert werden würden.[41] Das abschließende Kapitel wurde im sogenannten *Marseiller Entwurf* der Filmtheorie jedoch nicht mehr skizziert, da Kracauer diese Aufzeichnungen in insgesamt drei Notizbüchern nach seiner Ankunft in New York am 24. April 1941 nicht mehr fortführt.[42] Als Vorgriff auf das Schlusskapitel bezieht sich Kracauer allerdings schon am Ende des Einleitungsentwurfes auf *Death Day*. Hier führt er den französischen Filmtitel *Kermesse funèbre* unter den „Stichworten“ an und geht in den Notizen zur „Komposition“ auf eine damit in Verbindung stehende Thematik ein. Schon in der Rohskizze ist dieser Abschnitt bewusst „vordeutend“ und „geheimnisvoll“ mit bildlichen Formulierungen in Anlehnung an den Stil von Kracauers „Denkbildern“ aus der Zeit der Weimarer Republik formuliert worden:[43]

40 Auch schon vorher hat Kracauer in Marseille eifrig an dem Filmbuch gearbeitet. Dies wurde von Walter Benjamin als ein Zeichen des besonderen Überlebenswillens von Kracauer in der schlimmsten Phase der Emigration angesehen. Vgl. das Gesprächszitat Benjamins in Soma Morgenstern: Brief an Gershom Scholem, 21.12.1972; auszugsweise abgedruckt in Hans Puttnies / Gary Smith (Hrsg.): *Benjaminiana. Eine biografische Recherche*. Gießen: Anabas 1991, S. 202–203.

41 Vgl. Hansen: *Cinema and Experience*, S. 265.

42 Kracauer nutzt den *Marseiller Entwurf* in den nächsten Jahren jedoch als Materialiensammlung und ergänzt einige Marginalien.

43 Zu Kracauers „Denkbildern“ vgl. Helmut Stalder: *Siegfried Kracauer. Das journalistische Werk in der Frankfurter Zeitung 1921–1933*. Würzburg: Königshausen & Neumann 2003, S. 218–222.

> Der Film verwickelt die ganze materielle Welt mit ins Spiel, er versetzt zum ersten Mal – über Theater und Malerei hinausgreifend – das Seiende in Umtrieb. Er zielt nicht nach oben, zur Intention, sondern drängt nach unten, zum Bodensatz, um auch diesen mitzunehmen. Der Abhub interessiert ihn, das, was da ist – am Menschen selber und außerhalb des Menschen. Das Gesicht gilt dem Film nichts, wenn nicht der *Totenkopf* dahinter *einbezogen* ist: „Danse macabre". Zu welchem Ende? Das wird man sehen.[44]

In der betont enigmatischen Passage fasst Kracauer sehr verdichtet seine Hauptansichten zum Medium Film zusammen, die seinem Buchprojekt zugrunde liegen. Für Kracauer fungiert der Film als ein besonderes Medium, da dieser im Unterschied zu den traditionellen bildenden und darstellenden Künsten wie Malerei und Theater die materielle Welt unvoreingenommen erfassen könne. Denn der Film nimmt nach Kracauer die lebendigen Phänomene gleichberechtigt mit den ‚toten' der niedrigen Regionen der Existenz auf. Diese schließen Intentionalität und Interpretation aus – daher dränge der Film „nach unten". In diesem Sinne betont Kracauer stets auch die Verbindung des Films zur Fotografie. Schon 1927 hat er in einem bekannten Essay pointiert formuliert, dass zum ersten Mal in der Geschichte sich durch die Fotografie „die Totenwelt in ihrer Unabhängigkeit vom Menschen"[45] vergegenwärtige.
Der Begriff des „Abhubs" in der oben zitierten Passage verweist auf den Freud'schen Terminus des „Abhubs der Erscheinungswelt"[46]. Sigmund Freud verwendete die Bezeichnung für seine Hinwendung zu den zuvor wenig gewürdigten alltäglichen psychologischen Phänomenen wie Fehlleistungen, Träumen und neurotische Symptomen des Menschen. Neben Kracauer erachtete auch Adorno Freuds „Auskonstruktion kleiner und intentionsloser Elemente"[47] für die Philosophie als wichtig. Ähnlich wie Adorno sieht auch Kracauer in der gegenwärtigen Epoche die Dominanz des wissenschaftlichen Interesses an den Zusammenhängen der kleinsten Elemente und die zunehmende

44 Kracauer: *Werke*, Bd. 3, S. 531.

45 Siegfried Kracauer: Die Photographie. In: Ders.: *Werke*, Bd. 5.2: Aufsätze 1927–1931, hrsg. v. Inka Mülder-Bach. Frankfurt am Main: Suhrkamp 1990, S. 83–98, hier S. 96.

46 Sigmund Freud: *Vorlesungen zur Einführung in die Psychoanalyse. Gesammelte Werke*, Bd. 11. Frankfurt am Main: Fischer 1960, hier S. 20.

47 Vgl. z. B. Theodor W. Adorno: Die Aktualität der Philosophie. In: Ders.: *Gesammelte Schriften*, Bd. 1. Frankfurt am Main: Suhrkamp 1973, S. 325–344, hier S. 336; Rolf Wiggershaus: *Theodor W. Adorno*, München: Beck 2006, S. 36.

Aufhebung der Empfänglichkeit der Menschen für absolute Ideen.[48] Kracauer schätzte das Filmmedium besonders, weil es gerade der Zeit zugehörig ist, „in der die alte ‚long-shot' Perspektive, die in irgendeiner Weise das Absolute zu treffen meint, durch die ‚close-up' Perspektive ersetzt wird, die das mit dem Vereinzelten, dem Fragment, vielleicht Gemeinte anstrahlt."[49]

Kracauer nimmt an anderer Stelle im *Marseiller Entwurf* direkt Bezug auf Walter Benjamin, unter anderem auf dessen Studie *Ursprung des deutschen Trauerspiels*.[50] Benjamin hat die Epoche des Barock geschichtsphilosophisch als bedeutsam für die Entwicklung der ‚Todverfallenheit' der Natur angesehen. Nach Benjamin prägt sich die Geschichte mit all ihrer Unzeitigkeit und ihrem Leid – bedingt durch den religiösen Sinnverlust – in einem ‚Totenkopfe' aus und wird unter dem Blick des Melancholikers zur Allegorie. Nach Kracauer kann im Filmmedium das Seiende besonders gut akzentuiert werden. An die allgemeine Todverfallenheit des Seienden können Eisensteins Aufnahmen zum mexikanischen Día de Muertos mit den Totenmasken tragenden Menschen sowie besonders auch den vielen weiteren makabren Requisiten des Films wie Spielzeugskeletten und Totenköpfen aus Zuckerguss besonders eindrücklich gemahnen.

Kracauer setzte sich zeit seines Lebens besonders intensiv mit der transzendentalen Obdachlosigkeit und dem Wirklichkeitsverlust in der Moderne auseinander. In Bezug auf die zeitgenössische Gesellschaft hat Kracauer in seinem bekannten Essay „Das Ornament der Masse" aus dem Jahr 1927 beispielsweise darauf aufmerksam gemacht, dass allein die Beschäftigung mit den Phänomenen der Oberfläche Erkenntnis erlauben würde. Daher hat er wichtige

48 Vgl. Siegfried Kracauer: Brief an Theodor W. Adorno, 12.02.1949. In: Theodor W. Adorno / Siegfried Kracauer: *Briefwechsel 1923–1966. „Der Riß der Welt geht auch durch mich..."*, hrsg. v. Wolfgang Schopf. Frankfurt am Main: Suhrkamp 2008, S. 444–446, hier S. 444; Viola Rühse: Siegfried Kracauers Suche nach einem ideellen Refugium. In: Claudia Reiche (Hrsg.): *Schutzraum. Politik – Ästhetik – Medien*. Bremen: thealit 2014 (im Erscheinen).

49 Kracauer: Brief an Theodor W. Adorno, 12.02.1949, S. 445.

50 Kracauer: *Werke*, Bd. 3, S. 683. – Benjamins Studie zum deutschen Trauerspiel war 1928 von Kracauer rezensiert worden. Vgl. Siegfried Kracauer: Zu den Schriften Walter Benjamins. In: Ders.: *Werke*, Bd. 5.2, S. 119–124 (Nr. 85); Hansen: „With Skin and Hair", S. 444.

Oberflächenchiffren zu entschlüsseln versucht.[51] Dem Film kam dabei aufgrund der Aufzeichnung und Erforschung der materiellen Welt eine besondere Rolle zu.[52] In Eisensteins mexikanischen Aufnahmen zum Día de Muertos ist mit der ausgelassenen Fiesta auch ein Motiv integriert, das nach Kracauer der Charakteristik des Films, „das Seiende in Umtrieb" zu versetzen, besonders entspricht, da der Mensch bei Volksfesten „in die Tiefen des Körperlichen"[53] einkehre. Am Tanz werde zudem die „*FREUDE an der BEWEGUNG um ihrer selbst willen*"[54] deutlich.

Kracauer lässt am Ende seiner Einleitung im *Marseiller Entwurf* zunächst rhetorisch wirksam in der Schwebe, ob eine Hinwendung zur ‚Schädelstätte' des anscheinend in vollkommen sinnlose Trümmer und Bruchstücke zerfallenden Seienden in der Moderne[55] mittels des Filmmediums einen höheren Zweck ergeben könne. Signifikanterweise benutzt Kracauer beim Verweis auf Eisensteins Filmaufnahmen am Schluss seiner Einleitung auch nicht mexikanische Begrifflichkeiten wie etwa den Día de Muertos, sondern die französische Bezeichnung *danse macabre* aus der europäischen Totentanzikonographie. Dieses im Spätmittelalter entstehende Sujet ist – wie oben erläutert – bei seiner Rezeption im Europa des 20. Jahrhunderts vornehmlich mit Melancholie verbunden. Gegenüber dem durch den Sozialismus geprägten utopischen Konzept einer ‚Wende zum neuen Leben', das Eisenstein in den Epilogaufnahmen seines mexikanischen Filmprojektes thematisiert, zeigt sich Kracauer also skeptisch. Zwar hatten die Schriften des jungen Marx großen Einfluss auf Kracauer; Anfang der 1930er Jahre distanzierte er sich jedoch sehr dezidiert von der vulgärmarxistischen Weltbetrachtung in der Sowjetunion, da diese „vielleicht für die Verwirklichung des russischen

51 Vgl. Siegfried Kracauer: Das Ornament der Masse. In: Ders.: *Werke*, Bd. 5.2, S. 57–67 (Nr. 73).

52 Vgl. u. a. Kracauer: *Werke*, Bd. 3, S. 543, 683.

53 Ebd., S. 539, 605.

54 Ebd., S. 541. Das für ihn sehr wichtige Bewegungsmotiv plante Kracauer anscheinend, anhand des Motivs „Pferdegalopp" noch genauer auszuführen, welches er stichwortartig am Ende der Einleitung des *Marseiller Entwurfs* vermerkt. Vgl. Kracauer: *Werke*, Bd. 3, S. 503; zum Pferdegalopp vgl. u. a. ebd., S. 535.

55 Die Formulierung benutzt auch der von seinem früheren Mentor und Freund Kracauer sehr geprägte junge Adorno 1932. Vgl. Theodor W. Adorno: Die Idee der Naturgeschichte. In: Ders.: *Gesammelte Schriften*, Bd. 1, S. 345–365, hier S. 365.

Fünfjahresplanes von Nutzen ist, aber […] mit Marxismus kaum noch etwas zu tun hat"[56]. In Deutschland musste er zudem selbst das Scheitern der Weimarer Republik miterleben. Der *Marseiller Entwurf* wurde darüber hinaus in einer Zeit begonnen, die die „dunkelste Zeit dunkler acht Jahre"[57] während Kracauers Exil als linker jüdischer Intellektueller aufgrund des Nationalsozialismus darstellte. Kracauer verdeutlicht aber in den weiteren Aufzeichnungen im *Marseiller Entwurf*, dass der Film es vermöge, ‚leere Ideologien' aufzudecken.[58] Insbesondere Anfang der 1930er Jahre hatte er sich selbst besonders bemüht, das „Maskenarsenal der politischen Reaktion"[59] in seinen Filmanalysen kritisch zu entlarven, ohne damit aber den Erfolg der nationalsozialistischen Partei in Deutschland maßgeblich mindern zu können Kracauer betont im *Marseiller Entwurf* ebenfalls die Verpflichtung zum Weiterleben trotz widriger Umstände.[60] Auch hebt er als Hoffnungszeichen beispielsweise bei Grotesken die Abwendung der Katastrophe im letzten Augenblick hervor.[61] Dabei ist auffällig, dass

56 Vgl. Siegfried Kracauer: Instruktionsstunde in Literatur. In: Ders.: *Schriften*, Bd. 5,2: Aufsätze 1927–1931, hrsg. v. Inka Mülder-Bach, Frankfurt am Main: Suhrkamp 1990, S. 308–311 (Nr. 136); Stalder: *Siegfried Kracauer*, S. 141–152.

57 Nur wenige Wochen vor Beginn des *Marseiller Entwurfs* versuchte Kracauer vergeblich über denselben Fluchtweg wie Walter Benjamin, der sich schließlich in der spanischen Grenzstadt Port Bou das Leben genommen hatte, nach Spanien zu gelangen. Auch Kracauer sei der „Gedanke an Selbstmord" in dieser Zeit gekommen. Vgl. Siegfried Kracauer: Brief an Max Horkheimer, 11. Juni 1941. Nachlass Max Horkheimer, Archivzentrum der Universitätsbibliothek Johann Christian Senckenberg, Frankfurt am Main; hier zit. n. dem abgedruckten Auszug in: Adorno / Kracauer: *Briefwechsel 1923–1966*, S. 428 (Anm. zu *8 Jahre einer Existenz*). Ein anschauliches literarisches Zeugnis über die furchtbare Situation der Emigranten in Marseille stellt u. a. Anna Seghers' (d. i. Netty Reiling) 1941/42 verfasster Roman *Transit* dar. Vgl. Anna Seghers: *Transit*, mit einem Nachw. v. Sonja Hilzinger. Berlin: Aufbau 1993.

58 Vgl. z. B. Kracauer: *Werke*, Bd. 3, S. 621.

59 Siegfried Kracauer: Berliner Notizen. In: Ders.: *Werke*, Bd. 6.2: Kleine Schriften zum Film 1928–1931, hrsg. v. Inka Mülder-Bach unter der Mitarb. v. Mirjam Wenzel / Sabine Biebl. Frankfurt am Main: Suhrkamp 2004, S. 356–358, hier S. 356 (Nr. 600); Hansen: *Cinema and Experience*, S. 6. – Seine gesellschaftskritischen Filmanalysen greift Siegfried Kracauer später wieder teilweise und mit Veränderungen in einer Studie auf. Vgl. Siegfried Kracauer: *From Caligari to Hitler. A Psychological History of the German Film*. New York: Princeton University Press 1947.

60 Die Verpflichtung zum Weiterleben interpretiert Siegfried Kracauer als möglichen Sinn der Tendenz des Films zur ‚Endlosigkeit' und führt dabei das Ende von Charlie Chaplins *Modern Times* (*Moderne Zeiten*, USA 1936, R: Charlie Chaplin) als Beispiel an. Vgl. Kracauer: *Werke*, Bd. 3, S. 707 (mit Anm. 205, S. 789).

61 Vgl. ebd., S. 609. Ebenfalls hebt Kracauer bei Komödien die individuelle Rettung im letzten Augenblick hervor. Vgl. ebd., S. 707.

Eisensteins mexikanische *danse macabre* große Ähnlichkeiten mit den Sensationseffekten, dem absurden Humor und der Jahrmarktstradition des grotesken Genres aufweist.[62]

Eisenstein selbst bemerkte mehrmals, dass die Epilogszenen aus *¡Que viva México!* ausschließlich als Finale der übrigen Episoden die von ihm intendierte symbolische Wirksamkeit entfalten könnten. Besonders kritisierte Eisenstein die Verwendung seiner Aufnahmen zum mexikanischen Tag der Toten in dem von Lesser geschnittenen Kurzfilm *Death Day*.[63] Dass Kracauer jedoch bei den Vorbereitungen seines allgemeinen Buches über den Film bis 1955 ausschließlich auf die Totentanzszenen in dem Kurzfilm *Death Day* Bezug nahm, kann als signifikant für seine Rezeption von Eisensteins Œuvre angesehen werden.[64] Kracauer distanzierte sich zwar Anfang der 1930er Jahre dezidiert von einem Marxismus stalinistischer Prägung; die frühen Revolutionsfilme Eisensteins lobte er jedoch weiterhin aufgrund der in diesen besonders ideal erkundeten ‚Welt der Tatsachen', welche zugleich auch noch große symbolische Kraft besitze.[65] Die späteren Filme und Schriften Eisensteins bemängelte Kracauer jedoch wegen eines zu häufigen Gebrauchs der Montage, eines zu gekünstelten Symbolismus und totalitärer Inhalte.[66] Gerade die von Kracauer kritisierten kompositionellen Absichten und oktroyierten Symbolgehalte

62 Vgl. ebd., S. 609–611.

63 Vgl. Eisenstein: *Yo – Ich selbst*, Bd. 2, S. 803; Eisenstein: Introduction to the Scenario of *¡Qué viva México!*, S. 511 (mit Anm. 1).

64 1938 erwähnt Kracauer in einem Artikel auch eine Wiederaufführung von Eisensteins Mexico-Film in Paris, der von den Herausgebern als *Thunder over Mexico* spezifiziert worden ist. Vgl. Siegfried Kracauer: Pariser Filmbrief. In: Ders.: *Werke*, Bd. 6.3: Kleine Schriften zum Film 1932–1961, hrsg. v. Inka Mülder-Bach, unter Mitarb. v. Mirjam Wenzel / Sabine Biebl. Frankfurt am Main: Suhrkamp 2004, S. 223–226 (Nr. 740), hier S. 225–226 (mit Anm. 18). Die Hinrichtungsszene in *Thunder over Mexico* führt Kracauer mit Nennung des französischen Titels *Tonnerre sur Mexique* im *Marseiller Entwurf* an. Vgl. Kracauer: *Werke*, Bd. 3, S. 607; editorische Erläuterungen fehlen zu diesem Filmbeispiel leider. Dies ist von den Herausgeberinnen des Bandes im Anmerkungsapparat zu Kracauers Rezeption von *Death Day* übersehen worden. Vgl. ebd., S. 783, Anm. 47. Es kann davon ausgegangen werden, dass Kracauer bei der Abfassung seines *Marseiller Entwurfs* nicht nur *Death Day*, sondern auch *Thunder over Mexico* kannte.

65 Vgl. Kracauer: *Werke*, Bd. 6.2, S. 548; ders.: *Werke*, Bd. 6.3, S. 400; ders.: *Werke*, Bd. 3, S. 641.

66 Vgl. Kracauer: *Werke*, Bd. 6.3, S. 319–320, Anm. 3; ders.: *Werke*, Bd. 3, u. a. S. 80, 165, 328–329, 347.

prägen auch schon Eisensteins mexikanische Filmaufnahmen;[67] in dem von Kracauer angeführten Kurzfilm werden sie allerdings weniger deutlich. Bei der Bezugnahme auf Eisensteins mexikanische *danse macabre* in *Death Day* kann dieser gemäß seinen ästhetischen Filmidealen daher auch ausschließlich auf deren „Grundschicht und die intentionale Dimension" eingehen, „ohne die eine um der anderen willen preiszugeben"[68]. Nur so können Eisensteins Aufnahmen des Día de Muertos als ideales Symbol für Kracauers filmtheoretische Grundüberzeugungen fungieren, die sich jedoch maßgeblich von Eisensteins politischen und sozialutopischen Intentionen beim Drehen der Totentagsszenen unterscheiden.

Ende der 1940er Jahre ersetzt Kracauer in den vorbereitenden Aufzeichnungen seines geplanten Filmbuches den Hauptbegriff der „materiellen Welt" mit dem der „physischen Realität", um noch prägnanter die besondere Eignung des Films bei der Aufzeichnung und Erkundung der „Natur im Rohzustand [...], sowie sie unabhängig von uns existiert" erfassen zu können.[69] In Kracauers im November 1954 erarbeiteter Gliederung zu seinem Filmbuch dient *Death Day* aber weiterhin als geplanter Schluss.[70] Ab der 1955 folgenden detaillierten Inhaltsübersicht entfällt jedoch der Verweis auf diesen Kurzfilm und auch im finalen Schlusskapitel wird er nicht mehr aufgegriffen.[71] Die Entscheidung zum Verzicht auf *Death Day* könnte durch ein Gespräch Kracauers mit dem Filmhistoriker und Eisenstein-Schüler Jay Leyda am 6. Januar 1955 über Einzelheiten zu Eisensteins mexikanischem Filmprojekt gefördert worden sein.[72] Auch setzt sich Kracauer mit

67 Vgl. Kracauer: *Werke*, Bd. 3, S. 322.

68 Ebd., S. 717.

69 Ebd., S. 52. Den Begriff der „physical reality" übernahm Kracauer wahrscheinlich von Erwin Panofsky. Vgl. Erwin Panofsky: Style and Medium in the Motion Pictures (1947). In: Ders.: *Three Essays on Style*. Cambridge: MIT Press 1995, S. 91–125, hier S. 122. Hierauf hat Volker Breidecker zum ersten Mal aufmerksam gemacht. Vgl. Volker Breidecker: „Ferne Nähe." Kracauer, Panofsky und „the Warburg tradition". In: *Siegfried Kracauer – Erwin Panofsky. Briefwechsel 1941–1966*, hrsg., komm. u. mit einem Nachw. v. Volker Breidecker. Berlin: Akademie 1996, S. 129–226, hier S. 168.

70 Vgl. das Faksimile des Gliederungsblattes vom November 1954. Abgedruckt in Kracauer: *Werke*, Bd. 3, S. 520; zudem vgl. Mülder-Bach: Nachbemerkung und editorische Notiz, S. 861–862.

71 Vgl. Hansen: *Cinema*, S. 265–266; Mülder-Bach: Nachbemerkung und editorische Notiz, S. 862.

72 Vgl. die späteren Anmerkungen von Kracauer auf seinem Gliederungsentwurf

Eisensteins Filmen und theoretischen Ansichten in der 1959 abgeschlossenen *Theory of Film* intensiver, aber auch viel kritischer als im *Marseiller Entwurf* auseinander.[73] Darüber hinaus unterscheidet sich Kracauers *Theory of Film* in der Endfassung von Vorgängerversionen wie dem *Marseiller Entwurf* in vielen Aspekten.[74] Dies prägt auch den Epilog, so dass Eisensteins mexikanische *danse macabre* in dem aus fremder Hand geschnittenen Kurzfilm *Death Day* Kracauer wohl insgesamt als Exempel nicht mehr passend erscheinen mochte. Bezüglich eines höheren spirituellen Zweckes bleibt Kracauer auch im Epilog seiner *Theory of Film* weiterhin sehr zurückhaltend. Grundsätzlich würde die physische Realität im Film es in erster Linie ermöglichen, die im Leben vorherrschende Abstraktheit zu verringern. Kracauer macht aber darauf aufmerksam, dass eine vergleichende Darstellung dieser alltäglichen physischen Realität an ganz unterschiedlichen Orten auf der Welt die ,Völkerfreundschaft' unterstützen könne.[75] Wie schon in seinem *Marseiller Entwurf* formuliert Kracauer jedoch in der *Theory of Film* in erster Linie eine Medientheorie und keine Sozialutopie wie Eisenstein in seinem Filmprojekt *¡Que viva México!*. Bezeichnenderweise hob Kracauer, der den doktrinären Marxismus der „offiziellen Sowjetphilosophen" und das „terroristische totalitäre Regime" in der Sowjetunion kritisierte,[76] schon in seinem *Marseiller Entwurf* nicht wie Eisenstein einen politischen Umsturz, sondern den „Einbruch des Materiellen" als „*[r]evolutionäres* Faktum" hervor.[77] Nach Siegfried Kracauer sollten damit aber ebenfalls versteinerte Verhältnisse, die unter dem Emblem des Totenkopfes stehen, zum Tanzen gebracht und ihre Errettung so gefördert werden.

von 1954. Als Faksimile abgedruckt in Kracauer: *Werke*, Bd. 3, S. 520. Jay Leyda erstellte u. a. eine Studienversion aus Eisensteins mexikanischen Filmaufnahmen am MoMA (s. Anm. 13).

73 Vgl. Hansen: *Cinema and Experience*, S. 268.

74 Vgl. ebd., S. 253–279; Mülder-Bach: Nachbemerkung und editorische Notiz, S. 853–867.

75 Vgl. Kracauer: *Werke*, Bd. 3, S. 475–476.

76 Siegfried Kracauer: Brief an Ernst Bloch, 17.05.1926. In: Ernst Bloch: *Briefe 1903–1975*, 2 Bde., hrsg. v. Karola Bloch / Jan Robert Bloch et al. Frankfurt am Main: Suhrkamp 1985, hier insb. Bd. 1, S. 273; zudem vgl. Kracauer: *Werke*, Bd. 3, S. 347.

77 Ebd., S. 589.

Totentanz mit Brautkleid
Die vergiftete Gabe in Pier Paolo Pasolinis *Medea*

Anke Zechner

Zweimal wird in Pier Paolo Pasolinis *Medea* (IT/D/FR 1969) getanzt – ein Ringelreihen, den die Kinder Medeas voller Freude mit ihrem Vater vollziehen auf dem Rückweg von der Übergabe eines Geschenks ihrer Mutter. Dieses Geschenk haben sie Kreosa, der zukünftigen Ehefrau ihres Vaters, überreicht, nicht ahnend, dass das Geschenk vergiftet ist. Doch handelt es sich wirklich um ein vergiftetes Geschenk? Gift als solches wird hier in keiner Weise angesprochen, geschweige denn direkt visualisiert.[1] An welcher Stelle und in welcher Form wäre das Gift festzumachen? Wie über einen Giftmord reden, der eigentlich gar keiner ist?
Auch der Totentanz scheint zunächst keiner zu sein – schließlich sehen wir lachende und tanzende Kinder. Ihr Tanz wird im Nachhinein aber zu einem Totentanz für Kreosa und letztlich auch für die Kinder selbst, denn dem Giftmord an Kreosa folgt ihre eigene Tötung. Dieser indirekte Totentanz, der um die eigene Bedrohung nicht weiß, verbindet sich in Pasolinis *Medea* mit einem Giftmord, welcher die Schwierigkeit der Sichtbarmachung des Giftes explizit macht. In der Differenz einer besonderen Wiederholungsstruktur findet der Film visuelle Ausdrucksmöglichkeiten für ein filmisches Paradox.

1 Im Gegensatz z. B. zu Lars von Triers *Medea*-Verfilmung (DK 1988).

Das Motiv des Giftmordes

Mit der Problemstellung der Un-/Möglichkeit der Visualisierung von Gift möchte ich das Forschungsprojekt *Das Giftmotiv im Spielfilm* vorstellen, das Teilprojekt eines gemeinsamen DFG-Projekts von Filmwissenschaft und Wissenschaftsgeschichte ist, um anhand dieses Films die Frage nach Gift, Gabe und Weiblichkeit miteinander in Beziehung zu setzen. Das Projekt untersucht Konzepte, die mit dem durch Gifte und Vergiftungen umrissenen semantischen Feld in Zusammenhang stehen und damit einen Diskurs an der Grenze zwischen Wissenschaft und Populärkultur eröffnen. Während das wissenschafts- und pharmaziehistorische Teilprojekt *Prekäre Identitäten – Gifte und Vergiftungen als wissenschaftliches Sujet 1750–1929* seinen Schwerpunkt auf das Konzept der *prekären Stoffe* und deren Paradoxien bzw. die Entmaterialisierung, Unvorstellbarkeit, Unmöglichkeit der genauen Fixierung des Gifts in den Stoffnarrativen legt, ist das zentrale Konzept, von dem für die Filmwissenschaft ausgegangen werden soll, das Abjekt. Dieser Begriff Julia Kristevas dient als epistemologische Kategorie im Zusammenhang einer filmwissenschaftlichen Motivforschung der erkenntnistheoretischen Annäherung an das Außersprachliche, Verworfene des Gifts und nähert sich über die Motivkomplexe der Mischung, des Unreinen und der Unterminierung von Identität dem paradoxalen Charakter des Giftes an.[2] Der filmwissenschaftliche Teil des Forschungsprojekts baut auf den Analyseergebnissen zu historischen Giftdiskursen auf, entwickelt aber auf dieser Basis spezifische Fragestellungen – unter anderem nach den Veränderungen von narrativen Strukturen und rhetorischen Figuren durch die Visualisierung im Medium Film. Welche Phantasiebildungen und Motive sind spezifisch für das Thema Gift im Spielfilm? Während im 19. Jahrhundert wissenschaftliche und populäre Diskurse z. B. in den populären gerichtsmedizinischen Beschreibungen des *Pitavals* zusammenfallen, die nach der Historikerin Inge Weiler „Wissen aus dem Fachdiskurs so auf[...]bereiten, daß es an das Alltags-Rechtwissen eines breiten Publikums anschlußfähig wird"[3], spaltet sich diese

2 Vgl. Julia Kristeva: *Powers of Horror. An Essay on Abjection*, aus d. Franz. v. Leon Roudiez. New York: Columbia University Press 1982, S. 1–15.

3 Inge Weiler: *Giftmordwissen und Giftmörderinnen. Eine diskursgeschichtliche Studie.* Tübingen: Niemeyer 1998, S. 4.

Einheit im 20. Jahrhundert wieder auf. Eine besondere Rolle übernimmt nun der Film: „Er greift nicht nur Geschichten auf, sondern verleiht ihnen einen audio-visuellen Ausdruck, der Bedeutungsfelder intensiviert, erweitert und neue Schwerpunkte setzt"[4], fasst Heike Klippel zusammen. Zugleich wird aber das audiovisuelle Medium Film durch die giftspezifischen Eigenschaften vor besondere Schwierigkeiten gestellt.

Eine der zentralen Schwierigkeiten der Darstellung des Gifts ist z. B. die konkrete visuelle Darstellung von Gift und Vergiftung. Nach Klippel sind „insbesondere die Unsichtbarkeit und die mangelhafte Definiertheit des Giftes [...] ein grundlegendes Problem für den Film als visuelles Medium, denn sie stehen im Widerspruch zur Inszenierung im Bild"[5]. Der Giftmord als langwieriger und gewalttätiger Prozess scheint filmisch nicht darstellbar, die Vergiftung meist eine, die zum plötzlichen Tode führt. Der Gegenstand Gift wird dagegen oft durch banale Gegenstände wie Flacons oder Gläser repräsentiert. Zwar zentral als Flüssigkeit platziert, wird das Gift damit visuell sehr stereotyp dargestellt. Bedeutet dies nun, dass die grundlegenden Paradoxien wie die Ungreifbarkeit des Gifts zugunsten banaler Ikonifizierungen ausgespart werden müssen? Es entsteht ein zusätzliches, filmisches Paradox: zugleich das Medium des visuellen Exzesses zu sein und etwas Verborgenes wie das Gift nicht darstellen zu können. Dieses Paradox wird in dem von mir untersuchten Film *Medea* besonders deutlich, denn der visuelle Exzess ist hier sehr ausgeprägt – wunderschönen Bildern von Oberflächen, Landschaften und Kleidung, Körpern und Schmuck wird viel Zeit gelassen, sodass das Auge der Betrachter/innen in ihnen schwelgen kann – aber das Gift bekommt kein eigenes Bild, ist nur in der metaphorischen Vergiftung/Verbrennung und dem dort hinführenden Ritual sowie in dessen profaner Wiederholung, also in der Differenz, greifbar.

4 Heike Klippel: Tödliche Mischung. Zum Giftmotiv im Spielfilm. In: Andrea Ellmeier / Doris Ingrisch / Claudia Walkensteiner-Preschl (Hrsg.): *Ratio und Intuition. Wissen|s|Kulturen in Musik, Theater, Film.* Wien / Köln / Weimar: Böhlau 2013, S. 93–115, hier S. 93.

5 Heike Klippel: Giftige Tomaten. Zum Giftmotiv im Film. Unveröffentlichter Vortrag. Weimar: März 2012.

Das Giftmotiv im Film – Probleme der Darstellung

Scheinen einerseits die zentralen Ambivalenzen des Giftes wie Unsichtbarkeit und mangelhafte Definiertheit visuell nicht darstellbar, trägt der Film andererseits das gesamte Repertoire tradierter Vorstellungen von Gift in sich. Wenn nun beide Teilprojekte z.B. nach expliziten und impliziten Konstruktionen von Männlichkeit und Weiblichkeit im Zusammenhang mit Giften und Vergiftungen fragen, findet im Film wegen der Schwierigkeit der visuellen Darstellung des Ungreifbaren des Giftes oft eine Verschiebung vom Gift auf die visuelle Darstellung der unfassbaren ‚giftigen' Frau statt, welcher die Schwäche des meist männlichen Opfers gegenübersteht. Ist das ideale Gift zugleich ohne Eigenschaften und wirkt schnell – damit einerseits unfassbar, andererseits zielgerichtet – drückt sich nach Klippel diese zielgerichtete Kälte, die experimentelle Distanz, im Film durch die Giftmörderin aus. Meist sehr kontrolliert, zeigt sie kaum ‚weibliche' Attribute wie Weichheit und Fürsorglichkeit bzw. ist ihre schablonenhafte Weiblichkeit, ihre Schönheit, mit ‚männlichen' Attributen kombiniert. Ihre Leidenschaft ist verborgen, wird zugunsten kühler, fast ‚wissenschaftlicher' Berechnung verdeckt. Ihre Boshaftigkeit ist so unfassbar wie das Gift selbst. Damit spiegelt die giftige Frau „angstbesetzte Vorstellungen von Weiblichkeit" und es zeigt sich, dass „[d]ie paradoxen Strukturen der Giftdiskurse […] zugleich Abwehrfiguren [sind], die sich mit Weiblichkeit assoziieren: Die fatale Wirkung eines Unsichtbaren, Verborgenen – die Vermischung, Verschmutzung bis hin zur Verdrehung des Gesetzes – das Nicht-Identische und das trügerische Sich-Verstellen."[6]

Die Veränderungen des Giftmotivs durch die Visualisierung bzw. die Verschiebung der paradoxalen Attribute auf die giftige Frau lässt sich an *Medea* exemplarisch festmachen. Die Sängerin Maria Callas, welche in ihrer Darstellung der Medea gar nicht so sehr die offensichtlich giftigen, da verführenden Aspekte der *Femme fatale*, aber die geheimnisvollen, verschlossenen der giftigen Frau betonte, hat die Abwehr gegen diese Form von Weiblichkeit sehr stark zu spüren bekommen. Ihre Kälte sei ein Ausdruck schauspielerischer Unfähigkeit, warf man ihr vor.[7] Dabei ist Medea hier zwar einerseits eine

6 Klippel: Tödliche Mischung, S. 103

7 Maurizio Ciano geht soweit, Maria Callas deshalb als „biggest casting mistake of Pasolini's career" zu bezeichnen. Seine Beschreibung ihrer Darstellung als „pale,

exemplarische Giftmörderin, wird aber andererseits zugleich als Trägerin einer verlorengegangenen Kultur königlich dargestellt und ist in der filmischen Verkörperung durch die Callas in dieser Doppelheit gerade nicht allein als bösartige Frau inszeniert.

Medea als Urbild der Giftmörderin

Während im antiken Mythos Medea als Tochter von Circe zwar als Hexe, durch ihr pharmazeutisches Wissen aber durchaus auch als Heilsbringerin gesehen wurde, wird sie seit der Tragödie von Euripides auf die zauberkundige Tochter des Königs Aietes von Kolchis, die ihre Kinder opfert, reduziert. Sie diente in dieser verkürzten Form nicht nur in der Urteilsfindung klassischer Giftmordprozesse als Zuschreibung, sondern auch als Vorgabe für literarische Charakterisierungen von Giftmörderinnen und war als bösartige, rächende Frau ein beliebtes Thema in Theater und Oper.[8]

Auch im narrativen Diskurs der gerichtsmedizinischen Literatur taucht Medea auf. Historisch finden sich nach Inge Weiler in diesem Diskurs zwei Stereotypen von Giftmörderinnen, welche im Wesentlichen dem Muster der literarischen Verbrechensdarstellung entsprechen:[9] die adlige, „‚große dämonische Leidenschaftsverbrecherin' und die ‚gemeine tückische Giftmischerin'"[10]. Medea steht nach Weiler für

middle-aged, frozen in a blank stupor which was meant to signify a life spent inside" schildert aber nichts anderes als das Motiv der giftigen Frau und dessen Abwehr. Maurizio Viano: *A Certain Realism. Making Use of Pasolini's Film Theory and Practice.* Berkeley: University of California Press 1993, S. 241; zit. n. Astrid Deuber-Mankowski: Cinematographic Aesthetics as Subversion of Moral Reason in Pasolini's *Medea.* In: Luca di Blasi / Manuele Gragnolati / Christoph F. E. Holzhey (Hrsg.): *The Scandal of Self-Contradiction. Pasolini's Multistable Subjectivities, Geographies, Traditions.* Wien / Berlin: Turia + Kant 2012, S. 255–266, hier S. 255.

8 Bereits in der Antike gibt es neben Euripides mehrere Interpretationen des Mythos, auf Rache und Bösartigkeit reduziert diesen vor allem Seneca. Ebenso konzentrieren sich die zahlreichen mittelalterlichen Versionen oder auch die neuzeitliche Pierre Corneilles auf die Rache Medeas. Für die Oper gab es im 17. Jahrhundert mehrere Medea-Variationen. Hier betont besonders die Medée von Cherubini die Bösartigkeit ihrer Rache. Im 20. Jahrhundert erfährt die Figur der Medea eine fast vollständige Uminterpretation, als bekanntes Beispiel sei hier die Medea von Christa Wolff zu nennen.

9 Vgl. Weiler: *Giftmordwissen und Giftmörderinnen*, S. 32.

10 Ebd. S. 4. Nach Susanne Kord ist diese Zuschreibung klassenabhängig. Das noble Motiv der Adligen steht neben dem gemeinen der verkümmerten, proletarischen Frau. Vgl. Susanne Kord: *Murderesses in German Writing, 1720–1860. Heroines of Horror.* Cambridge / New York: Cambridge University Press 2009, S. 159.

Abb. 1–3

den Urtyp der adeligen Giftmörderin. Friedrich Schiller z. B., der 1792 selbst das Vorwort der deutschen Ausgabe der gerichtsmedizinischen Schriften *Pitaval* verfasste, nennt sie darin „[e]in großes staunenswürdiges Weib"[11].

Pasolini erweitert die Tragödie von Euripides wieder um deren mythische Vorgeschichte, in der Medea den Argonauten unter der Führung von Jason hilft, das von ihrem Vater gehütete Goldene Vlies zu

11 Friedrich Schiller: Die Räuber. Vorrede zur ersten Auflage. In: Ders.: *Werke. Nationalausgabe*, Bd. 3, hrsg. v. Julius Petersen / Hermann Schneider. Weimar: Böhlau 1953, S. 7; zit. n. Weiler: *Giftmordwissen und Giftmörderinnen*, S. 32. Die „Fähigkeit zur rücksichtslosen Überschreitung gesellschaftlicher Regeln" (ebd.) sei dabei für Schiller ausschlaggebend.

erbeuten und mit diesen flieht, wobei sie sich durch den Tod ihres Bruders schuldig macht. Nach ihrer Ankunft in Korinth verstößt Jason Medea, um die Tochter des dortigen Königs Kreon zu heiraten. Aus Rache ermordet Medea Kreon, dessen Tochter und ihre eigenen Kinder. Sie nimmt Jason damit sein Kostbarstes. Im Gegensatz zum Ende von Euripides' Tragödie entkommt Medea bei Pasolini anschließend nicht durch die Flucht nach Athen in einem Drachenwagen, der ihr nach der Tötung der Kinder von den Göttern geschickt wird, sondern sie entfesselt die Gewalt der alten Götter in einem Feuer, das ihr Haus und wahrscheinlich auch sie selbst verschlingt.
Die in der einseitigen Zuschreibung als bösartige, giftige Frau unterschlagene Vorgeschichte wird in Pasolinis Film zu einer Ebene, aus der sich die doppelte Gabe des Giftes erschließt. Während in der Tragödie von Euripides eindeutig von Tötungsabsicht und Gift als Unheil bringendem gesprochen wird, klammert der Film von Pasolini einerseits das Gift als solches visuell aus. Wenn Medea bei Euripides ganz offen sagt, „[d]er gerade Weg [ist] der beste, dessen bin ich auch am meisten kundig; ich ermorde sie mit Gift"[12], bringt der Film dagegen unterschiedliche Ausführungen des Pharmakons als Heilmittel, Zauber und Gift in den Zusammenhang des Wechselverhältnisses von Gift und Gabe. Er verdeutlicht in deren Überschneidungen und Differenzen den problematischen Gesamtkomplex von Gift und Weiblichkeit.

Die giftige Gabe des Pharmakon

Kann dem Gift nie eine eindeutige Bedeutung als Substanz, die schadet, zugeschrieben werden, so wird diese implizite Ambivalenz noch vielschichtiger, wenn ich das Wort vom griechischen Pharmakon herleite. Dieses war nämlich immer grundlegend Arznei- und Heilmittel, Zaubermittel und Gift bzw. heilende oder tödliche Arznei zugleich.[13]

12 Euripides: *Medea*, aus d. Altgriech. v. J.J. Donner. Stuttgart: Reclam 1991, S. 18 (Vers 382–387). Und weiter heißt es in Medeas Ansprache des Chors: „Der Wege, sie zu töten, habe ich viel; doch, ihr Fraun, ich weiß nicht, welchen ich betreten soll. [...] Der gerade Weg der beste, dessen bin ich auch am meisten kundig; ich ermorde sie mit Gift. [...] Du Kind des edlen Vaters und des Helios, Du bist so viel erfahren; auch erschuf Natur Uns Frauen in den edlen Künsten ungeschickt, In allem Bösen aber hoch erfinderisch." (Ebd., S. 18–19 (Vers 379–380, 386–387, 408–411).)

13 Vgl. Bettina Wahrig: Zweifelhafte Gaben. Die andere Pharmazie und das Weib. In: Christoph Friedrich / Joachim Telle (Hrsg.): *Pharmazie in Geschichte und Gegenwart.* Stuttgart: WVG 2009, S. 517–532, hier S. 517.

Die Übersetzung des Pharmakons als Heilmittel reduziert daher, so Derrida, dessen grundlegende Ambivalenz und unterschlage zugunsten einer „transparente(n) Rationalität der Wissenschaft" die „magische Qualität einer Kraft [...], deren Effekte man nicht so richtig zu beherrschen weiß"[14].

Die Verwendung der beiden Begriffe ‚Gabe' und ‚Gift' ist im Althochdeutschen ebenfalls synonym, sie kommen hier beide von germanischen *gefti* – d. h. ‚Geben'.[15] Im Laufe des Mittelalters werden sie aber, auch durch den medizinischen Diskurs, zunehmend spezifisch verwendet: Während Gabe nun als wohlmeinender Akt verwendet wird, bezeichnet Gift eine schädigende Substanz. Die medizinische Gabe ist hier einerseits grundlegend Gift, andererseits hängt von der Quantität der Gabe, der spezifischen Dosis, ab, ob sie als Gift wirkt. Der bekannte Satz von Paracelsus, „Die Dosis macht das Gift", lässt sich auch als ‚Die Gabe macht das Gift' übersetzen.[16]

Die Ambivalenz von Gift und Gabe zeigt sich noch im Englischen *gift*[17], im Neuhochdeutschen zum Beispiel im Zusammenhang von Geschenk und Mitgift. Diese Gabe, das Geschenk der Mitgift, ein Brautgeschenk, noch dazu ein Gewand, ist im Medea-Mythos der Träger des Giftes. So heißt es bei Euripides: „[M]it feingewebtem Kleid und einem Kranz aus Gold. Wenn sie in diesen Schmuck dann ihre Glieder hüllt, So wird sie gräßlich enden und wer sie berührt; In solche Gifte tauch ich ein das Brautgeschenk."[18] Die traditionell weibliche Kulturtechnik des Webens wird hier also direkt mit der Frauen zugeschriebenen Heilkunst bzw. der Magie verknüpft. Das weibliche Handwerk des Webens und die Geschicke des Weiblichen werden mit archaischer Kultur – wie mit den weiteren Bedeutungen

14 Jacques Derrida: Platons Pharmazie. In: Ders.: *Dissemination*, aus d. Franz. v. Hans-Dieter Gondek. Wien: Passagen 1995, S. 106–160, hier S. 108.

15 Vgl. Georg Augusta: Die Droge und die Frage der Unentscheidbarkeit von Gabe und Gift (Mauss, Derrida, Lacan). In: *Wiener Zeitschrift für Suchtforschung* 31,1 (2008), S. 13. http://www.api.or.at/wzfs/beitrag/WZ_31_2008_1_02_Augusta.pdf (Zugriff am 15.05.2014).

16 Vgl. Wahrig: Zweifelhafte Gaben, S. 524. Im Griechischen sind ‚Dosis' und ‚Gabe' synonym.

17 Der Bedeutungskontext Gabe und Gift ergibt sich auch vom Lateinischen *potio* her. Im Englischen ist die ursprüngliche Ambivalenz daher noch in der Unterscheidung von *poison* und *gift* enthalten.

18 Euripides: *Medea*, S. 33–34 (Vers 771–774).

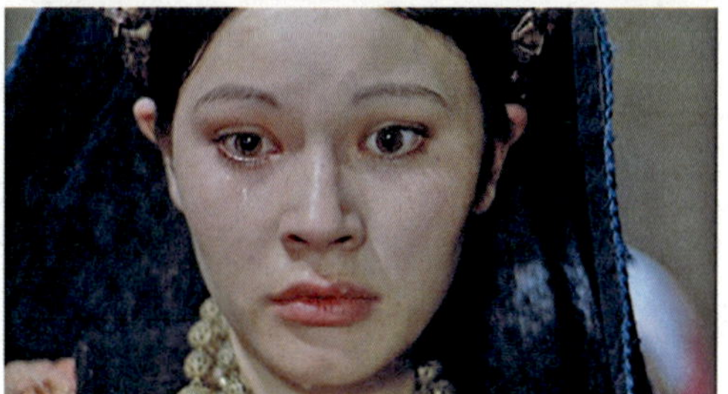

Abb. 4–6

des Pharmakons –, dem Zaubermittel und der Farbe sowie Konnotationen wie Schmuck, Schatz und Mitgift verbunden.[19] Das weibliche Gewebe trägt bzw. ist das Gift.

Vergiftet ist dieses Geschenk aber zugleich auch als Gabe: als ein Geschenk, das angenommen werden muss und nicht erwidert werden kann, zugleich aber dazu verpflichtet. Dem Soziologen Marcel Mauss zufolge wird gerade durch diese Gabe ein soziales Band geschaffen, das kriegerische Handlungen ersetzt. Andererseits ersetzt die Gabe zwar die kriegerische Handlung, doch impliziert sie auch die

19 „[A]uch erschuf Natur Uns Frauen in den edlen Künsten ungeschickt, In allem Bösen aber hoch erfinderisch." (Ebd., S. 19 (Vers 409–411).)

Verpflichtung zur Gegengabe.[20] In einer solchen verpflichtenden Gabe ist nach Derrida generell die Ambiguität des Giftes mit inbegriffen. Eine giftlose, reine Gabe wäre dagegen als Ereignis jenseits des ökonomischen Tausches anzusehen – eine giftlose Gabe wird von ihm zugleich als ‚Unmöglichkeit' gedacht, denn solch ein Ereignis darf nicht als Gabe erkannt werden, da dies wieder die Gegengabe einfordern würde.[21]
Für Lynn Wood Mollenauer ergibt sich aus diesem Doppelcharakter der Gabe gerade auch in der Verbindung zwischen Geschenk und Gift eine weitere Verbindung zum Weiblichen: Da das Geschenk zum einen ein Gegengeschenk erforderte und zum anderen die Gefahr der Täuschung mit sich führte, erweckte es immer auch Furcht und Misstrauen. Der Austausch von Frauen bildete historisch den Höhepunkt einer Tausch- und Geschenk-Ökonomie, und die mit der Gabe verbundenen Ängste knüpften sich an die Weiblichkeit: „Because women served as objects of exchange within this system, he [Levi-Strauss] posits, the ambivalence about the poison in the gift gradually evolved into ambivalence about the poisonous nature of women."[22]
Die Übergabe eines giftigen Geschenks, das noch dazu aus einem gewobenen Material besteht und von Kindern übergeben wird, kann nicht anders als von einer giftigen Frau sein.

Pasolinis *Medea* als Offenlegung des Doppelcharakters von Gift und Giftmörderin

Die Unsichtbarkeit des Giftes der Gabe stellt Pasolini nun der Sichtbarkeit des Geschenkes, dem Gestus der Gabe gegenüber. Dieses Geschenk ist ein wunderschönes Gewand, das noch dazu zweimal überreicht wird, denn die Szene der Übergabe des Geschenks sowie die anschließende Vergiftung findet in zweit Varianten statt, wobei

20 Vgl. Marcel Mauss: *Die Gabe. Form und Funktion des Austauschs in archaischen Gesellschaften*, aus d. Franz. v. Eva Moldenhauer. Frankfurt am Main: Suhrkamp 1990.

21 Vgl. Jacques Derrida: Die Zeit des Königs. In: Ders.: *Falschgeld. Zeit geben I*, aus d. Franz. v. Andreas Knop / Michael Wetzel. München: Fink 1993, S. 9–48, hier S. 22–23.

22 Lynn Wood Mollenauer: *Strange Revleations. Magic, Poison, and Sacrilege in Louis XIV's France*. University Park: Penn State University Press 2007, S. 57. Im antiken Rom galten Frauen selbst als periodisch giftig, da man annahm, dass das Menstrualblut giftig war. Allerdings schrieb man diesem auch magische Kräfte zu: „Menstrual blood was a *pharmakon*; it could be both poison and antidote." (Ebd.)

der genaue Status dieser Varianten und ein vermeintlicher zeitlicher Ablauf nur angerissen wird. Eine andere Zeitlichkeit wird in dem der ersten Verbrennung vorausgehenden Ritual angedeutet und in der Wiederholung praktiziert.[23] Durch diese nichtidentische Wiederholung wird die Ambivalenz der Gabe in ihrer doppelten Bedeutung als Geschenk und Gift visualisiert. Führt das Geschenk, das aus Leidenschaft und Rache ausgesandt wurde, zur direkten Verbrennung des Opfers,[24] so wirkt das kalt kalkulierte Geschenk der Mitgift, das der Verteidigung dienen soll, eher schleichend und verstärkt die schon vorhandene psychische Schwäche des Opfers. Es ist diese Form der giftlosen Gabe, die in der profanen Wiederholung zum Gift der Schuld wird und Kreosa in den Selbstmord treibt. Das Geschenk als solches – als Akt – wirkt tödlich, indem es die Depression Kreosas durch Schuldgefühle verstärkt und sie nach einem Blick in den Spiegel zum Selbstmord führt – es dreht sich sogar um einen doppelten Selbstmord, denn ihr Vater Kreon springt ihr in den Abgrund hinterher.

Dabei handelt es sich jeweils um das gleiche Geschenk, ein kostbares Gewand und Brautschmuck für die Konkurrentin, die der geliebte Mann heiraten wird. Die Szene wird nur mit anderen Attributen wiederholt und angedeutet, dass es sich um zwei Sichtweisen auf das gleiche Geschehen handelt. In dieser Wiederholung spiegelt sich nicht nur der doppelte Charakter des Pharmakons, sondern auch das Verhältnis von Jason und Medea – der alten und der neuen Ordnung der Weltinterpretation. In den unterschiedlichen Zugängen zum Pharmakon bzw. den unterschiedlichen Formen der Vergiftung in der Wiederholung sind zwei Zeiten bzw. Kulturen gespeichert – die magische, zirkuläre, der die Priesterin Medea angehört, und die kausale, profane des Eroberers Jason und seiner Argonauten.

In der ersten Sequenz beschwört Medea, die Zauberin, ihr altes magisches Wissen, um ihre Gegnerin zu bezwingen bzw. sich über ihren Tod am sie verstoßenden Ehemann zu rächen. Die Szene wird

23 Diese mythische Zeit jenseits der rationalen Zeit der Vernunft bleibt auch bei einer scheinbar eindeutigen Einordnung der zweiten Vergiftung in die rationale Zeit bestehen.

24 Bei Euripides findet sich ab Vers 1140 eine ausführliche Beschreibung der Grausamkeit des Gifttodes von Vater und Tochter; vgl. Euripides: *Medea*, S. 47–48.

durch ein besonderes Licht gerahmt, das die Verbindung zu den alten Göttern andeutet und in welchem in rhythmischen Bewegungen der Beginn eines magischen Rituals angedeutet wird. Die Vergiftung wird hier mit hohem Schauwert sichtbar, denn die schöne Kreosa schmückt sich zunächst durch das geschenkte Gewand und die Krone, indem das Licht verdächtig glitzert, bevor ihr Spiegelbild ins Wanken gerät und sie zu brennen beginnt. Als lebende Fackel überquert sie den Innenhof und bricht draußen vor dem Palast zusammen. Der zur Hilfe geeilte Vater, König Kreon, fängt Feuer und sie enden umarmt.

Durch eine Überblendung dieses Feuers in Medeas Gesicht und Bilder mit Gegenlicht wird diese Sequenz als traumartige Rückkehr Medeas in ihre Vergangenheit, die archaische Zeit des Mythos, angedeutet: ein Traum, aus dem sie aufwacht, um nun aus rationalen Gründen von Kreon verstoßen zu werden. Der Ausspruch der Verbannung geht der folgenden, durch harte Schnitte eingeleiteten, profanen Wiederholung der Sequenz voraus. Hier fehlt das warme Licht. Die nun durch Kreon Verstoßene nutzt ihr psychologisches Wissen um die Doppeldeutigkeit der Gabe. Kalt berechnet Medea die Wirkung der Emotionen, denen sie die labile Kreosa durch die Gabe der Mitgift mittels ihrer Kinder aussetzt und deren Schuldgefühle verstärkt. Verzweifelt sieht Kreosa nach der Annahme des Geschenks in den Spiegel, beginnt zu weinen und stürzt sich vor der Festung in den Abgrund.

Vereinfacht gefasst, stehen die beiden Wiederholungen für den Grundkonflikt zweier Ordnungen in *Medea*: der magischen und der profanen, der Welt Medeas und der Welt Jasons. Nach Bernhard Groß hat in dieser säkularen Wiederholung die Psychologie das magische Ritual ersetzt. Die Kausalität der Schuld bringt das Individuum Kreosa dazu, in den Abgrund zu springen.[25] Pasolini, der sich in seiner Vorbereitung auf *Medea* anhand von James Georg Frazer, Lucien Lévi-Bruhl und Mircea Eliade mit archaischer Kultur und anderen Vorstellungen von Zeit beschäftigte, setzt hier kritisch einer patriarchalen, aufgeklärten Form des Kapitalismus abstrakte Bilder

25 Vgl. Bernhard Groß: Reconciliation and Stark Incompatibility. Pasolini's ‚Africa' and Greek Tragedy. In: Blasi / Gragnoladi / Hozhey (Hrsg.): *The Scandal of Self-Contradiction*, S. 167–186, hier S. 180.

für das Weibliche entgegen. Er äußert sich zu dieser Gegenüberstellung sehr deutlich:

> *Medea* ist die Konfrontation der archaischen, hieratischen, klerikalen Welt mit der Welt von Jason, einer im Gegensatz dazu rationalen und pragmatischen Welt. Jason ist der zeitgenössische Held […], der nicht nur allen Sinn für das Metaphysische verloren hat, sondern sich auch diesen Überlegungen nicht einmal mehr stellt. […] Konfrontiert mit der anderen Zivilisation, mit der Zivilisation des ‚Geistes', setzt Jason eine furchtbare Tragödie in Gang. Das ganze Drama ruht auf dieser Gegensätzlichkeit der beiden ‚Kulturen', auf der Unverträglichkeit zwischen ihnen.[26]

Ist nun die erste Vergiftung nur als ein Traum, die zweite aber als real anzusehen? Roberto Chrisi sieht eine Spaltung Medeas in eine ängstliche Zuschauerin und in die aktive Zauberin, die königliche Medea – die „Emanation eines archaischen, esoterischen und wilden Universums, dem die Zauberin entstammt"[27]. Die Sonne bestimmt deren Gewalt, schreibt Pasolini in seinem Drehbuch – sie ist eine Göttin, die das Ausmaß der Rache Medeas gegen den Frevel Jasons bestimmt und damit auch das giftige Geschenk.[28] Doch handelt es sich nach Bernhard Groß in dieser Spaltung statt um die Konfrontation zweier Kulturen eher um die Konfrontation der herrschenden westlichen Kultur mit sich selbst. Pasolinis Mythenlektüre stellt vordergründig die Frage nach der Bedeutung dieses Konflikts zweier Denkweisen für aktuelle Fragen des bourgeoisen Lebens, als welches er die dominante Kultur der Gegenwart auffasst. Die Tragödie untersucht Pasolini als eine Möglichkeit, sich mit dem eigenen Ausgeschlossenen, dem fundamentalen Dissens der Gegenwart zu konfrontieren und anhand des Konflikts zwischen Medea und den Argonauten den Spalt von Gesagtem und Ungesagtem zu erfahren. Die Argonauten stellt Pasolini daher Groß zufolge als bourgeoise Beatniks dar, in deren Position die Zuschauer gezwungen werden, wodurch sie im fundamentalen Gegensatz von Jason und Medea

26 Franca Faldini / Goffredo Fofi (Hrsg.): *Pier Paolo Pasolini. Lichter der Vorstädte – Die abenteuerliche Geschichte seiner Filme*. Hofheim: Wolke 1996, S. 127–128.

27 Roberto Chiesi: Das träumende Ich. Das Motiv der Vision im Werk Pasolinis. In: Bernhart Schwenk / Michael Semff (Hrsg.): *P. P. P. – Pier Paolo Pasolini. Pasolini und der Tod*. Ostfildern-Ruit: Hatje Cantz 2005, S. 83–106, hier S. 103.

28 „Die Sonne ist zugleich der Gott der Fruchtbarkeit und der Gott des Todes." (Pier Paolo Pasolini: *Medea*. Mailand: Garzanti 1970, S. 72; zit. n. Chiesi: Das träumende Ich, S. 103.)

Partei gegen ihren Willen ergreifen. Dieser Gegensatz wird in zwei Blickstrukturen visualisiert: die des pantheistischen (objektiven) und des profanen (subjektiv aneignenden) Blicks. Medea werde hier zur Trägerin des Verlusts des magischen objektiven Blicks.[29] Ihr Eintritt in die fremde Welt macht sie zur Mutter und Hausfrau, lässt sie verschwinden. „Medea's entry into Jason's world means losing her social integrity."[30] So wird sie vor allem nach dem Verlust ihrer magischen Kräfte bzw. ihrer Stimme in Kolchis für die Zuschauer von einer Königin zu einer schlechten Schauspielerin und verschwindet geradezu aus dem Bild. Die Weltüberschreitung macht sie zu einer privaten Person – aus der Königin und Priesterin, welche die Welt erkennt, wird die private Person, die sich selbst im fremden Begehren spiegelt. Erst mit ihrem Schrei nach dem Mord an ihren Kindern und dem von ihr gelegten Feuer am Ende gelingt ihr die Rückkehr zur öffentlichen Person. Sie bekommt ihre Stimme wieder und wird zur Furie, zur Erinnye, deren Rache die Psyche einer privaten Person übersteigt.[31] Sie repräsentiert nach Groß in diesem Wechsel die Funktion der Tragödie: „In the end, Medea becomes the embodiment of the function of Greek tragedy: she unites the incompatibility of Colchis and Corinth, of love and ‚bourgeois life', of social role and individual desire and makes this incompatibility visible in the process."[32] Vor allem verkörpert sie einen blinden Fleck im westlichen Blick auf sich selbst: die Marginalisierung der Frau im Prozess der Aufklärung[33] seit der Polis, wodurch Medea zur Trägerin eines Verlusts, zur Verkörperung der Trauer werde.

Ist dies eine Trauer allein um die magische Welt oder auch den objektiven Blick, der sich in ein Verhältnis zu Pasolinis Poetologie setzen lässt? In seinen *Ketzererfahrungen* beschreibt dieser den poetischen Film

29 Vgl. Groß: Reconciliation and Stark Incompatibility, S. 178–179.

30 Ebd., S. 170.

31 Vgl. ebd., S. 179–182.

32 Ebd., S. 182.

33 Aufklärung im Sinne der *Dialektik der Aufklärung* als „Ausschluss des Nichtidentischen". Vgl. Theodor W. Adorno / Max Horkheimer: *Dialektik der Aufklärung*. In: Max Horkheimer: *Gesammelte Schriften*, Bd. 5. Frankfurt am Main: Fischer 1987, S. 13–290.

als Selbstausdruck der Dinge und sozusagen als magisch, und Ullrich Reck sieht das Unsichtbare wirken im magischen Stil Pasolinis.[34] Astrid Deuber-Mankowski betont jedoch noch einen anderen Aspekt in der Haltung der Trauer bei Medea, die für die Fragestellung des Gifts von Interesse ist. Sie zeigt in einem Text über deren Unmoral, dass die Interpretation von Medea als archaische, magische Frau, die dem kausalen, profanen Jason gegenübersteht, bereits einer rationalisierten patriarchalen Weltsicht entspricht, welche sich nach einer wilden, vitalen und vor allem unreflektierten Medea sehnt und diese in das Konzept der Hysterie des 19. Jahrhunderts einfügt.[35] Diese Interpretation umgeht das eigentlich Verstörende an deren Unmoral:

> With his film and its cinematographic aesthetics Pasolini subverts not only Medea's projection into the prehistorical world, i. e., the world of madmen and perverts, but also the belief in the validity of a moral rationality, as exemplarily elaborated and argued for by Immanuel Kant in his *Critique of Practical Reason*.[36]

Deuber-Mankowsky dagegen liest Pasolinis Medea als eine vielschichtige Figur, die sowohl magisch als auch rational ist, vor allem aber von einem Begehren nach einem Mann bzw. männlichen Körper bestimmt wird. Damit führe sie eine verlorengegangene Kultur des weiblichen Begehrens fort, die Deuber-Mankowsky unter dem matriarchalen Totenkult der Kybele zu fassen versucht.[37] Nur in diesem

34 Vgl. Hans Ulrich Reck: *Pier Paolo Pasolini*. Paderborn: Fink 2010, S. 61–62. Vgl. auch Pier Paolo Pasolini: *Ketzererfahrungen. Schriften zu Sprache, Literatur und Film*, aus d. Ital. v. Reimar Klein. Frankfurt am Main / Berlin / Wien: Ullstein 1982.

35 Vgl. Deuber-Mankowski: Cinematographic Aesthetics as Subversion of Moral Reason in Pasolini's *Medea*, S. 255–256.

36 Ebd., S. 257.

37 Auch wenn Pasolini diesen mit frühchristlichen Fruchtbarkeitsriten vermischt. Vgl. ebd., S. 263–264. Der in der Antike begangene Kybelekult beinhaltet über das Begehren zu einem männlichen Körper hinaus Hermaphrodismus: Der furchterregende, androgyne Agdistis wurde, von Dionysus kastriert, zur Großen Mutter Kybele. Aus den abgetrennten Genitalien entstand Attis. Da Kybele und Attis ursprünglich eine Person waren, wurden sie ein Liebespaar. Doch Attis beschloss, die Tochter des Königs von Pessinus zu heiraten. Die vor Eifersucht rasende Kybele schlug die gesamte Hochzeitsgesellschaft mit Wahnsinn und brachte Attis dazu, sich zu entmannen, wodurch er verblutete. „When Cybele learnt of Attis' death she fell into a profound state of mourning and founded an orgiastic and ecstatic cult of mourning and lamentation which met in March every year. Pasolini's Medea bears the memory of the myth of Cybele. […] the cult of mourning for an irreversible loss.“ (Ebd., S. 264–265.)

Begehren, welches das Ungeheure ihrer rächenden Taten übersteige, sind die Konsequenz und das Ausmaß ihrer Rache für die Untreue Jasons nachvollziehbar – ein Begehren, das sich durch die den Körper Jasons abtastende Kamera nachempfinden lässt und welches dieser selbst Medea explizit vorwirft.[38] So ist Medea als giftige Frau sowohl die Trägerin einer verlorengegangenen matriarchalen Kultur, in der die Frau die Heilende und Wirkende war, als auch die Trägerin eines unmöglichen weiblichen Begehrens.

Medea als giftige Frau?

Doch ist Medea in all ihrer unfassbaren Grausamkeit als giftige Frau inszeniert? Oder wirkt sie vor allem als identitätsbedrohende Überschreitung? Tatsächlich steht in ihrer Inszenierung eher ihre fremde Schönheit als der Ekel vor ihrer Grausamkeit im Vordergrund. Erst ihre berechnende Kälte lässt sie tatsächlich zu einer giftigen Frau werden. Auch ist sie mehr als Statue, denn als *Femme fatale* inszeniert – und damit mehr als Fetisch, denn als offensichtliches Abjekt.[39] Aber der Fetisch steht in einem Bezug zum Abjekt, lässt er sich doch als Abwehrfigur lesen. Er schützt vor Kastration bzw. Auflösung und impliziert dadurch indirekt die abgewehrte Bedrohung.

Die identitätsbedrohende Weiblichkeit der Zauberin wird zunächst aber in eine feste ästhetische Form gegossen, eine Statuenartigkeit, welche die Todesdrohung überdeckt.[40] Kein Wunder daher, dass diese statuenhafte Schönheit, diese Todesgöttin, von einer Frauengemeinschaft, von Erinnyen, umgeben ist, und es auch eine der sie umgebenden Frauen ist, welche sie an ihre alte Kunst erinnert und sie zu ihren magischen Kräften zurückführt.[41]

38 Jason wird durch den jungen Leichtathleten und Olympiamedaillen-Gewinner Giuseppe Gentile dargestellt. Das Begehren nach diesem Körper ebenso wie dem Körper des rituellen Opfers zu Beginn des Films wird durch die Blickstrukturen des Films auch Medeas Bruder zugeschrieben und dadurch mit dem Zuschauer geteilt. Vgl. Deuber-Mankowski: Cinematographic Aesthetics as Subversion of Moral Reason in Pasolini's *Medea*, S. 264–265.

39 Vgl. Kristeva: *Powers of Horror*, S. 1–15.

40 Einen ähnlichen Zusammenhang von Fetisch und Abjekt hat Jürgen Tabor anhand von Dalís Aktschädeln dargestellt, die zugleich nackte weibliche Körper ausstellen und durch die strenge Form das weibliche Geschlecht verdrängen. Vgl. Jürgen Tabor: Dalis Aktschädel – Der weibliche Körper als Fetisch und Abjekt. In: *L'Art Macabre. Jahrbuch der Europäischen Totentanz-Vereinigung* 8 (2007), S. 231–246.

41 Bei Euripides dagegen warnen die Amme und der Chor der Frauen Medea vor der Maßlosigkeit ihrer Rache. Vgl. Euripides: *Medea*, S. 10–11 (Vers 149–159, 170–174).

Abb. 7–9

Auch sind es ihre Kinder, die beide Male auf dem Weg der Überbringung des Todes einen Totentanz tanzen. Dabei sind die beiden Frauen, die rächende Zauberin und die berechnende Verbannte, sehr nah beieinander und die Sequenzen der Übergabe der giftigen Gabe kaum zu unterscheiden – fast könnte es sich um eine reine Wiederholung handeln, denn die gesprochenen Worte und Gesten sind identisch. Beide Male verweisen die von Kindern auf dem Innenhof der Festung verzehrten Wassermelonen auf die anstehende Überschreitung von Körpergrenzen durch die im Gewand enthaltenen Gifte, die in Kreosa eindringen. Doch tragen Medeas Kinder, die Kreosa das Geschenk überbringen, in der ersten Sequenz rituelle Blütenkränze, und die Sequenz wird durch Überblendungen aus dem Gespräch mit den alten Göttern ein- und ausgeleitet. Die profane Sequenz dagegen ist sozusagen nackt – die Kinder sind nicht geschmückt, die Szene wird nicht eingeleitet und endet abrupt mit einem harten Schnitt auf Medeas Fenster, in dem sie verzweifelt das Aufleuchten der Sonnengötter vermisst.

Kann man bei der ersten Gabe von einer magischen Vergiftung sprechen und darüber spekulieren, welcher Art dieses Gift denn gewesen sein könnte,[42] so handelt es sich in der profanen Wiederholung, der rationalen Gegenwart, um ein anderes Gift: das der Kausalität und der Psychologie – und damit um ein Gift, das Pasolini in der Beschäftigung mit den griechischen Mythen zum Ausdruck seiner Kapitalismuskritik nahm. Für die Frage nach dem Motiv des Giftes wird der Film deshalb interessant, weil er nicht nur zwei Arten des Geschenks, das Gift und die Gabe, zwei Kulturen und die damit zusammenhängenden Arten des Blicks, sondern auch zwei Arten der Giftmörderin in einer Person nebeneinander stellt – die leidenschaftliche und die kalkulierende – und die Überschneidung unterschiedlicher sozialer Erklärungsmuster und Phantasien von Geschlecht damit verdeutlicht.

Vor allem in der zweiten Sequenz zeigt sich bei Medea zwar die emotionale Kälte, welche für Giftmörderinnen im Film typisch ist. Die Rationalität des Mordes liegt hier in der genauen Planung der Übergabe des Geschenks durch ihren Mann und über die Kinder, welches die Macht über die depressive Kreosa übernimmt. Thematisiert wird diese Macht in der profanen Wiederholung aber von Kreon selbst, denn dieser verstößt Medea nicht aus Angst vor einer Fremden, die unbekannte Fähigkeiten verbirgt, sondern aus Angst vor der Übertragung ihrer unverschuldeten Ohnmacht auf seine schuldbeladene Tochter.

Auch der erste Giftmord geschieht nicht aus Schwäche (als generellem Attribut des Weiblichen und klassischerweise Giftmörderinnen zugeschrieben), sondern steht für den Gegensatz zweier Kulturen bzw. den Verlust der archaischen, klerikalen Ordnung gegenüber einem pragmatischen Rationalismus. Die gesellschaftliche Ohnmacht der Verbannten zeugt zugleich von einer unheimlichen Macht des Verlorengegangenen. Das Gift stammt hier nicht einfach aus dem

42 So geht Louis Lewin von einem hautentzündenden Kontaktgift aus, ungeachtet des mythischen Status der Verbrennung von innen. Vgl. Louis Lewin: *Die Gifte in der Weltgeschichte*. Wien: Tosa 2007, S. 20.

Bereich des Gesetzlosen, sondern steht für ein Gesetz, in dem Gift, Zauberei und Gabe noch eine andere Bedeutung hatten. Es ist in dieser Andersheit identitätsauflösend. Für die Kategorisierung als giftige Frau bedarf es allerdings der verborgenen Leidenschaft, von der Deuber-Mankowsky spricht.

Die nichtidentische Wiederholung der beiden Gift-Szenen macht in der Differenz etwas Unsichtbares sichtbar, das sonst gerade im Exzess des Sichtbaren im Film so nicht darstellbar ist. Das einfache Bild der brennenden Kreosa als direkte Darstellung des Gifts anzunehmen, übergeht die Vielschichtigkeit des Gifts, das sich erst in der zeitlichen Konstruktion des Films wirklich greifen lässt. So findet Pasolini einerseits eine scheinbar direkte Inszenierung von etwas Unsichtbarem, andererseits bleibt diese Inszenierung aber ambivalent und ist erst in ihrer mythischen Dopplung greifbar. Die Montage vollzieht gewissermaßen einen Totentanz.

Hier ließen sich Kristevas Überlegungen zum Abjekt im Rahmen einer Psychoanalyse des Vorödipalen noch auf andere Weise in den Zusammenhang von Gift und Tod bringen, nämlich den des Zeichens:[43] Konstituiert sich das Subjekt erst durch die Abstoßung vom Tod bzw. Nichtidentischen, widersteht die Gemeinschaft der bedrohlichen aber auch verlockenden Auflösung durch die Auseinandersetzung damit im Totentanz. Schon die ältesten schriftlichen Zeichen sprechen von dieser Auseinandersetzung mit dem Tod und der Überdeckung der Bedrohung. Pasolini hat in seiner Filmsemiotik immer wieder auf den Zusammenhang von Tod und Film aufmerksam gemacht. Film an sich kann mit Pasolini als Totentanz beschrieben werden, denn „die Montage bearbeitet das Material des Films […] wie der Tod das Leben bearbeitet“[44]. Wird nun in *Medea* zweimal ein Totentanz getanzt, könnte man somit den ganzen Film als einen solchen zu fassen versuchen – als einen Tanz, der in der Tötung der beiden Kinder, der Verbrennung Medeas und ihrem Schrei kulminiert.

43 Vgl. auch Julia Kristeva: *Die Revolution der poetischen Sprache*, aus d. Franz. v. Reinold Werner. Frankfurt am Main: Suhrkamp 1999.

44 Pier Paolo Pasolini: Anmerkungen zur Einstellungssequenz. In: Peter W. Jansen / Wolfram Schütte (Hrsg.): *Pier Paolo Pasolini*. München: Hanser 1985, S. 77–84, hier S. 84.

Amerikanische Totentänze

Terrence Malicks *Badlands* und dessen Echo in *The Tree of Life*

Felix Lenz

Einleitung

Die Fähigkeit, sich vom vordergründigen Geschehen zu distanzieren und gegenläufige Verhältnisse zu verfugen, ist selten. Terrence Malick hat sie. An Stelle von Hierarchien tritt ein umfassenderes Bild, dem die Klarheit der involvierten Gegensätze eignet. Bei Malick ist dies ein filmstilistisches Merkmal und zugleich künstlerische Haltung, also ein inhaltliches Moment. Egal in welchem Maßstab, allem Erzählen geht es um das Leben der Figuren. Eine mit der Figur identifizierte Haltung wertet das angestrebte Leben hierbei auf, das drohende Tödliche ab. Bei Malick sind tödliche Kräfte dagegen stets in eigenem Recht Teil der Gleichung. Bilder von Flora und Fauna – Werden und Vergehen als Schicksal alles Natürlichen – stehen menschlichen Lebenswünschen und Taten gegenüber. Zugleich wird der Mensch so in einen natürlichen Raum zurückgeführt, den er mit anderen Wesen teilt. Dieser paradiesische Horizont erweist sich jedoch als trügerisch. Denn die Rückkehr zum Ursprung bedroht auch die dem animalischen Sein abgerungene Menschlichkeit. Folge sind Identitätsdilemmata, die aus der Spannung von menschlichen Selbstwerdungswünschen und Selbstbehauptungsschemata der Natur erwachsen.

Diese Divergenz erschüttert die Möglichkeit menschlicher Moral: In *The Thin Red Line* (*Der schmale Grat*, USA 1998, R: Terrence Malick) entfesselt der Zweite Weltkrieg auf einer paradiesisch anmutenden Pazifikinsel eine Hölle der Grausamkeit. Eine Wiese sättigt sich im Blut der Sterbenden. Kaum gestört sucht zugleich eine Schlange nach

Beute. Spielt das auf die Schlange im Paradies an? Oder beobachten wir Selbstbehauptungen von Mensch und Schlange im selben Habitat? Folgt der Mensch genauso unschuldig wie sie seiner Natur? Zeigt sich Krieg metaphorisch als Rückfall ins Animalische? Oder zeugt die maßvolle Jagd der Schlange von der Maßlosigkeit der Soldaten? Kann es Unterschiede in einer im Kern mörderischen Gewalt geben? Malicks Zurücktreten von Geschehen und Interessen der Akteure vertieft den Konflikt zwischen dem Wunsch, etwas jenseits von Fressen und Gefressenwerden zu finden, und einer Realität, die an diesem notwendigen Anspruch möglicherweise ebenso notwendig scheitert. Keine Lösung, sondern der Knoten am Grund motiviert Malicks Erzählen:
1. Ein Zurücktreten vom Geschehen führt zu ästhetisch performanten Kontrasten, die im Beobachten anthropologische und moralische Dilemmata profilieren und an ikonische Traditionen anknüpfen. Haltung, Ästhetik und Inhalt verschmelzen. 2. Diese ästhetische Evidenz fordert ein Bündel konkurrierender offener Fragen heraus. Ihre Unlösbarkeit gibt dem Diskursfeld meditativen Charakter.[1] Dies setzt Zuschauer/innen voraus, die sich in alltagspragmatisch verleugnete Spannungen verwickeln lassen und darin das Potential der Filme verwirklichen.[2] 3. Nicht Sieg oder Niederlage dieser oder jener Ambition stehen im Zentrum, sondern Tod, Endlichkeit und Schuld bilden den Gravitationspol, zu dem sich Gier, Ambitionen, Wünsche, Hoffnungen, Ängste und Interessen der Figuren verhalten.[3] 4. Die Distanz von Interessen begründet zugleich die Schönheit der Bilder. Im Spiegel tödlicher Gravitation werden Dinge und Verhältnisse in ihrem Eigenleben sichtbar.[4]

1 Vgl. Leo Bersani / Ulysse Dutoit: *Forms of Being: Cinema, Aesthetics, Subjectivity*. London: BFI 2008, S. 134; Steven Rybin: Voicing Meaning. On Terrence Malick's Characters. In: Thomas Deane Tucker / Stuart Kendall (Hrsg.): *Terrence Malick. Film and Philosophy*. New York: Continuum 2011, S. 13–39, hier S. 30.

2 „The nature and meaning of the filmic *world* itself are put into question. […] The landscapes […] acquire an autonomous presence that opens up an interceptive question for both the character and the viewer." (Rybin: Voicing Meaning, S. 16.)

3 Vgl. Dominik Kamalzadeh / Michael Pekler: *Terrence Malick*. Marburg: Schüren 2013, S. 125.

4 Vgl. James Morrison / Thomas Schur: *The Films of Terrence Malick*. Westport / London: Praeger 2003, S. 15. Auf Stanley Cavell gestützt, korrelieren die Autoren Distanznahme, emanierende Schönheit und Sosein der Dinge. In ihrer Matrix

Malicks Zurücktreten bewirkt so, dass all seine Filme Totentänze sind. In dieser Perspektive werde ich den Erstling *Badlands* (USA 1973, R: Terrence Malick) analysieren. Das Totentanzmotiv zeigt sich hier in der Mordserie eines Ausreißerpärchens. Malick lehnt sich an einen Fall der 1950er Jahre an: die Umtriebe von Charlie Starkweather und der 14-jährigen Caril Ann Fugate.[5] Zum Schluss werde ich mit Hilfe des Spätwerks *The Tree of Life* (USA 2011, R: Terrence Malick) Subtexte herausarbeiten und aufzeigen, inwiefern dieser Film einen zu *Badlands* gegenläufigen Totentanz ausbildet.

Badlands

> My mother died of pneumonia when I was just a kid. My father kept their wedding cake in the freezer for 10 whole years. After the funeral he gave it to the yardman. He tried to act cheerfully but he could never be consoled by the little stranger he found in his house. Then one day hoping to begin a new life away from the scene of all of his memories he moved us from Texas to Fort Dupree, South Dakota.[6]

Holly ist die erste der Erzählerinnen und Erzähler eigener Erlebenswelten in Malicks Werk. Ohne direkte Adressierung wendet sie sich an die Zuschauerinnen und Zuschauer. Die Bilder gehen dabei nie mit ihrem Text in eins und spannen so einen weiten Reizrahmen auf. Tendenziell werden dramatische Entscheidungen von Holly nur berichtet. Das schafft Zeit für Verhaltensbeobachtungen vor und nach Peripetien.[7] Holly erzählt nach allen Ereignissen, ohne jedoch je manifest vorzugreifen. Der Sog tödlicher Ereignisse wird so als etwas ausgewiesen, das benannt, aber nicht wegerklärt werden kann.[8] Mit dem Publikum als einzigem Gegenüber rückt hierdurch Hollys

fehlt allerdings der Tod, der für ein inneres Gleichgewicht und Rückbindung der Schönheit an den Diskurs der Filme entscheidend ist.

5 Vgl. Lloyd Michaels: *Terrence Malick*. Urbana / Chicago: University of Illinois Press 2009, S. 21; Jennifer Bleek: *Blick und Welt. Filmästhetische Konstruktionen beim frühen Terrence Malick*. München: Fink 2009, S. 15–19; Ariane Gaudeaux: *La Balade Sauvage de Terrence Malick*. Chatou: Ed. La Transparence 2011, S. 19–20.

6 Holly Sargis in *Badlands*, 00:00:25–00:00:52.

7 Vgl. Adrian Martin: Things to Look into. http://www.rouge.com.au/10/malick.html (Zugriff am 06.02.2014).

8 Die zeitliche Querspannung ihres Off-Textes spiegelt sich in Kits Versuchen, Erinnerungskulturen zu stiften: „Ein Leben im zweiten Futur, das immerzu artikuliert, dass man dereinst gelebt haben wird. Ein zukünftiger Blick auf diese Objekte[, die er hinterlässt,] soll Kits Dasein einmal bestätigen." (Kamalzadeh / Pekler: *Malick*, S. 86.)

Einsamkeit ins Zentrum.[9] Holly reflektiert, doch ihr selbstreflexives Vermögen ist unterentwickelt. Der Diskurs bleibt im Film somit unvollständig. Malick geht es nicht um Unerklärlichkeit der Ereignisse, sondern darum, Sinnbildung dialogisch zu gestalten, den Zuschauenden einen Teil der Antwortsuche aufzuerlegen.[10] Nicht Verfremdung, Aufwertung des Kognitiven oder gar Anti-Illusionismus ist das Ziel. Vielmehr geht es um eine Sonderform der Immersion: Das Versagen von Antworten motiviert, in den Film einzudringen und selbst Teil von ihm zu werden. Verweigerung identifikatorischer Bindung führt zu vergrößerter Immersion. Der Aspekt der Charakterentwicklung verschiebt sich so auf die Zuschauer/innen. „While we share in Kit's and Holly's way of seeing the world, we remain outside them. In fact, they form part of the phenomena that challenge us."[11]
Zu Hollys oben zitiertem Off-Text sehen wir sie in einem Kleid im Stil des 19. Jahrhunderts mit ihrem Hund auf ihrem Bett spielen. Hollys Bettgenossenschaft wirkt wie eine erotische Entstellung. Mit Tieren hat sie den unmittelbarsten sozialen Umgang. Ihr Zimmer ist höhlenartig dunkel. Ein greller Lichtstrahl von außen trifft sie nicht. Im Kontext ihres Berichtes von leblos eingefrorenen Gefühlen der Liebe und der Trauer, der Unfähigkeit zu neuem Leben, wirkt Holly lebendig begraben.[12] Sie erscheint als Erinnerungsstück des Vaters, ohne Eigenleben in seine emotionale Beschränkung mit eingeschlossen,[13] genauso wie der Hochzeitskuchen im Kühlschrank.

9 Vgl. Kamalzadeh / Pekler: *Terrence Malick*, S. 128. Die Autoren klären das Gleiche anhand von *The Thin Red Line*.

10 Vgl. Hannah Patterson: Two Characters in Search of a Direction. Motivation and the Construction of Identity in *Badlands*. In: Dies. (Hrsg.): *The Cinema of Terrence Malick. Poetic Visions of America*. London / New York: Wallflower 2007, S. 27–39, hier S. 28; Steven Rybin: *Terrence Malick and the Thought of Film*. Lanham et al.: Lexington 2012, S. 39, 43, 44.

11 William Johnson: Badlands (Film Review). In: *Film Quaterly* 27,3 (Frühling 1974), S. 44.

12 Lebendiges Begrabensein kommt bei Malick häufig vor. In *The Tree of Life* wirkt Jack wie Schneewittchen in selbstentworfenen Kuben gefangen. Vgl. hierzu Kamalzadeh / Pekler: *Malick*, S. 145. Der kriegsfreudige Colonel Tall sagt in *The Thin Red Line* über sich „Shut up in a tomb. […] Played a role I never conceived." Holly erscheint zu Anfang im Vaterhaus begraben. Später diagnostiziert sie für Kit dasselbe: „He feels trapped. […] I've felt that way, haven't you?"

13 „Sie betrachtet sich selbst als Teil eines Abenteuers, dem sie als passive, das heißt emotional kaum involvierte Begleiterin ausgesetzt ist." (Kamalzadeh / Pekler: *Malick*,

Die Morgenidylle einer Nachbarschaft von Holzhäusern unter Bäumen samt gurrender Tauben trügt. Kit auf dem Müllauto durchkämmt beim Aufladen den Müll, sammelt Gut zum Verkaufen und versucht, seinen Kollegen Cato zu bestechen, einen Hundekadaver zu essen. Kit – ein Vertreter des *white trash* in makellosem Jeansoutfit und James-Dean-Habitus – wühlt im Müll der Menschen, um sie zu entzaubern und seinem Pariastatus zu entkommen. Der tote Hund greift Hollys Hund auf und setzt zugleich einen tödlichen Horizont. Kits Dasein im Dreck und der Anspruch seines Starhabitus klaffen auseinander. Wehe jemand entfesselt die latente Gewalt zwischen Sein und Schein.[14] Dies geschieht mit der Begegnung von Kit und Holly. Für sie ist er ein James Dean, der sie aus den Fängen ihres Vaters befreit, bei dem sie ihr festgefrorenes Innen mit Ausflügen zum Baum am bewegten Fluss vertauscht. Ihr reicht aus, dass Kit den Mülljob beendet und Cowboy wird. Für ihren Vater bleibt Kit dagegen Abfall. Als Maler von Werbeschildern dient er einer Industrie, die Bilder eines idyllischen Amerikas malt und diese Illusion verteidigt. Wie im Fall der Hochzeitstorte wird so auch hier eine Schimäre um den Preis der Leblosigkeit konserviert. Während Hollys Vater einen Bilderbuchbauernhof malt, verbietet er Kit kalt, seine Tochter je wiederzusehen. Holly und ihr Vater – selbst in Dilemmata zwischen Sein und Schein verwickelt – appellieren an Kits sich ausschließende Identitätspole. Er sieht den Müll, sie den Star, und Kit kann dieser Spannung nicht mehr ausweichen. In allen drei Fällen handelt es sich um fixierte Identitätsbilder, nie um Lebensentwürfe mit Entwicklungshorizont. Die Lücke zwischen Sein und Schein ist bereits in sich leblos und zeitigt in Kits Impuls, Eindeutigkeit durchzusetzen, tödliche Aggression: „He wanted to die with me, and I dreamed of being lost forever in his arms."

S. 57.) „In seeking to escape one trap through transgression and romance, she has come merely closer to another with Kit." (Neil Campbell: The Highway Kind. Badlands, Youth, Space and the Road. In: Patterson (Hrsg.): *The Cinema of Terrence Malick*, S. 40–51, hier S. 48.)

14 Vgl. zur Frage von Schein und Sein: Bernhard Stricker: Nachahmung und Theatralität. *All about Eve* im Licht der Philosophie Stanley Cavells. In: Wieland Schwanebeck (Hrsg.): *Über Hochstapelei. Perspektiven auf eine kulturelle* Praxis. Berlin: Neofelis 2014, S. 177–194.

Beiläufige Szenen vertiefen diesen Todeshorizont: Hollys Fisch, neben dem Hund ihr zweites animalisches Gegenüber, erkrankt. Sie erträgt das nicht und wirft ihn ins Gebüsch. Jämmerlich verendet er im falschen Habitat. Magisch erlebt Holly dies als Wurzel allen kommenden Übels. Kit findet eine tote Kuh auf der Weide und posiert triumphal auf dem Kadaver. Den Verboten entgegen trifft Holly weiter Kit. An einem malerischen Abend erschießt der Vater zur Strafe ihren Hund, der im Gras verblutet, und wirft ihn in den Fluss. Ohne Grab soll er verenden, als hätte er nie existiert. Zugleich raubt er so dem Stelldichein des Paares am Fluss jede Idyllik. Genau hier hatten beide erstmals Sex. Malick zeigt nur den Moment danach: Während Holly ihr artiges Kleid zurechtzupft, wundert sie sich, dass alle Welt so viel Getue um Sex macht. In seinem Interesse an einem abgebrochenen Baum flussabwärts zeigt auch Kit ein Ungenügen daran. Vom Flussufer bringt Kit einen Stein mit: „Let's crunch our hands with this stone! Then we won't forget today." – „But it would hurt!" – „But that's the point!" Die Selbstverletzung soll die Bindewirkung des Sex' erst realisieren.

Hier zeigt sich eine Identitätsstrategie Kits: Um den Schein als Essenz zu sichern, bedarf es der Gewalt nicht nur, um Lücken zu kompensieren, sondern auch um Aggression und Schmerz signifizierende Gestalt zu geben.[15] Was im Erleben fehlt, wird in rituelle Abläufe verlagert, die als Spiegel bestätigen. Kit bekämpft seine Enge durch den Bedeutungs-, Bindungs- und Lebendigkeitseffekt ritueller Gewalt.

Mit Kits Mord an Hollys Vater verliert dies seinen harmlosen Charakter. Kaum hat er mit Holly einen roten Ballon, mit Liebesschwüren beladen, in den Abendhimmel aufsteigen lassen und seine Liebe darin luftig inszeniert[16], zeitigen seine Schwüre eine mörderische Eskalation: Kit dringt bei Holly ein und packt ohne jede Absprache übergriffig für eine gemeinsame Flucht. Holly und ihr Vater überraschen ihn. Der Vater lässt sich weder vom Revolver noch von Kits Geboten einschüchtern und eilt die Treppe herunter, um die Polizei

15 Vgl. Campbell: The Highway Kind, S. 46; Rybin: *Terrence Malick and the Thought of Film*, S. 56.

16 Gaudeaux sieht im roten Ballon samt roter Blumen die spätere Blutspur präfiguriert. Vgl. Gaudeaux: *La Balade Sauvage*, S. 23.

zu verständigen. Kit ruft ihm nach, wartet jedoch keine Antwort ab, sondern schießt ihn von hinten über den Haufen.
Die Ermordung ihres Vaters beweist seine Liebe zu Holly. Nach Verlust von Fisch, Hund und Vater bleibt Kit für Holly das einzige Lebensventil. Gewalt und Schuld sichern die Bindung nicht nur rituell, sondern faktisch. Die Motivation, durch Gewalt Bindung zu schaffen, und der ödipale Triumph, eine Vaterfigur zu töten, um die Liebe der Frau zu gewinnen, sowie Aggression als Identitätsstabilisierung gegen Abwertungen fließen in Kits Tat untrennbar zusammen.
Kit brennt zur Verwischung aller Spuren Hollys Vergangenheit nieder. Sein Brand kontrastiert die Eissymbolik der tödlich konservierenden Lebensmaximen des Vaters. Inszeniert wird dies als raumgreifende Ejakulation, die feurig einholt, was bei Hollys Defloration am Wasser offen geblieben ist: Mit einem Benzinkanister, den Kit zwischen den Beinen pendeln lässt, benetzt er alles mit flüssigem Brennstoff. Etwas Flüssiges – also die dem Eis der Konservierung nachfolgende Aggregatstufe – verwandelt sich in Feuer und zerstört alles Feste – Baustoff, Einrichtung, kitschige Gemälde – die Grundfesten von Hollys Lebensweise. Brennende Noten fliegen auf. Heiße Luft durchweht Pfauenfedern. Als ritueller Gestalter führt Kit eine Konjunktion aller vier Urelemente herbei, die in zahlreichen Bildtraditionen Weltschöpfung und Weltvernichtung begleitet. Seinen banalen Mord taucht Kit in kosmische Elemente und beendet in quasi-göttlicher Gewalt eine Epoche mit einem Weltenbrand im Kammerspielformat. Kit agiert ohne Selbstreflexion oder Ahnung vom ikonischen Charakter seines Handelns, Malick filmt dagegen alles in reflexiver Kompetenz und kultiviert im Bild gerade das, was seinen Figuren verschlossen bleibt.[17]
Ästhetisch stehen so zwei Perspektiven auf das Gleiche konfliktär und darin performant gegeneinander. Sein höherer Bewusstheitsgrad trennt Malick ab[18] und erzählt darin von der Weltentfremdung

17 Vgl. Michaels: *Terrence Malick*, S. 27, 28, 29, 35, 36. Ein Symptom hierfür ist Malicks erlesene, meist nicht milieuhaft orientierte Musikauswahl. Vgl. hierzu Morrison / Schur: *The Films of Terrence Malick*, S. 11.

18 Kits hypertrophe Lust, Dinge und Vorbilder ins eigene Repertoire zu bringen, sollte mit Malicks Methode verglichen werden, Vorbilder intertextuell zu verweben. Was künstlerisch produktiv ist, wird in *Badlands* ins Leben umgesetzt und hier falsifiziert. Folge ist eine performative Ambivalenz: Malick als Künstler bleibt unschuldig. Kit, der analoge Prinzipien lebt, wird monströs schuldig. Zwischen Regisseur

der Charaktere.[19] Die Brandszene wird durch ein Chorwerk von Carl Orff überhöht und lässt darin Kits Überinszenierung durchscheinen, die der Film im selben Moment als Attraktion kultiviert. Bei der Komposition handelt es sich um eine Vertonung des allegorischen Dialogs aus *Faust II*, in dem Mangel, Sorge und Schuld allein vom Tod überwunden werden.[20]

Im Gegensatz zum feurigen Aufruhr zeigt die Kamera alles in ruhigen Kadragen, die das Verbrennen einzelner Dinge konstatieren und die aufschießenden Flammen als Vertikale profilieren. Sie erscheinen so als phallische Verlängerung von Kits Benzin-Ejakulation, als nächste, heißere Stufe seiner Erregung. Vereinzelte Schwenks nach oben stützen die Vertikaltendenz der Flammen. Bein- und Fußbereiche der Möbel und Dinge bleiben ausgeschnitten, so dass alles auf Flammenwolken schwebt. Die Musik stützt diese Levitation, indem im Ausblenden der Geräusche alle Dinge ihre natürliche Schwere verlieren. Zunächst erscheint so alles angehoben, dann sacken die Dinge zu Asche zerbrechend zusammen. Eine Konjunktion aller vier Urelemente, das Nachspielen eines göttlich-kosmischen Weltenbrandes und delokalisierte sexuelle Dynamik fallen in eins. Entsprechend werden Chiffren der Kindheit Raub der Flammen: Puppen und Puppenstube, Gemälde von Kindern, Pfauenfedern, das Klavier mit

und Figur ergibt sich so eine äußerst spannungsreiche Schattenbruderkonstellation. Malicks ethische Frage artikuliert sich so als Ungleichgewicht in der Performanz des Erzählens. Entsprechend wird der Film dreifach signiert: Wenn Kit eine Schallplatte für die Nachwelt aufnimmt, zeichnet er für seine Taten verantwortlich. Vgl. hierzu Kamalzadeh / Pekler: *Malick*, S. 86. In einem Auftritt als Architekt mit Blaupause unterm Arm signiert Malick seinen Film in Hitchcock-Manier. Malicks Alter Ego in *The Tree of Life*, Jack, ist ebenfalls Architekt. Zudem erzählt Holly im Voice-Over den Film als ihre Geschichte. „Holly et Kit conçoit la vie come un conte. Elle en est la narratrice, mais il est l'écrivain et dirige l'action." (Gaudeaux: *La Balade Sauvage*, S. 85.) „In making lyrical their inability to find an opportunity to voice meaning Malick finds his own opportunity for poetry." (Rybin: *Terrence Malick and the Thought of Film*, S. 41.) Nach Morrison und Schur analysiert Malick in *Badlands* die Frage übernommener Ideen inhaltlich. In späteren Filmen verlagere sich dies jedoch in seine künstlerische Methode. Vgl. hierzu Morrison / Schur: *The Films of Terrence Malick*, S. 74.

19 Das Gleiche lässt sich wirkungsästhetisch als ironisches Potential deuten. Vgl. ebd., S. 11.

20 Vgl. Johann Wolfgang von Goethe: Faust. Der Tragödie zweiter Teil in fünf Akten. In: Ders.: *Werke. Hamburger Ausgabe*, Bd. 3: Dramatische Dichtungen, hrsg. v. Erich Trunz. München: Beck 1986, S. 146–364, hier S. 343 (5. Akt, Mitternacht, V. 11382–12397). Vgl. hierzu besonders Bleek: *Blick und Welt*, S. 53–55.

seinen Notenblättern. Das Geschehen ist ein befreiendes Feuerritual in Richtung Erwachsensein und zugleich ein regressives Fanal in ritueller Verbrämung.
Mit Hollys Vater trägt ein unfreiwilliges Opfer die Last dieses Totentanzes. Kit bekämpft das rituell. Er sucht eine Kabine auf, in der man eine Platte mit der eigenen Stimme herstellen kann. Mit trockenem Pathos – „Big decision, huh." – verkündet Kit den Plan, sich und Holly zur Sühne zu töten. Diese Opferlogik ist jedoch nicht ernst gemeint, sondern PR-Maßnahme, um sich und Holly von Verfolgung freizuhalten. Kit imitiert eine Pressekonferenz, genießt es, von Entscheidungen zu sprechen und der Nachwelt eine Art Testament zu hinterlassen. Um einen Beischlaf nicht zu vergessen, wollte er sich die Hand brechen. Diesmal soll eine Gewalttat als ‚big decision' in die Geschichte eingehen. Mit dem unausgeführt bleibenden Suizid bleibt in der Gleichung allerdings etwas offen, das sich in weiterer Aggression nach außen entfalten wird.
Die beim Mord an Hollys Vater etablierten Muster prägen auch spätere Morde. Zwar entfallen persönliche Motive, doch der Versuch, den Status quo zu wahren, führt zu gehäufter, weit beiläufigerer Gewalt. Stets beginnt Kit ein Gespräch, doch statt Antwort zu erwarten, knallt er das Gegenüber ab. Sein Trieb zur Tat erwächst aus der Regel, stets das ultimative Mittel zur Selbsterhaltung zu wählen. Kits eindressierte Manieren kontrastieren dem schockierend: Verrat an die Polizei fürchtend, erschießt Kit seinen einzigen Freund Cato, in dessen Hütte das Paar Obdach gefunden hat. Kit ruft dem über ein offenes Feld laufenden Cato nach. Der dreht sich um, Kit schießt. Die Plötzlichkeit der Eskalation wurzelt auch darin, dass Kit und Holly sich nur eine Sekunde zuvor albern mit Ackerkrumen bewarfen. Nun taumelt Cato seiner Hütte entgegen. Kit ist schneller und hält dem Verblutenden höflich die Tür auf. Kurz darauf komplimentiert Kit mit der Waffe ein junges Paar, geradezu Doppelgänger[21] von ihm und Holly, in einen unterirdischen Windschutz. Sorgsam nimmt er das Versprechen ab, Fluchtversuche zu unterlassen. Hausväterlich schließt Kit die Tür, um die beiden dann mit Schüssen durch eine Ritze zu erledigen. Ihrer Einsargung unter der Erde entsprechend

21 Vgl. Patterson: Two Characters in Search of a Direction, S. 33–37.

lässt Kit Opfer nie liegen, sondern versteckt sie in engen dunklen Räumen. Kit hat Holly aus lebendiger Einsargung befreit, seinen Opfern ergeht es umgekehrt. Als Kit Cato mühsam in einem sargförmigen Container unterbringt, fragt Holly nach Kits Motiven. Er kontert, es brächte Unglück, darüber zu sprechen, außerdem dürften die Körper nicht der Sonne ausgesetzt werden. Kit will seine Taten ungehört, ungesehen und darin magisch ungeschehen machen.

Im ersten Filmdrittel sind Rituale und Gewalt Hollys Bindung gewidmet, im Mittelteil geht es Kit bei beidem darum, eine illusionäre Unschuld zu erhalten. Wenn Zeugen schweigen und Leichen nicht zu sehen sind, bleibt auch der initiale Mord außerhalb der Realität. Letztlich geschehen all die Morde, um unschuldig zu bleiben. Eine vermeintliche Unschuld wird mit immer größerer Schuld erkauft und beschädigt darin Selbstbild und Bindung des Paares.

Dieses Dilemma zeigt sich im Versuch, in der Wildnis mit einem Baumhaus einen eigenen Hausstand zu begründen. Ein im nahen Fluss dynamisch treibender Baumstamm bildet einen rhythmischen Kontrast zum Feuerfanal und greift zugleich den Baum vorm brennenden Haus auf.[22] Das Baumhaus bewahrt seinerseits diverse Artefakte des Vaterhauses. So finden beide ein Spielfeld, um Identitätsträumen nachzuhängen. Dies wird voll poetischer Momente inszeniert, das Paar erscheint jedoch auffällig getrennt: Holly kniet verträumt in Wiesen, mustert das Leben von Flora und Fauna und erlebt, während sie sich im Handspiegel schminkt, ozeanische Gefühle des Eingespiegeltseins in die Natur. Dies oszilliert zwischen Erfüllung und Regression ins Vormenschliche.[23] Kit baut den Platz derweil zur martialischen Festung aus und trainiert mit der Waffe. Während sie bukolische Räume erlebt, baut er das Set eines Vietnamfilms. Kit jagt Fische mit dem Revolver. Holly geht abends allein im Schlick des fallenden Flusses spazieren. Kit liest allein eine Zeitschrift. Holly liest ihm auf halber Baumhöhe schwebend von der Fahrt der Kontiki vor. Ihr Vorlesen ist schön, beleuchtet aber auch, wie wenig sich beide zu sagen haben. Sie versteckt sich darin vor ihrer eigenen

22 Das Baummotiv ist in *Badlands* tragend: Kits Einführung, das erste Picknick, der erste Sex, der treibende Baum, das Baumhaus, der Garten eines reichen Mannes. Hiervon setzt sich das baumlose Finale ab. Vgl. Bleek: *Blick und Welt*, S. 50.

23 Vgl. Gaudeaux: *La Balade Sauvage*, S. 107–109.

Stimme, die im Off-Ton, aber nie bei Kit Raum findet. Beide drücken sich so über Assimilation fremder Texte und Rollen aus und verwechseln ihr reales Los mit der Abenteuerliteratur, die ihnen als Spiegel, Ersatznahrung und bindendes Präskript dient.[24] Dies entkörperlicht die Gegenwart. Sogar als sie unterm Baumhaus zusammen tanzen, tun sie das ohne Berührung oder Blickkontakt. Hollys Barfußtanzen steht dabei mit seinen Cowboystiefeln in Kontrast.
Kit agiert als zweiter James Dean, Cowboy und Vietnamkämpfer, während beide zusammen Adam und Eva im Baumhaus spielen.[25] Ihre kindliche Spielfreude ist zugleich die andere Seite mangelnder Identität. Beide agieren stets in einem Als-ob-Modus. Selbst Bluttaten hinterlassen so keinen adäquaten Abdruck in ihrem Erleben. Gerade ihre vermeintliche Unschuld führt dazu, vor keiner Tat zurückzuschrecken und damit zur größten Blutorgie des Filmes. Mit der Natur verschmolzen, flüstert Holly lyrische Zeilen, während sie im Unterholz ein Wildpferd beobachtet, als handele es sich um das letzte Einhorn. In genau gleichem visuellen Stil wie das Tier fotografiert, tauchen in Bildern von Baum- und Strauchgruppen Fragmente herankommender Männer auf. So lange wie nur möglich wird hierdurch ihre eindeutige Identifikation als menschliche Wesen erschwert und hinausgezögert. Die Herankommenden erscheinen durch dieses Verfahren entmenschlicht und darin ins mythologische System der örtlichen Flora und Fauna eingeordnet: für Holly als Tiere, für Kit als animalische Angreifer gegen seinen Stützpunkt. Das gleiche Orff-Stück, das den Brand überhöhte, beglaubigt diese wahnhafte Wahrnehmungsweise. Sie kulminiert darin, dass Kit die Männer anruft und sie im nächsten Moment unter Feuer nimmt. Blätter fallen zu Boden, während die Männer wie Wild durch den idyllischen Wald fliehen. Im so gesetzten visuellen Rahmen erledigt Kit sie wie Jagdbeute. Die poetische Spielfreude vor der Eskalation erweist sich dadurch nicht als Gegensatz, sondern als Bedingung des martialischen Blutrausches. Ihre Phantasiewelt macht alles zu Spiel, zu Rollenverhal-

24 Vgl. Gaudeaux: *La Balade Sauvage*, S. 85–92; Kamalzadeh / Pekler: *Terrence Malick*, S. 161.

25 Vgl. ebd., S. 80. Die Autoren verweisen auf Nachfolger der Verfugung von Idylle und Kriegszone: *Apocalypse Now* (USA 1979, R: Francis Ford Coppola) – ebenfalls mit Martin Sheen – und Malicks *The Thin Red Line* (1998).

ten, zu einem Regelsystem, das essentielle Identität ausschließt.[26] Ihre Auffassung nimmt gleichsam alles als Bilder wahr. Eben noch hat Holly in den aus dem Vaterhaus geretteten Dingen stereoskopische Fotos entdeckt, Bilder der Wende zum 20. Jahrhundert von Pyramiden, Kanalanlagen, amerikanischen Alltagsszenen, einem Liebespaar, Menschen und Dingen, die bereits untergegangen sind. Der fotografische Hades gibt Holly Anstoß, sich in Raum und Geschichte selbst zu verorten. Ihre Was-wäre-wenn-Gedanken kreisen um das Phantasma einer Reversibilität des Lebens. So bildet sie sich ein, aller vergangenen und gegenwärtigen Zivilisation enthoben zu sein. Zugleich nähren Fotos und Bukolik zusammen eine tödliche Atmosphäre: „The cooing of the doves and the humming dragonflies in the air made it always seem lonesome and like everbody's dead and gone." Diese atmosphärische Einbindung verkürzt alles zu einem moralisch konsequenzlosen Bildraum. So wie *sie* ihre Opfer nicht sehen, zeigt auch der Film diese nicht.

Einige Szenen geben dem Verhalten der Protagonisten befremdliche Echos: Kit schickt Holly zur Konversation mit dem verletzten Cato. Auf ihre Frage hin, erläutert der Sterbende, wie er seine Spinne mit anderen Tieren füttert. Kits mörderische Verteidigung seines Lebens mit Holly bekommt so eine Art Resonanzbild. Mit einem Sterbenden, der akut von Kits Geltungsdrang aufgefressen wird, plaudert Holly über Fressen und Gefressenwerden. Sie greift in aller Unschuld zum einzigen Thema, mit dem sie durch ihren Fisch und ihren Hund eigene Erfahrungen hat, und verhält sich im Effekt so unüberbietbar grausam. Am Ende prüft Holly sein Ableben mit einem Stock, so wie es Kinder mit Kadavern tun.

Nach seiner Verhaftung erwartet Kit den Weitertransport auf einer Airbase. Hunderte bewaffnete Soldaten warten ebenfalls. Sie sollen töten und Amerikas Interessen gegen andere behaupten. Kits mythologischer Privatkrieg trifft auf den staatlichen Krieg. Sind beide wirklich verschieden? Als Kit verkündet, keinen Tod zu fürchten, zeigt Malick erschöpfte Rekruten. Ihre Uniform macht sie auch zu Zielscheiben. Im Unterschied zu Kits feiger Gewalt ist für sie der Tod etwas Unausweichliches, das sie zu Bewusstheit und Tapferkeit,[27]

26 Vgl. Kamalzadeh / Pekler: *Terrence Malick*, S. 56, 84.

27 Vgl. John Bleasdale: Terrence Malick's Histories of Violence. In: Tucker / Kendall (Hrsg.): *Terrence Malick*, S. 40–57, hier S. 44; Rybin: Voicing Meaning, S. 35.

also zu einem Totentanz ganz anderer Art zwingt. Diesem Diskurs widmet sich Malick in *The Thin Red Line* (1998) ausführlich.[28]
Nach Kits überschießender Gewalt gegen das junge Paar ändert sich Hollys Haltung: Im Gespräch mit dem Mädchen kam sie ihren Gefühlen so nah wie nie: Kit leide an völliger Eingeschlossenheit, daher sei sie für ihn da. Einen Moment später erschießt Kit die neue Vertraute: „At this moment I didn't feel shame or fear but just a kind of blah like when you're sitting there and the waters run out of the bathtub." Holly beschreibt den Prozess einer Vertrocknung und liefert darin den Schlüssel für die visuelle Metamorphose des Finales.[29]
Nach ihrem letzten Raubzug in der Villa eines reichen Mannes verlassen beide in Kits Auto die paradiesischen Parkanlagen der Villa. Nach dieser letzten Resonanz ihrer Baumhauszeit führt ein Schnitt in eine vertrocknete Savannenlandschaft. Die von Holly beklagte Entwässerung, die das Verfließen ihrer Bindung anzeigt, steigert sich zum großräumigen Karst einer Landschaft mit allzeit aufwirbelndem, trockenem Staub. Als Kit ziellos einen Football abknallt, wirkt das so, als sei auch für ihn die Luft draußen. Ganz am Ende schießt er sogar seinen eigenen Reifen platt. Beide Attacken zeigen, dass sich Kit keine menschlichen Opfer mehr entgegenstellen, seine Schusslust aber befriedigt werden muss. Die Eskalation der Gewalt erreicht in den Badlands so ihren toten Endpunkt. Die Wüste wird zum Ort der Ernte der Gewalt.
Die Beschwörungen, die Grenze zu überschreiten, in einem mythischen Norden und seinen Bergen das magische Land einer neuen Existenz zu erreichen, leiern aus, sind nicht mehr Poesie, sondern Durchhalteparolen. Der Furor der feurigen Lösung vom Vater schrumpft zum schwächlichen Lagerfeuer, das nicht einmal die Blicke des Paares zusammenführt. Permanent bestehen Treibstoffprobleme. Real begründet sich dies, weil sie Straßen und Tankstellen meiden; symbolisch zeigt sich darin das Versickern ihres gemeinsamen Antriebs. Eine zunehmende Verdunkelung flankiert dies: Alle Szenen

28 Malicks künstlerische Auferstehung nach zwanzig filmlosen Jahren ist sicher nicht zufällig ein filmisches Karfreitagsoratorium.

29 „In the end, the sadness emanating from the film partially comes from the fact that Kit's most well-placed biographer, Holly, is living another life. And so his story dries up without leaving a trace." (Terrence Malick im Interview mit Michel Ciment. In: *Positif. Revue mensuelle de cinema* 170 (Juni 1975), S. 30–34; zit. n. Michaels: *Terrence Malick*, S. 109.)

entwickeln sich auf Rasten in der Dämmerung zu. Jede Dämmerung ist dabei dunkler als ihr Vorläufer: eine Reise in die Nacht.[30] Hierzu trägt auch ein Verlust an Orientierung bei. Einmal dreht Kit eine Flasche im Sand, um mit diesem Orakel die Wegrichtung zu bestimmen. Dann ist ihm selbst das zu anstrengend. Sogar sein Wunsch, die Russen sollten im verhassten South Dakota ihren Atomkrieg gegen die USA beginnen, wird zum müden Fluch. Insofern inszeniert Kit auch in dieser Phase ein stimmiges Bild ihrer Lage, das sich in der Filmgestaltung entfaltet:[31] Tag wird Nacht, ekstatische Flucht Weglosigkeit, fließendes Wasser staubige Wüste, eigene Schuld zur Phantasie atomarer Selbstdestruktion. Allmachtserlebnisse weichen animalischer Regression wie dem Notbehelf, Gras zu essen. Alles ist von tödlicher Transsubstantiation geprägt.

Für Holly befreit dies neue Wünsche. Sie möchte in menschliche Verhältnisse zurückkehren und Kit verlassen. Wie alles Entscheidungsorientierte wird dies ins Off versetzt. Was in anderen Filmen der Höhepunkt wäre, lässt Malick systematisch beiseite. Statt auf Holly zu hören, lässt Kit sich von Nat King Cole im Autoradio mitreißen. Gleich darauf tanzen beide in pechschwarzer Prärie im Scheinwerferlicht. Ihre erste gemeinsame Interaktion seit langem ist zugleich der Abschied ihrer Liebe in schwarzer Nacht. Nat King Cole singt: „The dream has ended, for true love died“. Die Autolampen strahlen wie ein Filmprojektor über das Scopeformat, und Holly und Kit wirken in ihrem Licht wie Leinwandhelden. In einer Aufsicht erscheinen sie als Stars im Verfolgerspot einer Musicalbühne. Dies entspricht Kits Selbstwahrnehmung: Beim Tanz überlegt er, was er für einen Hit landen würde, könnte er nur seine Gefühle singen. Im Kredit dieser Vorstellung badet er im Scheinwerferlicht: Showtime in der Prärie. In Kits Rollenspiel fehlt jegliche Ironie. Die Illusion des Moments hat stets absolute Geltung.

30 In *Days of Heaven* (*In der Glut des Südens*, USA 1978, R: Terrence Malick) wendet Malick das gleiche Verfahren an.

31 Thomas Deane Tucker: Worlding the West. An Ontopology of *Badlands*. In: Tucker / Kendall (Hrsg.): *Terrence Malick*, S. 80–100, hier S. 88–89. Nach Tucker waren die unfruchtbaren Badlands immer ein Sammlungsbecken für Outlaws. So sei eine symbolische Aufladung entstanden, auf die Kit zurückgreift. „Malick is interested in the ‚badlands‘ as an element of human rather than physical geography.“ (Matthew Evertson: Fields of Vision. Human Presence in the Plain Landscapes of Terrence Malick and Wright Morris. In: Tucker / Kendall (Hrsg.): *Terrence Malick*, S. 101–126, hier S. 121.)

Die Anmutung, selbst ein Star sein zu können, ist für Kit entscheidend. Haben seine Taten keinen Alarmismus erregt, als seien die Russen einmarschiert? War der Zweck der Morde, auf der Flucht unerkannt zu bleiben, im Verstecken der Leichen die Taten ungeschehen zu machen und durch Gewalt und folgende Isolation Hollys Bindung zu erzwingen, macht sich Kit nunmehr die Wahrnehmungen der Außenwelt zu eigen: Es gilt, mit seinen Untaten Ruhm zu gewinnen. Kit spielt hinfort sich selbst, den Täter Kit. In perverser Paraphrase zu John Fords Diktum „My name's John Ford. I make westerns" bedroht er einen Mann, um Benzin zu bekommen: „My name is Carruthers. I shoot people every now and then". Final ersetzt Kit den Raum moralischer Konsequenz durch ein Rollenspiel, in welchem er als verkörpertes Zitat agiert.[32] So will er selbst zu einer Legende werden:

> Kit knew the end was coming. He wondered if they'd pronounce him dead or if he'd read what the papers would say the next day from the other side. He dreaded being shot down alone without a girl to scream his name.

Kit braucht Holly nur noch als Zeugin seines Ruhmes. Schickte er anfangs einen roten Ballon mit Liebesschwüren in die Luft, vergräbt er nun Gegenstände ihrer gemeinsamen Zeit – am besten damit Menschen Jahrtausende später eine Ahnung seiner Existenz gewinnen. Im Schrei eines Mädchens, im Echo der Presse, das bis ins Jenseits hallt, mit einer Art Grabbeigabenritual,[33] das Jahrtausende überbrückt, arbeitet Kit umfassend an einer öffentlichen Erinnerungskultur.[34] Sprach sein Ballon in ätherischer Luft von intimen Gefühlen, geht es bei der Begrabung nun um objektives Säen gegen den Tod. Holly wird darin zum „embedded narrator"[35], die zusammen mit Malicks Bildern Kits Taten erzählt. Hiermit ändert sich der Status

32 Patterson versteht Kits Annahme der Rolle des Kriminellen im Gegensatz hierzu als Identitätswachstum. Vgl. Patterson: Two Characters in Search of a Direction, S. 38.

33 Gaudeaux bringt Kits Ritual- und Müllverhalten auf einen Nenner. Es handele sich jeweils um eine anale Obsession. Vgl. Gaudeaux: *La Balade Sauvage*, S. 22–23.

34 Vgl. Evertson: Fields of Vision, S. 109.

35 „She becomes a blank canvas on which he can begin to draw his own identity. With her, he is able to more easily attempt ways of constructing his sense of self." (Michaels: *Terrence Malick*, S. 25.) Die ‚Arbeitsteilung' des Paares gleicht der Konstellation von Narziss und Echo. Vgl. hierzu Patterson: Two Characters in Search of a Direction, S. 32.

von allem, was Kit bisher begrub. Das nun begrüßte Finden seiner Opfer sichert ihm gleicherweise Nachruhm wie das imaginierte Auffinden der Dinge. Kit löscht das Leben anderer in Augenblicken aus; dem setzt er ebenso triebhaft Rituale für ewige Erinnerungskulturen entgegen. Eine monströsere Querspannung ist kaum denkbar: Ein endloser Schwenk über dämmrige Prärie ordnet Kit in eine Montage mit Wildtieren ein. Als Mörder lebt Kit in animalischer Selbstbehauptung. Als Ritualgestalter wiederholt er dagegen den menschheitsgeschichtlichen Schritt, im Begraben ein Veto gegen die Endlichkeit einzulegen.[36]

Ein Polizeihubschrauber spürt beide auf. Holly nutzt das, um sich von Kit zu trennen. Eine Autoverfolgungsjagd quer durch die Prärie bietet Kit (und Malick) die Möglichkeit, die entsprechende Szene aus *Rebel without a cause* (*…denn sie wissen nicht, was sie tun*, USA 1955, R: Nicolas Ray) nachzuspielen. In Abwesenheit von Holly bestätigt nun der Autospiegel Kits James-Dean-Habitus. War der trockene Karst zuvor Bild der versickernden Neigung des Paares, wird der wild auffliegende Staub nun zur Waffe gegen die Polizei, ein Ausstellen eigener Macht. Ikonisch ruft das Epitheta von Wettergottheiten auf. Gott weist dem Volk Israel etwa häufig als Rauchsäule den Weg.[37] War Kit zu Beginn mit einem selbstentfachten Feuer identifiziert, gibt er sich nun als Luftgott. Kit hängt die Verfolger ab und nutzt dies, um seine Verhaftung nach eigenen Bedingungen zu gestalten. Fieberhaft errichtet er einen Hügel aus Steinen, um das Ende seines aktiven Wirkens erdhaft zu markieren. Kit wird so mit Feuer, Luft und Erde verbunden, während die wasseraffine Holly unter seiner Vertrocknung leidet.[38] Mit dem Steinhaufen beendet Kit symbolisch sein Leben, in der Hoffnung, „the next day from the other side“ in einer Art Paradies das Echo seiner Taten zu genießen. Das Lebendigbegrabensein, sonst eine Horrorvorstellung, nutzt Kit, um sich rituell zu verdinglichen und sich darin Moral, Leben und Tod endgültig zu entziehen. Hierdurch verkehren sich alle Prämissen: Aus Schuld wird Ruhm, aus

36 Rybin sieht einen Bezug zu Bazins Fundierung der Ontologie der Fotografie in der Mumifizierung. Vgl. Rybin: *Terrence Malick and the Thought of Film*, S. 58.

37 Gaudeaux sieht Attribute einer Wettergottheit und nennt Zeus als Vorbild. Vgl. Gaudeaux: *La Balade Sauvage*, S. 26–27.

38 Gaudeux reiht Holly via Screenshots in weitere aquatische Heldinnen in Malicks Werk ein. Vgl. ebd., S. 107–110.

Tod Ewigkeit, aus Holly als Spiegel die amerikanische Öffentlichkeit. Das Verstecken der Leichen vor der Sonne wird zu einem Selbstverständnis leuchtenden Startums, und Kits Sprechverbote wandeln sich zur Pseudo-Pressekonferenz, bei der er sich vor Polizisten wie ein Popstar geriert. Kit erreicht so das Gegenteil seines Ausgangspunktes als allgemein abgewerteter Vertreter des *white trash*, der selbst als Müll betrachtet wird.

Seine Rache an der Gesellschaft erfüllt sich in der perversen, aber in den USA keinesfalls unüblichen Anerkennung, die ihm nun Polizisten zollen, wenn sie von ihm angebotene Souvenirs begehren.[39] An seiner martialischen Fesselung vorbei, die ihn als Raubtier inszeniert, verschenkt Kit lässig Feuerzeug, Kamm und Stift als Devotionalien. Kit dankt allen Polizisten, als wäre er ihr Chef und sie hätten ihn bei einer wichtigen Mission unterstützt. Wie auf einem Altarbild zeigt ein Vater dem Baby auf seinem Arm Kit, der in heller Kleidung aus der Phalanx von Soldaten und Polizisten herausleuchtet. Doch die jesusartigen Attributierungen gelten keinem Heiland und keiner Passion, sondern einem Massenmörder. Der junge Polizist, der Kit entwaffnete, hat nach diesem Triumph aus Männlichkeitsgefühl sinnlos in die Prärie geschossen. Als mentaler Doppelgänger ist er von Kit nicht weit weg. Als Kit ihm verspricht, seine Tapferkeit überall zu verbreiten, kann er sich dieser Versuchung nur erwehren, indem er Kits Hut aus dem Autofenster wirft. So wie Kit sein Interesse auf kollektive Anerkennung verlagert, wechselt auch der Film die Perspektive. Nun diagnostiziert er nicht mehr lakonisch persönliche Pathologien, sondern die Perversion einer Gesellschaft, die bereit ist, den Skandal zu ignorieren oder fraglos mit Publicity zu belohnen. Vom *white trash* zum Star – Kits Entwicklung verzerrt in sonderbar alchemistischer Logik den amerikanischen Traum und bringt darin dessen inhärente Widersprüche an den Tag. Hinter Kits Totentanz versteckt

39 Wie verbreitet dieses Bedürfnis in den USA bis heute ist, zeigen Webshopangebote wie Supernaught (http://www.supernaught.com, Zugriff am 23.10.2014). Alphabetisch nach Namen geordnet lassen sich hier Besitztümer von Originaltätern bequem per Mausklick bestellen. Das Thema ist wissenschaftlich nahezu unerschlossen. Ein erster Zugang wäre Steven F. Scouller: *Murderabilia and True Crime Collecting*, Bloomington: Authorhouse 2010.

sich – vielleicht sogar als seine eigentliche Triebfeder – der Totentanz einer ganzen Zivilisation.[40]

Schattenbrüder

Malick hat nur eine Handvoll Interviews gegeben, zwei davon 1975 zu *Badlands*. Besonders eindrucksvoll sind seine Überlegungen zu Kit:

> I grew up around people like Kit and Holly. I see no gulf between them and myself. But people can really get ignored […] and fall into bad soil. Kit did, and he grew up like a big poisonous weed.[41]

Eine größere Gegensatzspannung im Verhältnis zu Figuren ist kaum denkbar: einerseits Abstandslosigkeit („no gulf"), fast Identität mit den Charakteren[42], anderseits scharfe Abgrenzung („big poisonous weed"). Zwischen beiden Polen liegt ein Wachstumsprozess: Auf Ignoranz und schlechtem Boden erwächst das giftige Unkraut. Implizit entwickeln sich hier zwei Schicksale aus einer Wurzel. Kits Weg ins Gift und Malicks Weg zu darstellender Kompetenz. Malick begründet Kits Defizite dabei aus seinem Umgang mit Leid:

> In real life, you hide your suffering; it's the only way to survive. […] That is why Kit has become narcissistic, not in the sense that he's looking for the root cause of his problems, but rather because [he] […] doesn't like who he is.[43]

Pflanzliche Metaphern stehen für Kits Blindheit sich selbst und dem Wurzelgrund gegenüber. Gegenpol wäre eine Sehkraft, die Kit spiegelt, wie er ist. Sie motiviert die künstlerische Sensibilität von *Badlands*.[44] Malick entschuldigt sich geradezu für den engen Aktionsradius

40 Vgl. Gaudeaux: *La Balade Sauvage*, S. 48–49; Campbell: The Highway Kind, S. 49; Ron Mottram: All Things Shining. The Struggle for Wholeness, Redemptionand Transcendence in the Films of Terrence Malick. In: Patterson (Hrsg.): *The Cinema of Terrence Malick*, S. 14–26, hier S. 18.

41 Terrence Malick im Interview mit Beverly Walker. In: *Sight and Sounds* 44,2 (Frühling 1975), S. 82–83; zit n. Michaels: *Terrence Malick*, S. 103, 105.

42 Vgl. Paul Maher: *One Big Soul. An Oral History of Terrence Malick*. Raleigh: Lulu 2012, S. 56, 57, 61. Martin Sheen und Sissy Spacek betonen hier, wie perfekt Malick in Kits Rolle schlüpfte.

43 Terrence Malick im Interview mit Michel Ciment; zit. n. Michaels: *Terrence Malick*, S. 111–112.

44 Vgl. ebd., S. 27, 28, 29, 35, 36. „Malick seems more interested in the criminal couple's state of mind – their ontology […] – than in the visceral causes and effects of their violence." (Ebd., S. 35.)

seiner Figuren: „I admire […] scenes of great emotion. But to openly express your emotions, you have to have great maturity."[45] „Maturity" steht antithetisch zu „poisonous weed". In ihrer Gleichheit an der Wurzel („no gulf") sind beide Pole jedoch untrennbar. Zwischen ihnen liegt die Winzigkeit, die zum einen oder anderen Schicksal führt. Malick widmet seinen Film in Kit einer Schattenbrudergestalt, die lebt, was ihm erspart bleibt, die gleichsam das Gift für ihn ausagiert. Dies begründet ein simultanes Erleben von Identität und Nichtidentität mit den Figuren. Doch wie kann dieses Paradox greifbare Gestalt finden? In dieser Aufgabe wurzelt Malicks ästhetische Grundidee einer rhythmischen Entfaltung von Gegensätzen:

> I hope that the voiceover and the cinematography create some distance without alienating the viewer too much. They should distance you, and then make you participate, then distance you again, in a back-and-forth movement.[46]

Diese Rhythmik bildet einen komplementären Prozess zum linearen Wachstum aus schlechtem Boden zu giftiger Gestalt: Verwicklung und Distanz sind Modi konstruktiver Auseinandersetzung mit der Vergiftung. Nur eine solche Gegenrhythmik verwandelt Leid in Weisheit. Stille Voraussetzung, um *Badlands* drehen zu können, ist eine solche durchlaufen zu haben:

> Kit […] is a *closed book*, not a rare trait in people who have tasted more than their share of bitterness in life. The movies have kept up a myth that suffering makes you deep. […] It teaches you lessons you never forget. […] It's not that way in real life, though, not always.[47]

Das Abenteuer der Entgiftung wäre die Komplementärgeschichte zu *Badlands*: auch ein Totentanz, aber unter gegenteiligem Vorzeichen. Mit *The Tree of Life* (2011) hat Malick diesen Film 37 Jahre nach *Badlands* realisiert.[48] *The Tree of Life* ist die autobiographische Erkundung einer Jugend, der Ehe der Eltern, des Todes eines Bruders und des lebenslangen Kampfes gegen den so erworbenen Mangel an Selbst- und Weltversöhnung. Muster, die Malick zuvor im Rahmen

45 Terrence Malick im Interview mit Michel Ciment.; zit. n. ebd., S. 111.

46 Ebd., S. 112; zudem vgl. Rybin: *Terrence Malick and the Thought of Film*, S. 44.

47 Terrence Malick im Interview mit Beverly Walker; zit. n. Michaels: *Terrence Malick*, S. 104.

48 Production Designer Jack Fisk betont, Malick habe direkt nach *Badlands* mit dem *Tree-of-Life*-Stoff begonnen. Vgl. Kamalzadeh / Pekler: *Terrence Malick*, S. 152.

historischer Vergangenheit und anhand fremder Charaktere gestaltete, erscheinen nun im Rahmen eigenen Erlebens. In andere Kontexte investierte Obsessionen kehren zu ihrem Ursprung zurück. *The Tree of Life* ist insofern ein einzigartiger Film und stellt zugleich eine Landkarte dar, die Subtexte der anderen Werke erhellt.

Jack O'Brian, ein Mann in den 50ern, ist unversöhnt mit seinem Leben. Der Vater hat seine drei Söhne mit ‚liebevoller Härte' unterdrückt, die Mutter dagegen bewegt mit ihnen zusammengelebt. Diesem Wechselbad war einer der Brüder nicht gewachsen. Die schamvollen Umstände seines Lebensendes belässt der Film völlig im Dunkeln. An einem Jahrestag seines Todes erinnert sich Jack jedoch an den Verlust seines Bruders und stellt sich seinen Schuld- und Hassgefühlen. Dabei leiten ihn Maximen seiner Mutter, die der skizzierten Querspannung von *Badlands* entsprechen:

> The nuns taught us there are two ways through life – the way of Nature and the way of Grace. You have to choose which one you'll follow. Grace doesn't try to please itself, accepts being slighted, forgotten, disliked, accepts insults and injuries. Nature only wants to please itself, get others to please it too. Likes to lord over them, to have its own way. It finds reasons to be unhappy when all the world is shining around it, when love is smiling through all things. They taught us that no one who loves the way of Grace ever comes to a bad end.[49]

Die von Jack vergötterte Mutter ist eine spielfreudig-bewegte, blasse Rothaarige (Jessica Chastain), der gleiche Frauentyp wie Holly (Sissy Spacek) in *Badlands*. Doch ist der Vater dabei, gefriert alle Beweglichkeit. Sein Wert der Durchsetzungskraft, den er gegen seine Söhne gerichtet vorlebt, beugt alle Lebensfreude. Die Mutter erscheint ähnlich wie Holly gegenüber Kit als machtlose Zeugin der negativen Affekte ihres Gatten. Im Höhepunkt schreit Jack seine ödipalen Gefühle grell heraus. Er hasse den Vater, die Mutter liebe nur ihn. Als der Vater zu Reparaturzwecken unterm Familienauto liegt, gerät Jack in Versuchung, ihn durch Wegziehen des Wagenhebers zu töten. Die Vaterfigur ermorden, die hübsche Rothaarige mit dem Wagen entführen – Kit zieht dieses Programm durch, Jack bringt es nicht über sich. Stattdessen bittet er Gott, den Vater zu erledigen. Sein Hass gleicht dem Kits, doch Jack internalisiert ihn, verdaut ihn und wird darin zu Kits hellem Doppelgänger. Entsprechend liegt es ihm fern, sich

49 Mrs. O'Brian in *The Tree of Life*, 00:01:49–00:03:38.

für James Dean zu halten. Stattdessen teilt Jack mit ihm eine essentielle Verwandtschaft, wenn er selbst einen ähnlich harten Vaterkonflikt durchsteht, wie die James-Dean-Figur in *East of Eden* (*Jenseits von Eden*, USA 1954, R: Elia Kazan). Mit Julie Harris als Abra steht Dean dabei ebenfalls eine schlanke Rothaarige zur Seite. Malick verschmilzt so Kinomythologie und eigenes Erleben.[50]

In *The Tree of Life* muss sich Jack allerdings ganz allein zur Versöhnung mit dem Vater vorkämpfen. Als einzige nachhaltig helfende Kraft erweist sich die Allgewalt des Kosmos selbst. Das Geschenk, Teil von ihm zu sein, wiegt alle Verletzung auf. Während Kit sich als Rachegott aufspielt, der eine mörderische Feuerapokalypse im Kammerspielformat entfacht, findet Jack im realen Kosmos und seinen Feuerkräften die Tür zur Vergebung. An die Stelle von Kits Massakern tritt am Ende von *The Tree of Life* ein gegenteiliger Totentanz. In einer Seelenreise findet Jack auf der Scheidelinie zwischen Land und Wasser, Tag und Nacht – also im visuellen Startpunkt der biblischen Genesis – mit allen Toten und Lebendigen seines Lebens in lösender Gemeinschaft zusammen, kein Totentanz der Vernichtung, sondern der Versöhnung im Erlebnis geteilter Sterblichkeit. Viele Zuschauer/innen hat diese Schlusswendung verstört. Erkennt man sie jedoch als Gegengewicht zu fataler Vergiftung, zeigt sich, dass Jacks Entgiftung notwendig einen kosmischeren Bildraum braucht als Kits Weg in die Lebensvertrocknung. *The Tree of Life* und *Badlands* stellen je für sich und erst recht in ihrem Zusammenklang äußerste Extreme des Totentanzmotivs dar: den apokalyptischen Tanz der Vernichtung und den Reigen der schöpferischen Ekstase von Entgiftung und Wiedergeburt.

50 Malick nennt als ersten Film, der ihn beeindruckte, *East of Eden*. Die Verwandtschaft, aber auch die erheblichen Unterschiede von Abra, Holly und Mrs. O'Brian näher zu untersuchen, dürfte sehr fruchtbar sein. Vgl. Maher: *One Big Soul*, S. 26.

Choreografien des Todes in den Filmen von Quentin Tarantino

Jean-Pierre Palmier

Als allegorische Figur spielt der Tod in Quentin Tarantinos Filmen keine Rolle. Die Verbindung von Tod und Tanz ist bei Tarantino nicht kulturhistorisch, sondern rein ästhetisch motiviert und äußert sich in aufwändigen Choreografien tödlicher Kämpfe. Diese werden ästhetisch doppelt markiert: Erstens inhaltlich beziehungsweise durch die *Mise en Scène* in Form der meisterlich beherrschten Kampfkünste der Akteure, zweitens formal durch die auffällige audiovisuelle Gestaltung. Die Reflexion der ästhetischen Darstellung von Gewalt charakterisiert Tarantinos Filme von Anfang an, wird aber im Verlauf seines Werks zunehmend komplex. Eine chronologisch angeordnete Analyse der Todeschoreografien in drei ausgesuchten Filmen (*Reservoir Dogs*, *Kill Bill: Vol. 1*, *Django Unchained*) soll diese Entwicklung nachzeichnen. Auch eine Beziehung zum Motiv des Totentanzes wird dabei herausgestellt, insofern der Übergang zwischen Leben und Tod in den ans Tänzerische erinnernden Choreografien als performativer und unausweichlicher Akt inszeniert wird. Damit haben Tarantinos Choreografien des Todes und das jahrhundertealte kunstgeschichtliche Motiv des Totentanzes eine zentrale ästhetische Gemeinsamkeit, die sich erst mittelbar erschließt.

Zwei Aspekte von Tarantinos Filmästhetik sind für die Nähe zum Totentanz besonders relevant: zum einen die Verbindung von tödlicher Gewalt und Komik, die nicht nur an die makabre Heiterkeit des tanzenden und musizierenden Todes erinnert, sondern auch an das humoristische Potenzial des Totentanzes, wie es in der Filmgeschichte etwa schon früh im Kurzfilm *Le squelette joyeux* der Lumière-Brüder oder in Walt Disneys Trickfilm *Silly Symphonies. The Skeleton Dance*[1] abgerufen wurde. Zum anderen erinnert die audiovisuelle Gestaltung der Gewaltszenen an die Darstellung von Totentänzen. Dies ist nicht so zu verstehen, dass der Tod personifiziert in Erscheinung tritt. Es ist auch nicht bloß gemeint, dass die Choreografien der tödlichen Kämpfe an Tänze erinnern. Vor allem sind es die Bilder und Töne selbst, die zu tanzen scheinen, indem sie bestimmte Rhythmen hervorbringen und die Figuren in Einklang mit diesen agieren lassen, und es sind umgekehrt auch die Bewegungen der Figuren, die den audiovisuellen Rhythmus bestimmen.

Nicht zuletzt trägt zum Tänzerisch-Verspielten der Darstellung bei Tarantino auch bei, dass die tödlichen Kämpfe meist deutlich metafiktional markiert und somit als filmische Konstruktion ausgestellt werden, für die es in der Lebenswelt der Zuschauer keine Entsprechung gibt. Dass die Tänze einer eigenen, nämlich fiktionalen und meist generisch festgelegten Logik folgen, gemäß der die Helden ihre Gegner nach den Regeln der Kampf- und Schießkunst der Reihe nach in den Tod schicken, ist eine weitere Verbindung zum Motiv des Totentanzes, insofern die Ausweglosigkeit des Todes den narrativen Ablauf der Darstellung bestimmt. Der Zusammenhang von Komik und Gewalt, die metafiktionalen Elemente der Darstellung und schließlich der Tanz von Bildern und Tönen sollen in den drei ausgesuchten Beispielen genauer untersucht werden.

Tarantinos Vorliebe für die Darstellung filmischer Gewalt ist bekannt.[2] ‚Filmisch' bedeutet, dass die in seinen Filmen gezeigte Gewalt keinen Anspruch auf Realismus erhebt, sondern gerade in der Übertreibung, Komik und ihrer ans Tänzerische erinnernden Choreografie eine ästhetische Motivierung erkennen lässt. Hierdurch wird die Grenze zwischen realer und fiktiver Gewalt klar markiert. Diesen Unterschied betont Tarantino immer wieder, wenn er moralisch für seine

1 Vgl. hierzu den Beitrag von Susanne Kaul in diesem Band.

2 Ausführlich zur Filmästhetik Tarantinos vgl. Susanne Kaul / Jean-Pierre Palmier: *Quentin Tarantino. Einführung in seine Filme und Filmästhetik*. München: Fink 2013, S. 13–21. Als Kennzeichen der Filmästhetik werden hier systematisch eine hybride Erzählweise (Genremischung und interfilmische Verweise, Episodenhaftigkeit, Dialogizität), Selbstreferenzialität (Zitate und Anspielungen, selbstreferenzielle Fiktionalität) sowie Komik und Gewalt (Erwartungsbrüche, komische Dialoge, komische Gewaltdarstellung) herausgearbeitet.

Gewaltdarstellung kritisiert wird: „It's an aesthetic thing. People will attach a moral thing to it, but that's bullshit. It's just one of the things that movies can do."[3] Wie dies in zahlreichen Action-Filmen üblich ist, werden die schlimmen Folgen der Gewalt entweder ausgeblendet oder so übertrieben, dass die Gewalt cartoonhaft wirkt. Nicht von ungefähr wird etwa die *backstory*, also die Hintergrundgeschichte, von O-Ren Ishii im ersten *Kill-Bill*-Teil im Anime-Stil präsentiert. Die Zeichentrick-Form schwächt die selbst für Tarantinos Verhältnisse außerordentlich blutige und gewalttätige Sequenz in ihrer Wirkung ab, sie ästhetisiert und fiktionalisiert die Gewalt gleichermaßen.

Grundsätzlich tragen auch die zahlreichen audiovisuellen Zitate und Anspielungen dazu bei, die inhaltliche Motivierung der Gewaltdarstellung auszuhöhlen. Gewalt scheint bei Tarantino eher durch die Form des Erzählens erzwungen zu werden, sie ist generisch motiviert (auch die audiovisuelle Gestaltung orientiert sich zumeist an den generischen Implikationen der Szenen) und besitzt keine relevanten lebensweltlichen Bezüge: Es geht Tarantino nicht um Charakterstudien, Sozialkritik oder Moral, sondern vornehmlich um die Filmkunst als solche.[4] In seinen beiden letzten Filmen ist allerdings eine Wendung hin zum Moralischen zu beobachten. Sowohl in *Inglourious Basterds* als auch in *Django Unchained* findet das Spiel mit der Gewalt aufgrund der direkten historischen Bezüge zum Nazi-Regime beziehungsweise zur US-amerikanischen Sklaverei jenseits der Harmlosigkeit statt, wenngleich die fiktionale Bearbeitung des Stoffes deutlich im Vordergrund steht.

Wie entwickelt sich die Ästhetisierung tödlicher Gewalt in Tarantinos Filmen und welche ästhetischen Veränderungen bringt seine Hinwendung zu historischen Themen mit sich? Sorgt sie dafür, dass tödliche Gewalt nicht mehr choreografiert wird und Kämpfe nicht länger als Tänze inszeniert werden? In seinem Debütfilm *Reservoir Dogs* ist die Gewaltdarstellung noch realistisch, wenngleich ihre Wirkung durch metafiktionale Elemente, vor allem das Motiv des Tanzes, abgeschwächt wird. In *Kill Bill: Vol. 1* steht die Ausübung von Gewalt

3 Godfrey Cheshire: Hollywood's New Hit Men (November 1994). In: Gerald Peary (Hrsg.): *Quentin Tarantino. Interviews*. Jackson: Mississippi University Press 1998, S. 89–96, hier S. 96.

4 Vgl. Kaul / Palmier: *Quentin Tarantino*, S. 18.

im Zentrum der Geschichte, wird aber durch zahlreiche Stilmittel als durchchoreografierte Filmgewalt ohne Realitätsbezug gekennzeichnet. In seinem bislang letzten Film *Django Unchained* werden historisch reale und filmische Gewalt schließlich nebeneinander inszeniert, allerdings auf unterschiedliche Weise: einmal ernst und einmal tänzerisch-verspielt.

Totentanz in *Reservoir Dogs* (*Reservoir Dogs – Wilde Hunde*, USA 1992)

Der klein budgetierte, aber technisch und ästhetisch anspruchsvolle Film, der mit Hilfe des gestandenen Stars Harvey Keitel produziert wurde, ließ die Filmwelt auf Tarantino aufmerksam werden. Mit der Episodenhaftigkeit, der hohen Dialogizität und der Verbindung von Gewalt und Komik weist *Reservoir Dogs* bereits zentrale Merkmale von Tarantinos späterer Filmästhetik auf. Sein Debüt bringt Tarantino viel Lob ein, für die realistisch-ungeschönte Gewaltdarstellung erhält er aber auch negative Kritik. Dabei wird die Geschichte eines misslungenen Banküberfalls vor allem mithilfe des Prinzips der Auslassung erzählt und ein Großteil der Gewalttätigkeit der Figuren gar nicht gezeigt, sondern in ihren Sprachgebrauch verlagert: *Reservoir Dogs* ist vor allem ein Film über die Kraft des Erzählens und die Gewalt der Sprache.[5] Gleichwohl enthält der Film nicht nur sprachliche Gewalt oder ihre sprachliche Androhung, sondern auch physische. So wird ein Polizist gefoltert und erschossen; sieben der acht am Diebstahl Beteiligten werden getötet, nur zwei davon *offscreen*. Außerdem orientiert sich die Erzählung am sterbenden Mr. Orange, einem verdeckt ermittelnden Polizisten, der zu Beginn des Films schreiend auf dem blutüberströmten Rücksitz eines Autos gezeigt wird und am Filmende stirbt. Charakteristisch für den Film – und untypisch für Tarantino – ist, dass in seinen zahlreichen komischen Momenten keine Gewalt gezeigt wird. Komik und Gewalt werden also noch nicht systematisch miteinander verbunden, auch wenn sie nahe beieinander liegen, wie etwa in der berüchtigten Szene, in der einer der Gangster, Mr. Blonde, einem verschleppten und gefangen gehaltenen Polizisten mit einem Rasiermesser das Ohr abschneidet.

5 Vgl. Kaul / Palmier: *Quentin Tarantino*, S. 44–46.

Die Szene hat sowohl in der Filmkritik als auch in der wissenschaftlichen Rezeption zu zahlreichen Diskussionen und Analysen geführt, die im Wesentlichen um die Frage kreisen, inwieweit Gewalt hier beschönigt oder verharmlost wird. Affirmiert wird sie jedenfalls nicht: Der die Gewalt ausübende Mr. Blonde ist keinesfalls eine sympathische Figur, sondern ein unberechenbarer Psychopath, der innerhalb der Gruppe von Gangstern für Unruhe sorgt. Allerdings sollte der pathologische Zug der Charakterzeichnung auch nicht überbewertet werden,[6] da die Szene so starke metafiktionale Selbstbezüge aufweist, dass die Figur in erster Linie als Erfüllungsgehilfe einer Darstellungsabsicht erscheint.[7] Wenn Mr. Blonde dem gefesselten Polizisten mitteilt, dass er ihn nicht etwa foltern werde, um an wichtige Informationen zu gelangen, sondern aus schierer Lust, dann ist dies auch als Kommentar auf die Motivierung der Gewaltdarstellung zu verstehen. Die Ausübung von Gewalt wird hier nicht in erster Linie inhaltlich, sondern außerfiktional durch eine Komposition begründet, die dem Prinzip des Ästhetizismus verpflichtet ist. Dass die Folter bloß um der Folter willen inszeniert wird, macht auch die audiovisuelle Gestaltung deutlich. So erklingt aus dem Radio, das von Mr. Blonde eingeschaltet wird, der hiermit auf metafiktionale Weise die Aufgaben eines Regisseurs übernimmt, der Song *Stuck in the Middle with You* von Stealers Wheel (1972), der sich ironisch auf die prekäre Situation des Polizisten bezieht. Die Konstruiertheit der Szene wird insbesondere dadurch ausgestellt, dass das Musikstück einerseits diegetisch ist, also seine Quelle in der erzählten Welt hat, andererseits aber das Geschehen in der erzählten Welt kommentiert – eine Funktion, die in der Regel durch nicht-diegetische Musik erfüllt wird, zumal die Musik auch technisch in der Qualität nicht-diegetischer Musik erklingt, also *de facto* nicht aus der Szene stammt, sondern nachträglich eingefügt wird. Die Fiktion wird hier zwar streng genommen nicht gebrochen, aber indem der Musikeinsatz in der erzählten Welt

6 Ulatowski behauptet etwa, dass die Folterszene Einblick in die komplexe psychische Konstitution von Mr. Blonde gebe. Vgl. Joseph Ulatowski: Stuck in the Middle with You. Mr. Blonde and Retributive Justice. In: Richard Greene / Silem K. Mohammad (Hrsg.): *Quentin Tarantino and Philosophy. How to Philosophize with a Pair of Pliers and a Blowtorch*. Chicago: Open Court 2007, S. 97–107, hier S. 97–98.

7 Vgl. Kaul / Palmier: *Quentin Tarantino*, S. 51; siehe auch die Szenenanalyse ebd., S. 51–53.

die unwahrscheinliche Funktion des ironischen Kommentars erfüllt, stellt sie den artifiziellen Charakter der Szene unter Beweis.
Außerdem beginnt Mr. Blonde nun zu singen und zu tanzen. Das Motiv des Tanzes weist hier – durchaus in der Tradition des Totentanzes – auf die Todesgefahr der Szene hin, denn der Tanz ist Ausdruck der Lust am Foltern und Töten, die Mr. Blonde verspürt, zumal er ihn mit einem Messer in der Hand vollführt. Bezeichnenderweise geht die Tanzbewegung fast nahtlos in die Bewegung des Abschneidens über, das somit buchstäblich in die Nähe einer tänzerischen Darbietung gerückt wird. Die Komik, die durch den Tanz in die Szene hinein transportiert worden ist, endet abrupt mit der Gewalttat, die *offscreen* stattfindet und bloß von den Schreien des Polizisten illustriert wird. Anders als in den übrigen Filmen Tarantinos sind Komik und Gewalt hier nicht miteinander vermischt – es handelt sich nicht um komische Gewalt, denn die Gewalt wird nicht übertrieben oder auf andere Weise verfremdet dargestellt, sondern realistisch inszeniert. Gerade indem die Kamera rechtzeitig abschwenkt und die Gewalttat ausspart, kann diese durch die auditive Untermalung realistisch wirken, weil Tarantino von der Aufgabe befreit ist, das Abschneiden des Ohres auf realistische Weise ins Bild zu setzen (in der Tat geht der Einfall mit dem Kameraschwenk auf Probleme in der praktischen Umsetzung der Szene zurück). Komik und Gewalt werden also lediglich in unmittelbarer Nähe inszeniert, so dass die schockierende Wirkung vor allem in intellektueller, weniger in emotionaler Hinsicht abgeschwächt wird, weil die Gewalt selber nicht zum Objekt der Ästhetisierung, sondern auf selbstreflexive und komische Weise gerahmt wird.[8] Einesteils zeigt der Film also Gewalt, andernteils

8 In der Filmkritik und in der wissenschaftlichen Literatur wird die Schockwirkung der Szene paradoxerweise meist mit dem Prinzip der Auslassung begründet: Der Zuschauer werde durch das Abschwenken der Kamera gezwungen, die Szene in seiner Vorstellung fortzuführen, was mindestens so schrecklich sei, wie die Folterszene selber wahrzunehmen. „Die gezielt wegschwenkende Kamera begründet wesentlich die schockierende Wirkung der Folterszene […].“ (Fabienne Liptay: Leerstellen im Film. Zum Wechselspiel von Bild und Einbildung. In: Ders. / Thomas Koebner / Thomas Meder (Hrsg.): *Bildtheorie und Film.* München: Ed. text + kritik 2006, S. 108–134, hier S. 114.) Oder: „Der Horror wird […] im Kopf erzeugt durch ein Nichtzeigen des Ereignisses.“ (Korinna Barthel: *Das Quentchen Gewalt. Heiße und Kalte Gewalt in den Filmen Quentin Tarantinos.* Marburg: Tectum 2005, S. 61.) Hier wird verkannt, dass gerade die Imitation der Blickabkehr des Zuschauers durch das

bezieht er hierzu auch kritisch Stellung, indem er sie durch die metafiktionalen Bestandteile der Szene unmissverständlich als Filmgewalt markiert. Ein wesentliches Mittel dieser Markierung ist das Motiv des Tanzes, durch dessen ambivalente Funktion das Geschehen allerdings nicht nur komisch wirkt, sondern auch besonders bedrohlich, weil das Tanzen Ausdruck der Tatsache ist, dass in dieser Szene mit dem Leben gespielt wird.

Ballett des Todes in *Kill Bill: Vol. 1* (USA 2003)

Die Reaktionen der Kritiker auf den ersten der beiden *Kill-Bill*-Filme[9] ist auf die für die Tarantino-Kritik typische Weise gespalten. Gelobt werden die technische Finesse des Films und seine spezielle Ästhetik, für die Substanzlosigkeit und Selbstzweckhaftigkeit der Gewaltdarstellung wird der Regisseur hingegen kritisiert.[10] Unabhängig von der Meinung der Kritiker lässt sich festhalten, dass in einer Verschärfung der ästhetizistischen Haltung, die in Tarantinos Erstling zum Ausdruck kommt, Gewalt hier als Teil einer künstlichen Welt gezeigt wird. Eines der Hauptmerkmale der Gewaltdarstellung ist ihre Einbindung in aufwendig choreografierte Kämpfe, die stark metafiktional aufgeladen sind und in ihrer ästhetisch herausgehobenen Stellung an Tanz-Einlagen aus Musicals erinnern. Zahlreiche filmische Zitate[11] und fiktionalisierende Elemente der Darstellung tragen zum auffällig

Wegschwenken der Kamera eine abschwächende Wirkung der Szene begründet. Ausführlich hierzu vgl. Kaul / Palmier: *Quentin Tarantino*, S. 51.

9 Ursprünglich war *Kill Bill* als ein einziger Film geplant. Da die verantwortlichen Produzenten einerseits vor einem vierstündigen Film zurückschreckten, Tarantino andererseits den Film aber nicht kürzen wollte, einigten sich beide Parteien auf eine Teilung des Films in zwei Hälften. Vgl. Jim Smith: *Tarantino.* London: Virgin 2005, S. 240.

10 Vgl. den Überblick Kaul / Palmier: *Quentin Tarantino*, S. 81.

11 Es gibt viele inhaltliche und technische Anspielungen insbesondere auf Martial-Arts-Filme, aber auch auf Italo-Western-Filme. Der wichtigste Vorläufer ist der japanische Rachefilm *Shurayukihime* (1973) von Toshiya Fujita, international bekannt unter dem Titel *Lady Snowblood.* Zu den Filmzitaten vgl. beispielsweise Ralf Hess: Der sanfte Plünderer. Über Querverweise und Inspirationsquellen von *Kill Bill.* In: *steadycam* 48 (2005): Quentin Tarantinos *Kill Bill*, S. 56–93; Geron Blaseio / Claudia Liebrand: ‚Revenge is a dish best served cold.' ‚World Cinema' und Quentin Tarantinos *Kill Bill.* In: Achim Geisenhanslüke / Christian Steltz (Hrsg.): *Unfinished Business. Quentin Tarantinos* Kill Bill *und die offenen Rechnungen der Kulturwissenschaften.* Bielefeld: Transcript 2006, S. 13–33; siehe auch die zahlreichen gründlich recherchierten *fansites* oder Beiträge in Videoportalen im Internet.

artifiziellen Charakter der erzählten Welt bei. Zu diesen Elementen zählt etwa die bereits erwähnte Präsentation der Hintergrundgeschichte von O-Ren Ishii im Anime-Stil, der die Gewalt als Zeichentrick umsetzt und damit in ihrer Wirkung abschwächt. Selbst in den Realsequenzen wirkt die gezeigte Gewalt allerdings „cartoonish",[12] das heißt übertrieben und unrealistisch, beispielsweise wenn das Blut gleich einer Fontäne aus versehrten Körpern spritzt.

Der Film ist überdies von einer Vielzahl illusionsstörender und selbstreflexiver Momente durchsetzt. Beispielsweise wechselt die Darstellung während des Kampfes der Braut gegen die Crazy 88 im House of Blue Leaves ins Schwarz-Weiße – eine Anspielung auf die Gewohnheit des US-amerikanischen Fernsehens, bestimmte Szenen aus Martial-Arts-Filmen in dieser Form zu zeigen, um das Blutvergießen weniger drastisch wirken zu lassen. Auf auditiver Ebene ist zum Beispiel die übertriebene Lautmalerei ein metafilmischer Verweis auf die Tongestaltung asiatischer Kampffilme, die Tarantino mit einem Augenzwinkern zitiert. Auch der Piepton, der eingespielt wird, wenn der Name der Braut genannt wird, erfüllt die Funktionen des Selbstverweises und der Illusionsstörung. Neben dem Einschub der Zeichentricksequenz, dem Einsatz von Splatter-Techniken sowie metafiktionalen Elementen verweist außerdem der Gebrauch von Texteinblendungen (Kapitelüberschriften) und *freeze frames* (Porträts der Bösewichter bei gleichzeitiger Namenseinblendung) auf die filmische Konstruktion. Alle diese Elemente weisen in ihrer Funktion auf den ästhetizistischen Charakter der Kampfszenen voraus. Das Kämpfen selbst steht im ersten *Kill-Bill*-Teil eindeutig im Vordergrund. Die Braut wird als Samurai-Kämpferin mythisch erhöht und als unantastbar charakterisiert: Die Szene beispielsweise, in der Hattori Hanzō ihr das Schwert überreicht, „wirkt durch das zeremonielle Setting, die andächtige Panflötenmusik, aber auch durch die Nahaufnahmen von Klinge, Schaft und Scheide geradezu sakral und mythisch",[13] so dass die Eigenschaften der Übermenschlichkeit und Unbesiegbarkeit von dem Schwert auf die Braut übergehen. Der

12 A. O. Scott: Blood Bath & Beyond. In: *New York Times*, 10.10.2003. http://www.nytimes.com/2003/10/10/movies/10KILL.html (Zugriff am 01.04.2014).

13 Kaul / Palmier: *Quentin Tarantino*, S. 87.

Kampf gegen die Crazy 88, der dem Showdown vorausgeht, wird vor diesem Hintergrund zum blutigen Schaulaufen der Hauptfigur. Schon dass der Kampf auf der Tanzfläche des House of Blue Leaves seinen Ausgang nimmt, deutet auf seinen Ballett-Charakter voraus. Er ist so inszeniert, dass die Bewegungen der Braut und ihrer achtundachtzig Gegner aufeinander abgestimmt sind und die Crazy 88 der Reihe nach in den Tod tanzen. Insofern die Braut als todbringend inszeniert wird, wird sie außerdem selber in die Nähe einer Allegorie des Todes gerückt (im zweiten Teil wird sie lebendig begraben, ersteht von den Toten auf und wird somit tatsächlich zur Personifikation des Todes). Das Motiv des Tanzes spielt im Kampf eine besondere Rolle, da sich im Kampfstil der Braut Kraft, Anmut und Grazie wie in einem Tanz vereinen. Ihre perfekte Körperbeherrschung wird dadurch ins Bild gesetzt, dass sie den physikalischen Gesetzen trotzt, wenn sie etwa waagerecht in der Luft liegt, mit Leichtigkeit eine Wand erklimmt oder auf dem Geländer der Galerie wie auf einem Schwebebalken entlangtänzelt.[14] Viele Kampfbewegungen sind mit Tanzbewegungen identisch. Beispielsweise tänzeln zwei Mitglieder der Crazy 88 in symmetrischen und einander kreuzenden Schlangenlinien die Treppe hinunter, die Braut dreht Pirouetten; die vielen Überschläge und Saltos entstammen der asiatischen Kampfkunst, entsprechen aber auch Elementen der rhythmischen Sportgymnastik. Die Übernahme solcher Elemente erfolgt bis hin zur Parodie: Dem Kampf mit den Crazy 88 geht ein Kampf mit Gogo voraus, die nicht nur durch ihren Namen ironisch auf den erotischen Tanz verweist – Gogo ist pikanterweise wie ein Schulmädchen gekleidet –, sondern auch ihr Liuxingchui, eine chinesische Mischung auf Wurf- und Schlagwaffe, wie ein Handgerät beim gymnastischen Tanz führt. Die Ankunft der Crazy 88 wird im Anschluss von einem vielfachen Fußtrippeln akustisch angekündigt, so dass der Anschein entsteht, als betrete eine Stepptanzgruppe die Bühne. Dass sie die Braut auf der Tanzfläche umzingeln, markiert den folgenden Kampf als Tanz. Zu den parodistischen Elementen zählt auch, dass sich die Braut mit dem Schwert

14 Somit werden neben den Techniken der schnellen Zooms und übertriebenen Geräusche auch auf Ebene der *Mise en Scène* Verfahrensweisen des Martial-Arts-Films zitiert, was deutlich macht, dass die übernatürlichen Elemente nicht inhaltlich, sondern in erster Linie generisch motiviert sind.

einen Tanzpartner aus der Menge pickt, eine klassische Tanzhaltung einnimmt und sich mit ihm auf der Tanzfläche zu drehen beginnt. Kurz darauf säbelt sie den Umstehenden in einer Breakdance-Einlage mit Schwertern die Füße ab. Hier wird besonders deutlich, dass der Kampf als Tanz und der Tanz als Kampf inszeniert werden.
Auf das Theatralisch-Künstlerische der knapp zehnminütigen Sequenz weist auch der Teil des Kampfes hin, der bei ausgeschaltetem Licht vor einer japanischen Wand aus Papier stattfindet und aufgrund der symmetrischen Aufstellung der Kamera die Aufführungssituation eines Schattenspiels imitiert. Auffällig ist insgesamt die größtenteils fehlende oder sehr zurückhaltende musikalische Untermalung, die zu einer Hervorhebung der Bilder und Toneffekte führt. Die Szene erhält ihren Rhythmus also nicht etwa von einer untermalenden Musik, sondern es sind die Bewegungen der Figuren und die Art der visuellen Darstellung, die die Szene rhythmisieren. Technisch imitieren beispielsweise die schnellen Schnitte die blitzschnellen Kampfbewegungen, setzen gelegentliche Zeitlupenaufnahmen die Grazie der Bewegungen ins Bild und markieren besondere Einstellungen wie die sich drehende Kamera aus der Vogelperspektive vereinzelte Tanzelemente wie den Breakdance. Hierdurch entsteht insgesamt der Eindruck, dass die tänzerische Einheit von Kraft und Grazie im Kampf nicht nur abgefilmt, sondern auch durch die Bildsprache selber ausgedrückt wird.
Der hierauf folgende, eigentliche Showdown, die Auseinandersetzung zwischen der Braut und O-Ren Ishii, steht zum vorangehenden Kampf in einem starken stilistischen Kontrast. Er findet im eingeschneiten japanischen Garten statt, dessen stille Abgeschlossenheit sowohl das Exklusive des Endkampfes als auch das Kulissenhafte des Raumes hervorhebt und zugleich die ästhetische Kunstwelt einer Schneekugel konnotiert.[15] Anders als im Kampf zuvor gibt es eine auffällige musikalische Untermalung: Es setzt ein klappernder Flamenco-Rhythmus ein, der auf auditiver Ebene eine Kampfeshektik konnotiert, die visuell allerdings nicht eingelöst wird, da die Kämpfenden geräuschlos durch den Schnee trippeln. Der Kampf steht also ganz im Zeichen von Tarantinos Ästhetik heterogener Komposition. Mit diesem audiovisuellen Zusammenprall verschiedener Kulturen wird das Ende des Kampfes vorweggenommen, bei dem O-Ren

15 Vgl. Kaul / Palmier: *Quentin Tarantino*, S. 89.

Ishii von der Braut skalpiert wird, also ein indianisch-amerikanisches Motiv über die japanischen Motive der Bildsprache und der Dialoge triumphiert. Der Erzählrhythmus passt sich dieser unerwarteten Wendung an, denn die Skalpierung geschieht plötzlich und unvorbereitet, so dass der Kampf, anstatt zu einem vollendeten Abschluss zu kommen, wie abgebrochen und nicht zu Ende erzählt wirkt. Auch hier wird die Künstlichkeit der Komposition zwar offen ausgestellt, sie folgt aber keiner Choreografie wie die Kämpfe zuvor. Nach der Skalpierung setzt ein ruhiges Panflötenlied ein, während erst die Rückfahrt der Kamera offenbart, dass der obere Teil des Kopfes von O-Ren Ishii abgeschnitten ist, was zu der Ruhe der Gartenidylle in einem komischen Kontrast steht.

Es ist typisch für Tarantino, dass seine Filme einerseits einer konsequenten generischen Logik folgen, andererseits die Erwartungshaltung des Zuschauers mit der Zusammenführung von nicht zueinander passenden und daher oft komischen Motiven brüskieren. Beide Darstellungstechniken haben gemeinsam, dass sie die Künstlichkeit des Gezeigten betonen und damit die dargestellte Gewalt als ein filmisches Kunstprodukt charakterisieren. Jedoch wird diese Funktion insbesondere durch die durchgestaltete Choreografie der Kampfszenen betont, in der das Kämpfen als Todesballett inszeniert wird.

Tödlicher Gangsta-Rap in *Django Unchained* (USA 2012)

Verträgt sich eine tänzerische Darstellung von Gewalt und Tod auch mit historischen und moralischen Inhalten? Der Bezug zu realer historischer Gewalt ist die treibende Kraft bei der Konzeption von *Django Unchained.* Tarantino möchte einen düsteren und brutalen Western nach der Art der Filme von Sergio Corbucci drehen, wie *Navajo Joe* (*Kopfgeld – Ein Dollar*, I/SP 1966) oder *Il grande silenzio* (*Leichen pflastern seinen Weg*, I/FR 1968). Auf der Suche nach einem geeigneten Thema wird er in der US-amerikanischen Geschichte fündig: „I thought the closest equivalent to Corbucci's brutal landscapes would be the antebellum South. When you learn of the rules and practices of slavery, it was as violent as anything I could do – and absurd and bizarre."[16] Wenngleich Tarantino sich in Interviews

16 Quentin Tarantino: Quentin Tarantino Tackles Old Dixie by Way of the Old West (by Way of Italy). In: *New York Times*, 30.09.2012. http://www.nytimes.com/2012/09/30/magazine/quentin-tarantino-django.html (01.04.2014).

mittlerweile betont moralisch gibt und etwa beklagt, dass so wenige Regisseure sich auf das Thema Sklaverei einlassen,[17] geht die historische Thematik also nicht auf ein plötzliches Interesse Tarantinos an moralischen Fragestellungen zurück, sondern auf seine ästhetischen Vorstellungen. Wie in den übrigen Filmen plündert Tarantino für seinen Western die Filmgeschichte: Unter den Vorlagen ragen Sergio Corbuccis *Django* (I/SP 1966) und Richard Fleischers *Mandingo* (USA 1974) heraus. Zwar lässt der Titel anderes vermuten, doch zitiert Tarantino aus Corbuccis Film bloß die Einstellungen, die Titelei und die Musik des Filmbeginns (außerdem hat der ursprüngliche Django-Darsteller Franco Nero einen kurzen Gastauftritt). Fleischers Exploitation-Film entnimmt er hingegen neben dem fiktiven Mandingo-Kampfsport ganze Figuren und Szenen.[18]

Zwar wird Tarantino für seine Beschäftigung mit dem dunkelsten Kapitel der US-amerikanischen Geschichte von Kritikern und Fans gleichermaßen gelobt, ebenso für die meisterhafte audiovisuelle Gestaltung. Die inhaltliche Umsetzung wird jedoch teilweise bemängelt, besonders die Figurenzeichnung. Beispielsweise manifestiert sich in der Figur des von Christoph Waltz gespielten deutschen Kopfgeldjägers Dr. King Schultz die ganze Problematik der ambivalenten Haltung zur Gewalt, die in *Django Unchained* vermittelt wird. So wie Tarantino sich nicht moralisch verantwortlich fühlt, wenn er Filmgewalt zeigt – es sei denn, es geht um historisch brisante Themen wie Sklaverei oder die in *Inglourious Basterds* thematisierte Judenverfolgung –, so zeigt sich auch Schultz nur von der Sklaverei moralisch betroffen, während er etwa als Kopfgeldjäger keine Skrupel hat, einen Vater in Gegenwart seines Kindes zu erschießen. Was außerfilmisch als Haltung individuell erklärbar sein mag, wirkt innerfilmisch aufgesetzt und psychologisch fragwürdig. Insofern der moralische Bewertungsrahmen von Dr. King Schultz sich nicht aus den Interessen und Neigungen der Figur, sondern außerfilmisch durch den historischen Bezug ergibt, wird inhaltlich und ästhetisch ein Bruch

17 Vgl. Henry Louis Gates Jr.: Tarantino ‚Unchained', Part 1: *Django* Trilogy? (Q&A with Quentin Tarantino for *The Root*). http://www.theroot.com/articles/history/2012/12/django_unchained_trilogy_and_more_tarantino_talks_to_gates.html (Zugriff am 01.04.2014).

18 Der Nachname ‚Von Shaft' der weiblichen Hauptfigur spielt außerdem auf den Blaxploitation-Film *Shaft* (USA 1971, R: Gordon Parks) an.

erzeugt, der anders als Tarantinos üblicher Mix disparater Elemente keine komische Wirkung besitzt, sondern als Unvereinbarkeit bestehen bleibt. Schultz' schlechtes Gewissen erfüllt also kompositorisch die Funktion, die Darstellung historischer Gewalt innerhalb des Films als einen Bereich von moralischer Relevanz zu kennzeichnen, außerfilmisch schützt er Tarantino vor dem Vorwurf der unreflektierten Präsentation von Gewalt.
Bei der technischen Umsetzung der Gewaltszenen geht Tarantino vergleichbar vor, das heißt, er versucht, die ästhetizistische Darstellung harmloser Filmgewalt von der Wiedergabe historischer und moralisch zweifelhafter Gewalt auch stilistisch zu trennen. Wenn an den Sklaven Gewalt verübt wird, so ist die Inszenierung auf konventionelle und zurückhaltende Weise realistisch. Sie orientiert sich am Prinzip dramaturgischer Zuspitzung, ohne jedoch das Darstellungsverfahren selber in den Mittelpunkt zu stellen. Dagegen werden Schusswechsel übertrieben stilisiert, etwa mit dem Mittel der Zeitlupe. Hier zeigt sich die für Tarantino typische Ästhetisierung tödlicher Gewalt: Bild und Ton stehen klar im Dienst der Fiktionalisierung der Gewalt. Zwar kommt die Zeitlupe auch zum Einsatz, wenn Sklaven ausgepeitscht werden oder die Rednecks den Hunden hinterherlaufen, um sich am Zerfleischen der Sklaven zu ergötzen. In den übrigen Szenen markiert die Zeitlupe jedoch die Artifizialität des Tötens, wie bei der Erschießung zweier Reiter: In einer Szene zeigt eine Großaufnahme der galoppierenden Pferdebeine mit einem Blutregen metonymisch den kunstvollen Abschuss an, in einer anderen spritzt das Blut effekthascherisch auf die Baumwollblüten, so wie der Blutspritzer im Endkampf von *Kill Bill: Vol. 1* den Schnee rot einfärbt.

In *Django Unchained* gipfelt die Gewalt in einer Kampfszene, deren stilistische Umsetzung sich in Teilen an der Ästhetik von Rap-Musik-Videos orientiert – einer Kunstform, in der die Elemente Musik, Tanz, Körperlichkeit und Gewalt ästhetisch vermengt werden. Der Schusswechsel, der im Anschluss an Candies und Schultz' plötzlichen Tod stattfindet, läuft teilweise in besonders langsamer Zeitlupe ab, denn Tarantino hat sie mit 90 Bildern pro Sekunde gedreht. Sie wechseln sich ab mit Einstellungen, die mit 22 Bildern pro Sekunde, also leicht beschleunigt (üblich sind 24), gedreht wurden, so dass die Kampfsequenz auch formal eine kraftvolle Dynamik entfaltet. Einerseits wird in den schnellen Bewegungen der Figuren und Bilder die Hektik des Kampfes eingefangen, andererseits werden in den langsamen Einstellungen Schusstechniken (und -verletzungen) episch ausgebreitet. Damit ähnelt die Darstellung der Ästhetik von Rap-Videos, in denen die Verlangsamung des Bildflusses oftmals zur Hervorhebung von körperlichen Eigenschaften dient. Die Schießerei wird auf auditiver Ebene von einem Remix von James Browns *The Payback* (1974) und 2Pacs *Untouchable* (2006) begleitet. Der Remix spiegelt in seiner eigenen Struktur den heterogenen Stilmix von Tarantinos Film, der formal in der ungewöhnlichen Kombination der Western-Szene mit einem Rap-Song wiederholt wird. Die Musik dient wie die hochartifizielle visuelle Gestaltung und die übertriebenen Geräusche der stilistischen Verfremdung der Szene. Während die Toneffekte in Zusammenarbeit mit der visuellen Verlangsamung die Durchschlagskraft von Djangos Kugeln durch die laut aufplatzenden Körperstellen auf spezifisch filmische Weise spürbar machen, rückt der Musikeinsatz Django in die Nähe eines Gangsta-Rappers. Dies ist insofern konsistent, als Django nicht nur mit Kugeln, sondern auch mit Worten scharf schießt. Djangos Aufstieg vom Sklaven zum Revolverhelden wird von einer rasanten rhetorischen Entwicklung begleitet. Zwischen Django und einem von Candies Schergen kommt es sogar zu einem regelrechten verbalen *battle*, auf den nicht von ungefähr der andere der beiden Rap-Songs des Films folgt, *100 Black Coffins* von Rick Ross (2013).

Die Rap-Stücke kontrastieren zwar auffällig zum Western-Stil, sie sind aber nicht deplatziert, insofern sie inhaltlich wie herkömmliche Filmmusik funktionieren. Sie unterstreichen zum einen, dass Django im Stile eines Gangsta-Rappers mit seiner gekünstelten Sprache Gewalt ausübt, und verdeutlichen zweitens, dass er – so die popgeschichtliche Implikation des Musikstils – aus einer Position des sozialen Missstands heraus agiert.[19] Trotz der sozialkritischen Untertöne der Rap-Songs liegt deren primäre Funktion in der Stilisierung der Darstellung. Auch die zahlreichen komischen Szenen des Films, etwa die über mangelnde Sichtverhältnisse klagenden Maskenträger des Ku-Klux-Klans, lassen keine Zweifel aufkommen, dass es sich bei *Django Unchained* trotz der historischen Bezüge in erster Linie um gute

19 Hierzu und allgemein zur Bedeutung der Musik in *Django Unchained* vgl. Kaul / Palmier: *Quentin Tarantino*, S. 139–143.

Unterhaltung handeln soll. Dies zeigt nicht zuletzt selbstironisch die Szene, in der sich Tarantino, der eine kleine Rolle als Sklavenhändler übernimmt, selber in die Luft sprengt.
Wie in *Kill Bill: Vol. 1* folgt die Gewaltdarstellung in *Django Unchained* einer Logik der Fiktionalisierung – zumindest was die dezidiert filmische Gewalt betrifft. So wie die Braut ihre Tötungen mit der Leichtigkeit und Eleganz einer Ballerina vollführt, erledigt Django seine Gegner auf kunstvolle Weise mit Worten und Kugeln. Das konkrete Motiv des Tanzes spielt hier keine Rolle, aber die Verbindung der tödlichen Schießkunst mit Musik und dem Auftritt eines Sprechsängers wiederholt die für den Totentanz charakteristische Verknüpfung von Musikalität, Körperlichkeit und tödlicher Verbindlichkeit. Tarantino inszeniert die Rache der Schwarzen somit, ähnlich wie die jüdische Rache in *Inglourious Basterds*, als kunstvolle, filmische Gewaltfantasie. Dies zeigt besonders das Ende, eine Art theatralische Analogie zum Kino-Setting im Vorgängerfilm, denn hier wird auf vergleichbare Weise poetische Gerechtigkeit als filmische Konstruktion offengelegt. Von seiner erhöhten Position auf der Galerie aus führt sich Django wie ein Richter, Redner und Regisseur zugleich auf. Seiner kreativen Rachelust sind Candies Leute hilflos ausgeliefert. Django ist hierbei wie ein Dandy mit Cowboyhut gekleidet, also wie ein Künstler und Revolverheld gleichermaßen, das heißt wie ein buchstäblich kunstvoller Schütze. Wenn er abschließend mit Sonnenbrille und Zigarettenhalter vor dem explodierenden Haus posiert, um sein Werk zu betrachten, und seine Frau Broomhilda auch noch applaudieren lässt, wird er als jemand in Szene gesetzt, der die Kunst des schönen Tötens perfekt beherrscht und mit den Mitteln der Kunst über die historische Wirklichkeit triumphiert.

Fazit

Es ist charakteristisch für Tarantinos Filme, dass die dargestellte Gewalt grundsätzlich ästhetizistisch markiert und somit keinesfalls affirmiert wird. Ein wichtiges Instrument hierfür stellt das Motiv des Tanzes dar, das in Kampfszenen systematisch mit dem Motiv des Tötens verknüpft wird. Es stilisiert die Gewalt einerseits, erfüllt aber andererseits auch die Funktion, die kompositorische Motivierung der Darstellung offenzulegen und zu zeigen, dass sich die Gewaltdarstellung am Stil der zitierten Vorbilder, an den Vorgaben der bedienten Genres sowie an dem dynamischen Rhythmus orientiert, der im Wechselspiel von Bildsprache, Körperbewegungen und Musik erzeugt wird.

In *Reservoir Dogs* gibt es noch keine bedeutende Choreografie des Kämpfens, das Motiv des Tanzes wird allerdings spielerisch in die Darstellung von Gewalt eingebunden, um sie ästhetizistisch zu rahmen und um eine ambivalente, bedrohlich-komische Grundstimmung zu erzeugen.

In *Kill Bill: Vol. 1* orientiert sich die ausgefeilte Choreografie der Kampfszenen an Elementen verschiedener Tänze. Die Darstellung des Tötens als Ballett mit riesigem Ensemble wird in einzelnen Szenen parodistisch kommentiert. Der Grad des Artifiziellen wird durch explizite Filmzitate, heterogene Stilkombinationen und andere illusionsstörende Techniken noch gesteigert, so dass die Ästhetisierung der Gewalt durch die Darstellung selber reflektiert und kommentiert wird. Es wird keine reale Gewalt gezeigt, sondern Gewalt und Tod werden als filmisches Kunstprodukt inszeniert, vor allem mithilfe tänzerischer Elemente.

In *Django Unchained* hat die Gewalt nicht nur filmische, sondern auch lebensweltliche Bezüge. Realistisch-ernste und ästhetisierte Gewaltdarstellung fallen daher auseinander und führen zu einem unauflösbaren inhaltlichen und ästhetischen Widerspruch. Für die Darstellung filmischer Gewalt greift Tarantino auf die Ästhetik des Musik-Videos zurück und inszeniert Django als rächenden Rapper. So lässt er das Kino über die Wirklichkeit triumphieren und stellt die Unterhaltungsfunktion klar über das Ziel moralischer Belehrung.

„The fear of life is the fear of death“
Die Konstellation von Tod, Fotografie und Film in Wim Wenders' *Palermo Shooting*

Jessica Nitsche

> Die Frage nach ‚Bild und Tod' ruft zwei Themen auf, die heute beide von Ungewißheit umgeben sind. Die alte symbolische Kraft der Bilder scheint erloschen, und der Tod ist so abstrakt geworden, daß er die Sinnfrage nicht mehr auf sich zieht. Nicht nur verfügen wir über keine Bilder des Todes mehr, die uns noch in die Pflicht nähmen. Wir gewöhnen uns auch schon an den Tod der Bilder, die einmal die alte Faszination des Symbolischen ausgeübt haben. Die Analogie zwischen Bild und Tod, die so alt scheint wie das Bildermachen selbst, gerät dabei in Vergessenheit.[1]

Wim Wenders' Film *Palermo Shooting*, der 2008 bei den Filmfestspielen in Cannes Weltpremiere feierte, wurde in den Filmkritiken wenig gewürdigt und musste sich Bezeichnungen als „kulturkonservativer Eintopf“ und „Altherrenkino schlimmstmöglicher Form“ gefallen lassen.[2] Kritisiert wurde die Sprachlastigkeit des Films in Form überladener Dialoge, wobei man sich auf die Inhalte und Diskurse, an die der Film anknüpft, wenig eingelassen hat. So blieben die Vielfalt der Inszenierungen des Todes, das diskursive Spiel mit dem Medium der

1 Hans Belting: Bild und Tod. Verkörperung in frühen Kulturen (Mit einem Epilog zur Photographie). In: Ders.: *Bild-Anthropologie. Entwürfe für eine Bildwissenschaft*, hrsg. v. Gottfried Boehm / Karlheinz Stierle. München: Fink 2001, S. 143–188, hier S. 143.

2 „[…] alte Autos, alte Kameras, alte Häuser, alte Männer, und auch Wenders' Bilder sehen alle mindestens 30 Jahre alt aus.“ (Rüdiger Suchsland: Gymnasiastenpoesie in Palermo. Ein künstlerischer Offenbarungseid. http://www.artechock.de/film/text/kritik/p/pashoo.htm (Zugriff am 19.09.2014).)

Fotografie und die eindrucksvollen Bilder für die Konstellation von Fotografie und Tod vielfach unbeachtet.[3]
Innerhalb der Diskursgeschichte begegnet man der Fotografie als „Leiche des Moments“ (Kesting), „Sargnagel der Zeit“ (Beiler), „Einbalsamierung“ (Bazin) und „Thanatographie“ (Dubois), worin sich andeutet, dass die Fotografie und der Tod schon lange ein mythen- und metaphernumwobenes Paar abgeben.[4] Der Film hat sich dieser spannungsreichen Konstellation vielfach bedient. Als stillgestelltes Bild steht die Fotografie dem Leben(digen) gegenüber; ähnlich gestaltet sich ihr Verhältnis zum Film: Stillstand versus Bewegung, stillgestellte Zeit versus Ablauf der Zeit, ewiges Bild versus Anfang und Ende. In *Palermo Shooting* wird das Verhältnis von Fotografie und Tod zu einem Kernthema, das sowohl über sich hinausweist wie auch Rückbezüge in die Kunstgeschichte eröffnet.

Düsseldorf (Stadt der Fotografie)

Protagonist des Films ist der erfolgreiche Düsseldorfer[5] Fotograf Finn Gilbert. Für sein Leben kennzeichnend sind Geschwindigkeit, Oberflächlichkeit und beruflicher Erfolg. Die Figur des Fotografen,

3 Die in Cannes präsentierte internationale Fassung des Films ist dreisprachig (Englisch/Italienisch/Deutsch) und war 126 Minuten lang. Nach der Premiere wurde der Film auf 108 Minuten gekürzt, da Wenders einige Stellen redundant erschienen. Die DVD enthält die entfernten Szenen (mit Kommentar) als Bonusmaterial.

4 Marianne Kesting: *Die Diktatur der Photographie. Von der Nachahmung der Kunst bis zu ihrer Überwältigung.* München / Zürich: Piper 1980, S. 21; Berthold Beiler: *Die Gewalt des Augenblicks. Gedanken zur Ästhetik der Fotografie.* Leipzig: VEB Fotokinoverl. 1969, S. 117; André Bazin: Ontologie des fotografischen Bildes. In: Ders.: *Was ist Kino? Bausteine zur Theorie des Films.* Köln: DuMont 1975, S. 25; Bernd Stiegler: *Bilder der Photographie. Ein Album photographischer Metaphern.* Frankfurt am Main: Suhrkamp 2006, S. 234; Philippe Dubois: *Der fotografische Akt. Versuch über ein theoretisches Dispositiv*, hrsg. u. mit einem Vorw. v. Herta Wolf, aus d. Franz. v. Dieter Hornig. Amsterdam / Dresden: Verl. d. Kunst 1998, S. 166.

5 Düsseldorf, der Schauplatz der ersten 27 Filmminuten, ist die Heimatstadt von Wim Wenders, der hier jedoch bislang – abgesehen von einem Video mit den Toten Hosen – nicht gedreht hatte. Und auch der Hauptdarsteller – hauptberuflich Sänger und Songwriter der Toten Hosen – ist bekanntlich Düsseldorfer. Weiterhin ist die Stadt für die Fotografie von großer Bedeutung, da aus den Klassen von Bernd und Hilla Becher an der dortigen Kunstakademie Fotografinnen und Fotografen hervorgegangen sind, die aktuell zu den herausragenden Protagonisten der Fotografie innerhalb der Kunst gehören, heute auch bekannt unter den Begriffen Düsseldorfer Fotoschule oder Becher-Schule (z. B. Candida Höfer, Axel Hütte, Thomas Ruff, Jörg Sasse, Thomas Struth, Petra Wunderlich). Einer von ihnen, Andreas Gursky, spielt eine wichtige Rolle für die Ausgestaltung der Hauptfigur (siehe Anm. 8).

die Wenders inszeniert, ist nicht neu, sondern aus dem ein halbes Jahrhundert älteren Film *Blow-Up* von Michelangelo Antonioni bekannt.[6] Auch Antonionis Fotograf ist attraktiv und erfolgreich in allen Lebensbereichen, und dennoch gerät sein Leben plötzlich aus den Fugen. Auslöser dafür sind Fotografien, die er im Park aufnimmt, während sich ein Mord ereignet. Der Fotograf versucht diesem durch maximale Vergrößerungen seiner fotografischen Aufnahmen auf die Spur zu kommen, was ihm jedoch nicht gelingt; vielmehr vergrößert er die Körnung der Fotografie damit so sehr, dass das Abgebildete nicht deutlicher erscheint, sondern mehr und mehr darin verschwindet. Die Gemeinsamkeiten der Protagonisten von Wenders und Antonioni liegen auf der Hand: Beide sind aufstrebende Fotografen und geprägt durch einen fundamentalen Glauben an das, was sie *sehen* und *fotografieren* können. Genau dieser Glaube gerät auf jeweils unterschiedliche Art und Weise grundlegend ins Wanken und lässt sie im Verlauf der Filme den Boden unter den Füßen verlieren. Während Antonionis Hauptfigur lediglich an der eigenen Wahrnehmungsfähigkeit zu zweifeln beginnt, ist die Krise von Wenders' Protagonist Finn grundlegender, existenziell und lebensbedrohlich.

Eine weitere, im Hinblick auf dessen Charakter wichtige Referenz ist ein Videoclip zu dem Song „Warum werde ich nicht satt" von den Toten Hosen, den Wenders im Jahr 2000 für die Band produzierte. Deren Sänger Campino verkörpert darin eine Figur, die der Hauptfigur aus *Palermo Shooting* frappierend ähnlich ist: reich, erfolgreich, doch zugleich übersättigt, ruhelos und leer.[7] Insofern erscheint es nur konsequent, dass Wenders die Hauptrolle in *Palermo Shooting* mit Campino besetzt. In dem Videoclip tauchen bereits viele Einstellungen auf, die im Film wiederkehren, beispielsweise das Büro hoch über der Stadt und der Blick durch die große Fensterfront hinunter, Campino im Sportwagen, das surrealistische Spiel mit Größenverhältnissen etc. Nicht nur bezüglich seiner Lebenseinstellung, sondern auch als erfolgreicher Fotograf zwischen Kunst und Mode zelebriert die Hauptfigur Finn einerseits die Oberflächlichkeit und stilisiert sich

6 *Blow-Up* (UK 1966 R: Michelangelo Antonioni). Michelangelo Antonioni und Ingmar Bergman, die beide am 30.07.2007 und damit in der Zeit der Dreharbeiten an *Palermo Shooting* starben, ist der Film gewidmet.

7 Die Toten Hosen: Warum werde ich nicht satt? (*Unsterblich*, JKP / Eastwest Records 1999).

Abb. 1

zugleich zum Schöpfer, der mit den scheinbar unbegrenzten Möglichkeiten der digitalen Fotografie Bilder nach seinen Wünschen kreiert.[8] Seine fotografische Position kommt insbesondere in einer Büro-Szene[9] zum Ausdruck, in der sein Assistent zu ihm sagt: „Wir haben auch schon mal ein paar Himmel ausgesucht". Finn ist mit den von seinen Mitarbeitern gewählten Himmeln unzufrieden und antwortet: „Mit dem Himmel hab' ich was anderes vor" (00:05:23)[10] – eine doppeldeutige Vorausdeutung, die einerseits den nahen Tod, zugleich aber auch die spätere Liebesgeschichte andeuten könnte.

Die Arbeit an der Oberfläche macht Finns Erfolg aus. Daran ändern auch die Verzweiflungsanflüge einer Studentin aus seinem Seminar nichts, die sich nicht damit zufrieden geben will, dass die Oberfläche *alles* und dahinter *nichts* sein soll. Auf das von Finn geäußerte Credo, die Dinge seien nichts als Oberfläche, antwortet sie:

8 Die Fotografenfigur ist angelehnt an den Düsseldorfer Fotografen Andreas Gursky und dessen Arbeitsweise der radikalen digitalen Bildbearbeitung. Ihm „hat Campino in der Vorbereitung auf seine Rolle über die Schulter gucken dürfen." Vgl. Wim Wenders im Interview mit Ralf Krämer: Als Fotograf bin ich überhaupt nicht überzeugt von der digitalen Technik. http://planet-interview.de/interview-wim-wenders-25112008.html (Zugriff am 20.09.2014).

9 Als Büro von Finn hat Wenders den imposanten Zollverein-Kubus (auch SANAA-Gebäude) in Essen ausgewählt, der heute unter anderem die Folkwang Universität der Künste beherbergt. Das Gebäude wurde von dem Architektur-Büro SANAA aus Tokio entworfen und befindet sich auf dem Gelände der Zeche Zollverein, wo es das industrielle Kulturerbe mit junger, innovativer Architektur verbindet. Für seinen Tanzfilm *Pina* (D/FR/UK 2011) drehte Wenders erneut im Zollverein-Kubus.

10 Alle Timecodes innerhalb des Haupttextes beziehen sich auf den Film *Palermo Shooting* (DVD-Version).

> Wenn nichts mehr hinter den Dingen hervortreten kann, dann brauchen wir sie auch nicht mehr zu fotografieren. Dann brauchen wir gar nichts mehr zu tun. Dann können wir uns auch in Ruhe besaufen und darauf warten, dass wir in Rente gehen – oder am besten noch vorher abkratzen. (00:14:57)

Die unverblümt geäußerte Gegenposition der Studentin deutet die Wandlung an, die Finn – hier noch vollkommen überzeugt von sich – später durchlaufen wird.
In der 16. Filmminute ereignet sich das für den weiteren Verlauf der Geschichte Entscheidende: Finn begegnet dem leibhaftigen Tod bei einem um Haaresbreite verhinderten Autounfall, dem Zusammenstoß mit einem Geisterfahrer. Über dieses Ereignis wird dieser später zu Finn sagen: „Das war unsere erste Begegnung. Du hast um 2.25 Uhr ein Foto von mir gemacht. Das hat dir den Arsch gerettet“ (01:29:06). Wenders arbeitet in dieser Szene mit schnellen Einstellungswechseln, so dass der personifizierte Tod (Dennis Hopper[11]) für den Zuschauer kaum wahrnehmbar ist (Abb. 1). Der allzeit anwesenden Kamera, die Finn mitunter auch mit Panorama-Drehfunktion[12] vom Auto aus einsetzt, kommt von nun an – ohne dass er sich darüber unmittelbar im Klaren ist – eine neue Funktion zu: Den Tod in Schach zu halten. Denn dieser duldet, wie später zu erfahren ist, kein Bild von sich. Folgerichtig flüchtet er, sobald Finn zur Kamera greift.
Nach der schockierenden Begegnung mit dem Tod strandet Finn in der Kneipe Em schwatte Päd.[13] Während er sonst immer seinen eigenen Soundtrack im Ohr trägt, begibt er sich hier an das veraltete Medium der Jukebox und lässt diese die Single „Some Kinda Love“ von The Velvet Underground spielen. Daraufhin erscheint als geisterhafte Gestalt Lou Reed (Abb. 2), Autor und Interpret des Songs, und spricht zu ihm die folgenden fünf Verse, die zugleich im Hintergrund zu hören sind:

11 Dennis Hopper ist am 29. Mai 2010 verstorben.

12 Ein Stativkopf mit Panorama-Drehteller, wie Finn ihn in dieser Szene verwendet, ermöglicht ein automatisches und stufenloses Drehen der Kamera, wodurch ein Panoramabild, das einen Winkel von 360 Grad abdeckt, erzeugt werden kann.

13 Der Name der in Neuss real existierenden Kneipe (Zum schwarzen Pferd), der im Film selbst nicht genannt wird, weist wiederum Bezüge zur Todessymbolik auf: Nicht ein schwarzes, wohl aber ein bleiches Pferd symbolisiert den Tod. Das Fresko *Il Trionfo della Morte* (*Der Triumph des Todes*), das später im Film eine Rolle spielt und worauf ich an anderer Stelle noch ausführlich eingehen werde, zeigt ein solches Pferd wie auch dessen apokalyptischen Reiter.

And some kinds of love
Are mistaken for vision
Put jelly on your shoulder
Let us do what you fear most
That from which you recoil

Anschließend fragt er: „Finn, what do you fear most? What makes you recoil? Death?“ (00:20:02) Während der Unfall das äußere Ereignis ist, mit dem die innere Wandlung des Protagonisten ihren Anfang nimmt, findet Wenders mit der Begegnung von Campino als Finn Gilbert und Lou Reed als Lou Reed Bilder, die innere Wandlung des Protagonisten ins Bild zu setzen. Durch die von Reed gestellte Frage, ob es der Tod sei, den er am meisten fürchte, die aus der Musikbox tönende Aufforderung „Let us do what you fear most“ und Finns sehnlichen Wunsch nach Veränderung („Ich habe so eine Sehnsucht danach, dass sich etwas verändert – am besten alles.“ 00:20:25) ist dieser Sequenz die Aufbruchsituation, die im Folgenden durch die Reise nach Palermo auch räumlich eintritt, bereits eingeschrieben. Später wird sich herausstellen, dass es der Mangel an Leben war, der Finn den Tod fürchten ließ. Dafür, dass Lou Reed für diesen Einsatz prädestiniert ist, gibt es viele Gründe – beispielsweise dessen intensive Auseinandersetzung mit dem Tod in seinen Songtexten, eine dem Tod durch exzessiven Drogenkonsum zugewandte Lebensführung und zugleich die nicht ganz unbegründete Angst, diesem selbst viel zu früh zum Opfer zu fallen.[14] Während Lou Reed in einem seiner berühmtesten Songs verkündet „I have made the big decision / I'm gonna try to nullify my life“[15], erscheint er in *Palermo Shooting* als weise gewordener Überlebender, der Finn mit dem Impuls, sich dem zu stellen, was er am meisten fürchtet, ins Leben zurückkehren lässt. Die Furcht des Protagonisten vor dem Tod betrifft zweierlei: Zum

14 „Ein Grund, warum Lou die Velvet Underground verlassen hatte, war die Angst, den frühen Musikertod zu sterben. Und Lou hatte allen Grund dazu. Zwischen 1970 und 1971 […] war die Zahl der Todesopfer im Rockbusiness ungemein hoch: Hendrix, Janis Joplin, Jim Morrison, Gene Vincent, Slim Harpo, Duane Allman, Junior Parker, Alan Wilson, Tammi Terrell, Otis Spann und King Curtis […] starben an Krankheit, Überdosen oder, wie im Fall von Curtis, durch Gewalt.“ (Victor Bockris: *Lou Reed. Eine Biografie*, aus d. Amerikan. v. Sabine Reinhards / Gerald Jung. Höfen: Hannibal 2001, S. 195.)

15 Lou Reed: „Heroin“, 1964. Erstmals veröffentlicht auf dem von Andy Warhol produzierten Debütalbum *The Velvet Underground & Nico* (Verve Records) aus dem Jahr 1967.

Abb. 2: „Finn, what do you fear most? What makes you recoil. Death?"

einen die Auseinandersetzung mit dem Tod der Mutter, was sich in besonderem Maße in der Szene zeigt, die auf die Begegnung mit Lou Reed folgt. Zu sehen ist eine Traumsequenz, in der Finn seine Mutter auf dem Rücken durch die Catacombe dei Cappuccini[16] trägt

16 Die Catacombe dei Cappuccini sind eine von Kapuzinermönchen angelegte Grabanlage aus dem 16. Jahrhundert am Rande von Palermo, die bis zu 400 Jahre alte mumifizierte Leichname beherbergt. Ursprünglich war diese Begräbnisstätte nur für die Mönche vorgesehen, vom 17. bis späten 18. Jahrhundert ließen sich dort jedoch auch höherrangige Bewohner/innen Palermos bestatten. Einen Eindruck der besonderen Art vermitteln die dort zu besichtigenden Toten dadurch, dass sie ihre zeitgenössische Kleidung tragen und dadurch zugleich Zeugnis über die Moden der Zeit ablegen; darüber hinaus sind viele von ihnen aufrecht an den Wänden befestigt, eine Form der Leichenexposition, die 1837 verboten wurde. Den italienischen Dichter Ippolito Pindemonte haben die Catacombe dei Cappuccini zu dem Gedicht *I Sepolcri* inspiriert, dessen letzten Verse lauten: „Indessen erhebt sich ein Seufzen, ein geständiges langes Schluchzen, ein nicht leises Klagen, das sich durch das widerhallende Gewölbe verbreitet, auf das jene kalten Körper zu antworten scheinen: die beiden Welten trennt ein kleiner Durchgang, und nie waren Leben und Tod so freundschaftlich verbunden." Im Gesamteindruck vermittelt diese Grabanlage weniger den Eindruck der ewigen Ruhe, sondern lässt die Toten durch die Form ihrer ‚Ausstellung' lebendig erscheinen; auf dieser Ebene ergibt sich eine Analogie zum Totentanz, die Wenders wiederum filmisch nutzt. Rainer Gansera hat dies beobachtet und in seiner fundierten Filmbesprechung treffend herausgearbeitet; er stellt darin einen unmittelbaren Bezug zum Totentanz her, indem er die allererste kurze Szene des Films thematisiert – eine Kamerafahrt vorbei an den mumifizierten Leichen in den Catacombe dei Cappuccini, deren ‚Lebendigkeit' durch den Einsatz des Lichts zusätzlich verstärkt wird: „Die allerersten Bilder evozieren das Totentanz-, das ‚Memento mori'-Motiv, zeigen das Relief eines Reigens von Skelettfiguren wie aus einem Albtraum." (Rainer Gansera: Der Tod lässt mit sich reden. In: *Süddeutsche Zeitung*, 19.11.2008.

und unter ihrem Gewicht fast zusammenbricht – zum anderen die Auseinandersetzung mit dem eigenen Leben und dessen verlorener Sinnhaftigkeit. Der Film spielt beständig mit der Differenz zwischen biologischem Tod und dem Tod als Metapher für die Abwesenheit von Lebensintensität. In letzterer Hinsicht ist Finn, als er verunglückt, bereits tot. Erst durch die konkrete Bedrohung durch den physischen Tod stellt er fest, dass noch etwas in ihm lebendig ist, wodurch wiederum eine Analogie zu Lou Reed entsteht, der sein exzessives Leben auf wundersame Weise ‚überlebt' hat.[17] Ganz nebenbei erzählt der Film im Zuge der Begegnung von Campino mit Lou Reed auch ein Stück Musikgeschichte. Die große Bedeutung, die Wenders der Musik beimisst, wird in dieser Szene besonders anschaulich. Er bemerkt, die großen Themen wie der Tod seien in der Musik immer schon ohne Scheu und vielfach bearbeitet worden, das Kino hingegen wage sich nur selten an sie heran – mit *Palermo Shooting* geht Wenders dieses Wagnis ein und nutzt dabei die vielschichtigen Verknüpfungen zwischen Film und Musik.[18] Rainer Gansera nennt die Filmmusik zu *Palermo Shooting* einen „fulminanten ‚My-life-was-saved-by-Rock'n'Roll'-Soundtrack"[19]. Neben The Velvet Underground hat Wenders weitere Bands und Songwriter ausgewählt, die in der musikalischen Auseinandersetzung mit dem Tod Spezialisten sind, wie beispielsweise Nick Cave, der zwei Titel eigens für den Film schrieb:

http://www.sueddeutsche.de/kultur/im-kino-palermo-shooting-der-tod-laesst-mit-sich-reden-1.496876 (Zugriff am 21.09.2014).) Die Informationen zu den Catacombe dei Cappuccini wie auch der von Irmgard Behrens Lugaro übersetzte Auszug aus *I Sepolcri* sind der vor Ort erhältlichen Broschüre entnommen.

17 Lou Reed ist am 27.10.2013 verstorben.

18 „Ein Film über den Tod ist in der Kinowelt das größte Tabu, deswegen gibt es auch nur so wenig Filme mit dem Tod. Im Theater, in Büchern oder der Musik ist der Tod viel präsenter. Das hat mich gewurmt, dass dies so schwierig sein soll. Dann habe ich gemerkt, wie präsent der Tod im Blues und Rock`n Roll ist und wie viele Songs es gibt, die damit ganz lässig umgehen und ohne Berührungsängste davon erzählen. Da habe ich beschlossen: ‚Ich mache das auch so. Ich mache den Film wie einen Rock`n Roll Song'." (Wim Wenders im Interview mit Martin Große (vom *Kulturfalter* in Halle): Ich kann mir gut vorstellen, hier zu arbeiten. http://www.kulturfalter.de/index.php?id=wim-wenders-interview (Zugriff am 30.09.2014).)

19 Gansera: Der Tod lässt mit sich reden. Der Begriff ‚My-life-was-saved-by-Rock 'n' Roll'-Soundtrack ist wiederum angelehnt an den von Lou Reed verfassten Song „Rock & Roll", der die Geschichte einer Frau erzählt, über die es im Refrain heißt: „You know her life was saved by Rock 'n' Roll" (*The Velvet Underground – Loaded*, Cotillion Records 1970).

„Dream (Song for Finn)“ und „Song for Frank“[20]. Die Bedeutung der Musik ist in *Palermo Shooting* auch insofern eine besondere, als sie nicht als Hintergrund oder Begleitung fungiert, sondern dem Drehbuch vorausging und somit vielmehr Anlass und Basis für die erzählte Geschichte darstellt und damit nicht wie gewöhnlich als Subtext, sondern als Metatext des Films fungiert. Wenders sagt dazu: „Sie war letztlich der Grund, weshalb ich diese Figur des Fotografen Finn und diese Geschichte überhaupt erfinden wollte.“[21] Und: „Jetzt gibt es den Film und den Soundtrack, aber ich bin mir nicht sicher, ob es der ‚Soundtrack zum Film‘ oder der ‚Film zum Soundtrack‘ ist.“[22] Eine entscheidende Besonderheit der Filmmusik ist, dass der Zuschauer bis auf wenige Ausnahmen nur das hört, was Finn hört: Die Musik aus seinem MP3-Player – seine persönliche Hitparade von 10.000 Songs im ‚random-mode‘. Auf diese Weise ist die Filmmusik zwar intradiegetisch, doch sie verbindet den Zuschauer nicht mit dem Filmgeschehen, sondern mit dem ganz subjektiven Soundtrack des Protagonisten und dessen Weltflucht.

Am Morgen nach der Begegnung mit dem Tod findet sich Finn auf einem Baum am Rheinufer wieder und trifft dort auf einen ehemaligen Bankangestellten, der sich Abwechslung verschafft, indem er als Schäfer arbeitet, während er über das Mobiltelefon die Aktienkurse stetig im Auge behält. Dieser berichtet von seinem ganz eigenen Umgang mit der Zeit und rät Finn, alles auf eine Weise zu tun, als wäre es zum letzten Mal – und folgerichtig alles im wörtlichen Sinne *todernst* zu nehmen. Zum Nachdenken gebracht und angeregt durch ein Schiff mit der Aufschrift PALERMO, was ihm der Schäfer mit „Allhafen“ und „Mutter aller Häfen“ (00:25:00) übersetzt,[23] reist Finn nach Sizilien (auch dies ist ein Aspekt, der die Filmkritiker zu lästerlichen Bemerkungen herausgefordert hat wie: „wenn der Deutsche gefühlig wird, vergreift er sich an Italien“[24]).

20 ‚Frank‘ ist in diesem Fall der Name des Todes, der auf eine Bösewicht-Rolle zurückgeht, die Dennis Hopper in David Lynchs Film *Blue Velvet* (USA 1986) gespielt hat.

21 Wim Wenders zit. n. Presseheft zu *Palermo Shooting*, S. 30 (als Pdf-Datei im Bonusmaterial der DVD enthalten).

22 Ebd., S. 31.

23 *Palermo* geht zurück auf griech. *Panormos*, den antiken Namen der Stadt. Er bezeichnet eine umfassende Anlegestelle, einen ‚Ganzhafen‘.

24 Suchsland: Gymnasiastenpoesie in Palermo.

Palermo (Stadt/statt des Todes)

In Palermo angekommen, unternimmt Finn Streifzüge durch die Stadt – immer noch begleitet von seinem eigenen Soundtrack. Die Fähigkeit zu schlafen, die ihm in Düsseldorf abhanden gekommen war, kehrt nach und nach zurück. Insbesondere an öffentlichen Plätzen gelingt es ihm einzuschlafen.[25] Unter diesen Umständen lernt er Flavia kennen, die ihn zeichnet, während er schläft. Als er aufwacht und sie mit Begeisterung zur Kenntnis nimmt, fühlt diese sich in erster Linie beim Zeichnen gestört. Auch wehrt sie sich dagegen, von Finn fotografiert zu werden und erwidert seinen Einwand, sie habe doch *auch* ein Bild von ihm, mit den Worten, dies sei etwas ganz anderes. Auch an dieser Stelle kommt die Gegenüberstellung verschiedener Medialitäten ins Spiel – der schnelle, Apparat-basierte und stillstellende Akt des Fotografierens und der langsame, aneignende, bewegliche Prozess des Zeichnens, der auch für Flavias berufliche Tätigkeit als Restauratorin von Bedeutung ist.

Dass Wenders Palermo als Schauplatz wählte, geschah zwar nicht zufällig, aber auch nicht aus einer ‚Gefühligkeit' heraus. Es war die Stadt selbst, die ihn für einen Film angefragt hat. Somit gab es nicht zuerst die Story und dann die passende Stadt, sondern umgekehrt. Wenders, der hier – wie in vielen seiner früheren Filme – nicht mit einem fertigen Drehbuch[26] gearbeitet hat, entwickelte die Geschichte und deren Kernthema des Todes erst vor Ort, zusammen mit Schauspieler/innen, Nicht-Schauspieler/innen und der Stadt selbst als Akteur/in. Er sagt über Palermo: „Die Stadt hat ihr eigenes Thema: Und das ist der Tod."[27] Es ist keinesfalls in erster Linie die Mafia, die

25 Den Träumen des Protagonisten kommt innerhalb des Films eine besondere Bedeutung zu, die ich in diesem Beitrag nicht vertiefen werde. Wenders arbeitet in den Traumszenen mit verzerrten Größenverhältnissen von Räumen, die die Zuschauenden nachempfinden lassen, wie es sich anfühlt, wenn dem Leben die Verhältnismäßigkeiten abhandenkommen. In Düsseldorf ist der Raum einer Traumszene z. B. so klein, dass Finn darin nahezu erdrückt wird, in einer Traumsequenz in Palermo hingegen überdimensional groß, so dass er sich im Raum verliert.

26 Für Wenders' Filmschaffen spielt die Frage ‚Wie viel konstruierte Geschichte verträgt ein Film?' eine große Rolle, da er der Auffassung ist, dass Filme mehr können, als ihre Plots zu transportieren. Wenders macht es sich zur Aufgabe, diesem ‚Mehr' Raum zu geben.

27 Wim Wenders zit. n. *Shooting Palermo*, 00:03:45 (IT 2008, R: Hella Wenders). Der Film ist eine 45-minütige Dokumentation über die Entstehung von *Palermo Shooting*.

Abb. 3
Le Catacombe
dei Cappuccini.

die Verbindung der Stadt mit dem Tod nahelegt, sondern dessen Präsenz ist in Palermo viel tiefer verwurzelt. Beispielsweise verfügt die Stadt mit ihrer aus dem 16. Jahrhundert stammenden Kapuzinergruft (Le Catacombe dei Cappuccini) über eine der bekanntesten Mumiengrabanlagen der Welt (siehe Anmerkung 16). Eine weitere Besonderheit ist die Tradition des Festa dei Morti, das am 2. November, an Allerseelen, dem Tag nach Allerheiligen, gefeiert wird. Dem regionalen Volksglauben zufolge kehren die Verstorbenen in der Nacht zurück und bringen den Kindern Geschenke. In Palermo wie auch in anderen Städten Siziliens wird dieser Feiertag fröhlich, bunt und lebhaft begangen, und die Stadt verwandelt sich in einen großen Festplatz – man gedenkt auf sehr lebendige Weise der Toten.[28] In den Film ist dieses Fest auch durch einen Songtext integriert, der den *Day of the Dead* und die enge Verbindung des Todes / der Toten mit dem Leben und den Lebenden thematisiert:

> So this is the Day of the Dead
> Bound by love, unbound by flesh
> This is for those who have gone before
> Flower petals falling on the altar
> This is just a gift

28 Zu ähnlichen Umgangsformen mit dem Tod / den Toten vgl. auch Viola Rühses Beitrag über die Tradition der Feier des *Día de Muertos* in Mexiko wie auch Andreas Beckers Ausführungen über die *Bon-Odori-Feste* in Japan in diesem Band.

This is birth and this is death
All in the same breath[29]

Eine Figur im Film verkörpert die Verbindung Palermos mit dem Tod in besonderem Maße: Die Fotografin Letizia Battaglia, die über 20 Jahre hinweg die Opfer von Mafia-Morden fotografiert hat, spielt in *Palermo Shooting* sich selbst und sagt über die Stadt: „Es ist eine Stadt voller Narben, eine gepeinigte Stadt."[30] Mit ihrer Tätigkeit als politisch engagierte Fotografin, die sich aufgrund ihres unberechenbaren Sujets nicht selten in Lebensgefahr begeben hat, bildet sie einen Kontrapunkt zu dem durch den Glauben an die Oberflächen geprägten Fotografen Finn, wie er zu Beginn des Films vorgestellt wird. Dass Finn seiner Umwelt inzwischen bereits offener begegnet, zeigt sich nicht zuletzt daran, dass er sich nun auch für andere Zugänge zur Fotografie interessiert. Als die Fotografin Battaglia ihm mitteilt, dass sie Leben und insbesondere Tod in Palermo fotografiere („Um Unglück abzubilden, ist die Kamera perfekt."[31]), interessiert er sich insbesondere für die Fotografien der Toten, worauf sie antwortet, es gehe darum, diese durch die Fotografie zu würdigen und in Erinnerung zu behalten. Unheimlich wird es, als sie am Ende ihrer Begegnung eine Fotografie von Finn anfertigt (Abb. 4). Die Zuschauenden werden hier Zeugen eines fotografischen Akts: Auf die Großaufnahme der Fotografierenden folgt eine Einstellung, die das Foto zeigt, das in diesem Moment entsteht (Abb. 5). An dieser Stelle spielt der Film explizit mit den medialen Implikationen von Fotografie und Film und deren Verbindung mit Tod und Leben. Fotografische Elemente werden in den Film integriert: Das Bild steht still, der zeitliche Ablauf wird unterbrochen, die Figur auf dem Bild erstarrt, das fotografische Bild ist im Gegensatz zum Film schwarzweiß. Stillstellung, Erstarrung und Überführung in eine andere Zeitlichkeit sind wiederum Eigenschaften, die unmittelbar mit dem Tod in Verbindung stehen. Wo Fotografien im Film auftauchen, zeigen diese häufig verstorbene Personen, fungieren aber mitunter auch als

29 Jason Collett: We All Lose One Another (*Idols of Exile*, Arts & Crafts 2005).

30 Letizia Battaglia zit. n. *Shooting Palermo*, 00:24:44. Zu ihrer fotografischen Arbeit vgl. Letizia Battaglia: *Passion, Justice, Freedom – Photographs of Sicily*. New York: Aperture 1999.

31 Letizia Battaglia zit. n. *Shooting Palermo*, 00:25:13.

Abb. 4–5: Letizia Battaglia fotografiert Finn.

Vorausdeutung des baldigen Todes der dargestellten Person. Wenn hinzukommt, dass die Fotografierende sich darauf spezialisiert hat, Tote zu fotografieren, ist der Ernst der Lage unübersehbar. Finns Bedrohung durch den Tod wird hier durch das Integrieren medialer Eigenschaften der Fotografie in den Film zugespitzt.

Der Protagonist gerät in Palermo tatsächlich zunehmend in die Schusslinie des Todes. Als er sich am Platz der Quattro Canti[32], zum Schlafen niederlegt, feuert der Tod hoch oben aus einem der vier den Platz umgebenden Gebäude einen Pfeil auf ihn ab, der ihn um

32 Am Quattro Canti (auch Piazza Vigliena) kreuzen sich die Nord-Süd- und die Ost-West-Achsen der Stadt (Corso Vittorio Emanuele und Via Marqueda); der viel begangene und befahrene Platz wird von vier Barockbauten mit Brunnen und Statuen eingefasst, die die vier Jahreszeiten darstellen.

Haaresbreite verfehlt. Finn berichtet Flavia von diesem Ereignis und sagt: „Jemand hat mit einem Pfeil auf mich geschossen.“ (00:54:59) Zunächst ist zu befürchten, Flavia könne dies als unbeholfenen Annäherungsversuch missverstehen. Doch wider Erwarten gibt diese sich unmittelbar so interessiert wie auch besorgt, insbesondere, nachdem Finn ihr als Beweis die durchlöcherte Kamera präsentiert und damit widerlegt, dass es sich um einen Traum gehandelt haben könnte. Flavia ist sichtlich ‚betroffen‘ und scheint die Brisanz der Bedrohung zu erahnen. Diese Reaktion überrascht schließlich wenig, da sich Flavia seit zwei Jahren mit dem Fresko *Il Trionfo della Morte* (*Der Triumph des Todes*) beschäftigt, das den Tod als Reiter und zahlreiche von Pfeilen durchbohrte Gestalten zeigt (Abb. 6). Dieses Bildnis ist keinesfalls eine Erfindung des Films, im Gegenteil: Wenders’ Besichtigung des *Trionfo della Morte* im Palazzo Abatellis in Palermo hat signifikant zur Erfindung der erzählten Geschichte beigetragen; vor diesem Bild hat sich für den Regisseur das Drehbuch zu *Palermo Shooting* konkretisiert:

> Es gab einen vagen Plan für die Geschichte eines Fotografen, der von Düsseldorf nach Palermo kommt. [...] und da stand ich plötzlich vor diesem riesigen, die ganze Wand eines Saales ausfüllenden Fresko: *Trionfo della Morte*. Ich war nicht im Geringsten darauf vorbereitet, dass da die Grundlage meiner Geschichte vor mir ausgebreitet liegen würde – die bildbeherrschende, apokalyptische Figur des Todes, der mit seinen gläsernen Pfeilen seine Opfer erledigt.[33]

Das Fresko wird auf die 1440er Jahre datiert und befand sich ursprünglich an einer Mauer des Palazzo Sclafani, 1954 wurde es an seinen heutigen Standort überführt. Das Werk ist nicht ganz unbeschadet und enthält ‚Leerstellen‘, die nicht restauriert wurden. Wenders nutzt diese aus, um das Fresko innerhalb des Films als Restaurierungsobjekt vorzustellen, wodurch es ihm gelingt, die ‚museale Starrheit‘ des Ausstellungsortes aufzubrechen und eine historische Todesdarstellung im Prozess darzustellen – sowohl im Prozess der (fiktiven) materiellen

33 Wim Wenders im Audiokommentar zu *Palermo Shooting*, 01:02:54 (die DVD enthält eine komplett kommentierte Fassung des Films). Die Darstellung des triumphierenden Todes als Reiter auf einem weißen Pferd geht zurück auf das letzte Buch des Neuen Testaments: *Die Offenbarung des Johannes*, auch: *Apokalypse*. Dort heißt es: „Da sah ich ein fahles Pferd; und der, der auf ihm saß, heißt ‚der Tod‘; und die Unterwelt zog hinter ihm her.“ In: *Die Bibel. Altes und Neues Testament. Einheitsübersetzung*. Freiburg / Basel / Wien: Herder 1999, S. 1390; vgl. dazu auch Wunderlich: *Der Tanz in den Tod*, S. 41–43.

Abb. 6: *Il Trionfo della Morte* in *Palermo Shooting*.

Umgestaltung als auch im Prozess der Wahrnehmung von Finn und Flavia, die vor dem Bild sitzend das Bild betrachten und sich darüber austauschen; eine das Bild ‚abtastende' Kamera verstärkt die Prozessualität und Intensität der Bildwahrnehmung.

Auch die Figur der Restauratorin Flavia hat Wenders im Palazzo Abatellis er- bzw. gefunden. Welchen Ausdruck sie haben sollte, wusste er, als er dort das Ölgemälde *Annunciata* (*Maria der Verkündigung*) von Antonello da Messina entdeckte, das aus dem späteren 15. Jahrhundert stammt. Anders als andere Verkündigungsdarstellungen zeigt diese Maria vor einem Buch, ohne dass ein Engel in Sicht wäre. Lediglich ihr Blick, ihre besondere Handstellung und der Lichteinfall des Bildes deuten an, dass es sich um eine Verkündigungsszene handelt, was dem Gemälde eine mysteriöse und zugleich subtile Wirkung verleiht. Wenders begeisterte sich für die Authentizität, die diese eigentlich sakrale Darstellung dominiert. Er verwendete das Bild für das Casting von Flavia und fand unter dieser Voraussetzung die Schauspielerin Giovanna Mezzogiorno, die jene Erschütterung und zugleich Unerschrockenheit verkörpert, die ihn an Antonello da Messinas Gemälde fasziniert hatte.

Finns Tätigkeit als Fotograf und Flavias Arbeit als Restauratorin könnten unterschiedlicher nicht sein: Während Finn Bilder aufnimmt und mit den Mitteln der digitalen Fotografie nach seinen Wünschen verändert und neu erschafft – die Himmel seiner Fotografien mit

Abb. 7: *Il Trionfo della Morte*, Detail (Selbstporträt des Künstlers).

Mausklick beliebig austauschen und konstruieren kann –, widmet sich Flavia Jahrhunderte alten Gemälden und muss sich fragen, wie sie dem, was der Künstler dort einmal erschaffen hat, auf die Spur kommen und auf möglichst authentische Weise reproduzieren kann. Diese Reproduktion erfordert Einfühlung, erfolgt mühselig und langsam. Durch das Interesse, das Finn Flavias Restaurationsarbeiten schenkt, wird auch hier deutlich, dass er sich bereits von demjenigen Fotografen unterscheidet, der er zu Beginn des Films war. Jedoch zeigt sich im Gespräch vor dem Fresko, wie stark sich seine Sicht auf die Welt und auf Bilder noch durch den fotografischen Blick strukturiert; denn über den unbekannten Maler, der sich selbst im Bild verewigt hat (Abb. 7), sagt Finn: „Schaut *direkt* in die Kamera" – Flavia entgegnet: „Ich würde sagen, er sieht uns an." (01:04:44)

In dem Bild begegnet Finn dem Tod in genau der Form, in der er von ihm verfolgt wird: als Schütze, der mit Pfeilen auf ihn zielt. Fasziniert vom Symbolischen wird sein Glaube an das Sichtbare und die Oberflächen erneut erschüttert. Auch hier zeigt sich der diametrale Gegensatz zu Flavia, die längst davon überzeugt ist, dass gerade die unsichtbaren Dinge für das Leben entscheidend sind („Eigentlich glaube ich nur an Dinge, die ich nicht sehen kann: Gott, die Liebe, das Leben – alles unsichtbar. Erst wenn Du sie erkennst, lernst Du sie zu sehen." 01:08:08). Zugleich scheint sie jedoch daran zu verzweifeln, dass der Tod in dem zu restaurierenden Fresko kein Gesicht hat und quält sich mit der Frage, wie sie das Unsichtbare in Sichtbares transformieren kann. Auch in Flavias Fall ist die Auseinandersetzung

Abb. 8
Blow-Up.

mit dem Tod mehrschichtig, denn auch sie quält sich mit der Unbegreiflichkeit eines Todesfalls, der ihr nahegegangen ist. Sich ein Bild vom Tod machen zu wollen, bleibt folglich nicht auf ihre Restaurationsarbeit und das im Fresko zerstörte ‚Gesicht' des apokalyptischen Reiters reduziert, sondern impliziert den Wunsch eines tieferen Verstehens des Todes.

In der 72. Filmminute durchquert Finn Palermo erstmals ohne Musik im Ohr und so erhalten auch die Zuschauenden endlich die Möglichkeit, die Stadt selbst zu Gehör zu bekommen.[34] Nach diesem morgendlichen Gang sichtet er auf Flavias Laptop die Fotos, die er auf dem Quattro Canti geschossen hat, als der Tod auf ihn zielte. Er vergrößert die Bilder mittels digitaler Technik, umgeben von Vanitas-Symbolen wie dem Totenschädel und einem Memento Mori als Desktophintergrund (Abb. 8) – auch hier eine medientechnisch aktualisierte Referenz zu Antonionis Film *Blow-Up*, dessen Schlüsselszenen die titelgebenden Vergrößerungen der Fotografien im Fotolabor

34 In einem Interview mit Wenders heißt es dazu: „Herr Wenders, in Ihrem Film *Palermo Shooting* gibt es eine Szene, die ich fast nicht ausgehalten habe. [...] In dieser Szene spaziert der Fotograf Finn [...] zum ersten Mal durch die Altstadt von Palermo. Man sieht Menschen auf den Straßen, eine Ziege in einer Tür verschwinden, aber die Geräusche der Stadt werden einem vorenthalten. [...] Das hat mich fast wahnsinnig gemacht." Wenders dazu: „Es dauert halt eine Weile, bis Finn ohne Kopfhörer durch die Stadt geht und wirklich alles hört. Der zockelt am Anfang noch wie ein Zombie herum, mit seinem eigenen Soundtrack im Ohr. Er ist noch nicht richtig da, weder bei sich, noch in Palermo. Es war unsere ‚böse Absicht', dem Zuschauer die Geräusche erst vorzuenthalten." (Wim Wenders im Interview mit Ralf Krämer.)

sind. Die Funktionen der jeweiligen Blow-Ups innerhalb der beiden Filme unterscheiden sich jedoch grundlegend voneinander: Während Antonionis Protagonist Thomas darin verzweifelt nach den Beweisen für einen Mord sucht, ihm innerhalb der Vergrößerungen jedoch jegliche Referenzen abhanden kommen, findet Finn in seiner Fotografie den gewünschten ‚Beweis' für die Existenz seines Verfolgers und hat damit das getan, was dieser unbedingt vermeiden wollte: ein Bild vom Tod erzeugt. Die Personifikation des Todes[35] ist wiederum eine Fiktion des Films. So wird die Fotografie innerhalb des Films zu einem Medium, das in der Lage ist, fiktive Filmelemente zu ‚beweisen' und damit zugleich zu einer Authentifizierungsstrategie dessen, was außerhalb des Films unsichtbar bleiben würde – die Bedrohung durch den Tod.

Das finale Shooting

> Der Tod ist ein Pfeil aus der Zukunft, der auf dich zufliegt.[36]

Der Film arbeitet mit verschiedenen Bedeutungsfacetten des titelgebenden Begriffs *Shooting*: In der ersten Hälfte des Films spielt ein *Fotoshooting* mit Milla Jovovich in Düsseldorf eine zentrale Rolle, diese tritt in *Palermo Shooting* ebenso wie Lou Reed und Letizia Battaglia als sie selbst auf. Finns fotografische Position, die sich kurz mit dem Satz ‚Es gibt nichts als die Oberflächen' beschreiben lässt, wird durch das Shooting mit dem hochschwangeren Model auf eine harte Probe gestellt und scheitert. Denn es ist unvermeidbar, beim Anblick des Models das ungeborene Kind zu imaginieren. Daher soll in Palermo der Versuch unternommen werden, eine fotografische Strategie zu finden, die dem darzustellenden Motiv gerecht wird. Das Fotoshooting wird hier zu einer Folie, auf der die Entwicklung des Protagonisten an den entsprechenden Schauplätzen Düsseldorf und Palermo durchgespielt wird, wobei diese Entwicklung durch die sich ändernde

35 Berühmte Beispiele für Filme, in denen Personifikationen des Todes eine zentrale Rolle spielen, sind *Der müde Tod* von Fritz Lang (D 1921) – vgl. dazu auch den Beitrag von Silke Hoklas in diesem Band – und *Das siebente Siegel* (SE 1957) von Ingmar Bergman – vgl. dazu auch Thomas Wortmann: Der Tod und die Leinwand. Zeitkritik und selbstreflexive Momente in Ingmar Bergmans *Siebentem Siegel*. In: *L'art macabre. Jahrbuch der Europäischen Totentanz-Vereinigung* 11 (2010), S. 289–302.

36 Der Tod zu Finn in *Palermo Shooting*, 01:25:44.

Disposition des Fotografen anschaulich wird: Für Finn gilt es nun, sich auf die Person, die er fotografiert, einzulassen, und nicht mehr darum, das zu Fotografierende nach seinen eigenen Wünschen neu zu erschaffen.

Doch hat sich auch gezeigt, dass der Begriff *Shooting* innerhalb des Films noch in ganz anderer Hinsicht an Bedeutung gewinnt, denn in *Palermo* wird auf Finn *geschossen* – mit Pfeilen, abgefeuert durch den Tod. Angeregt zu dieser Form der Todesdarstellung wurde Wenders durch das bereits erwähnte Fresko im Palazzo Abatellis, in dem der Tod – ebenso wie in anderen Darstellungen die Liebe bzw. Amor – mit Pfeil und Bogen dargestellt wird. Die für den Film und dessen Schauplatz Palermo so wichtige enge Verbindung von Liebe/Leben und Tod wird hier durch die Ähnlichkeit der kunsthistorischen Ikonographie, in der sowohl die Liebe wie auch der Tod mit Pfeilen hantieren, auf die Spitze getrieben. Weiterhin lassen sich auch hier Bezüge zur Diskursgeschichte der Fotografie herstellen, beschreibt Roland Barthes die Wirkung (bestimmter) Fotografien doch ebenso als Pfeil: „[…] das Element selbst schießt wie ein Pfeil aus seinem Zusammenhang hervor, um mich zu durchbohren.“[37] Hinter dieser Formulierung verbirgt sich das, was er an anderer Stelle als *punctum* bezeichnet und damit jenes Element einer Fotografie, das den Betrachter unmittelbar anspricht, empfindlich berührt und zugleich auch ‚angreift‘: „Das *punctum* einer Photographie, das ist jenes Zufällige an ihr, das *mich besticht* (aber auch verwundet, trifft).“[38] Damit impliziert der Begriff zweierlei: zum einen (die Gefahr der) Verletzung und zum anderen eine gesteigerte Intensität.

Am Ende des Films steht Finn dem Tod von Angesicht zu Angesicht gegenüber und die Geschichte kulminiert in einem ‚finalen Shooting‘ des Todes. Dieser begrüßt Finn mit den Worten: „Du hast aber lange gebraucht. Hast mich eine ganze Weile warten lassen. Gut, dass Du endlich den Eingang gefunden hast. Na dann: Willkommen. Und fühl dich wie zuhause.“[39] Finn ist von dieser Einladung wenig begeistert;

37 Roland Barthes: *Die helle Kammer. Bemerkungen zur Photographie.* Frankfurt am Main: Suhrkamp 1989, S. 35.

38 Ebd., S. 36.

39 Schauplatz ist das Archivio Storico Comunale, das Stadtarchiv von Palermo, in dem Dokumente gelagert werden, die bis ins 13. Jahrhundert zurückreichen.

Abb. 9: „Finn! Jetzt mach ein Porträt von mir – so wie ich bin.“

es gibt einen kurzen Schlagabtausch über die Frage, wer nun eigentlich wen verfolgt habe. Auf den Vorwurf „Du bist doch hinter mir her. Du hast auf mich geschossen“ kontert der Tod „Wer hat zuerst geschossen?“ – worauf Finn wiederum antwortet, er habe „nur ein Foto“ gemacht (01:24:45–01:25:21). Unabhängig von seinem Unwillen, selbst fotografiert zu werden, kann sich der Tod für die Fotografie durchaus begeistern, denn er sieht in ihr eine Analogie zu seiner eigenen ‚Arbeit‘ und wünscht sich daher, dass man die meisten Fotos nach ihm benennen sollte: ‚der Tod bei der Arbeit‘. Diese Analogie ist von Wenders keinesfalls aus der Luft gegriffen, sondern verweist auf einen langen Diskurs, der fast so alt ist wie die Fotografie selbst. Eine wichtige Referenzstelle findet sich wiederum bei Barthes, der in der *Hellen Kammer* nicht den *Tod als Fotografierenden*, sondern den *Fotografen als Tötenden* beschreibt: „All die jungen Photographen, die durch die Welt hasten, weil sie sich dem Aktualitätenfang verschrieben haben, wissen nicht, daß sie AGENTEN des Todes sind.“[40] Philippe Dubois stellt heraus, dass der Augenblick der Fotografie, den er den fotografischen Akt nennt, einen Moment des Übergangs und der Schwelle darstelle, die von der einen in eine andere Zeitlichkeit führe: „Von einer sich entfaltenden Zeit zu einer erstarrten Zeit, […] von der Welt

40 Barthes: *Die helle Kammer*, S. 102.

der Lebenden in das Reich der Toten, vom Licht in die Finsternis, vom Fleisch zum Stein."[41] Mit der Stillstellung des Augenblicks geht ein Umschlag von Momenthaftigkeit in Dauer einher. Der Augenblick, in dem fotografiert wird, wird zu einem tot stellenden und in diesem Sinne ‚tödlichen' Unterfangen. Wenders spielt mit dieser Fotometaphorik und lässt im großen Finale des Films den Tod und die Fotografie in Konkurrenz zueinander treten. Der personifizierte Tod scheint den ‚Todesagenten'/Fotografen Finn am Ende doch noch erwischt zu haben, jedoch stellt sich im Gespräch der beiden heraus, wie es tatsächlich um ihn steht und dass er sich für eine ganz und gar verkannte Gestalt hält. Der Tod wirft Finn vor:

> Du hast meine wahre Natur nicht begriffen. Ich liebe das Leben – heiß und innig. Ohne mich würdet ihr niemals begreifen, wie kostbar das Leben ist. Ich bin so müde. Ich bin es leid, immer wieder den Bösen spielen zu müssen. Ich bin zärtlich und sanft, nicht grausam, wie alle sagen. Ich bin der Gang ins Offene. Ich bin die Verbindungstür und keine Sackgasse. Ich bin der einzige Ausgang. So betrachtet bin ich wohl das größte Missverständnis in der Welt. Andere werden dafür gepriesen, wenn sie bei der Geburt helfen. Ich tue dasselbe am anderen Ende und ich werde dafür verdammt. (01:31:48)

Diese Figur des Todes hat prominente Vorläufer in der Filmgeschichte. So hat Fritz Lang in seinem Stummfilm *Der müde Tod* bereits im Jahr 1921 eine Personifikation des Todes entworfen, die allgemeinen Klischees zuwider läuft: Der Tod ist nicht eine Verkörperung des Bösen und des Grauens, sondern vielmehr eine traurige, müde und zugleich gutmütige Gestalt, die ihrer Tätigkeit überdrüssig ist – als solcher begegnen wir dem Tod auch hier.

Von Finns Frage, ob er etwas für ihn tun könne, ist der Tod so gerührt, dass er sich zu einem Kompromiss bereit erklärt.[42] Er fordert Finn auf, der Welt zu zeigen „dass sie die Fratze des Todes selbst geschaffen hat" (01:34:55), und ihm zur Verbesserung seines Images zu verhelfen („Image ist heutzutage das Wichtigste – selbst für mich." 01:35:32). Zu diesem Zweck wünscht er sich ein Foto von sich selbst,

41 Dubois: *Der fotografische Akt*, S. 164.

42 Die Bestechlichkeit des Todes, die diesen zwar nicht moralisch integer, aber gerade dadurch menschlicher erscheinen lässt, ist ein Motiv, das im Zusammenhang mit Personifikationen des Todes häufig Verwendung findet, so z. B. auch in dem Film *Das siebente Siegel* von Ingmar Bergman, in dem sich der Tod auf Anfrage seines Opfers auf eine Partie Schach einlässt, die über dessen Leben entscheiden soll.

das ihn so zeigen soll, wie er ‚wirklich' ist („Finn! Jetzt mach ein Porträt von mir – so wie ich bin." 01:35:38). Finn leistet diesem Wunsch Folge und wird ins Leben entlassen – und so ist es am Ende die Fotografie gewesen, die ihm das Leben gerettet hat.
Auch die Mutter des Protagonisten, deren Tod an entscheidenden Stellen in die Geschichte ‚einbricht', hat innerhalb des finalen Shootings ihren letzten Auftritt. Bevor Finn den Tod porträtiert, verwandelt sich das Bild vor seinen *Augen* – nicht vor der *Kamera*, denn diese lässt er in diesem Moment sinken – in das Bild der Mutter. Das Absinkenlassen der Kamera wie auch Finns Blinzeln deuten an, dass er ein Bild ‚sieht', das sich der medialen Repräsentierbarkeit entzieht: ein Erinnerungsbild. Was der Film in dieser Einstellung zeigt, ist ein durch das Vorhaben, den Tod zu fotografieren, ausgelöstes inneres Bild, in dem Finn die Mutter als Lichtgestalt mit stolzem und zugleich versöhnlichem Blick erscheint (Abb. 10) und kurz darauf im Licht verschwindet. Hier zeigt sich eine weitere wichtige Dimension der Entwicklung, die der Protagonist durchläuft: Den Tod der Mutter zuzulassen und sich damit zugleich von ihr zu ‚befreien' war für ihn erforderlich, um ins eigene Leben zurückzufinden. Und so hat Finn dem Aufruf von Lou Reed „Let us do what you fear most", mit welchem er nach Palermo aufgebrochen ist, schließlich Folge geleistet.[43]
Wim Wenders Art der Thematisierung der Fotografie wurde mitunter als unzeitgemäß kritisiert und ihm wurde vorgeworfen, einerseits einen Trauergesang auf die analoge Technik anzustimmen und den Film andererseits digital zu bearbeiten. In einer Filmbesprechung heißt es: „An sich wäre dieser kulturkonservative Eintopf womöglich der Erörterung wert, wenn Wenders nicht selbst fortwährend mit digitalen Bildern tricksen und sie bearbeiten würde."[44] Eine Kritik

43 Auch hier fällt die Gemeinsamkeit zu Roland Barthes' phänomenologischer Auseinandersetzung mit der Fotografie in seinem Werk *Die helle Kammer* ins Auge, in dem der Tod der Mutter eine zentrale Rolle spielt: „An einem Novemberabend, kurz nach dem Tod meiner Mutter, ordnete ich Photos. Ich hoffte nicht, sie ‚wiederzufinden', ich versprach mir nichts von ‚diesen Photographien einer Person, durch deren Anblick man sich weniger an diese erinnert fühlt, als wenn man nur an sie denkt' (Proust). Ich wußte wohl, daß ich aufgrund dieses verhängnisvollen Umstands, der zu den schrecklichsten Aspekten der Trauer gehört, vergebens die Bilder befragen würde – nie mehr würde ich mich an ihre Züge erinnern (sie in ihrer Gesamtheit mir ins Gedächtnis rufen) können." (Barthes: *Die helle Kammer*, S. 73.)

44 Suchsland: Gymnasiastenpoesie in Palermo.

Abb. 10

wie diese krankt daran, dass sie den metaphorischen Gebrauch der Fotografie bei Wenders missversteht. Für die Geschichte, die der Film erzählt, greift der Regisseur auf zentrale Elemente der Diskursgeschichte der Fotografie zurück und setzt diese ins Bild. Was entsteht, ist keine Lobhudelei alter Medientechniken, sondern ein intelligentes und keinesfalls ironiefreies Spiel mit Metaphern der Theoriegeschichte der Fotografie, mit deren Hilfe Wenders den Charakter seiner Hauptfigur und die erzählte Geschichte ausgestaltet. Auf die Konstellation von Fotografie und Tod wurde in diesem Zusammenhang bereits vielfach verwiesen – ein weiterer für Wenders' Fotografiemetaphorik bedeutender Aspekt ist die der Fotografie inhärente Nachzeitigkeit. Aktuell (aber unsichtbar) ist eine Fotografie nur im Moment der Aufnahme, in dem der Fotograf selbst durch den Apparat von der Außenwelt getrennt ist bzw. in Distanz zu ihr steht. Im Moment der Betrachtung verweist das fotografische Bild wiederum auf einen bereits vergangenen Augenblick, auf eine frühere, andere Zeit. Simultanität ist folglich nicht möglich; das fotografische ist immer das verspätete Bild. Es ist das Bild, das wir sehen, wenn Zukunft bereits stattgefunden hat. Wenders setzt mit Hilfe dieser Metaphorik die Verfassung seines Protagonisten ins Bild. Er ist nie ganz da, immer abgeschnitten von der Welt. Wann er zuletzt *anwesend* war, fragt er sich in Palermo in dem Moment, in dem sein Handy ihn auf 23 Anrufe *in Abwesenheit* aufmerksam macht. Erst am Ende des Films ist der Protagonist bei sich und ganz und gar in der Gegenwart angekommen. Sein letzter Satz lautet: „Zum ersten Mal seit Langem ist jetzt bloß Jetzt" – und beschreibt damit nicht zuletzt so etwas wie ‚Nicht-Fotografierbarkeit'.

Wenders' *Palermo Shooting* als Selbstfindungsdrama eines in die Jahre gekommenen Punk mit Happy End anzusehen, greift zu kurz. Zunächst handelt der Film von falsch verstandenen Werten und verlorener Lebensintensität. Und er erzählt die Geschichte eines Menschen, der sein Leben am Ende nicht nur physisch gerettet, sondern es grundlegend verändert und intensiviert hat, indem er sich zum einen dem Tod gestellt und sich zum anderen auf das Leben eingelassen hat. Am Ende siegen ganz klassisch Leben und Liebe über den Tod. Erzählt wird die Geschichte mit medialen Metaphern, die der Regisseur mit filmischen Mitteln lebendig werden lässt. Und so handelt es sich zugleich um einen Film, der die Konstellation von Fotografie und Tod konsequent und vielfältig in Bildern denkt.

Anders als in traditionellen Totentänzen ist der Tod in *Palermo Shooting* zu guter Letzt ‚auch nur ein Mensch' – gastfreundlich, gütig, ein wenig müde, liebesbedürftig und schließlich selbstdarstellerisch und an der Verbesserung seines Images interessiert. Durch die Begegnung mit Frank, dem Tod, wandelt sich das zunächst dem Tod zugewandte (bzw. diesen billigend in Kauf nehmende) Leben des Protagonisten in sein Gegenteil. Während Totentänze den Lebenden einst nahelegten, den Tod zu fürchten und ein im Angesicht des drohenden Jenseits moralisch integeres Leben zu führen, gibt *Palermo Shooting* seinen Zuschauern mit auf den Weg, aus der Todesfurcht („fear of death") keine Lebensfurcht („fear of life") werden zu lassen und das Leben so zu leben, dass der Tod nicht gefürchtet werden muss.[45] Dass diese ‚Erfüllung' (im Diesseits) durch materielle (‚fotografierbare') Werte *nicht* zu haben ist, hat Wenders' Film mit dem, was mittelalterliche Totentänze für das Jenseits versprechen, gemeinsam. In diesem Sinne ist *Palermo Shooting* auch beschreibbar als ein optimistisch auf das *Leben* gerichteter, säkularisierter Totentanz – und bildet als *Triumph des Lebens* ein Gegenbild zu jenem Totentanz, der *innerhalb* des Films seinen großen Auftritt hat: *Il Trionfo della Morte.*

45 Den auch im Titel dieses Aufsatzes aufgegriffenen Satz „The fear of life is the fear of death" richtet der Tod an Finn, Wenders bezeichnet ihn als Schlüsselsatz des Films (01:31:33).

Schlussbetrachtung und Ausblick: *Palermo Shooting* im Kontext von Filmtheorie und Bildwissenschaft

Mit der Personifikation des Todes als Allegorie knüpft der Film an vormoderne Darstellungen des Todes innerhalb der Kunstgeschichte an und transportiert diese in das durch und durch moderne und modern gedachte Medium des Films. Evelyn Echle weist auf die Skepsis gegenüber Personifikationen des Todes im Film hin, die von Filmtheoretikern wie beispielsweise Siegfried Kracauer und Rudolf Arnheim ausging und auf eine „Abstraktions- und Konventionsskepsis“ zurückgeht,

> die in einer theoretischen Ablehnung der Allegorie resultiert. Der Grund: Das neue Medium, die filmische Repräsentation, sollte sich in diesem Diskurs unmittelbar zeigen und durch andere Kunstsysteme eingeführte Automatismen – zu denen Allegorien im weiteren und Personifikationen im kunsthistorisch engeren Sinne zählen – aufheben.[46]

Wenders' Film kann auf dieser Grundlage auch als kritischer Kommentar zu den ‚großen Filmtheorien' angesehen werden und als Versuch, allegorische Darstellungen – dazu zählt neben der Personifikation des Todes auch die Art und Weise, wie er das Fresko *Il Trionfo della Morte* in den Film integriert – für den Film fruchtbar zu machen. Folglich fällt Wenders mit dem Film nicht, wie in einigen Kritiken behauptet, hinter die Moderne zurück, sondern holt diese ein, indem er sich vormoderne Darstellungsformen einverleibt und umwendet. Der Tod entpuppt sich als Figur, die die Zuschauenden durch ihre psychologische Konstitution zu Empathie befähigt. Diese Form der Ausgestaltung der Figur funktioniert innerhalb eines statischen Bildes nicht, wohl aber im Film, der ein dynamisches Figurenmodell ermöglicht.

Palermo Shooting ist nicht zuletzt eine ernsthafte und ernst zu nehmende Auseinandersetzung mit der Frage nach dem *Bild* und einer *Geschichte der Bilder*, die quer steht zur traditionellen Kunstgeschichte, Filmtheorie und Technikgeschichte der Medien. Die oben angeführte Kritik moniert, dass der Regisseur gewissermaßen ‚Wasser predigt

46 Evelyn Echle: Vexierspiel von Somatik und textueller Abstraktion. Die Figur des personifizierten Todes als filmische Allegorie, 01.01.2008. http://www.nachdemfilm.de/content/vexierspiel-von-somatik-und-textueller-abstraktion (Zugriff am 27.09.2014). Vgl. dazu ausführlich dies.: *Danse Macabre im Kino. Die Figur des personifizierten Todes als filmische Allegorie*. Stuttgart: ibidem 2009, S. 35–45.

und Wein trinkt', indem er mit technischen Mitteln arbeitet, zu denen er innerhalb des Films – so die Annahme, die der Kritik zugrunde liegt – eine ablehnende Haltung entfaltet. Innerhalb der fotografischen Praxis des Protagonisten impliziert die digitale Bildproduktion nicht Sinnproduktion, sondern reproduziert genau jene Oberflächlichkeit und Leere, die sein Leben kennzeichnet. Zwar macht der Regisseur hier deutlich, dass die Sinnhaftigkeit von Bildern nicht *per se* durch die Arbeit auf dem höchsten Stand der Technik einlösbar ist, doch handelt es sich in erster Linie um die spezifische Ausgestaltung der Fotografenfigur Finn und nicht um die Formulierung einer Ablehnung digitaler Bildproduktion und Bildbearbeitung im Allgemeinen. Dies ist der Aspekt, den die Kritik missversteht. Weiterhin verkennt sie, dass der Film selbst ein Bild medialer Praxis darstellt, in dem der Diskurs um Leben und Tod mit den Mitteln digitaler Technik weitergeführt wird und sich so ganz auf der Höhe der Zeit mit den alten und existenziellen Fragen beschäftigt. Die Geschichte der Bilder nimmt ihren Anfang nicht als Technikgeschichte, sondern beginnt damit, dass Menschen den Versuch unternehmen, sich mit Hilfe von Bildern im Leben und in ihrer Geschichte zu verorten – mit Belting gesprochen: „Alle Bilder tragen eine Zeitform in sich, aber sie führen auch zeitlose Fragen mit sich, für welche die Menschen schon immer Bilder erfunden haben."[47] Was dieser in seinen Entwürfen für eine Bildwissenschaft fordert – „einen Bildbegriff [zu] entwickeln, der nicht in technischen Zusammenhängen aufgeht"[48] –, setzt Wenders in *Palermo Shooting* filmisch um. Das Bedürfnis, Bilder für existenzielle und zeitlose Fragen zu (er)finden, erscheint als anthropologische Konstante; was sich ändert, sind die Bilder selbst und die Medien, die sie erscheinen lassen, wovon Wenders Film zu erzählen weiß, indem er den Bogen von einem spätmittelalterlichen Gemälde hin zu digitaler Bildbearbeitung spannt, die er wiederum selbst praktiziert. Wenders erzählt mit seinem Film nicht eine Geschichte der Medien(technik), in der das Medium die Botschaft ist, sondern er lotet die Dimension des Bildes als menschliche Praxis aus, in der es nicht selten ‚ums Ganze' geht: um Leben und Tod eben.

47 Belting: *Bild-Anthropologie*, S. 55.

48 Ebd.

Interplanetarischer Totentanz

Das ‚Spiel im Spiel' vom Tod in Lars von Triers Film *Melancholia*

Bernd Schneid

Der Prolog von Lars von Triers Film *Melancholia* (2011)[1] bietet einen kosmologischen Totentanz, der nicht von Knochenmännern, son dern von den Planeten ausgeführt wird. In diesem Tanz verfehlt der Todesplanet Melancholia die Erde in einer ersten Plotwendung, um sie schließlich in einem Ausholschritt und einer Rückdrehung zu zerstören. Mit dieser Planeten- und Totentanzsymbolik bildet Trier sowohl ein romantisches Phantasma als auch die Melancholie des 20. Jahrhunderts ab. Der Totentanz im Prolog wird so zu einer *Mise en abyme* des gesamten Films und damit ein auf die Restdiegese rekurrierendes ‚Spiel im Spiel' vom Tod, das die Depressionen, Ängste und Wahnvorstellungen der Protagonisten ästhetisch überwindet.

Inhalt

Im Prolog des Filmes werden sechzehn ästhetisierte Sequenzen gezeigt, die vom Präludium aus Richard Wagners Oper *Tristan und Isolde* begleitet werden und damit enden, dass die Erde vom wesentlich größeren Planeten Melancholia zerstört wird.

Besonderes Augenmerk wird hier auf die sechzehn Bilder des achtminütigen Prologs gelegt, der sich wie folgt aufbaut:[2]

1 *Melancholia* (DK 2011, R: Lars von Trier).

2 Hierzu vgl. *Melancholia*, DVD-Ausgabe, UK 2012, 00:00:00–00:08:00.

Bild 1: Justines verbittertes und ‚versteinertes' Gesicht. Vom Himmel fallen tote Vögel.
Bild 2: Die Sonnenuhr im Schlosspark wirft einen Doppelschatten. In der Mitte vollziehen Mutter Claire und Sohn Leo einen Kreistanz.
Bild 3: Das Gemälde *Jäger im Schnee* von Pieter Bruegel d. Ä. verbrennt.
Bild 4: Melancholia, der Todesplanet, verdeckt die Sonne.
Bild 5: Claire und Leo versinken im schlammigen Boden beim 19. (sic!) Golfloch.
Bild 6: Der schwarze Hengst Abraham bricht im Morast zusammen.
Bild 7: Justine scheint unzählige Nachtfalter um sie herum mit ihren Händen zu dirigieren.
Bild 8: Die Trias Braut (Justine), Kind (Sohn Leo, in der Mitte) und Mutter (Claire) werden mit Melancholia, dem Mond und der Sonne über ihren Köpfen angeordnet.
Bild 9: Planet Melancholia ‚tanzt' um die Erde.
Bild 10: Elektrische Strahlen flackern aus Strommasten und aus Justines Fingern.
Bild 11: Justine bewegt sich im Brautkleid mit schwerem Wurzelwerk behangen in Richtung eines Sturms.
Bild 12: Die Planeten Erde und Melancholia nähern sich wiederum ‚tänzerisch' an.
Bild 13: Von einem dunklen Zimmer im Schloss aus sieht man durch das Fenster einen brennenden Busch.
Bild 14: Justine treibt im Brautkleid totenähnlich mit einem Maiglöckchenstrauß im Fluss.
Bild 15: Sohn Leo schnitzt an einem Ast (für eine ‚magische Schutzhöhle') und sieht gen Himmel, während seine Tante Justine mit einem weiteren Ast aus dem Wald kommt.
Bild 16: Die Planeten Erde und Melancholia kollidieren frontal, wobei die Erde komplett zerstört wird.

Nach dieser Vignette folgen die Erzählungen. Der erste Teil unter dem Titel „Justine" handelt von der Hochzeit dieser jungen Frau, die von ihrer Schwester Claire und ihrem Ehemann John auf deren Landschloss am Meer ausgerichtet wird. Doch Justine ist keine glückliche Braut. Die Beziehung zu den getrennten Eltern ist nicht von Liebe geprägt; die dominante Mutter entzieht sich der Hochzeitsgesellschaft und ihr infantiler Vater flirtet mit jungen Frauen. So zieht sich auch Justine immer mehr in die Einsamkeit zurück. Die Hochzeitsnacht vollzieht sie nicht mit dem Bräutigam, sondern einem Praktikanten ihrer Arbeitsstelle, bei der sie anschließend indirekt ihren Job kündigt. Schließlich flüchten sogar ihr Ehemann und der Vater vor ihr. Am nächsten Morgen bemerkt Justine gegenüber ihrer Schwester Claire, dass das Gestirn Antares vom Himmel verschwunden ist.

Im zweiten Teil unter dem Titel „Claire" – der nicht zwangsweise chronologisch zu betrachten ist – kommt Justine schwer depressiv zum Schloss, wo sich Claire, deren Sohn Leo und ihr Mann John aufopfernd um sie kümmern. Claire allerdings hat noch andere Probleme. Sie hat panische Angst vor den Nachrichten um den Planeten Melancholia, der sich der Erde nähert und ein außergewöhnliches astronomisches Schauspiel bieten soll, das John und seinen Sohn als Hobbyastronomen zunächst fasziniert. Im Internet findet die angstbesessene Claire dieses Ereignis als Planetentanz zwischen Erde und Melancholia unter dem Titel „Dance of Death", der den Weltuntergang einleiten soll. John glaubt aber nicht an diese These, da er als ‚Mann der Wissenschaft' davon überzeugt zu sein scheint, dass Melancholia die Erde nur passiert und nicht mit ihr kollidiert. Deswegen verbietet er seiner Frau weitere Recherchen. Dann passiert es. Melancholia nähert sich tatsächlich erhaben der Erde, zieht seine Bahn aber wieder gefahrlos weiter. Alles scheint nur eine unbegründete Weltuntergangstheorie und böse Prophezeiung gewesen zu sein. Am nächsten Morgen allerdings bewegt sich der Planet wieder mit direktem Kurs auf die Erde zu. John begeht wohl aus Verzweiflung über diese Tatsache relativ spontan Selbstmord. Von allen verlassen sitzen am Ende nur noch die Schwestern und Claires Sohn Leo beisammen. Als imaginärer Schutzraum dient ihnen eine aus Ästen gebaute ‚magische Höhle', unter der sie Zuflucht suchen, und Melancholia kollidiert allesverzehrend mit der Erde.

Psyche Fiction

Der Film scheint zwar oberflächlich die Geschichte eines Weltuntergangs zu erzählen, im diegetischen Kern werden allerdings innere Konflikte und Projektionen der Figuren abgehandelt. Dadurch, dass es sich hier nicht um eine technisierte Welt der Zukunft handelt, sondern um eine Verrückung der wahrgenommenen Welt der Figuren, ergibt sich eine Art *Psyche Fiction*, wie sie hier genannt werden soll. Diese andere Science-Fiction legt ihren Schwerpunkt auf eine sich selbst reflektierende Innenwelt der Figuren, die mit der Außenwelt der Diegese in Dissonanz steht. Verschiedene Intertexte weisen darauf hin. So spiegelt beispielsweise der Tristanakkord im Prolog eine untergegangene Welt der Harmonie und spielt sprichwörtlich ‚das Lied vom Tod' als Soundtrack der Figuren. So kann Tristan und

Isoldes ‚Liebestod' als Zeichen eines emotionalen Weltuntergangs angesehen werden, wie man mit Sigmund Freud sagen kann: „auf der Höhe der Liebesekstase"[3].
Eine weitere Referenz in Triers Film führt schließlich zu Andrei Tarkowskis Romanverfilmung *Solaris* (1972)[4], in dem ebenfalls ein unbekannter Planet für bewusstseinsverändernde Phänomene der Figuren verantwortlich ist und eine traumatisch belastete Liebesgeschichte mit Selbstmord erzählt wird. Dort nimmt der Jahreszeitenzyklus von Pieter Bruegel d. Ä. und im Besonderen ebenfalls das Gemälde *Die Jäger im Schnee* eine zentrale Rolle für eine *Mise en abyme* der Diegese ein,[5] ein Bild, das auch Trier in *Melancholia* in die Anfangsreihe seines Prologs stellt und dort verbrennen lässt. Durch diese Verwendung wird eine intertextuelle Verbindung zu Tarkowskis Film gemacht, der ebenfalls eine Art *Psyche Fiction* erzählt, die jenseits von üblicher Science-Fiction angesiedelt ist, da sie keine fantastischen Welten schafft, sondern eine seltsam bekannte und verschobene Realitätswahrnehmung der erzählten Welt vorführt.
Auch über das in *Melancholia* thematisierte Golfspiel und den Vorläufer zum Golfspiel im Gemälde Bruegels werden narrationsinhärente Verbindungen zu den unzuverlässigen Erzählinstanzen im Film aufgemacht, die psychologisch mit der winterlichen ‚Seelen'-Landschaft als Konstitution der Figuren begriffen werden können, wie es z. B. das eigentlich nicht vorhandene 19. Golfloch in *Melancholia* als Ausdruck einer nicht eindeutigen Erzählwelt beweist. In *Melancholia* wird die Diegese durchgehend mit dieser Art Fehlreferenzen verfremdet. Denn in Claires Welt gibt es im Gegensatz zu Justines Welt ebenfalls kein 19. Loch, wie Ehemann John Justine klar zu machen versucht. Das zeigt, dass die Wahrnehmungswelten der Figuren nicht deckungsgleich sind und Justine eine andere Sicht auf die Realität hat.
Zu dieser ganz ohne überbordende Special Effects und Materialschlachten auskommenden *Psyche Fiction* im Film zählt sicherlich auch eine Verbindung des Planeten Melancholia zu Stanley Kubricks

3 Sigmund Freud: *Zwang, Paranoia und Perversion. Studienausgabe*, Bd. 7. Frankfurt am Main: Fischer 2007, S. 192.

4 *Солярис* (*Solaris*, UdSSR 1972, R: Andrei Tarkowski).

5 *Solaris*. DVD-Ausgabe, UK 2001, Disc 2, 00:48:00–00:50:00.

2001 – Odyssee im Weltraum (1968)[6], wo ein schwarzer Monolith das Geheimnis des Universums und die Veränderung der Menschheit wie des Protagonisten metaphorisiert und damit ebenfalls auf innere Figurenkonflikte abzielt. Eine so verstandene *Psyche Fiction* schafft es, über die Mittel einer unprätentiösen Science-Fiction, innere Prozesse der Figuren in der diegetischen Welt zu metaphorisieren und diese jeweils anders wahrnehmbar zu machen. Wenn es in Justines Wahrnehmung also das 19. Golfloch gibt, heißt das nicht, dass es dieses Loch in Claires Wahrnehmung gibt. Dass der Film beide Varianten abbildet, darf über dieses Vexierspiel nicht hinwegtäuschen.

Vom Totentanz zum Sternentanz

Aber was sucht in *Melancholia* die Bezeichnung „Dance of Death" im zweiten Teil von Claires Wahrnehmungswelt? Dass die Planetenbahn im Film als ‚Totentanz'[7] benannt wird, ist außergewöhnlich. Ist Triers Planetenphantasie wirklich mit einer klassischen Totentanzdarstellung vergleichbar? Hat ein Totentanz überhaupt etwas mit Science-Fiction zu tun? Oder ist der Totentanz nicht viel eher diese *Mise en abyme* als Spiel im Spiel aus einer anderen Perspektive, welcher die verschiedenen Wahrnehmungswelten der Diegese von Justine und Claire verbindet?

Historisch gesehen müsste dies wohl verneint werden. Zwar trifft in *Melancholia* durchaus die z.B. von Susanne Warda getroffene Unterscheidung der Einheit von Text und Bild im Totentanz und seine „Bimedialität"[8] zu, doch die verschiedenen traditionellen Lesarten können beim Prolog nicht auf eine klassische Totentanzsymbolik angewandt werden. Allerdings wird die in Passagen lesbare Narrativität von Totentänzen[9] voll und ganz auf die diegetische Erzählstruktur und die Medialität des Films erweitert. Denn die von Warda aufgestellten „Text-Bild-Korrespondenzen"[10], die im Totentanz

6 *2001: A Space Odyssey* (*2001: Odyssee im Weltraum*, USA/UK/FR 1968, R: Stanley Kubrick).

7 Näher bezeichnet als „Dance of Death". Vgl. hierzu *Melancholia*, 01:26:30–01:27:30.

8 Susanne Warda: *Memento Mori. Bild und Text in Totentänzen des Spätmittelalters und der Frühen Neuzeit.* Köln / Weimar / Wien: Böhlau 2011, S. 12. Zu Text und Bild vgl. ebd., S. 15–18.

9 Vgl. ebd., S. 33–37.

10 Ebd., S. 18.

semiotisch[11] aufgeladen seien, und seine Intermedialität[12] können in *Melancholia* ebenfalls auf die Restnarration übertragen werden und verdeutlichen in vielen Schattierungen den inneren Tanz der Figuren mit dem Tod in Gestalt der Planetenkollision.

Melancholia wird damit zu einer Metapher für einen etwas anderen Totentanz, aber trotz allem, traditionell verstanden, den einer figuralen Grundverfassung der Akteure. Warda schreibt als hierzu grundlegendes Merkmal:

> [D]as Sterbenmüssen ist die immerwährende und zu jeder Zeit gültige *conditio humana*, die hier mit Hilfe des Tanzmotivs in Szene gesetzt und dadurch anschaulich gemacht wird. Es geht also vielmehr um eine Verbildlichung des universalen Sterbevorgangs, was dem Betrachter zeigen soll, daß der Tod zu jeder Zeit gegenwärtig ist und unversehens auch für ihn selbst aktuell werden kann.[13]

Was wäre eine gegenwärtigere Allgemeinmetapher für den Tod in einem heliozentrischen Weltbild, als der Gedanke an die Zerstörung der Erde, dem Ort für menschliches Leben schlechthin und eine dahingehende Personifizierung dieser Tanzsymbolik zwischen zwei Planetenakteuren oder -figuren im Sonnensystem? So bietet *Melancholia* den Totentanz eines kopernikanischen Weltbildes, einer Welt der Wissenschaft und nicht einer Welt der jenseitigen Knochenmänner.

Die im klassischen Totentanz aufgestellte Lehre des *Memento mori*, „daß man sich mittels einer gottgefälligen Lebensführung stets für das Sterben bereit halten muß“[14], wird in *Melancholia* nicht eindeutig über die mittelalterlichen Knochenmänner greifbar, sondern über Planeten und zeugt nur von der modernen Verfassung der Figuren im Film, die nicht mehr durch Religion geprägt sind, sondern gleichsam in der Leere des gottverlassenen Universums und einer inneren Verlorenheit schweben. *Melancholia* vermittelt keine sakralen Glaubensinhalte mehr, da der Symbolcharakter einer eindeutigen Weltkonstruktion hier seine Glaubhaftigkeit verloren hat.

11 Vgl. Warda: *Memento Mori*, S. 19–29.

12 Vgl. ebd., S. 19.

13 Ebd., S. 36.

14 Ebd., S. 38.

Die gegenwärtige Forschungslage des Totentanzes[15] bietet auch weitere Anhaltspunkte, die rechtfertigen, dass die in *Melancholia* verwendete Bezeichnung des Totentanzes für das Planetenspektakel durchaus sinnvoll gewählt ist. So kann man die für den Totentanz zwar eher zweifelhafte „Legende der drei Lebenden und der drei Toten“[16] durchaus auf *Melancholia* anwenden. Wenn die Trias zwischen Melancholia, Mond und Sonne mit Justine, Leo und Claire parallelisiert wird, können die Figuren direkt als Planeten personifiziert werden. Auch die im klassischen Totentanz verwendeten Dichtungen des *Vado mori*[17] sind durchaus anknüpfbar an den Film, jedoch wird dieses ‚ich gehe sterben‘ in *Melancholia* nicht von den Figuren, sondern übergroß mit einem personifizierten Planeten des Todes und gleich der gesamten Erde als Protagonistin verdeutlicht. Dahingehend kann man die Planeten als Metaphern für die Figuren verstehen.

Die Lehre vom gottgefälligen Leben der *Ars moriendi*[18] scheint allerdings zu fehlen, da es in *Melancholia* tatsächlich keinen Gott mehr gibt und selbst die Wissenschaft – verkörpert durch Claires Ehemann John – ihre prognostizierende Klarheit verliert. Einzig wiederum der Prolog könnte als eine Art ‚Kunst des Sterbens‘ aufgefasst werden, ein ästhetisierter Ausdruck eines nicht zum Rest der Diegese passenden Kunstwerks, wie unten noch gezeigt wird. Ein klassischer „Gräbertanz“[19] würde dann im Film zum Sternentanz im Grab eines gottverlassenen Universums. Wenn man dem Totentanz Anklänge aus dem Drama zubilligt,[20] so verdichtet sich bei Trier die Diegese tatsächlich zur äußeren Repräsentanz eines undurchsichtigen planetarischen Familiendramas, das einen ungewissen Ursprung, aber tödlichen Ausgang hat. Denn der Totentanz in Beziehung mit dem Weltgericht[21] muss dem Film schließlich unumwunden zugesprochen werden, vor allem die „psychosozialen Problemstellungen“[22], wie

15 Zum Überblick der Forschungslage, vgl. ebd., S. 41–44.

16 Vgl. ebd., S. 47–50.

17 Vgl. ebd., S. 45–47.

18 Vgl. ebd., S. 50–52.

19 Ebd., S. 52.

20 Vgl. ebd., S. 53–54.

21 Vgl. ebd., S. 55–57.

22 Ebd., S. 56.

Warda schreibt – damals z. B. bei Massenepidemien[23] –, die durchaus mit der Gegenwart und der Depression als ‚Zeitkrankheit'[24] vergleichbar sind. Was einst die Pest für den Totentanz war, ist in *Melancholia* die psychische Krankheit.

Insgesamt betrachtet ist Triers Film somit kein klassischer Totentanz, sondern eine heliozentrische Erweiterung und Metaphorisierung der Verlorenheit im Inneren der Figuren als Verlorenheit im unendlichen Außen des Universums. Hier wird kein Stundenglas aus einem klassischen Totentanz eingesetzt, sondern eine Doppelschatten werfende Sonnenuhr, die nicht allein durch die seltsame Planetenkonstellation nachvollziehbar wird und ebenfalls die Diegese verfremdet. Bei *Melancholia* wird dieser Totentanz des Prologs zu einer *Mise en abyme* auf einer nicht eindeutigen figuralen Ebene, welche die Akteure, den Text und das Bild im Totentanz untrennbar als *conditio humana* zueinander in Beziehung setzt und – wie es laut Warda auch für den klassischen Totentanz gilt – das Genre erst schafft.[25]

Das Innere wird zum Äußeren

Gerade weil *Melancholia* keine einheitliche Welt bietet, finden sich viele scheinbar unlogische Konstruktionen in den verschiedenen Teilen, die sich durch den ganzen Film ziehen. Damit wird keine eindeutig chronologische Erzählung gebildet, sondern durch die verfremdenden Inkongruenzen vielmehr auf eine Art Zeitlosigkeit der Diegese verwiesen. Auch wenn aus physikalischer Sicht die Planetenlaufbahn als reine Fiktion betrachtet werden muss, ist sie andererseits aber sehr wohl vom Auf und Ab der Ängste und Stimmungen der Protagonistinnen motiviert und diesen angleichbar. Die Planetenbewegungen können so als innerer Wahrnehmungskompass der Figurenkonstellation selbst betrachtet werden. Die Ungereimtheiten zwischen den beiden Hauptteilen und ihren unzuverlässigen Erzählinstanzen, wie es sich z. B. beim 19. Golfloch zeigt, zeugen in diesem Sinne davon, dass es sich hier um keine einheitliche Erzählwelt handelt, sondern

23 Vgl. Warda: *Memento Mori*, S. 56.

24 Vgl. hierzu den passenden Titel des Sonderheftes der Zeitschrift *Psyche – Zeitschrift für Psychoanalyse und ihre Anwendungen* 64,9/10 (2010): Depression. Neue psychoanalytische Erkundungen einer Zeitkrankheit.

25 Vgl. Warda: *Memento Mori*, S. 324.

um eine multiperspektivische mit voneinander zu unterscheidenden Instanzen.
Wenn Claire z. B. am Ende des ersten Teils auf den Stern Antares verweist (den Gegenmars), der anscheinend von Melancholia verdeckt wird, kann man diesen Stern etymologisch auch auf ‚Mutter' (Lisin) zurückführen, was Justines und Claires zerstörte Beziehung zu dieser und ihre Flucht anknüpfbar macht, da ja schließlich auch Antares am Ende von Justines Abschnitt wie ihre Mutter verschwindet. Das Pferd, das in Claires Teil auf dem Anwesen gehalten wird, erhält im Film den Namen Abraham – ganz wie der Stammvater Israels – und kann so als beidseitiger metaphorischer Verweis auf die Flucht des Vaters in Justines Teil und den Selbstmord von Ehemann John in Claires Teil gedeutet werden. Man kann hier eine Verbindungslinie herstellen, welche ähnliche Ereignisse in den verschiedenen Erzählwelten vergleichbar macht, die letztlich ästhetisiert im Prolog reflektiert werden. Somit könnte man sagen, dass Justines und Claires Erzählung nicht unbedingt chronologisch erfolgt, sondern auch als parallel verlaufend verstanden werden kann. Der Weltuntergang durch Planeten findet in Justines Teil nämlich *de facto* nicht statt. Ein innerer Weltuntergang könnte allerdings in Justines Wahrnehmung erfolgen, da für sie das Verlassenwerden durch ihr soziales Umfeld ein innerer Niedergang ist, der über die am Ende ihres Teils verschwundene Sonne Antares verstanden werden kann. Denn in Justines Segment werden nirgends die Nachrichten um den Planeten Melancholia erwähnt. Das Planetenszenario um Melancholia ist bei Justine damit gar nicht vorhanden und ist wie das 19. Golfloch eine Fehlreferenz, welche die Teile nur scheinbar verbindet, die letztlich streng voneinander getrennt gehalten werden müssen.
Was aber hat es für einen Mehrwert, wenn den mütterlichen und väterlichen Konstellationen, in Erweiterung mit den Planeten als Metapher dieser Figuren, ernsthaft nachgegangen wird? Der hier entfalteten These nach überträgt *Melancholia* damit die Konflikte seines Figurenpersonals auf den Totentanz im Universum und bildet die innere Verfasstheit der Figuren symbolisch ab. Diese Innenwelt zeigt sich durch die psychischen Konflikte der Figuren zwischen Paranoia, Wahnvorstellungen und Depression. Hierdurch erst entsteht diese undurchsichtige *Psyche Fiction*, die nur am Rande als eindeutiges Familiendrama wahrzunehmen ist.

Dass es bei *Melancholia*, wie Lars von Trier selbst äußert, um das Ende der Welt in einer Depression geht, wird mit einigen Überlegungen von Sigmund Freud kontextualisiert werden. So sagt Trier über die Intention seines Films: „Depression is not the end of the world – yes, it is!"[26] Dass die psychische Krankheit der Depression tatsächlich das Ende der Welt von den einzelnen Figuren ist, ihrer inneren Welt, deren Ausdruck die symbolische Repräsentanz der Planetenkollision ist, soll deutlich werden.

Der Psychoanalytiker Gerhard Schneider weist in seiner Untersuchung zu Alfred Hitchcocks Film *Die Vögel*[27] ebenfalls darauf hin, dass man Filmfiguren einerseits als voneinander verschiedene „filmreale Personen"[28] betrachten kann, andererseits aber eben auch in Hinblick auf psychische Dispositionen als „*äußere* Repräsentant[en]"[29] der inneren Vorgänge *einer* Figur. In diesem Sinne kann man die Planetenkonstellation wie auch den daraus folgenden Weltuntergang in *Melancholia* als äußere Repräsentanz des *unbekannten* Familiendramas einer *unbenannten* einzelnen Figur verstehen. Diese Figur – so die These – ist Sohn Leo, der die Frauen Claire und Justine eben nicht verlässt bzw. nicht verlassen kann, weil er ein Kind ist. Er muss die voneinander verschiedenen Welten der beiden Frauen ertragen und kann ihnen nicht entkommen. Deutet man diese Erzähl- oder Wahrnehmungsinstanz des Prologs als äußere Repräsentanz der einen Figur Leo, kann man sagen, dass er sich genau zwischen den Welten seiner Tante und Mutter befindet. Im Prolog wird Leo denn auch mit dem Mond in Verbindung gebracht, der zwischen Planet Melancholia (über Justine) und Sonne (über Claire) steht. So befindet sich Leos Figur als Verbindungsglied zwischen seiner Mutter und seiner Tante, genauso wie der Prolog eine aus dem erzählten Rahmen fallende Darstellung ist. Der Prolog wird damit zur diegetischen Welt Leos, von dem man sich fragen muss, ob der Mond bei der Kollision von Melancholia mit der Erde ebenfalls zerstört wird. Der Mond aber erscheint im Prolog nicht im Bild. Das Bild also, bei dem die Erde

26 *Melancholia*, Audiokommentarspur, 02.07.30–02:08:30.

27 *The Birds* (*Die Vögel*, USA 1963, R: Alfred Hitchcock).

28 Gerhard Schneider: Alfred Hitchcocks ‚Die Vögel' – Der Einbruch in ein narzißtisches Universum als Apokalypse. In: *Psyche – Zeitschrift für Psychoanalyse und ihre Anwendungen* 61,12 (2007), S. 1226–1240, hier S. 1238.

29 Ebd.

von Melancholia zerstört wird, könnte durchaus von der Umlaufbahn des Mondes aus beobachtet werden. Deswegen ist es möglich, die Perspektive des Monds und damit Leos als die diegetische Instanz des Prologs zu begreifen. So kann man auch sagen, dass die inneren Welten von Justine und Claire als Planet Melancholia und Erde miteinander kollidieren und der Sohn Leo dieses Schauspiel in seiner inneren Welt ebenfalls als diesen äußeren Weltuntergang wahrnimmt. Denn in Justines Teil geht die Welt nicht unter, sondern ihre sozialen Beziehungen gehen unter. In Claires Teil schließlich wird die Diegese tatsächlich durch den Weltuntergang beendet, allerdings nur aus der Perspektive der Erde. Hier wird nicht die Perspektive aus dem Universum eingenommen, sondern bloß die irdische. Das Versteck der drei Protagonist/innen unter einer magischen Asthöhle erscheint denn auch als eigene Sphäre, gleich einem Sonnensystem, in dem sich die Figurenplaneten befinden.

Melancholie und das Ende aller Beziehungen

Melancholia zeigt demnach keinen Versuch eines naturalistischen Kinos, sondern das eines psycho-fiktionalen Phantasmas vom Weltuntergang, das die psychischen Belange der Figuren als *Psyche Fiction* metaphorisiert und damit eine fantastische Erzählwelt schafft.

Die Brüche wie das 19. Golfloch sind dann nicht ironisch gemeint, sondern strukturieren die Unvereinbarkeit der einzelnen Diegesen der Figuren Claire und Justine, die im ästhetisierten Totentanz des Prologs als Erzählinstanz von Sohn Leo ausgeformt werden und nicht Teil von Justines oder Claires Diegese sind. Der Prolog wird auf einem fast ins Absurde getriebenen ästhetischen Niveau zu einem kosmologischen Totentanz – vergleichbar mit Albrecht Dürers Kupferstich *Melencolia I* –, zu einer epischen Metapher für die Melancholie und die Verlorenheit im Universum der Erzählinstanz. Die beiden Hauptteile zeugen denn auch von der Epizität und Uneinholbarkeit dieser Formen der Diegese, dass eine Erzählung eben niemals eine absolut geschlossene Welt bieten kann und letztlich immer mit Dispositionen zwischen Innen und Außen verknüpft ist.[30]

30 Zu den Konzepten von Epizität und Psychobiographie vgl. Bernd Schneid: *Die Sopranos, Lost und die Rückkehr des Epos. Erzähltheoretische Konzepte zu Epizität und Psychobiographie*. Würzburg: Köngishausen & Neumann 2012.

Wenn man auf die Untersuchung „Psychoanalytische Bemerkungen über einen autobiographisch beschriebenen Fall von Paranoia (Dementia Paranoides)“ von Sigmund Freud blickt, um die psychologischen Implikationen von *Melancholia* besser zu situieren, werden diese Zusammenhänge klarer. Dort spricht Freud in Verbindung mit dem Fallbeispiel eines Patienten, der unter Paranoia leidet, davon, dass die von ihm beschriebene Verbindung zur Sonne und ihren Strahlen als „Ausdruck des Wahnes“[31] gilt. So kann auch bei Justine und den Fehlreferenzen in ihrer Welt gezeigt werden, dass diese nicht zum Teil von Claire oder zu denen des Prologs passen. Die Sonne steht Freud zufolge als Symbol des Vaters und die Erde als Symbol der Mutter,[32] wie man in *Melancholia* auch Sonne, Erde und Antares als Vater (Ehemänner, Arbeitgeber) oder Mutter (Claire, Tante Justine) bezeichnen kann.

Wie sich bei Freuds Patient durch die von ihm beschriebenen Strahlenhalluzinationen „die Überzeugung einer großen Katastrophe, eines Weltuntergangs“[33] ergibt, so wird auch bei Justine und Claire klar, dass die Welt während ihrer Erkrankung untergegangen ist und immer wieder untergeht. Bei Justine lösen sich die sozialen Beziehungen, und ihre innere Welt geht in einer Depression unter; bei Claire geht ihre Welt tatsächlich im Wahn um den Planeten Melancholia unter. Mit dieser Art von Paranoia drückt sich für Freud der Verlust der Beziehungen des Patienten zur Umwelt und seiner Libidobesetzungen aus, die auch Justine und Claire als Figuren prägen, wenn alle sie verlassen. So heißt es bei Freud: „Der Weltuntergang ist die Projektion dieser innerlichen Katastrophe; seine subjektive Welt ist untergegangen, seitdem er ihr seine Liebe entzogen hat.“[34] In diesem Sinne ist die Zerstörung der Erde durch Melancholia die Projektion der inneren Welten von Justine und Claire, nachdem ihre Beziehungen abgebrochen wurden.

Freuds Patient konnte dementsprechend nicht leugnen, seine Welt in der Zeit seiner Krankheit verloren zu haben, dass diese unterging und

31 Freud: *Zwang, Paranoia und Perversion*, S. 178.

32 Vgl. ebd., S. 179.

33 Ebd., S. 191.

34 Ebd., S. 192–193.

durch eine andere ‚Welt' ersetzt wurde.[35] So stellte Freud fest, dass der Paranoide seine Welt neu über seinen Wahn erschafft, der damit eine Art Versuch der subjektiven Heilung ist, eine Art „*Rekonstruktion*"[36]. In dieser Art von Rekonstruktion können auch die verschiedenen Welten der beiden Teile des Films verstanden werden und deshalb scheint es durchaus schlüssig, dass die beiden Segmente der jeweiligen Protagoinistinnen nicht schlüssig sind.
Die vom Patienten beschriebenen ‚Strahlenhalluzinationen', die auch in Justines Teil gezeigt werden, sind Freud zufolge „eigentlich nichts anderes als die dinglich dargestellten, nach außen projizierten Libidobesetzungen"[37]. In *Melancholia* werden die verschiedenen Instanzen zur Projektion von sich unterscheidenden Erzählwelten, die es den Figuren nicht mehr erlaubt, eine einheitliche Umwelt aufrechtzuerhalten, sondern nur noch über gleichbleibende Referenzen greifbar werden – wie nicht nur die Strahlen an Justines Fingern, sondern auch die Wurzeln, die stürzenden Vögel, das brennende Gemälde *Die Jäger im Schnee* oder die Nachtfalter im Prolog zeigen. Auch das Vertreiben von Hengst Abraham durch Claire nach Ehemann Johns Selbstmord zeugt hiervon.
In Freuds Definition der Melancholie und seiner Untersuchung *Trauer und Melancholie* kann man diese Implikationen mit dem dazu passenden Filmtitel noch näher fassen. Freud schreibt:

> Die Melancholie ist seelisch ausgezeichnet durch eine tief schmerzliche Verstimmung, eine Aufhebung des Interesses für die Außenwelt, durch den Verlust der Liebesfähigkeit, durch die Hemmung jeder Leistung und die Herabsetzung des Selbstgefühls, die sich in Selbstvorwürfen und Selbstbeschimpfungen äußert und bis zur *wahnhaften Erwartung von Strafe* steigert […]. Die schwere Trauer, die Reaktion auf den Verlust einer geliebten Person, enthält die nämliche schmerzliche Stimmung.[38]

Dieser Verlust von geliebten Personen trifft auf Justine und ihre sozialen Beziehungen zu. Denn Justine wird tatsächlich von allen verlassen, nur nicht von ihrer Schwester Claire, die Justines Welt irgendwie zu teilen scheint, und deren Sohn Leo. Aber auch Claire ist in ihrem

35 Vgl. ebd., S. 192.
36 Ebd., S. 193.
37 Ebd., S. 199–200.
38 Sigmund Freud: *Psychologie des Unbewußten. Studienausgabe*, Bd. 3. Frankfurt am Main: Fischer 1997, S. 198 (Herv. B. S.).

Abschnitt verlassen auf dem Schloss, verliert sie doch ihren Ehemann durch Selbstmord und schließlich jede Verbindung zur Außenwelt; das Anwesen, auf dem sie wohnt, kann nicht mehr von ihr verlassen werden und bildet damit eine innere Insel. Auch hier sieht man, dass Justine eine Verbindung zu ihrer Schwester hat, die dafür sorgt, dass zumindest sie sich nicht voneinander trennen. Freuds Beispiel einer verlassenen Braut, die eine Wunschpsychose herausbildet und eine außerordentliche Herabsetzung des Ich-Gefühls verkörpert,[39] lässt sich analog zum Film lesen. Nicht umsonst treibt Justine als scheinbar tote Braut im Fluss. Durch das Verlassen Justines durch die Mutter, ihren Ehemann und vor allem ihren Vater ergibt sich so die Projektion der Erzählinstanz des Prologs auf den Weltuntergang mit Sonne, Erde, Planet Melancholia und Mond, welche die Spaltung dieser Beziehungen verdeutlicht, wie es letztlich bei Claires Paranoia mit dem Selbstmord ihres Mannes passiert. Denn letztlich verliert auch Sohn Leo seine Beziehungen und sein Vater taucht im Prolog überhaupt nicht auf. Leo steckt fest zwischen den Wahnwelten seiner Mutter und seiner Tante.

Wie die Psychoanalytikerin Melanie Klein dahingehend Freuds Definition erweitert, ist der Weltuntergang noch größer gefasst eine innerpsychische Projektion der ‚Spaltung' verschiedener Personen, die einen Beziehungskonflikt mit dem Untergang der Welt *im* Subjekt gleichsetzt und mit einer Art Schizophrenie verglichen werden kann.[40] Diese psychoanalytischen Implikationen sind hilfreich, um zu zeigen, dass auch die unzuverlässigen Erzählinstanzen und Figuren im Film gespalten sind und sich wie verlorene Planeten im Prolog umeinander drehen, sich anziehen, abstoßen und schließlich kollidieren. Der Weltuntergang ist dann nur die äußere Repräsentanz der artifiziellen Welt im Prolog, welche jede mögliche naturalistische Darstellung der Figuren überdeckt. So wie der Stern Antares als etymologische ‚Mutter' im ersten Teil verschwindet, da er von Melancholia verdeckt wird – der sich wiederum hinter der Sonne als ‚Vater' versteckt – entfernen sich die Figuren des Ehemanns, des Vaters, der Mutter und

39 Vgl. Freud: *Psychologie des Unbewußten*, S. 199.

40 Hierzu vgl. Melanie Klein: *Das Seelenleben des Kleinkindes und andere Beiträge zur Psychoanalyse*. Stuttgart: Klett-Cotta 2006, S. 160–163.

folgerichtig der Erde und damit des eindeutigen diegetischen Ichs. Diesen Verlust kann man mit Freud andeuten:

> Das Objekt ist nicht etwa real gestorben, aber es ist als Liebesobjekt verlorengegangen (z. B. der Fall einer verlassenen Braut). In noch anderen Fällen glaubt man an der Annahme eines solchen Verlustes festhalten zu sollen, aber man kann nicht deutlich erkennen, was verloren wurde, und darf um so eher annehmen, daß auch der Kranke nicht bewußt erfassen kann, was er verloren hat.[41]

Deswegen ist die Erzählwelt der verschiedenen Teile auch nicht chronologisch schlüssig anzugleichen, da die Doppelstruktur von Claire und Justine untrennbar, aber auch nicht vereinbar ist, außer in der ästhetisierten Umformung des Prologs. Da der Prolog schließlich am Anfang des Films steht, müsste man chronologisch folgern, dass die Welt schon untergegangen ist. Der Prolog könnte deswegen als Metadiegese verstanden werden, als Spiel im Spiel vom Tod, das die verschiedenen Teile der beiden Frauen in dieser *Mise en abyme* noch einmal in sich enthält und diese reflektiert.

Desweiteren wird laut Freud bei einem Patienten mit Melancholie, im Gegensatz zur reinen Trauer, das eigene ‚Ich' erniedrigt und als weniger wert betrachtet, sodass eine Entleerung und Sinnlosigkeit des ‚Ich' in der Melancholie auftaucht, die dafür sorgt, dass beim Subjekt eine Erniedrigung gegenüber anderen und ein Bedauern derjenigen Angehörigen stattfindet, die überhaupt noch etwas mit dem wertlosen Subjekt zu tun haben wollen.[42] Justines Selbstkasteiung im ersten Teil, die Ablehnung ihres Ehemanns und seines Gartengrundstücks, der Sex mit einem Praktikanten und überhaupt ihr Entzug aus der Hochzeitsgesellschaft wie aus ihrem Job zeugen davon. Dies hängt Freud zufolge zusammen mit Objekt- und Libidobesetzungen in Bezug auf besondere Personen, deren Beziehung durch unwegsame Dispositionen (Enttäuschungen, Kränkungen, etc.) beschädigt wurde.[43] Deswegen ist auch der Sadismus des Subjekts mit einer autoreflexiven Rückkopplung zum Selbst-Masochismus verknüpft, welches das, was dem verlorenen Objekt gelten soll, auf sich selbst projiziert:

41 Freud: *Psychologie des Unbewußten*, S. 199.

42 Vgl. ebd., S. 200.

43 Vgl. ebd., S. 202.

> Bei beiden Affektionen pflegt es den Kranken noch zu gelingen, auf dem Umwege über die Selbstbestrafung Rache an den ursprünglichen Objekten zu nehmen und ihre Lieben durch Vermittlung des Krankseins zu quälen, nachdem sie sich in die Krankheit begeben haben, um ihnen ihre Feindseligkeit nicht direkt zeigen zu müssen.[44]

In dieser Weise kann man das Verhalten Justines gegenüber ihrer Schwester Claire und deren Familie im zweiten Teil deuten, die eine mehr als schwere Belastung für Claire, ihren Mann und ihren Sohn darstellt.

Alles in Allem sollte hier gezeigt werden, dass *Melancholia* kein naturalistisches Kino ist und keine linearen Hauptteile erzählt, sondern delinearsisiert die Repräsentanz der Geschichte von zwei unfassbaren Figuren in einem Prolog zusammenführt. Ausdruck hierfür ist der Untergang der Welt in der Depression; eine Welt, deren brüchige Wahrnehmung im ersten Teil dargestellt wird, und die im zweiten Teil und dem Prolog (verändert) wieder und wieder untergeht, obschon sie längst untergegangen ist.

Das äußere Spiel im inneren Spiel vom Tod

Wenn man also annimmt, dass der Prolog eine artifzielle Ausformulierung von Sohn Leo ist, der die Welten zwischen Claire und Justine von einer anderen Ebene aus betrachtet, kann man folgern, dass der Prolog, Teil 1 und Teil 2 jeweils eigenen Gesetzmäßigkeiten gehorchen. So ist der Prolog, der erzähltechnisch nicht zu den beiden Teilen passt, eine Art Außenbeobachtung der unverständlichen Erzählwelten der beiden Frauen, welche Sohn Leo innerlich mit all seinen planetarischen und familienpsychologischen Symbolen produziert, um sich von der melancholischen Welt der beiden Frauen ästhetisch zu distanzieren.

Kreativität und Kunst in Bezug auf pathologische Muster sind in klinischen Untersuchungen nicht selten. Das wird vor allem bei Phantasien wie dem Weltuntergang, Strahlenhalluzinationen oder Planetenkollisionen deutlich – ganz präsent in der Heidelberger psychiatrischen Sammlung Prinzhorn. Hans Prinzhorn hat in seinem Buch *Bildnerei des Geisteskranken* auf die psychologischen Grundlagen und Theorien des bildnerischen Gestaltens hingewiesen, welche zuerst die

44 Freud: *Psychologie des Unbewußten*, S. 205.

Besetzung mit einem metaphysischen Sinn wäre, das Bedürfnis nach Ausdruck, der Spieltrieb und die Betätigung an sich, eine Bereicherung der Umwelt, Tendenzen zur Ordnung, der Trieb zur Nachahmung, das Bedürfnis nach Symbolen und zuletzt die Anschauung im Allgemeinen.[45]

Eine interessante Parallele zu *Melancholia* bietet bei Prinzhorn der Patient Oskar Herzberg,[46] dessen Bild *Planeten-Zusammenstoß* Teil der Sammlung Prinzhorn ist und der auch Zeichnungen von ‚Strahlen' angefertigt hat. Künstlerischer Zuspruch wurde diesem zuteil, als der österreichische Maler Alfred Kubin eine für ihn erstaunliche Verbindung zu seinem Planeten- und Untergangsgemälde *Drohender Zusammenstoß* (um 1906) feststellte. Er schenkte dieses Bild der Sammlung, um die sogenannten ‚wahnsinnigen' Künstler zu ehren und wegen der „motivischen Übereinstimmung"[47] als gleichwertig anzuerkennen.

Herzberg war ein alter Dienstmann, der Aquarelle malte, beschriftete und weitläufig kreativ war. Einige seiner Bilder waren schließlich „Kosmischen Ereignissen gewidmet: Kometen u. dgl."[48] Zum Planeten-Zusammenstoß schrieb er selbst als Titel:

> Erklärung über Erduntergang. Am 3. April 2053 infolge zusamenpral des Eiskomet mit Komet Bila Hauptkomet in unbeschreibliche Ferne am westl. Horizont, Sone, Mond, Sterne erbleichen; stürzen senkrecht in endlose Nacht. O. H. Generaldirektor an der kgl. Nervenklinik.[49]

Desweiteren gibt es auch ein Bild mit so benannten ‚lila Funken', die allerdings grün, rot und weiß gemalt sind,[50] in dessen Titel vorkommt: „‚dein Körper durchkreis heilsam elektromagnetisch strom'; augenblik wele har lila funken"[51]. Der Zusammenhang der psychischen

45 Vgl. Hans Prinzhorn: *Bildnerei der Geisteskranken. Ein Beitrag zur Psychopathologie der Gestaltung.* Wien: Springer 2011, S. 15–49.

46 Vgl. ebd., S. 104–108.

47 Bettina Brand-Claussen: „…lassen sich neben den besten Expressionisten sehen" – Alfred Kubin, Wahnsinns-Blätter und die „Kunst der Irren". In: Herwig Guratzsch / Thomas Röske (Hrsg.): *Expressionismus und Wahnsinn.* München: Prestel 2003, S. 136–149, hier S. 145.

48 Prinzhorn: *Bildnerei der Geisteskranken*, S. 105.

49 Ebd. Die fehlerhafte Rechtschreibung wurde hier und im Folgenden übernommen.

50 Vgl. ebd., S. 107.

51 Ebd., S. 108.

Erkrankung mit Halluzinationen von Strahlen ist hier eine passende Referenz auf die verschiedenen diegetischen Welten der Figuren in *Melancholia* mit den elektrischen Strahlen, die Justine wahrnimmt und die nicht miteinander vereinbar sind. Vielleicht sind dann die fallenden Blütenblätter im Wind, die bei Claire vorkommen, in Justines Wahrnehmung die Nachfalter, die sie im Prolog dirigiert. Mit Sicherheit kann man das nicht sagen, da die beiden Teile tatsächlich nicht zu vereinheitlichen sind und nur über Metaphern wie Planeten- oder Familienkonstellationen vergleichbar werden.

In diesem Sinn bietet der Prolog auch ein Zwischenmodell, das wie Sohn Leo im Zentrum der Frauen zwischen den Erzählteilen steht und die psychischen Konflikte von Claire und Justine über eine von außen kommende und tatsächlich verschobene Erzählinstanz im Prolog ästhetisch zu kanalisieren versucht. Diese Instanz nun auf Sohn Leo zu projizieren, scheint durchaus plausibel, da er als beobachtende Figur des Prologs die Erzählmuster der beiden Hauptteile vereint, der einzige Mensch ist, der nicht vor den beiden Frauen flüchtet oder sich tötet und darüber hinaus – neben dem Hengst – auch als einzige männliche Repräsentation im Prolog auftaucht, ganz präsent in der Mitte der Konstellation zwischen den beiden Frauen. Auch in Bild 2 des Prologs, beim Kreistanz mit seiner Mutter, nimmt diese Leo an den Armen und dreht ihn gleich einem Gestirn um sich als mütterlichen Fixstern. So ist letztlich die ‚magische Schutzhöhle', die Justine mit ihrem Neffen Leo baut und die kaum einen wirklichen Weltuntergang überstehen würde, selbst ein innerer Schutzmechanismus, der dem Jungen über die ästhetisierte Ausformung einer schützenden Phantasie im Prolog hilft, die pathologischen Welten der beiden Frauen wahrzunehmen.

Im Prolog reflektiert Lars von Trier damit die Phantasie einer psychologischen Poetik per se, die er damit verstärkt, dass er die Idee zum Film durch seinen Therapeuten bekam, der ihm psychologische Mechanismen anhand Triers eigener Depression erklärte.[52] Das ästhetisierte Kunstwerk des Prologs wird so ebenfalls zu einer Erzählinstanz, die sich zu den Restdiegesen abgrenzt und diese doch in sich vereint. Passend zum traditionellen Totentanz inszenierte sich Trier

52 Vgl. Per Juul Carlsen: The Only Redeeming Factor is the World Ending. In: *Film* 72 (2011): Cannes Issue, S. 5–8, hier S. 7.

als Künstler und Autor denn auch selbst in den Promotionsfotos für den Film mit einem Stundenglas in den Händen.[53]

Sieht man den Prolog also in dieser Beziehung mit den beiden Hauptteilen stehen, zeichnet sich das ästhetisierte und kreative Spiel im Spiel vom Tod ab, dem sich jeder Totentanz widmet. Dieses Spiel, das oft gar kein Spiel mehr zu sein scheint, ist das einer unverlässlichen Diegese, die auf den interstellaren Raum der inneren Welt der Figuren als Außenrepräsentanz projiziert wird. Und so wird Triers Totentanz figural letztlich doch zu einem *Vado mori*.

53 Vgl. ebd., S. 8.

LUS oder Geschmack am Leben

Der Tod im zeitgenössischen Dokumentarfilm

Daniel S. Ribeiro

Einleitung

Bevor Aspekte der Thematisierungen von Tod und Totentanz[1] in aktuellen Dokumentarfilmen erörtert werden können, ist zuallererst festzuhalten, dass sich die folgenden Betrachtungen in betonter Abgrenzung zu anderen populären Formaten dokumentarischer Bewegtbilder explizit auf das Genre des *Dokumentarfilms* beziehen. Mit jenen Formaten sind vor allem Reportagen und ähnliche, primär für das Fernsehen hergestellte Erzeugnisse gemeint. Diese sollen hiermit nicht generell abschätzig beiseitegeschoben werden. Es ist nicht das Ziel, den Duktus zu imitieren, mit dem John Grierson „nach einem kurzen Blick auf die weniger wertvollen Filmarten" vorschlägt, „den Ausdruck ‚Dokumentarfilm' ausschließlich für die besseren Kategorien zu verwenden"[2]. Nur ist es aufgrund der zum

1 Die begriffliche Differenzierung ist ein problematischer Umstand, gerade weil die Terminologien häufig (und teilweise auch im wissenschaftlichen Kontext) eher achtlos Verwendung finden. Uli Wunderlich, deren Monografie *Der Tanz in den Tod* eine überaus ansprechende Einführung in die Thematik darstellt, urteilt mit Blick auf die Alltagskultur der Gegenwart sogar wie folgt: „Für die meisten Menschen ist ‚Totentanz' heute ein normalsprachlicher Begriff. In der Presse wird das Wort gleichbedeutend mit Untergang und Zerstörung verwendet, unabhängig davon, ob es sich nun um Krieg, Konkurs, Arbeitslosigkeit oder den Abstieg eines Fußballvereins handelt." (Uli Wunderlich: *Der Tanz in den Tod. Totentänze vom Mittelalter bis zur Gegenwart.* Freiburg im Breisgau: Eulen 2001, S. 135.)

2 John Grierson: Grundsätze des Dokumentarfilms. In: Eva Hohenberger (Hrsg.): *Bilder des Wirklichen. Texte zur Theorie des Dokumentarfilms.* Berlin: Vorwerk 8 2012, S. 90–102, hier S. 90.

Teil deutlich verschiedenen Produktionsbedingungen und Vorgaben, der stark abweichenden Prämissen bei der Wahl des Sujets und nicht zuletzt der weniger präsenten Figur der Autorin bzw. des Autors wichtig, vorweg eine Unterscheidung vorzunehmen. Alleine schon die Dauer der Konzeption, der Dreharbeiten und des Schnitts eines Dokumentarfilms, welche den Entstehungsprozess nicht selten mehrere Jahre andauern lässt, machen das Maß an nötiger Hingabe und Entbehrung deutlich, die ein derart ambitioniertes Projekt erfordert. Auch die lange Spieldauer von oftmals anderthalb Stunden markiert eine Differenz zu den im TV üblichen dokumentarischen Varianten (insb. 30 oder 45 Min.) – ganz zu schweigen von noch kürzeren Beiträgen, die nicht mehr als eigenständige Sendungen fungieren. Es ist zwar durchaus Usus, dass auch Dokumentarfilme nach der Premiere auf einschlägigen Festivals, ihrer Laufzeit in ausgewählten Kinos und der kostenpflichtigen Veröffentlichung für das Heimkino[3] schließlich eine Ausstrahlung im Fernsehen erfahren; doch handelt es sich im Regelfall leider nur um weniger gut frequentierte Sendeplätze zu nachtschlafender Zeit, die von den öffentlich-rechtlichen Anstalten eingeräumt werden.[4]

Nach dieser kurzen Vorbemerkung sollen drei Beispiele schlaglichtartig Erwähnung finden, um zunächst an ihnen aufzuzeigen, dass man im Feld des Dokumentarfilms von einer vielgestaltigen Beschäftigung mit dem Tod ausgehen kann: Es handelt sich um *Sieben Mulden und eine Leiche*, *Zuletzt befreit mich doch der Tod* und *man stirbt.*[5] Dies führt

3 Hiermit sind sowohl die auf absehbare Zeit zunehmend obsoleter werdenden, physischen Datenträger gemeint (z. B. DVD, Blu-ray) als auch die in letzter Zeit vermehrt aufgekommenen Möglichkeiten zur Nutzung des Internets in Verbindung mit Multimedia-Angeboten (u. a. Download, Streaming/On-Demand).

4 Es wird in diesem Zusammenhang auch despektierlich vom sogenannten ‚Versenden' gesprochen. Anekdotisch kann man diesem Umstand folgende Worte William Howard Guynns hinzufügen: „Der Zuschauer, der sich einen Dokumentarfilm ansieht, weiß genau, daß ihn nicht dasselbe Vergnügen erwartet wie bei einem Spielfilm. Für gewöhnlich hat er sich den Film auch nicht als Freizeitvergnügen zur Stimulierung der Lüste des Imaginären ausgesucht. Er ist sich vielmehr einer ernsten Absicht bewußt, die wenigstens zum Teil durch die besonderen Konsumtionsbedingungen definiert wird." (William Howard Guynn: Der Dokumentarfilm und sein Zuschauer. In: Hohenberger (Hrsg.): *Bilder des Wirklichen*, S. 240–258, hier S. 247.)

5 Die Auswahl ist exemplarisch zu verstehen und stellt daher keinerlei Anspruch auf Vollständigkeit. Sie ist geprägt durch meine Nähe zur Duisburger Filmwoche, dem Festival des deutschsprachigen Dokumentarfilms, wo ich alle behandelten Titel gesehen habe und deren Diskussion unmittelbar vor Ort mitverfolgen konnte.

sodann zum Hauptteil, der einen konkreten Titel auf seine Eignung mit dem Fokus auf die Totentanzthematik beleuchtet: *LUS oder Geschmack am Leben*.

Der Tod im deutschsprachigen Dokumentarfilm der jüngeren Vergangenheit

Dem Dokumentarfilm – als Autorenfilm gedacht – kann mit Recht die Eigenart zugesprochen werden, sich bereits ausgehend von seinem konzeptuellen Selbstverständnis solchen Themen und Fragestellungen zuzuwenden, die im Spektrum der zeitgenössischen massenmedialen Interessen als eher sperrig, schwierig, randständig oder gar tabuisiert gelten. Folglich überrascht es wenig, dass dabei der Tod, dem die Kulturkritik doch seit Jahrzehnten beständig attestiert, er sei gänzlich verdrängt worden oder bestenfalls bloß noch verschleiert anzutreffen, ein mögliches Sujet darstellt.[6]

Aus der Schweiz stammt mit *Sieben Mulden und eine Leiche* (CH 2007, R: Thomas Haemmerli) ein Film, dessen Rezeption durch den zynischen Tonfall und die ungenierte Selbstdarstellung des Regisseurs stark polarisiert.[7] Die Handlung lässt sich wie folgt beschreiben: Der Tod der Mutter – ein kraftvolles und hinlänglich bekanntes literarisches Motiv – veranlasst die Gebrüder Haemmerli, die Wohnung der Verstorbenen aufzulösen. Was sich ihnen jedoch darbietet, ist ein völlig verwahrloster Haushalt, in dem die Leiche lange gelegen hat und der Verwesung preisgegeben war, bevor man sie endlich fand. Von Beginn an ist klar, dass hierbei eine Familiengeschichte

6 „Zu den wichtigsten Selbstbeschreibungen der Moderne, zu den Stereotypen ihrer Selbstkritik, zählt […] die Behauptung, der Tod werde ‚verdrängt'. Diese These wurde so oft wiederholt, dass nicht mehr leicht ausgemacht werden kann, wer sie wann und wo erstmals vertreten hat." (Thomas Macho / Kristin Marek: Die neue Sichtbarkeit des Todes. In: Dies. (Hrsg.): *Die neue Sichtbarkeit des Todes*. München: Fink 2007, S. 9–21, hier S. 12.) Der überkommenen, eindimensionalen Argumentation einer Verdrängung/Verschleierung des Todes steht in der jüngeren Kulturwissenschaft eine starke Strömung gegenüber, die in Selbstbeschreibungen bisweilen als *thanatological turn* tituliert wird. Hierzu vgl. Jan Assmann / Rolf Trauzettel (Hrsg.): *Tod, Jenseits und Identität. Perspektiven einer kulturwissenschaftlichen Thanatologie*. Freiburg: Alber 2002.

7 Die *SZ* urteilte recht treffend, das Werk Haemmerlis sei *gnadenlos produktiv*. Vgl. Martina Knoben: Die Reste von Mutter. In: *Süddeutsche Zeitung*, 17.05.2010. http://www.sueddeutsche.de/kultur/neu-im-kino-sieben-mulden-und-eine-leiche-die-reste-von-mutter-1.187114 (Zugriff am 07.09.2014).

heraufbeschworen werden soll, die von ungeklärten Schwierigkeiten und Differenzen zeugt. Die beinahe achtlos geführte Handkamera, das flegelhafte Vorgehen der beiden Brüder bei der Entrümpelung und die vollständig ausbleibende Pietät formen alsdann eine schwer erträgliche Chronik der familiären Umstände – kulminierend in der symbolischen Verfrachtung sämtlicher Habseligkeiten in die sieben eponymen Schuttbehälter. Der Tod hat *de facto* kaum Platz in diesem skurrilen Schauspiel, das buchstäblich zu gleichen Teilen Spektakel und Posse ist.[8] Doch bleibt die tote Mutter nicht bloß als Anlass präsent, der die Ereignisse ins Rollen bringt. Trotz (oder gerade wegen) ihrer bildlichen Abwesenheit ist es ihr zersetzter Körper, der die Imagination antreibt. Man bekommt ihn nicht zu sehen, hört den Obduktionsbericht aus dem Off. Auch die beißenden Gerüche sind nur vorstellbar, sofern man über entsprechende Erfahrungen verfügt.[9] Die Art der Inszenierung überhöht den individuellen Tod zum Skandalon, indem Haemmerli die persönlichen Lebensumstände vor der Kamera bis ins letzte schmerzliche Detail ausbreitet, ohne dass Raum zur Reflexion gewährt wird. Die Distanzierung erfolgt sodann umso vehementer, sollte man nicht gewillt sein, den Söhnen der Verstorbenen bei ihrem Prozedere zu folgen, z. B. aus feministischen Beweggründen hinsichtlich der rüden Art, mit welcher die Lebensführung der Mutter – gerade durch das Kokettieren mit intimen Einzelheiten – kompromisslos zur Schau gestellt wird.

Ungleich sensibler, aber mit einer ähnlich prägnanten Form körperlicher Abwesenheit operiert der Film *Zuletzt befreit mich doch der Tod* (D 2008, R: Beate Middeke). In der Folge der Selbsttötung einer jungen Frau unternimmt die Regisseurin den hingebungsvollen Versuch, diese Tat stellvertretend für das nunmehr tote Opfer zu ergründen und eine breite Öffentlichkeit hierfür anzusprechen. Die erforschten Hintergründe von Gwendolin-Kays Existenz, die sie schließlich zur

8 Es sei diesbezüglich nicht verschwiegen, dass auf der Webseite zum Film sogar ein Flash-Game angeboten wird, dass dazu auffordert, es Haemmerli gleichzutun und eine Mulde aus dem digitalen Fenster heraus mit Sperrmüll zu füllen. Siehe http://www.messiemother.com/muldenspiel/(Zugriff am 07.09.2014).

9 Als phänomenologische Randbemerkung ließe sich – mit einer Aussage Roland Barthes' zur Fotografie – argumentieren, das Gesehene „‚badet' das Zimmer nicht: kein Duft, keine Musik, nichts als die *unmäßige Sache*" (Roland Barthes: *Die helle Kammer. Bemerkungen zur Photographie*. Frankfurt am Main: Suhrkamp 1989, S. 102).

willentlichen Beendigung des eigenen Lebens drängten, zeugen von sexuellem Missbrauch und einem beharrlichen Mantel des Schweigens, der im Laufe der Befragungen von Angehörigen und involvierten Personen langsam rissig zu werden beginnt – ohne jedoch eine letztgültige Wahrheit anzubieten, die es ohne Weiteres erlaubt, den Vorfall wie eine Akte nüchtern abzuschließen. Die fragmentarische Suche nach Antworten, angestoßen durch das Tagebuch der Toten, bemüht sich zumindest, ein Geflecht aus subjektiven Realitäten aufzubauen, aus dem das tatsächliche Schicksal der 25-Jährigen herauszulesen sein könnte. Wieder trifft man hier im Herzen einer Handlung auf einen verstorbenen Menschen, der physisch nicht vor der Kamera präsent ist. Middeke zeigt mit Rücksicht auf das Opfer zudem keinerlei Fotos, sodass das verweigerte Antlitz Kays eine Leerstelle bietet;[10] diese ermöglicht es jedoch im Umkehrschluss, über die grausame Kindheit vieler Mädchen in Deutschland nachzudenken. Die Abwesenheit entfaltet eine beträchtliche Wirkung; sie vermag den Brückenschlag herzustellen, um den individuellen Tod Kays auf eine erschreckend alltägliche gesellschaftliche Problematik zu übertragen.

Gänzlich fiktiv ist der zugrunde liegende Todesfall in *man stirbt.* (D 2009, R: Philipp Enders u. Patrick Doberenz), dem Film zweier Absolventen der Kunsthochschule für Medien Köln. Anders als man es vielleicht erwarten könnte, spielt der Protagonist sein eigenes Sterben lediglich. Dies geschieht inmitten eines wohl als experimentell zu bezeichnenden Settings, das die freilich eigenwillige Schnittmenge aus theatraler Bühne, klinischem Labor und White Cube darstellt. Die verschiedenen Schritte, die Herrn Gabler vom Herzinfarkt im heimischen Wohnzimmer über die Intensivstation und das Bestattungsinstitut bis ins Grab begleiten, werden in rascher Folge mit den entsprechenden Requisiten nachgestellt. Die Angehörigen müssen ebenfalls ihren Weg gehen, welcher den letzten Besuch am Totenbett, sämtliche Beerdigungsvorbereitungen und die Trauerfeier mit

10 Jedes Mal, wenn Worte aus dem Tagebuch erklingen, geschieht dies in Verbindung mit vorwiegend grauen Meeresansichten, welche sich allerdings durch die formalästhetische Herangehensweise der Spurensuche zu einem enorm einprägsamen Sinnbild für die Tristesse der Lebenswelt, die Einsamkeit und Introspektion der nun toten jungen Frau verdichten.

einschließt. Den rechtlichen, finanziellen und medizinischen Aspekten des Sterbens wird gleichermaßen Platz eingeräumt, während Interviews mit den Beteiligten – auch mit Herrn Gabler selbst – persönliche Ansichten ergänzen. Alle Personen spielen ihre Rollen auf eine Weise, als würde man einen (im engeren Sinne) dokumentarischen Beitrag sehen, der ein faktisch stattgefundenes Ereignis behandelt und dementsprechende Informationen bietet. Die strahlend weißen Wände als Rahmung lassen hingegen die Objekte und Menschen darin wie eine Art Destillat der Handlungsabläufe erscheinen und verdeutlichen zugleich ohne Unterlass die filmische Konstruktion. Was dadurch sinngemäß entsteht, ist eine Blaupause für den statistisch gesehen ‚gewöhnlichen' oder auch ‚typischen' Tod, der viele Menschen ab einem gewissen Alter ereilt und dementsprechend im Film ohne forcierte Schockwirkung daherkommt. Interessanterweise erfolgt die Repräsentation dieses ‚normalen' Lebensendes wie beschrieben auf hochgradig stilisierte und betont ansprechende Weise.[11]

Um den wichtigsten gemeinsamen Punkt dieser drei Beispiele nochmals herauszustellen, sei erneut darauf hingewiesen, dass in keinem der konzeptuell so unterschiedlichen Filme eine gestorbene Person als Leichnam sichtbar ist. Bei der Figur des Herrn Gabler, der nach seinem vermeintlichen Ableben sehr wohl zu sehen ist, handelt es sich bekanntlich um einen durchaus lebendigen Schauspieler. Der bewusste und unverstellte Anblick eines tatsächlich Toten bleibt durchgängig verwehrt. Es entsteht eine Form von Abwesenheit, die prinzipiell das Gegenteil dessen meint, was Thomas Macho in seiner Begrifflichkeit der *anwesenden Abwesenheit* zu fassen versucht. Diese meint die enigmatische Grenzerfahrung der Betrachtung eines toten menschlichen Körpers:

> Der Status des Toten ist paradox. Er verkörpert die Anwesenheit eines Abwesenden. […] Das provozierende Rätsel des Todes besteht nicht allein darin, daß der Tote „fortgeht", sondern daß er „bleibt": als ein veränderliches, aber auch beständiges „Material". Das Problem der Repräsentationen drängt sich demnach auf als elementare Widersprüchlichkeit des „Bleibenden" […].[12]

11 Auf dem Videoportal *Vimeo* ist *man stirbt.* kostenlos verfügbar; siehe http://vimeo.com/41249930 (Zugriff am 07.09.2014).

12 Thomas Macho: Tod und Trauer im kulturwissenschaftlichen Vergleich. In: Jan Assmann (Hrsg.): *Der Tod als Thema der Kulturtheorie. Todesbilder und Totenriten im Alten*

Der unauflösliche Widerspruch der gleichzeitigen Präsenz als Körper und finalen Absenz als Person, den jeder Leichnam den Lebenden in gleichmütiger Manier darbietet, macht die Bannkraft dieser Konstellation in entscheidendem Maße aus. Macho geht sogar weiter und postuliert, dass der Weg zu einer jeglichen, noch so vagen Erkenntnis über das Wesen des Todes, sofern es so etwas überhaupt gebe, ausschließlich über die Toten führen könne:

> *Alles*, was sich vom Tod in Erfahrung bringen läßt, erfahren wir gleichsam in der Konfrontation mit den Leichen. Wir erfahren *keinen* Tod, wohl aber erfahren wir die *Toten*. In der Erfahrung der *Toten* wird uns der Tod *nicht* offenbart; wir erfahren nur den *Widerstand*, den uns die *Toten*, in ihrer puren Anwesenheit, entgegenhalten. […] Am Anfang war die Leiche; und danach kam alle Theorie.[13]

Die oben gewählten exemplarischen Dokumentarfilme behandeln den jeweiligen Todesfall zweifellos aus verschiedenen Perspektiven und widersprechen hierin bereits der allzu verkürzten These, jedes Sprechen über das Sterben sei tabuisiert. Und doch fehlt ihnen im Fortbleiben bzw. Ausklammern der Leichname jener essentielle Baustein, über den der Zugang zum Tod *per se* zumindest mittelbar möglich sein mag. Sprechakte alleine ersetzen dies nicht, zumal bekanntermaßen die Sprache selbst an ihre Grenzen kommt, sobald es um das Ende der Existenz geht: „Wir wissen nicht, worüber wir sprechen, wenn wir vom Tod sprechen. Das sprachliche Zeichen ‚Tod' verbirgt das Bezeichnete. Die Frage verbirgt das Erfragte und offenbart keinerlei Referenz, sondern nur unsere Ohnmacht, den Tod in der Sprache heimisch zu machen."[14] Passend hierzu kann man

Ägypten. Frankfurt am Main: Suhrkamp 2000, S. 89–120, hier S. 99, 103. An anderer Stelle heißt es: „Die Leiche bringt ein Rätsel zur Anschauung. Wir wissen nicht, was sie zeigt. Einen ‚ehemals lebendigen Menschen'? Aber was ist ein ‚ehemals lebendiger Mensch'? Ein Ding, dessen Aura vergangenem Leben entlehnt wird, oder ein Mensch, dessen Aura seiner seltsamen Verdinglichung entspringt?" (Thomas Macho: Woran der Tod nicht heranreicht. In: Rüdiger Kramer (Hrsg.): *Alles Sterbliche ist wie das Gras. Bildnisse Verstorbener*. Würzburg: Echter 1995, S. 7–16, hier S. 7.)

13 Thomas Macho: *Todesmetaphern. Zur Logik der Grenzerfahrung*. Frankfurt am Main: Suhrkamp 1990, S. 195–196.

14 Ebd., S. 408. Philippe Ariès, der bekanntermaßen den hauptsächlichen Teil seiner Forschung mit mediävistischer Leidenschaft der Historizität des Todes im abendländischen Kulturkreis widmete, äußert sich zur vermeintlichen ‚Sprachlosigkeit' eher sardonisch: „Literatur und Philosophie haben nie aufgehört, *de morte et mortuis* zu sprechen, so wenig, daß sie durchaus geschwätzig wurden. Heute nimmt der Diskurs über den Tod bekanntlich an der allgemeinen Verwirrung teil und wird zu einer

bei den Filmbespielen anfügen, dass sich das gesprochene Wort darin doch vorrangig um ein bis zum Eintreten des Todes stattgefundenes Leben jener Menschen dreht, ebenfalls um die Umstände des Sterbens und die Maßnahmen zur Regelung der Bestattung und des Nachlasses. Nie jedoch geht es eigentlich um *den* Tod.[15]

Schließlich ist die unauflösliche Problematik der Versprachlichung auch auf die filmische Umsetzung übertragbar. Der Film- und Medienwissenschaftlerin Vivian Sobchack zufolge „scheint von allen Transformationen des lebenden Körpers in unserer Kultur vom Tod die größte Bedrohung für die Repräsentation auszugehen. Tatsächlich bedeutet er eine solche Herausforderung für unser Verständnis von Repräsentation, daß er als nicht darstellbar erscheint."[16] Der Tod sei somit „das Zeichen, das allen Zeichen ein Ende setzt. In unserer Kultur gilt er als letzter, ultimativer Akt der Semiose. Er ist immer einzigartig, unkonventionell und schockierend;" das Sterben bedeute stets „zugleich den Prozeß der Zeichenproduktion wie das Ende der Darstellung"[17].

An diesem buchstäblich ‚toten Punkt' der Sprache und der filmischen Repräsentation möchte ich demgegenüber die Annäherung an einen weiteren Dokumentarfilm anbieten, dessen markantes Vorgehen sich mit der Folie der Totentanztradition betrachten lässt. Dergestalt soll *LUS oder Geschmack am Leben* (D 2010, R: Erwin Michelberger)[18]

Äußerung von diffuser Angst unter anderen." (Philippe Ariès: Der ins Gegenteil verkehrte Tod. Die Veränderung der Einstellungen zum Tode in den westlichen Gesellschaften. In: Ders.: *Studien zur Geschichte des Todes im Abendland.* München: Hanser 1976, S. 157–189, hier S. 157.)

15 In der neueren Kulturwissenschaft ist auch vom theoretischen Standpunkt aus ohnehin immer weniger die Rede von *dem* Tod im Sinne einer schier unveränderlichen anthropologischen Grundkonstante. „‚Der Tod' ist keine Größe mehr, nicht länger ein Eigenname. Dem alten Singular fehlt der Halt." (Petra Gehring: *Theorien des Todes zur Einführung.* Hamburg: Junius 2011, S. 189.) Dieses spannende Umdenken kann im Rahmen des Aufsatzes nicht weiter ausgeführt werden. Daher sei u. a. verwiesen auf Alois Hahn: *Einstellungen zum Tod und ihre soziale Bedingtheit. Eine soziologische Untersuchung.* Stuttgart: Enke 1968; zudem vgl. hierzu Bert Hayslip: Death Denial. Hiding and Camouflaging Death. In: Clifton D. Bryant (Hrsg.): *Handbook of Death and Dying*, Bd. 1: The Presence of Death. Thousand Oaks: Sage 2003, S. 34–42.

16 Vivian Sobchack: Die Einschreibung ethischen Raums – Zehn Thesen über Tod, Repräsentation und Dokumentarfilm. In: Hohenberger (Hrsg.): *Bilder des Wirklichen*, S. 165–194, hier S. 170.

17 Ebd., S. 171.

18 Die Vernetzungen der Dokumentarfilmszene lassen sich erahnen, wenn man

als Bereicherung des Genres verstanden werden, da es der Autor zustande bringt, eine komplexe und facettenreiche Verbindung aus Interviews und rituellen Verrichtungen am toten Körper zu kreieren, ein Vexierspiel aus Distanz und Nähe, kurzum: einen wertvollen *surplus*. Unter Umständen ist es ihm sogar gelungen, die wortlose Leere, die im Angesicht des Todes aufkommt, ein Stück weit zu überbrücken.[19] Denn: „Auch wenn der Tod letztendlich jede indexikalische Darstellung und alle dokumentarischen Codes übersteigen und außer Kraft setzen kann, bringt er doch Formen [...] hervor, die visuell und moralisch besonders aufgeladen sind."[20]

Den Tod an die Hand nehmen

Die Grundstruktur von *LUS* soll im Folgenden vorgestellt werden: In Bad Saulgau, Düsseldorf, Guben, Jerusalem, Haifa, Tel Aviv, Hebron und Qalqilya – augenscheinlich Orte, die religiös, politisch und kulturell unterschiedlich geprägt sind – trifft man auf Menschen, die von ihren Erfahrungen und Ansichten hinsichtlich des Sterbens berichten, von Hoffnungen und Sorgen. Die angenehm heterogene Gruppe der Gesprächspartner/innen ist ausgewogen zusammengesetzt aus Jugendlichen, Personen mittleren Alters und Senioren. Frauen und Männer erzählen von ihrem Zugang zum Thema Tod, der nicht selten durch Formen des mehr oder minder direkten Kontaktes mit Toten geprägt ist: eine Leichenwäscherin, eine ganze Reihe von Totengräbern, der Architekt eines jüdischen Friedhofes, Messdiener. Interessant für den Konnex zum Totentanz ist die formalästhetische Präsentation, da sie dem vielleicht aufkommenden Verdacht, man habe es bloß mit einer linearen Abfolge von *talking heads* zu tun, entgegensteht. Die Sprecher/innen wurden alle außen und unter Einsatz

einen Blick in die Credits von *LUS* wirft: Justyna Feicht war als Kamerafrau tätig und übte die gleiche Aufgabe ebenfalls bei *Zuletzt befreit mich doch der Tod* aus, während Philipp Enders (einer der beiden Regisseure von *man stirbt.*) bei Michelbergers Projekt den Ton und den Schnitt übernahm.

19 Um an dieser Stelle dem möglichen Vorwurf einer übermäßig pathetischen Einschätzung des Potentials von *LUS* direkt zu begegnen, sei die Kenntnis des folgenden Textes unterstrichen, der sich kritisch mit der Tendenz zur epistemologischen Überfrachtung von Dokumentarfilmen auseinandersetzt und hierzu deutlich Position bezieht. Vgl. Noël Caroll: Der nicht-fiktionale Film und der postmoderner Skeptizismus. In: Hohenberger (Hrsg.): *Bilder des Wirklichen*, S. 34–62.

20 Sobchack: Die Einschreibung ethischen Raums, S. 192.

Abb. 1: „Es gibt keinen Beweis, das ist bloß Phantasie. Wie soll ich sagen… Es gibt keinen Beweis, dass jemand anderes uns beobachtet. Das gibt es nicht." (Angela Raei)

einer leichten Untersicht gefilmt, wodurch der Hintergrund in der Regel einzig aus dem Himmel besteht. Gerade bei den Kindern und jungen Erwachsenen weckt diese Cadrage Assoziationen zu Jeff Walls Bilderserie *Children* (1988), die eine ähnlich himmlische Rahmung aufweist.[21] Wichtiger ist jedoch, dass die Sprechenden nicht separat für sich erscheinen, als hätten sie keinen Bezug zueinander; gekonnt eingesetzte Schwenks und Schnitte erzeugen vielmehr die subtile Suggestion, als würden alle Gesprächspartner/innen wirklich aufeinander reagieren und miteinander kommunizieren. Es hilft sicherlich, dass einige der Personen reell zusammensaßen; aber vorwiegend lässt die Art des gewählten Bildausschnitts, die Kameraführung und Montage den Eindruck einer Zusammengehörigkeit auch über tausende Kilometer und Ländergrenzen hinweg funktionieren.

Die Bindung an die Totentanztradition wird an dieser Stelle möglich: Die Interviews in *LUS* erinnern an einen munteren Ringelreigen, bei dem sich alle Beteiligten an die Hände nehmen. Die folglich entstehende Kreisfigur ermöglicht es nicht, einen Anfang und ein Ende zu bestimmen – und somit auch keine einfache Hierarchie. Der

21 Vgl. Jeff Wall: *Catalogue Raisonné 1978–2004*, hrsg. v. Theodora Vischer. Göttingen: Steidl 2005, S. 86–87.

Abb. 2: „Woher sollen wir wissen, was im Jenseits ist? Das Jenseits ist eben mystisch. Niemand weiß etwas." (Avram Drikman)

Austausch der Gruppe bildet eine komplexe Responsivität heraus, in der jede und jeder Sprechende/Tanzende mit ihrer bzw. seiner Teilhabe immer Einfluss auf sämtliche Mitagierende hat. Das Tempo kann mitunter variieren, aber um die Bewegung nicht gänzlich zu unterbrechen, ist stets eine allgemeine Aktivität vonnöten. Nun war ein solcher Ringelreigen nicht zufällig eine beliebte Variante des mittelalterlichen Totentanzes: Der Tod tritt personifiziert auf, zumeist in der abgeschwächten makabren Gestalt der *morte secca* (dt. ‚trockener Tod'), also als säuberlich freigelegter Knochenmann.[22] Er nimmt die eher widerwilligen Lebenden bei der Hand, gibt Takt und Richtung vor. Eine analoge Ausgestaltung als eifrig musizierender Spielmann war seinerzeit ebenso vertreten.[23] Die abgebildeten Menschen

22 „Man nennt ‚makaber' […] gewöhnlich die realistischen Darstellungen des menschlichen Körpers im Zuge der Verwesung." (Philippe Ariès: *Geschichte des Todes*. München: dtv 2005, S. 141.) Die historische Linie des Makabren begann eigentlich mit fleischlichen, abstoßenden oder gar ekelhaft-widerwärtigen Darstellungen des toten Körpers, welche den Verfall als Prozess und nicht das Knochengerüst als Produkt ins Bild setzten. Aus den Körpern drängende Gedärme, Würmer und Maden fungierten dabei oftmals als ‚schmückende' Details. Vgl. ebd., S. 141–144.

23 Vgl. Reinhold Hammerstein: *Tanz und Musik des Todes. Die mittelalterlichen Totentänze und ihr Nachleben*. Bern / München: Francke 1980, S. 99–111 (Kap. VII: „Der Spielmann in der Ständereihe"); Irmgard Wilhelm-Schaffer: „Ihr mußet alle in diß dantzhus." Zu Aussage, Kontext und Interpretation des mittelalterlichen Totentanzes.

vertraten ein Panorama der zeitgenössischen Lebenswelt, wobei gerade auch die Schönen, Reichen und Mächtigen der Ständegesellschaft vertreten waren, um dadurch ihrer nicht weniger evidenten Vergänglichkeit zu gemahnen.[24] Wichtig ist hinzuzufügen, dass der Tod zwar als eigenständig agierend auftrat, hierin aber keineswegs ein distanziertes ‚Anderes' verkörperte, sondern das individuelle Ende der Mittanzenden offen präfigurierte – als unbequemer, weil realistischer Doppelgänger: „Einmal *in mir*, der Tod, einmal *gegen mich*; das macht zwei Tode."[25]

Die Reaktionen der lebenden Tanzpartner/innen zeugten zugegebenermaßen von wenig Begeisterung ob des verheißungsvollen Treibens – und Philippe Ariès zufolge traten besagte Knochenmänner auch erst auf der Vorstufe zur modernen Todesverdrängung auf[26] –, doch spricht aus dem Beisammensein der Toten und Lebenden in einer *gemeinsamen Sphäre* zumindest eine gewisse Bereitschaft zur Auseinandersetzung mit dem Unausweichlichen. Hier soll wieder *LUS* ins Spiel kommen, denn die sprechenden Charaktere bekunden spätestens mit ihrer Teilnahme am Projekt inhärent den Willen zum Umgang mit Fragen nach Tod und Sterben. Ihre beruflichen

In: Winfried Frey (Hrsg.): *„Ihr müßt alle nach meiner Pfeife tanzen." Totentänze vom 15. bis zum 20. Jahrhundert aus den Beständen der Herzog-August-Bibliothek Wolfenbüttel und der Bibliothek Otto Schäfer Schweinfurt.* Ausstellungskatalog. Wiesbaden: Harrassowitz 2000, S. 9–26.

24 In Susanne Wardas äußerst umfangreicher und detaillierter Analyse verschiedener Totentänze finden sich auch tabellarische Übersichten, welche das breite Spektrum der abgebildeten Standesvertreter und Personen im Allgemeinen veranschaulichen. Vgl. Susanne Warda: *Memento mori. Bild und Text in Totentänzen des Spätmittelalters und der Frühen Neuzeit.* Köln / Weimar / Wien: Böhlau 2011, S. 329–335.

25 Rainer Stöckli: *Zeitlos tanzt der Tod. Das Fortleben, Fortschreiben, Fortzeichnen der Totentanztradition im 20. Jahrhundert.* Konstanz: UVK 1996, S. 69.

26 „Zweck des makabren Bildes ist es nicht mehr, das unterirdische Werk der Verwesung bloßzulegen. Deshalb ist an die Stelle des von Würmern zerfressenen, von Schlangen und Kröten heimgesuchten *transi* das saubere und glänzende Skelett getreten, *la morte secca*, mit dem noch heute […] die Kinder spielen dürfen. Es flößt keine so große Angst ein, es ist nicht so gräßlich-bösartig." (Ariès: *Geschichte des Todes*, S. 419.) Außerdem bilde das Aufkommen der melancholischen Vanitas-Motivik, die mit beträchtlichem Pathos die Nichtigkeit des Seins zelebrierte, den Kontext für die zunehmende ikonographische Verharmlosung des Todes. Vgl. hierzu ebd., S. 412–450. Für eine visuelle Abhandlung zu diesem Wandel, welche den Totentanz dezidiert nur als Teil der umfassenderen historischen Entwicklung von Todesdarstellungen verhandelt, vgl. ders.: *Bilder zur Geschichte des Todes.* München: Hanser 1984.

und ehrenamtlichen Tätigkeiten – teils explizit, teils zwischen den Zeilen geäußert – bestätigen zusätzlich diese grundlegende Offenheit hinsichtlich des Themas. Anders als bei den drei Filmbeispielen zu Anfang – jedoch ähnlich zum mittelalterlichen Totentanz – ist der Fokus effektiv auf den *eigenen* Tod ausgerichtet.

In der Gleichung, die *LUS* mit den mediävistischen Bildformen verbinden soll, fehlen offenkundig bislang die Toten. Doch der Regisseur hat sich bewusst dazu entschieden, sie nicht in die Unsichtbarkeit zu verbannen, ihnen im Gegenteil genügend Platz einzuräumen. Mehr noch, die gebotenen Einblicke in selten gefilmte Bestattungsrituale (vor allem die Leichenwaschungen) verdeutlichen die immense Involviertheit, die sicherlich nötig ist, um entsprechende Erlaubnisse von Verantwortlichen und Hinterbliebenen zu erhalten. Bei den Verrichtungen, welche die Toten ins Grab begleiten, mit der Kamera zugegen zu sein, bleibt auch in der Gegenwart auf keinen Fall ein trivialer Umstand. *LUS* offenbart in denjenigen Segmenten, die Leichname und Beisetzungen offen zeigen, allerdings unterschwellig, dass in dem Film eine Tendenz vorherrscht, die den rituellen Abläufen in Israel und im Westjordanland andere Konnotationen beigibt.

Es beginnt bereits mit der Farbpalette, die Mitteleuropa in kühlen Blau- und Grüntönen zeigt, während im Nahen Osten die warmen Farben deutlich dominieren. Dies könnte man noch darauf zurückführen, dass z. B. Guben und Qalqilya sich schlichtweg anders darbieten; der unterschiedliche Farbeindruck wäre so argumentiert folglich gar im engeren Sinne dokumentarisch. Auch bringt *LUS* durch die Personen aus den vertretenen Ländern ‚harte Fakten' und objektiv-rationale Details rund um das Sterben in der Gegenwart zur Sprache, die man als unerfahrene/r Betrachter/in zunächst schlichtweg zu akzeptieren hat. Deutsche Totengräber fachsimpeln über die Verwesungsmüdigkeit der heimischen Graberde und den Dreck, zu dem jeder Mensch eines Tages verwest. Man bekommt vor Augen geführt, wie grob sich doch – entgegen naiver Unwissenheit – die menschlichen Überreste nach einer Kremation darbieten, was generell eine Knochenmühle notwendig macht, durch die alle Toten hindurch müssen. Ein charismatischer Architekt aus Israel erklärt, wie findig man beim Errichten eines riesigen Betonbaus, der als urbane Grabwand fungiert, kaufmännische Interessen bedienen konnte und dabei zugleich die aufwendigen jüdischen Bräuche zu respektieren

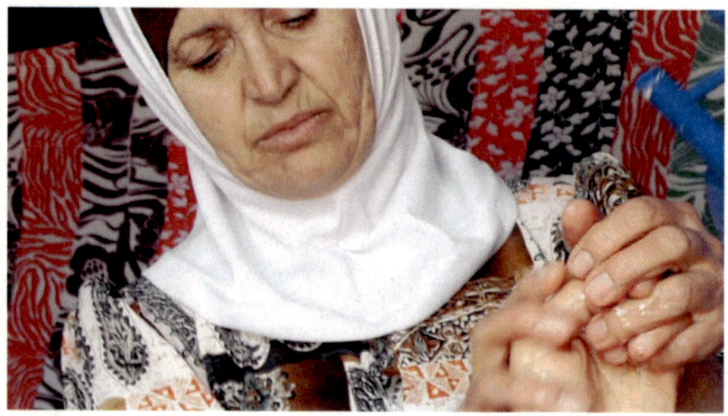

Abb. 3: Safa Hamad bei der Leichenwaschung eines Jungen.

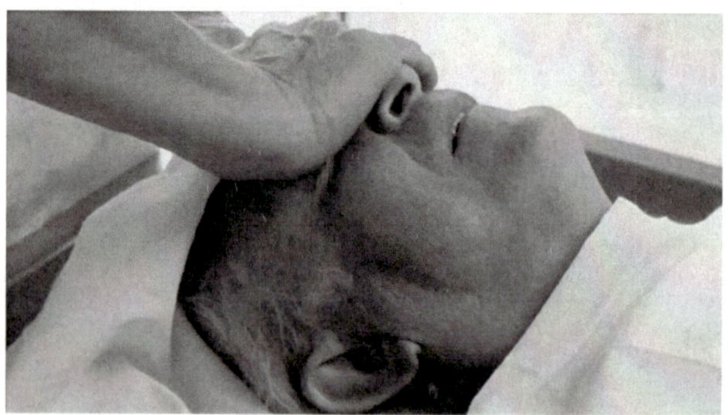

Abb. 4: Vorbereitung einer Beerdigung in Haifa.

vermochte, um halachische Bestattungen zu gewährleisten. All dies ist informativ und zweifelsohne interessant. Doch gerade in den gepflegten Praktiken und Riten rund um den Leichnam zeigen sich die bezeichnenden Differenzen: Den kühlen und funktionalen Interieurs aus Edelstahl in unseren Breitengraden stehen traditionsreichere Materialien (insb. Holz) entgegen; bei den Beerdigungen im Judentum ist es nicht ungewöhnlich, dass die Helfer selbst ins Grab steigen und den in Stoff gehüllten Leichnam ‚in Empfang nehmen', um danach – noch während der Zeremonie – mit vereinten Kräften und echtem Handwerk die Grube endgültig zu verschließen;[27]

27 Christliche Beerdigungen sind in ihrem betont andächtigen, dabei aber beinahe stummen und sterilen Vorgehen hinlänglich bekannt. Der Kontrast unterschiedlicher Körperlichkeit im Rahmen von Bestattungsriten wird in der Pilotfolge der TV-Serie *Six Feet Under* (USA, R: Alan Ball), die erstmals am 3. Juni 2001 ausgestrahlt wurde,

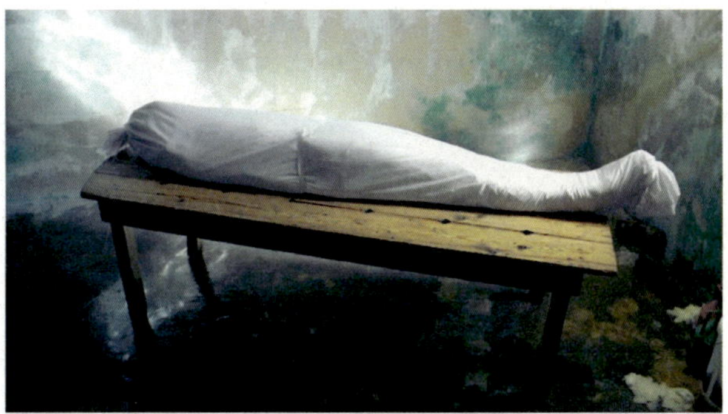

Abb. 5: Für die Bestattung fertig gepflegter und verhüllter Leichnam (durch Sheik Ahmad Maharmeh).

Abb. 6: Übergabe des Leichnams bei der Beisetzung in Hebron.

bei der Totenreinigung im Islam werden die Leichen durchaus mit bloßen Händen und nicht mit Plastikhandschuhen gewaschen, was eine unverstellte nahsinnliche Wahrnehmung erlaubt.
Spannend ist bei Letzterem auch ein Gedanke, den Barbara Becker in Anschluss an den phänomenologischen Chiasmus von Maurice

satirisch aufgegriffen und gekonnt überspitzt: Bei der Beerdigung des verstorbenen Bestattungsunternehmers Nathaniel Fisher repräsentiert einer seiner Söhne die konsequente Affektkontrolle, was bildlich durch den überdimensionalen ‚Salzstreuer' repräsentiert wird, mit dem David regungslos ‚Asche zu Asche und Staub zu Staub' gibt. Nate, der andere Sohn, empfindet bei dieser ‚antiseptischen' Szenerie Abscheu, bricht mit dem Protokoll und greift mit seinen bloßen Händen in die ausgehobene Erde, um einen ganzen Klumpen auf den Sarg zu schleudern. Die Mutter der beiden jungen Männer folgt seinem Beispiel, was plötzlich zu einer enorm expressiven Trauerbekundung führt.

Merleau-Ponty entwickelt, demzufolge „sich jede Berührung als unaufhörliche Überkreuzung von Fremdem und Eigenem erweist, die nur bedingt in eine rationale und sprachliche Ordnung eingebunden werden kann und die Spalten und Risse im Ordnungsgefüge aufzeigt."[28] Was freilich für den Kontakt zweier lebender Menschen formuliert ist, eröffnet in der Konstellation eines Totenrituals die mögliche Gewahrwerdung des ansonsten so abstrakten und buchstäblich *unfassbaren* Todes. Diese Argumentation ist nicht arbiträr, sondern folgt den ursprünglichen Beweggründen hinter der Konzeption des Filmes *LUS*. Denn es war tatsächlich eine Berührung, die Michelberger zu diesem Projekt veranlasste, wie er in einem Interview öffentlich schildert: Er schaffte es nicht rechtzeitig zu seiner im Sterben liegenden Mutter. Sie war daher bereits tot, als er ihr Zimmer betrat. In dem einen Augenblick alsdann, in welchem er ihre erkaltete Hand in seine nahm, habe es ihn schlichtweg *umgerissen*.[29] Der eigenwillige und unauflösliche Widerspruch der Wahrnehmung von Toten – wie oben bereits mithilfe von Macho erwähnt –, zeigt sich hierbei in Verbindung mit der bestätigenden Kraft nahsinnlicher Kontaktaufnahme. Tote zu berühren, heißt demnach, den Tod zumindest ein wenig besser *be*greifen zu können. Das sogenannte *pathische Moment* ist ebenfalls von immenser Relevanz:

> Es ist gekennzeichnet durch die Tatsache, dass man vom jeweils Berührten immer gleichzeitig auch berührt wird. Dadurch, dass man in der Berührung immer auch selbst zum Berührten wird, ist man Subjekt und Objekt in einem. Dies impliziert zweierlei: Zum einen offenbart sich hier ein innerer Spalt, eine Ruptur, die das Geschehen durchzieht, weil sich beide Ebenen, nämlich Subjekt und Objekt, nicht vollständig zur Deckung bringen lassen, sondern in einer ständigen Überkreuzung aufeinander bezogen sind. Zudem zeigt sich in dieser Doppelung die Dezentrierung des Agierenden, weil sich die Intention

28 Barbara Becker: Atmosphäre. Über den Hintergrund unserer Wahrnehmung und seine mediale Substitution. In: Christian Filk / Michael Lommel / Mike Sandbothe (Hrsg.): *Media Synaesthetics. Konturen einer physiologischen Medienästhetik*. Köln: Halem 2004, S. 43–58, hier S. 49. Weitere thematisch relevante Beiträge der Autorin (gest. 2009) wurden posthum in einer umfassenden Kompilation zusammengetragen und editorisch bearbeitet; vgl. Barbara Becker: *Taktile Wahrnehmung. Phänomenologie der Nahsinne*, hrsg. v. Sebastian Ostermann / Kristin Wenzel. Paderborn: Fink 2011.

29 Vgl. Erwin Michelberger im Interview mit Dorothee Krings. In: *Rheinische Post*, 18.04.2011, S. 7 (Kulturteil für Düsseldorf).

> des Berührenden bricht an den Ansprüchen und impliziten Anforderungen des jeweiligen Gegenüber.[30]

Die nur schwerlich zu fassende Gleichzeitigkeit von unmittelbarer Verbindung und dauerhafter Trennung beschäftigte auch Jean Cocteau in der gleichen Konstellation, also der Anwesenheit am Totenbett seiner Mutter:

> Ich konnte mir noch so sehr einreden, daß sie das, was uns beschäftigt, nichts mehr angehe und daß ungeheuerliche Klüfte sie von mir trennten, ich verspürte gleichwohl, daß wir uns so nahe waren wie die zwei Prägeseiten einer Münze, die sich nicht kennen und doch nur durch die Dicke des Metalls voneinander geschieden sind.[31]

Persönliche Trauerarbeit und eingehende Reflexionen über den Tod liegen bisweilen nahe beieinander. Diesbezüglich wird recht deutlich, wie sehr bei Michelberger aus der Auswahl von Einstellungen, die u. a. Handgriffe zeigen, der Wunsch nach einer Auseinandersetzung mit und einem Verständnis von dem Tod spricht. Auch die Situationen auf den Friedhöfen, welche Menschen zeigen, die sich ohne Scheu für eine Weile räumlich in die Sphäre der Toten hinabbegeben und mit bloßen Händen an der Beisetzung mitarbeiten, zeugen von der Intention, den Tod als Teil des Lebens zu zeigen, auf dass dergestalt für die Lebenden – so sagt es schließlich der Untertitel explizit – der *Geschmack am Leben* stets erneuert werde.[32] Im gleichen Atemzug

30 Barbara Becker: Kon-Takt. Zum Problem der Absenz von Blick und Berührung in virtuellen Interaktionen (unveröffentlichtes Manuskript). Die engl. Übersetzung wurde publiziert, vgl. dies.: Con-tact – On the Problem of the Absence of Eye Contact and Physical Contact in Virtual Interaction. In: Ipke Wachsmuth (Hrsg.): *Modeling Communication with Robots and Virtual Humans. Revised Selected Papers.* Berlin / Heidelberg / New York: Springer 2008, S. 169–180. Auch wenn diese Überlegungen in einem Band zur Robotik erschienen sind und daher zunächst unter Umständen deplatziert erscheinen mögen, haben sie weitaus allgemeineren Charakter und sind auf die Problematik der Begegnung mit Toten durchaus anwendbar.

31 Jean Cocteau: Vom Tod. In: Rudolf Schäfer: *Der ewige Schlaf / Visages de morts.* Hamburg: Kellner 1995, o. Pag.

32 Der englische Untertitel für die internationale Veröffentlichung lautet *Zest for Life.* Das Wort *zest* kann neben zahlreichen allgemein gehaltenen Bedeutungen wie ‚Lust', ‚Elan' oder ‚Reiz' auch speziell im gastronomischen Sinne als ‚Würze' übersetzt werden. Im Film findet sich die Äußerung wörtlich wie folgt: „Das Treffen mit dem Tod gibt dir Freude am Leben, den Geschmack am Leben, das noch dir gehört." (*LUS*, 01:11:04–01:11:12.) Im Übrigen widmet sich auch der Beitrag von Jessica Nitsche im vorliegenden Band der Verknüpfung von Todesangst und Lebensangst, dort am Beispiel von Wim Wenders' Film *Palermo Shooting.*

kollidiert diese auf den Nahen Osten gerichtete Perspektive mit der vorgefundenen Realität des Todesverständnisses in Deutschland, was direkt ein gesellschaftskritisches Potential des Films markiert. Es gilt, die innere Distanz zum Sterben abzubauen. Um den Totentanz nicht aus den Augen zu verlieren, lässt sich an diesem Punkt feststellen, dass der mittelalterliche Tod in seiner personifizierten Form nicht umsonst die Menschen an die Hand nimmt und sie unabhängig ihres Standes im Reigen vereint. Er besucht sie (ungebeten und unvermittelt) in ihrer Welt, teilt diese sodann zwischenzeitlich mit ihnen; andererseits kündet er von der unausweichlichen Zukunft, die sich an einem anderen Ort vollziehen wird. Sein fester Griff verleiht dem Geschehen die existentielle Schwere. Den Tod zu sehen vermag zwar zu irritieren, ihn physisch zu spüren bewegt jedoch auf einer tieferen Ebene – ohne die Möglichkeit zur Verleugnung.[33]

Eine metareligiöse Narration?

Wenn bislang beschrieben wurde, wie die unterschiedlichen kulturellen Praxen in *LUS* auch verschiedentlich dargestellt sind, was vor allem zu einer kritischen Perspektive auf den heimischen Status des Todes in der Gegenwart führt, soll das nicht darüber hinwegtäuschen, dass der Film eine andere Tonart weitaus deutlicher anschlägt: die der miteinander verträglichen Religionen.[34] Auf mehreren Ebenen wird während der Spieldauer von knapp 100 Minuten letztlich immer wieder aufs Neue verhandelt, wie sehr sich die monotheistischen Glaubenssysteme in zentralen Fragen bezüglich des Sterbens (und einer möglichen Existenz darüber hinaus) ähneln und zunehmend annähern. Die Auswahl der Sprecher/innen und die Montage der getätigten Äußerungen perpetuiert die Grundannahme der verträglichen, bisweilen gar deckungsgleichen Ansichten – unabhängig von

33 In der Sterbe- und Trauerbegleitung wird grundsätzlich immer dazu geraten, den Leichnam des verstorbenen Angehörigen zum Abschied an die Hand zu nehmen. Dies erleichtert meist die Bewusstmachung des Verlustes und demzufolge den Abschied. Gerade Kindern soll diese Erfahrung nicht aus falsch verstandenem Verantwortungsbewusstsein vorenthalten, sondern im Gegenteil offen angeboten werden, um pathologischen Ängsten hinsichtlich des Sterbens früh entgegenzuwirken.

34 Es soll im Folgenden nicht um kleinteilige Vergleiche religiöser Todesvorstellungen gehen. Eine zweckmäßige Einführung hierzu bietet z. B. Georg Schwikart: *Tod und Trauer in den Weltreligionen*. Kevelaer: Topos 2010.

der jeweiligen Herkunft und religiösen Prägung. So erzählt ein Muslim beispielsweise, wie der Prophet Mohammed beim Vorbeischreiten eines jüdischen Trauerzugs aufgestanden sein soll, um weithin sichtbar seinen Respekt vor dem toten Juden zu bezeugen. An anderer Stelle wird von einer älteren Frau geschildert, wie ein muslimischer Vater zu seinem Mufti ging, um ihn zu fragen, ob er das Herz seines toten Sohnes an ein jüdisches Kind spenden könne, was ihm auch gestattet wurde, vormals allerdings undenkbar gewesen wäre. Hierauf schließt sich der Totengräber, der bereits von Mohammeds respektvoller Geste berichtet hatte, an und erklärt, dass Gott den Menschen *würdevoll* und *in bester Form* geschaffen habe, nicht aber als Muslim oder Jude. Es sei bloß das menschliche Handeln, das mit vermeintlichem Rückbezug auf göttliche Lehren die Trennung erzeugt.[35] Noch viele weitere Instanzen eines vergleichbaren Sprechens ließen sich aufzählen. Dies und die bereits erwähnte dialogische Form der sequenziellen Anordnung zeichnet beständig ein Bild von nahezu harmonischem Einklang bei Fragen bezüglich des menschlichen Endes. Die Auferstehung steht dabei besonders im Fokus. Nicht von ungefähr bezieht sich der Titel des Films direkt auf den sogenannten *Lus-Knochen*, der auch nach dem jahrelangen Mahl der Würmer von jedem Toten übrig bleibe, wie ein Junge mit Kippa rezitiert. Von diesem kleinen Knochen gehe sodann die Auferstehung aus.[36]

35 An dieser Stelle sei das Projekt *Gaza/Sderot – Das Leben trotz allem* (IL/PS 2009 R: Nadav Lapid / Era Lapid) genannt, welches mithilfe von vielen kurzen Porträts die schwierigen Lebensbedingungen sowohl auf israelischer als auch auf palästinensischer Seite zu dokumentieren versucht. Es zeichnet sich wie *LUS* durch einen in der Montage entstehenden Dialog und den beharrlichen Verständigungsversuch aus, welcher die vergleichbaren Erfahrungswelten der gezeigten Personen unterstreicht.

36 Hierzu vgl. Karl-Erich Grözinger: *Jüdisches Denken. Theologie – Philosophie – Mystik*, Bd. 2: Von der mittelalterlichen Kabbala zum Hasidismus. Frankfurt am Main: Campus 2005, S. 441–444. Auch in der christlichen Tradition war die körperliche Auferstehung der Toten am jüngsten Tag über Jahrhunderte hinweg tief verankert, bis jedoch das Modell der Seele dem zeitgenössischen Denken zunehmend entgegenkam: „Der Leib verschwand sodann, unter dem Vorbehalt einer Auferstehung [...]. Statt dessen griff die Vorstellung einer unsterblichen Seele als Sitz des Individuums [...] immer mehr um sich und besetzte schließlich fast alle Mentalitäten, mit Ausnahme einiger unterirdischer Nischen." (Ariès: *Geschichte des Todes*, S. 778–779.) Im Verlauf des Zweiten Vatikanischen Konzils (1962–65) verabschiedete man sich aufseiten des Klerus hochoffiziell von der einstmalig verfochtenen Auferstehung des Fleisches.

Abgesehen von den Interviews, welche zwischen den Charakteren dialogisch funktionieren, operiert der Regisseur mit Texttafeln, die an mehreren Stellen im Film erscheinen. Auf schwarzem Grund sind Zitate aus den wichtigsten Schriften der drei großen monotheistischen Weltreligionen zu lesen. Sie handeln allesamt von der Auferstehung bzw. dem ewigen Leben. Später, nachdem diese Textauszüge zunächst einzeln zu sehen waren, erscheinen sie in Verbindung zueinander auf derselben Tafel, sodass z. B. eine Stelle aus den jüdischen Pirque Avot mit einer Sure aus dem Koran und Versen aus dem Johannes-Evangelium eine inhaltliche Korrelation bilden. Nicht nur spiegelt sich in der Verwendung dieser Zitate der Versuch wider, die Unterschiede der Glaubensrichtungen zu nivellieren, wie es ebenfalls durch die gezeigten Personen geschieht; die Nutzung von Text in Verbindung mit Bildern erlaubt einen direkten Rückbezug zum mittelalterlichen Totentanz, den Susanne Warda aufgrund der engen Bindung von Bild und Text zur Übermittlung der moralischen Intentionen sogar als *bimedial* charakterisiert.[37]

Was in *LUS* entsteht, ist eine narrative Struktur, die über einen strikten (und demzufolge mitunter naiven) Dokumentarismus hinausgeht. Michelberger nimmt sich als Autor des Films die Freiheit, eine kohärente Erzählung zu entwerfen, welche ansonsten voneinander getrennte Menschen näher zusammenbringen möge. Dieses Vorgehen widerspricht der heutigen Auffassung von einem akzeptierten dokumentarischen Vorgehen keineswegs, sondern stellt sich vielmehr als mustergültiges Exempel für eine freiere Form der Realisation dar. Bereits Siegfried Kracauer schrieb:

> Trotz seines Strebens nach wahrheitsgemäßen Aussagen mag sich der Dokumentarfilm-Regisseur den Dingen und Orten vor seiner Kamera mit nicht zu unterdrückender innerer Beteiligung nähern. Es gibt Dokumentarfilme, die einen Übergang zwischen neutralen Berichten und mehr persönlichen Lesarten darstellen.[38]

Bei Jacques Rancière findet sich diesbezüglich eine noch weitergehende Feststellung:

> Und der endlich von seiner Berufung zum „Realen" wie von den klassischen Normen der Konvention und Wahrhaftigkeit entlastete „Dokumentar"-Film

37 Zur Bimedialität von Totentänzen vgl. Warda: *Memento mori*, S. 37–68.

38 Siegfried Kracauer: *Theorie des Films*. Frankfurt am Main: Suhrkamp 1985, S. 271.

> kann besser noch als das sogenannte Fiktionskino mit den Übereinstimmungen und Brüchen zwischen den Erzählstimmen und Bildserien unterschiedlichen Alters, unterschiedlicher Provenienz und Bedeutung spielen. Er kann die Stärke des Eindrucks, die Stärke der Sprache, die aus dem Zusammentreffen der schweigenden Maschine und den stummen Dingen entsteht, verbinden mit den Stärken der Montage – im weitesten, nicht-technischen Sinn des Wortes –, die eine Geschichte konstruiert, in dem sie für sich das Recht in Anspruch nimmt, die Bedeutungen frei zu kombinieren, die Bilder noch einmal zu sichten, sie anders und wieder neu zu arrangieren, ihre Ausdruckskraft entweder auszuweiten oder einzuschränken.[39]

Das Verständnis einer persönlichen und zumindest teilweise konstruierten Annäherung an Fragestellungen unter Zuhilfenahme des Dokumentarfilms erscheint sodann als durchaus wünschenswert. Die nötige Verabschiedung allzu starrer Dogmen eröffnet wertvolle Möglichkeiten für einen eher assoziativen Umgang gerade mit solchen Themen, die sich dem geradlinigen Verständnis zu entziehen vermögen. Der Tod stellt für diesen Umstand folglich – wie bereits mit seinem Widerstreben auf dem Terrain der Sprache angedeutet – nahezu das Paradebeispiel dar. Man kann dies – erneut nach Rancière – überspitzen mit dem Begriff des *Poetischen*: „Die Poesie braucht über die ‚Wahrheit' dessen, was sie sagt, keine Rechenschaft abzulegen, weil sie prinzipiell nicht aus Bildern und Aussagen besteht, sondern aus Fiktionen, das heißt, aus dem Anordnen von Handlungen."[40] Auch Bill Nichols spricht (in etwas anderer Ausgestaltung) von einem *poetic mode* im Dokumentarfilm:

39 Jacques Rancière: Fiktion der Erinnerung. In: Natalie Binczek / Martin Rass (Hrsg.): *„sie wollen eben sein, was sie sind, nämlich Bilder..." Anschlüsse an Chris Marker.* Würzburg: Königshausen & Neumann 1999, S. 27–38, hier S. 31. Für die Erörterung von *LUS* sicherlich spannend ist Rancières Begrifflichkeit der *dokumentarischen Fiktion.* Eine umfassende Erörterung dieser komplexen Terminologie, die untrennbar mit dem Verständnis der unterschiedlichen *Regime der Künste* verbunden ist, bleibt jedoch im Rahmen dieses Aufsatzes schlichtweg nicht zu leisten. Für einführende Betrachtungen zum Thema, welche schon dediziert auf den Dokumentarfilm bezogen werden, vgl. Vrääth Öhner: „Das Reale muss zur Dichtung werden, damit es gedacht sind kann." Jacques Rancières Begriff der (dokumentarischen) Fiktion. In: Drehli Robnik / Thomas Hübel / Siegfried Mattl (Hrsg.): *Das Streit-Bild. Film, Geschichte und Politik bei Jaques Rancière.* Wien / Berlin: Turia + Kant 2010, S. 131–144.

40 Jacques Rancière: Die Aufteilung des Sinnlichen. Ästhetik und Politik. In: Ders.: *Die Aufteilung des Sinnlichen. Die Politik der Kunst und ihre Paradoxien*, hrsg. u. aus d. Franz. v. Maria Muhle. Berlin: b_books 2006, S. 21–73, hier S. 57–58.

> This mode explores associations and patterns that involve temporal rhythms and spatial juxtapositions. Social actors seldom take on the full-blooded form of characters with psychological complexity and a specific view of the world. People more typically function on a par with other objects as raw material that filmmakers select and arrange into associations and patterns of their choosing.[41]

Beide Positionen passen ausgesprochen gut zu einer Ebene von *LUS*, die bis zu diesem Punkt noch keine Erwähnung fand. Sie zeichnet sich durch einige Sequenzen aus, die auf den ersten Blick nicht recht in die Logik der vorwiegend vor der Kamera Sprechenden passen wollen. Sie sind u. a. durch die Schwarzweiß-Gestaltung auch visuell leicht vom Rest des Films abzusetzen. Der Kommentar Michelbergers aus dem Off reflektiert narrativ über die Vergänglichkeit und den Tod, während man Bilder von balgenden Jungen sieht. Inmitten dieses Spiels vollzieht sich der einzige buchstäbliche Totentanz, den *LUS* zeigt: Zwei Messdiener kokettieren auf einem Friedhof, die Diegese brechend, mit Blicken in die Kamera. Einer der beiden hält dabei einen schmutzigen, scheinbar gerade der Erde entnommenen Schädel in Händen. Er bewegt diesen provokativ hin und her, während der andere Junge dem Treiben mit seiner geschwind herausgestreckten Zunge den Ernst nimmt. Dieser performative Akt, der in einem langen und dichten Film bloß Momente einnimmt, wirkt trotz seiner Kürze programmatisch für den Eindruck, man müsse den Tod in der Gegenwart wieder *an die Hand nehmen*. Anders als bei den Totentänzen des Mittelalters lassen hier jedoch die Jungen – und auf der anderen Ebene die Sprechenden – den Tod selbstbewusst an sich heran. In der Analogie zum Tanzen übernehmen also die Lebenden die *Führung*, indem sie sich von der Unausweichlichkeit des Sterbens nicht die Möglichkeit zum Umgang damit entreißen lassen. Der Tod als Gewissheit und nicht als allegorische Figur steht in der Mitte der Reflektion; doch, mag er auch die Gedanken anstoßen, bleiben dennoch die Lebenden als Akteure nicht passiv zurück – sozusagen der Bewegung des Ringelreigens unwillkürlich ausgesetzt. Sie ergreifen vielmehr sowohl mithilfe der Sprache als auch durch konkrete Verrichtungen am toten Körper die Initiative. Die poetischen Sequenzen

41 Bill Nichols: *Introduction to Documentary*. Bloomington: Indiana University Press 2010, S. 162.

Abb. 7: „Egal, wo du dich versteckst, auch unter der Decke, Tag und Nacht – alles, was du träumst und denkst und ausheckst: Einer sieht es immer, bis du tot bist." (Erwin Michelberger, Off-Stimme)

sind folgerichtig auch nicht hermetisch von der eingängigeren Interviewform getrennt. Gekonnt gesetzte Elemente lassen die sichtbare Scheidung durchlässig werden; beispielsweise hört man einige Sekunden lang das Ticken der Armbanduhr am Handgelenk einer Verstorbenen – freilich in nicht zu verleugnender, ikonographischer Nähe zum Stundenglas in zahlreichen Personifizierungen des Todes –, als würde sie in dem Raum als einziges Objekt einen Klang von sich geben, nur damit daraufhin ein harter Schnitt die tatsächliche und unbequeme Klangkulisse des Krematoriums eröffnet. Mit dieser surrealistischen Spitze betont der Regisseur jenes erbarmungslose Vergehen von Zeit und unterstreicht erneut seine poetisch-dokumentarische Herangehensweise.

Wie ist nun der in *LUS* heraufbeschworene, metareligiöse und überindividuelle ‚Geist' einzuordnen, welcher Menschen ganz verschiedener Herkunft anscheinend in der Begegnung mit dem Tod und im Denken über ein mögliches Jenseits verbindet? Man mag ihn sich dem Humanismus nahe vorstellen. Der Bezug jeder Gesellschaft auf ethische und humanistische Werte (zur Gänze frei von jedwedem jenseitigen Glauben) wird im Film zumindest von einem Juden, der als Kind in Bergen-Belsen interniert war, als unbedingte Grundlage für ein besseres menschliches Zusammenleben eingefordert.

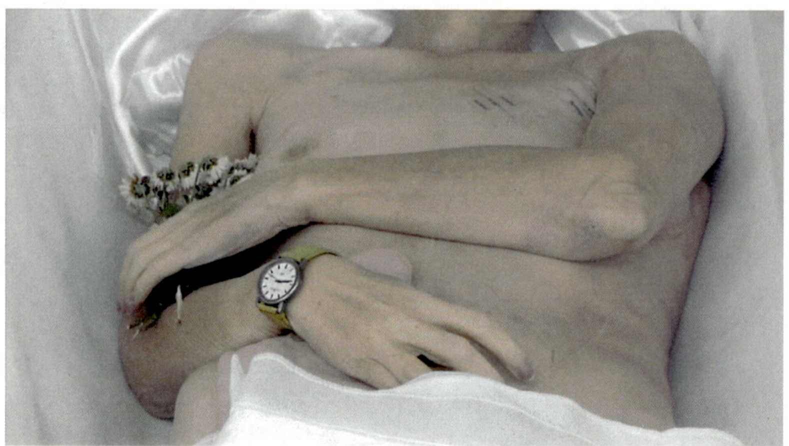

Abb. 8: Eine Tote im Sarg vor der Kremation.

Mit Recht ebenfalls denkbar ist eine Anbindung an die Anthroposophie, zumal dies auch insofern eine historische Dimension eröffnet, als der Spiritismus vom Ende des 19. bis zum Anfang des 20. Jahrhunderts einen Glauben kultivierte, der unabhängig von kirchlichen Dogmen ein freudiges Jenseits voller gütiger Menschen entwarf, bei welchem der Einzug in diese paradiesische Nachwelt universell jedem Verstorbenen offenstand.[42] Letzteres wäre ohne Mühe anschlussfähig an mehrere Äußerungen in *LUS*. Doch soll in dieser Sache kein abschließendes Urteil erfolgen, da sich auch der Film um Offenheit bemüht. Vielmehr seien die letzten Worte der Off-Stimme Michelbergers zitiert:

> Immer noch Angst vor dem Auge Gottes? Und er denkt: Erst wenn du stirbst, wirst du vielleicht mitkriegen, dass du gelebt hast. Etwas anderes macht dir jetzt Angst: dass die Zeit knapp wird; dass du es nicht mehr schaffst etwas Einmaliges, etwas Vollkommenes hinzukriegen – etwas, wofür es sich am Ende doch gelohnt hat. Was heißt schon ‚vollkommen'? Es gibt nur einen Weg zur Vollkommenheit: Zueinander großzügig sein, wahrhaftig, langmütig und friedlich, nicht fanatisch sein, nicht ungerecht sein, nicht bitter werden, sich nicht aufblähen, die Angebereien lassen, vieles aushalten, hoffen und sich aneinander freuen. Wer von euch hat das gesagt?[43]

42 Vgl. Erhard Schüttpelz: Medientechnik der Trance. Eine spiritistische Konstellation im Jahr 1872. In: Ders. / Marcus Hahn (Hrsg.): *Trancemedien und Neue Medien um 1900. Ein anderer Blick auf die Moderne*. Bielefeld: Transcript 2009, S. 275–309.

43 *LUS*, 01:37:01–01:37:51.

Fazit

Erwin Michelbergers Dokumentarfilm *LUS oder Geschmack am Leben* erweist sich bei näherer Betrachtung als ein vielgestaltiger und im positivsten Sinne tiefgründiger Beitrag zur medialen Annäherung an den Komplex von Tod und Sterben. Dieser bleibende Eindruck gelingt dem Regisseur auch deshalb, da sich zahlreiche Bezüge zum Totentanz auffinden lassen, die zwar selten explizit dargestellt sind, infolgedessen aber nicht minder zur Geltung kommen. Neben vielen Einblicken in Rituale und Bräuche, die sonst eher selten (teilweise vielleicht sogar nie) gefilmt werden, bietet *LUS* mit der Fülle an gebotenen Ansätzen ein beträchtliches Potential für Reflexionen zur menschlichen Vergänglichkeit. Das dokumentarische Genre wird dabei bewusst auf eine freiere Weise bedient – ein Duktus, der sich meiner Meinung nach alsdann zum spürbaren Mehrwert verdichtet. Die Rezipierenden werden nicht mit einem monoperspektivischen Traktat konfrontiert, sondern mit einer besonderen Form der Dialogizität, welche aber die Handschrift des Autors trägt. Die Personen im Film werden zu Akteuren, die in der Auseinandersetzung mit diesem schwierigen, oft derart angstbesetzten Thema erhobenen Hauptes dem Tod – gerade auch ihrem *eigenen* – gegenüberstehen. Allerdings bleibt natürlich auch *LUS* kritikabel. Der Fokus auf Gedanken zu einem möglichen jenseitigen Fortbestehen des Menschen mag sicher zu Dissens führen, wobei eigentlich eher der Gewinn an Kraft für das diesseitige Leben als zentrale Intention des Regisseurs zu identifizieren ist.

Zu sagen bleibt, dass in diesem Aufsatz nicht auf alle Aspekte eingegangen werden konnte, die den Film ausmachen. So ermöglichen die oft eingebauten Totalen der Friedhöfe den Bezug zu Aries' unermüdlicher Betonung, wie wichtig die geographische Lage der Ruhestätten für den gesamtgesellschaftlichen Status des Todes und im Umkehrschluss für seine vermeintliche Verdrängung sei.[44] Zudem werden die Toten in *LUS* zwar gezeigt, doch erweist sich der Blick zumeist deutlich verstellt oder ausschnitthaft. Dies deutet auf eine nur bedingt vorhandene Tendenz zur tatsächlichen Aufdeckung der verhüllten

44 Vgl. z. B. Ariès: *Geschichte des Todes*, S. 407–411, 603–712.

Leichname hin.[45] Ebenfalls musste der bezüglich des Letzteren wichtige (Gegen-)Part unberührt bleiben, den der berühmt-berüchtigte Anatom Gunther von Hagens innerhalb der Figurenkonstellation bekleidet. Die unverblümten Bilder des Plastinationsverfahrens der *Körperwelten* sind durch ihre drastische Natur enorm einprägsam.

Von diesen Auslassungen völlig unabhängig bleibt das Feld des Dokumentarfilms im Allgemeinen wohl auch in Zukunft eine äußerst geeignete Umgebung für die Thematisierung des Todes. Stetig erscheinen neue Beispiele für den facettenreichen Nährboden des Genres. Erst kürzlich wurde beispielsweise *5 Zimmer Küche Sarg* (*What We Do in the Shadows*, NZ 2014, R: Taika Waititi u. Jemaine Clement) veröffentlicht – eine Mockumentary, in der mit einer gehörigen Portion schwarzen Humors der Alltag einer Wohngemeinschaft von Vampiren gezeigt wird, die ihren alltäglichen Pflichten nachgeht. Hinter dem amüsanten Klamauk verbirgt sich nicht zuletzt eine ernste Note, die mit dem Paradox des ausbleibenden Lebensendes einhergeht.[46] Mit einer solch illustren Mischung aus Filmen bleibt das dokumentarische Genre selbst, wie anzudeuten versucht wurde, in seiner Behandlung von Fragen nach Tod und Sterben überaus lebendig.

45 Historisch gesehen markiert die spätestens im 14. Jahrhundert einsetzende Praxis der Verhüllung Verstorbener eine signifikante Abkehr von der einstmals unmittelbaren Begegnung mit den Toten: „Der Tod wurde nicht etwa der Natur zurückgegeben […], sondern im Gegenteil noch mehr kaschiert […]: das Gesicht des Verstorbenen, das bisher unverhüllt den Blicken der Gemeinde dargeboten worden war […], wurde nun verborgen und unter den sukzessiven Masken […] verlarvt. […] Das Antlitz des Toten, das früher gelassen akzeptiert worden war, wird nun abgewehrt, weil es Gefühle zu wecken, also Angst zu machen droht." (Ebd., S. 780.)

46 Die Prämisse erinnert an das preisgekrönte Stück *Bertha, stirb endlich!* (Nachbarschaftshaus Berlin-Friedenau, Premiere: 12.05.2012, R: Eva Bittner / Johanna Kaiser), welches von einer Seniorengruppe (Theater der Erfahrungen) in Kooperation mit dem Hospiz Schöneberg-Steglitz realisiert wurde. Es handelt von der 564-jährigen Vampirdame Bertha, die – für ein Wesen der Nacht viel zu jung – erkrankt und in ein Hospiz eingewiesen wird. Über die Homepage des Ensembles lassen sich DVDs zu den realisierten Projekten beziehen; siehe http://www.theater-der-erfahrungen.nbhs.de/ (Zugriff am 07.09.2014).

Instructions and Advice How to Shoot Today

Choreografien des Todes in bewegten und bewegenden Bildern zeitgenössischer Video-Kunst

Tim Pickartz

Der Begriff *Totentanz* ist mit Ausnahme des mittelalterlichen Totentanzes nicht genau definiert und dank seiner

> vielseitigen Medialität offen für zeitgenössische Bezüge [...]. Er ist ein Mittel zur künstlerischen Reaktion auf die Tabuisierung von Alter und Tod in der Gesellschaft, auf übertriebene Wissenschaftsgläubigkeit, auf Bedrohung durch Kriege, Nuklearwaffen und Umweltverschmutzung.[1]

Reiner Sörries beschreibt diese Offenheit hingegen als Strapazierung des Sujets, zumal bereits früh das Motiv des Tanzes aus den Darstellungen verschwand. Er kritisiert, dass Werke, bloß weil sie thematisch den Tod aufgreifen, als Totentänze bezeichnet werden: „Beinahe jedes Motiv, das den Tod, in welcher Form auch immer, zum Inhalt hatte, konnte in Folge einer unsauberen Terminologie als Totentanz bezeichnet werden."[2] Auch dieser Aufsatz geht von einem erweiterten Verständnis des Totentanzes aus und behandelt vier künstlerische Videoinstallationen, die auf der dreizehnten documenta (Kassel, 2012) präsentiert wurden und jeweils trotz ihrer Unterschiedlichkeit den Tod mehr oder weniger zentral zum Thema haben. Obschon diese Arbeiten schließlich als ‚zeitgenössische Totentänze' vorgestellt

1 Thomas Leßmann: Der Totentanz. In: Petra Missomelius (Hrsg.): *ENDE – Mediale Inszenierungen von Tod und Sterben.* Marburg: Schüren 2008, S. 15–27, hier S. 26–27.

2 Reiner Sörries: Der monumentale Totentanz. In: Wolfgang Neumann (Hrsg.) *Tanz der Toten – Todestanz. Der monumentale Totentanz im deutschsprachigen Raum.* Katalog zur gleichn. Ausstellung, i. A. des Zentralinstituts und Museums für Sepulkralkultur. Dettelbach: Röll 1998, S. 9–51, hier S. 13.

werden, geht es weniger um eine Überstrapazierung des Begriffs als vielmehr darum, bestehende Bezüge zum Totentanz aufzudecken (insbesondere über den Begriff der Choreografie) und auf diese Weise einen neuen Blick auf die behandelten Werke zu ermöglichen.
Omer Fasts *Continuity* (2012, 40') handelt von einem deutschen Ehepaar, dass die Rückkehr seines Sohnes aus dem Afghanistankrieg mit Hilfe von Callboys simuliert. Ist der Tod zunächst nur im fernen Kriegsgebiet gegenwärtig, wird die provisorisch gefüllte Leerstelle und Trauer innerhalb der Familie erst im Laufe der immer wieder gebrochenen Narration offenbar. *The Refusal of Time* von William Kentridge (2012, 24') hat als Hauptthema die Zeit und Zeitmessung, kann aber aufgrund einiger Motive – vor allem eines Trauerzugs – durchaus als *Memento mori* gelesen werden, welches deutlich macht, dass sich die Zeit nicht ablehnen lässt, sondern unaufhaltsam voranschreitet. Auch in *Alter Bahnhof Video Walk* von Janet Cardiff und Georges Bures Miller (2012, 26') geht es vordergründig nicht um den Tod, sondern um einen Ort voller Leben inmitten des Stadtgeschehens: den alten Kasseler Hauptbahnhof. Dort wurde auch der Film *in situ* über ein Smartphone rezipiert. Nach und nach zeigen sich aber Schichten historischer Ereignisse und emotionaler Konnotationen, werden die Gespenster des Ortes aufgeweckt. Dieser wird in einen Ort transformiert, an dem der Tod durchaus gegenwärtig ist.[3] Rabih Mroué beschäftigt sich in seiner Werkreihe *The Fall of a Hair* (2012), die aus einem Vortrag, Fotografien, Filmen und Objekten besteht, mit dem Sterben syrischer Protestierender, die ihren eigenen Tod aufnahmen, während sie versuchten, die Kriegssituation mit ihren Smartphones zu dokumentieren. Er verknüpft diese erschütternden Real-Aufnahmen mit dem Dogma-95-Manifest. Dadurch stellt er gleichzeitig eine Sprache zur Verfügung, um über das Dargestellte zu sprechen, aber auch tatsächliche Hinweise für Zivilisten in Kriegsgebieten. Die Polysemie des englischen Wortes *to shoot* als ‚Aufnahme beim Film' sowie ‚Schuss einer Waffe', nutzt Rabih Mroué, um deutlich zu machen, dass auch diese Handyfilme als virtuelle Waffe genutzt werden, gleichzeitig aber auch der oder die Filmende in den realen Konflikt eintritt und dadurch das eigene Leben gefährdet.

3 Vgl. Ralph Fischer: *Walking Artists. Über die Entdeckung des Gehens in den performativen Künsten*. Bielefeld: Transcript 2011, S. 271–272.

Neben ihrer inhaltlichen Verknüpfung mit dem Tod erfolgt in allen vier Beispielen eine besondere Interaktion mit den Rezipierenden, die sie zu einem Teil der Arbeit werden lässt, zu Mitautorinnen und Mitautoren, oder sogar zu Mittäterinnen und Mittätern. Diese Teilhabe ist nicht offen, sondern findet jeweils innerhalb einer gewissen Choreografie statt, in der agiert und sich bewegt wird. Möglicherweise kann hier also von einem Tanz gesprochen werden, zu dem die Video-Installationen auffordern, genau wie im Totentanz der Tod die Lebenden auffordert mitzutanzen.[4] Zumindest jedoch handelt es sich um eine Bewegung, die den Bewegtbildern des Films gegenübergestellt wird. Die Terminologie von *Choreografie* und *Tanz* hier anstelle von Handlungsanweisungen bzw. -möglichkeiten und deren Umsetzung zu nutzen, ist nicht (nur) der Themensetzung des vorliegenden Bandes geschuldet, sondern lässt sich (auch) anhand der behandelten Arbeiten und der allgemeinen Ausrichtung der dOCUMENTA (13) begründen.

Von Interesse ist allerdings, dass die Tendenz zur Bewegung, zum Tanz, zu einer aktiven Körperlichkeit dem Medium Film in Bezug auf die Rezipierenden nicht obligatorisch zu eigen ist: „Im Kino […] bewegt sich der Zuschauer traditionell nicht von der Stelle und genießt, wenn er nicht gerade den Anfang des Films verpasst hat, die Gewissheit, dass er am Ende alles gesehen haben wird, was er sehen muss, um das Werk zu verstehen."[5] Video-Installationen in Ausstellungen hingegen können bei den Betrachtenden eine Angst wecken, die Gesamtheit nicht erfassen zu können – beziehungsweise befinden sie sich in einem Rezeptionsmodus des Umherwandelns (und somit bereits in Bewegung), der dem Medium nicht zuträglich ist. Demgegenüber stehen die in diesem Aufsatz vorgestellten Beispiele – obwohl an sich klassisch-lineare, nicht-interaktive Formate –, versuchen sie doch jeweils durch unterschiedliche Ausstellungs- bzw. Präsentationsformen, die flanierenden Ausstellungsbesucherinnen und -besuchern nicht nur ähnlich intensiv wie im Kino auf emotionaler Ebene zu

4 Vgl. Leßmann: Der Totentanz, S. 15.

5 Mark Nash: Bildende Kunst und Kino. Einige kritische Bemerkungen. In: Heike Ander (Hrsg.): *Documenta11_Plattform 5: Ausstellung.* Katalog, i. A. der documenta / Museum Fridericianum Veranstaltungs-GmbH. Ostfildern-Ruit: Hatje Cantz 2002, S. 128–136, hier S. 129.

erreichen, sondern sie auch auf weiteren Ebenen zu aktivieren und dadurch noch stärker in das Geschehen zu involvieren. Dabei spielt choreografierte Bewegung eine entscheidende Rolle.
Lynne Cooke sieht bereits in dem Umstand, dass die Betrachtenden von Filmen in Ausstellungen ihren eigenen Platz wählen, ihren Blickwinkel bestimmen, die Möglichkeit einer Bewusstwerdung der eigenen Aktivität. Filminstallationen seien „weit von dem klassischen, passiven Kinoerlebnis entfernt, bei dem der Zuschauer, eingesponnen in den Kokon des verdunkelten Raums, traditionell jedes Bewusstsein von sich verliert und zu einem völlig versunkenen, entkörperten Beobachter wird“[6]. Es ist natürlich hingegen durchaus ein Merkmal des *Body Cinema*, insbesondere von Horror- und Pornofilmen (möglicherweise aber auch des auf den Körper ausgerichteten Kunstfilms), dass der Rezipierende zum

> Stellvertreter des angegriffenen, orgasmierenden, zusammenbrechenden ProtagonistInnen-Körpers wird. Die Schreie der Horror-Opfer, das lustvolle Akteursstöhnen beim Unterleibsfilm, die Tränen der leidenden Melodramen-Heldin bedingen nicht selten Schreie, Stöhnen und Schluchzen im Zuschauerraum.[7]

Dies funktioniert vor allem in der Fremde des abgedunkelten Kinosaals, weniger effektiv aber zu Hause vor dem Fernsehschirm.[8] In diesem Zusammenhang sei auf eine gewisse Ähnlichkeit von der *Black Box* des Kinosaals und dem *White Cube* der Ausstellung hingewiesen: In beiden Fällen handelt es sich um geheiligte, von der Außenwelt abgeschnittene Orte, die zur Kontemplation einladen, aber möglicherweise auch eher ermöglichen, die Stellvertreterfunktion (oder Mittäterfunktion) einzunehmen, als in der vertrauten heimischen Umgebung. Ein wirkliches, aktives Eintreten des Körpers in das Filmgeschehen ist im Kino und in Ausstellungen in der Regel allerdings nicht vorgesehen. Körperlichkeit, bestehend aus der „leibliche[n]

6 Lynne Cooke: B(e)aring Meaning. In: Marijke van Warmerdam (Hrsg.): *Single, Double, Crosswise*. Eindhoven: Stedelijk Van Abbemuseum 1997, S. 8; zit. n. Nash: Bildende Kunst und Kino, S. 129.

7 Christian Fuchs: Let's get physical. Anmerkungen zum Körperkino. In: Robert Rotifer / Martin Pieper (Hrsg.): *FM4 – Das Buch #1: You're at home baby*. Wien / Frankfurt am Main: Deuticke 2002. http://www.ikonenmagazin.de/artikel/Koerperkino.htm (Zugriff am 04.04.2014).

8 Vgl. ebd.

Ko-Präsenz von Akteuren und Zuschauern“[9], wie sie nach Erika Fischer-Lichte für das Dispositiv der Performance kennzeichnend ist, bleibt für das Medium Film somit nicht festzustellen:

> Filmvorführung ist nicht einmalig, sondern wiederholbar. Der projizierte Film kann unverändert immer neu rezipiert werden. Die Reaktion des Publikums hat keinen direkten Einfluss auf den vorgeführten Film. […] Diese Intensität [der Performance] entsteht, wenn Film nicht mehr nur als erzählendes Medium begriffen wird, sondern die Grenze überschreitet, die sichere Membran der Leinwand sprengt und sich über den Zuschauer ergießt, diesen konfrontiert wie ein performativer Akt.[10]

Die hier vorgestellten Filme gehen aber zumindest potentiell über die Form des bloßen Mit-Fühlens hinaus, indem sie versuchen, die Zuschauer/innen selbst zum Teil des Werkes werden zu lassen – die Membran der Leinwand (bzw. den Kunststoff des Handydisplays) zu sprengen.

Brüche innerhalb der Endlosschleife (*Continitity* und *Refusal of Time*)

Omer Fast kehrt nach *The Casting* (2008) und *Talk Show* (2009) mit *Continuity* zu den Fragen nach Umgang und Darstellbarkeit von Tod und Verbrechen zurück. Während sich *The Casting* noch einer Doppelprojektion bediente, die sich auf zwei Seiten einer Leinwand abspielte und den Bruch zwischen zwei Versionen derselben Geschichte deutlich machte, entwickelte er mit *Talk Show* ein Verfahren, dass in abgewandelter Form auch in *Continuity* zur Verwendung kommt: Innerhalb der titelgebenden Talk Show wird dieselbe Geschichte immer wieder neu erzählt. Dabei ist der ursprüngliche Zuhörer in der nächsten Permutation jeweils der Erzähler.[11] Da zu Beginn ein authentischer Bericht des Bruders des so genannten ‚Unabombers‘ Ted Kaczynski steht, ist der entscheidende Moment dieser Gespräche der, in dem der Bruch zwischen persönlichem Empfinden, medialer Darstellung

9 Erika Fischer-Lichte: *Ästhetik des Performativen.* Frankfurt am Main: Suhrkamp 2004, S. 63–64.

10 Marcus Stiglegger: Haptische Bilder. Das performative Körperkino von Philippe Grandrieux. In: Ders. / Ivo Ritzer (Hrsg.): *Global Bodies. Mediale Repräsentationen des Körpers.* Berlin: Bertz + Fischer 2012, S. 42–54, hier S. 42.

11 Vgl. Matt Cornish: The Future, Unhurried. In: *PAJ 95. A Journal of Performance and Art* 32,2 (2010), S. 39–50, hier S. 46.

und der tatsächlichen Realität am deutlichsten wird: „When Kaczynski returned to the stage to listen to the final telling of his story, he was visibly pained to hear his careful crafted memories violated and misrepresented.“[12] Omer Fast untersucht in seinen Videoinstallationen „die Dialektik zwischen Fakt und Fiktion im Film. Indem er die Logik linearer Narration untergräbt, analysiert er, wie Geschichten konstruiert und erzählt werden“[13]. Eva Scharrer bezeichnet diese Strategien als *Medien-Détournement*, also ein Umherstreifen in und über Medien hinaus – ein Begriff, der auch in den folgenden Beispielen von Interesse ist.[14]

Bei *Continuity* handelt es sich im Gegensatz zu *Talk Show* um ein rein fiktives Drehbuch. Der Bruch in der Narration wird aber ebenfalls durch eine Wiederholung deutlich: Zunächst ist nur ein Paar dargestellt, das einen jungen Mann in Uniform am Bahnhof abholt, der durch die Gespräche als der aus dem Krieg zurückgekehrte Sohn Daniel identifiziert werden kann. Das gemeinsame Abendessen verläuft schleppend, man spürt eine Unsicherheit Daniels, der sich schließlich aus der Situation zurückzieht und schlafen gehen möchte. Die Interpretation von möglichen Kriegstraumata oder zumindest einer Überforderung, direkt wieder ins nun fremde Familienleben einzusteigen, liegt nahe.

Nach einer kurzen Abblende fahren die Eltern erneut zum Bahnhof, um ihren Sohn abzuholen. Diese vermeintliche Analepse wird zur Irritation, wenn der Sohn nicht nur durch einen anderen Schauspieler dargestellt wird, sondern sich auch gänzlich anders verhält: Beim gemeinsamen Abendessen erzählt er freizügig und einnehmend von Erlebnissen in Afghanistan und es entwickelt sich ein eigentümlich erotischer Moment zwischen dem Vater und seinem vermeintlichen Sohn. Es folgt eine dritte Sequenz mit einer weiteren Version von Daniel, bei der sich weitere Brüche auftun, als dieser Behauptungen über sein Leben vor dem Krieg aufstellt, die seine Mutter als unwahr entlarvt. Jede dieser Sequenzen ist für sich genommen zwar

12 Cornish: The Future, Unhurried, S. 47.

13 Eva Scharrer: Omer Fast. In: Dies.: *dOCUMENTA (13). Das Begleitbuch – Katalog 3/3*, hrsg. v. Cordelia Marten i. A. der documenta / Museum Fridericianum Veranstaltungs-GmbH, aus dem Engl. v. Gerrit Jackson. Ostfildern: Hatje Cantz 2012, S. 256.

14 Vgl. ebd.

eigenartig, aber dennoch mehr oder weniger konsistent. Erst durch die Wiederholung wird offensichtlich, dass Daniel selbst abwesend ist und bloß ersetzt wird – und keines dieser Substitute die Leerstelle füllen kann.

In einer vierten Sequenz wird diese Wiederholung aufgebrochen: Auf dem Weg zum Bahnhof steht unvermittelt ein Kamel auf der Straße, welches zuvor nur einmal in der ersten Sequenz zwischen den Bäumen zu erahnen war. Dieser Fremdkörper sorgt dafür, dass die Eltern anhalten, das Auto verlassen und hinter den Bäumen eine Senke entdecken, in der mehrere getötete Soldaten liegen. Ein arabisch gekleideter Junge sammelt ihre Waffen ein, so dass ein Bezug zu den Ereignissen in Afghanistan gezogen wird. Die Eltern betrachten die Szenerie schweigend, die Mutter allerdings scheint zu lächeln. Diesem Moment der Vergegenwärtigung ihres Verlustes folgt allerdings nicht ein Ausbruch aus der Routine, sondern die Fahrt zum Bahnhof wird fortgesetzt – eine andauernde Wiederholung wird somit narrativ angedeutet, wenn auch nicht mehr ausformuliert.

Auch wenn *Continuity* eine Form der Trauer präsentiert, die an der Grenze zum Absurden und Komischen angesiedelt ist, wird doch deutlich, dass die „Trauerkompetenz [heute] vom Kollektiv auf das Individuum übergegangen“ ist und man muss „einen Perspektivwechsel konstatieren, der an die Stelle einer konventionellen Vereinbarung über die Trauer das durchaus unkonventionelle Trauerverhalten des Individuums setzt“[15]. Dabei stellt sich dennoch die Frage, wie jemand anderes diese persönliche Form der Trauer verstehen oder sogar mitfühlen können soll. Dies gilt insbesondere für die nicht involvierten und zunächst distanzierten Zuschauer/innen im Kinosaal:

> So sehr das Sterben auch in der direkten Begegnung verdrängt zu sein scheint, so ausdifferenziert stellen sich mediatisierte Erfahrungen des Todes dar. Diese massenmediale Inszenierung von Tod und Sterben finden ein Millionenpublikum nicht betroffener Zuschauer. Der Tod ist demnach im Medienalltag und als solcher wiederum im öffentlichen Raum jederzeit sichtbar, entbehrt allerdings der Last des individuellen Schmerzes und der Brutalität des erlebten Todes.[16]

15 Reiner Sörries: *Herzliches Beileid. Eine Kulturgeschichte der Trauer*. Darmstadt: Primus 2012, S. 197.

16 Petra Missomelius: Death Goes Digital – Der Tod zwischen Technik und Tabu. In: Dies. (Hrsg.): *ENDE*, S. 4–14, hier S. 10.

Um eine Involviertheit der Betrachter/innen zu erreichen, entwickelt Omer Fast (im Gegensatz zu den weiteren Beispielen in diesem Aufsatz) kein besonderes Seh-Dispositiv, sondern macht sich die Eigenheiten von Filmen in Kunstausstellungen zunutze: Eine Endlosschleife wird von stetig wechselnden Rezipierenden, in Teilen oder vollständig, von verschiedenen Szenen an, ggf. auch über mehrere Vorführungen hinweg angesehen. Auch wenn es eindeutig eine erste und eine letzte Sequenz gibt, ist die Pause zwischen der letzten und der Wiederholung der ersten nur unwesentlich länger als die Abblenden zwischen den einzelnen Sequenzen. Jede Sequenz beginnt mit ähnlichen Einstellungen, und es lässt sich für Hinzukommende nicht feststellen, innerhalb welcher Sequenz sie sich befinden.

Es handelt sich außerdem eindeutig um einen Spielfilm ohne jegliche dokumentarischen Elemente. Dies führt dazu, dass die Eigenheiten der Narration – wie der sexuelle Vorstoß des Sohnes gegenüber seinem Vater – eher eine Neugierde wecken, als ein Gefühl aufkommen zu lassen, jenes Gezeigte nicht zu verstehen und deshalb die Vorführung wieder verlassen zu wollen.

Tatsächlich befinden sich die Betrachtenden in einer sehr ähnlichen Situation wie die gezeigten Personen: Sieht man sich nur einen Teil des Filmes an, funktioniert die Illusion der geglückten Familienzusammenführung in jeder Sequenz relativ gut. Hält man es allerdings aus, länger und auch genauer hinzusehen, wird diese brüchig und zunehmend unbefriedigend – was sich insbesondere in der Szene zeigt, in der die Mutter aggressiv die Versuche des Callboys, eine Familienidylle zu simulieren, durch Hinweise auf Fehler in seiner Erzählung demontiert. Der Film wird über Scham, Frustration, zeitweise sogar Angst – ähnlich wie oben zum *Body Cinema* beschrieben – mitfühlbar. Nach der Sequenz mit den toten Soldaten haben auch die Zuschauer/innen die Wahl, den Raum nach dem Ende des Filmes zu verlassen, mit der Sache abzuschließen oder zu bleiben, den (möglicherweise zuvor verpassten) Anfang zu sehen und die hermeneutisch aufgebaute Erzählung mit den gewonnenen Erkenntnissen neu zu rezipieren.

Betrachtet man dieses Ensemble aus Filmvorführung und Zuschauerverhalten als Choreografie, lässt sich möglicherweise an einen Reigen denken: Eine andauernde Wiederholung mit wechselnden Tanzpartnern, in die man einsteigen oder aussteigen kann, und die so intuitiv ist, dass sie keine konkreten Anweisungen benötigt. Es ist in diesem Beispiel der Film, der sich der Choreografie anpasst und sie sich zunutze macht – die Besucher/innen einer Ausstellung befolgen sie im Regelfall sowieso. Dennoch muss festgestellt werden, dass eine Ko-Präsenz von im Film Agierenden und dem Film Zuschauenden hier nicht vorliegt, der Moment des Involviert-Seins bezieht sich also nur auf das Innenleben der einzelnen Betrachter/innen, nicht aber auf den Film oder die gemeinsame Umwelt. Es ist aber die von Erika Fischer-Lichte angeführte Wiederholbarkeit des Films, die eine graduell veränderte Wahrnehmung erst ermöglicht.

Anders verhält es sich in der Mehrkanal-Projektion *The Refusal of Time* von William Kentridge, die ebenfalls aus einer Schleife mehrerer Sequenzen besteht, die jeweils unterschiedliche Facetten der Thematik um Zeit und Zeitmessung behandeln. An drei Wände eines rechteckigen Raumes werden Szenen in Schwarzweiß- und Scherenschnittoptik projiziert und dadurch die Rezipierenden auch räumlich um- und eingeschlossen. Es ist nicht möglich, die gesamte Projektion gleichzeitig visuell zu erfassen. Neben lose verteilten Stühlen befinden sich in diesem Raum einige Requisiten aus dem Film sowie eine pneumatische Uhr, die sich rhythmisch bewegt. All diese Elemente treten als Schatten vor und in den Film und können je nach Betrachterstandpunkt verändert werden. Auf der Tonspur verweben sich zudem unterschiedliche Rhythmen, die sehr stark körperlich wahrgenommen werden und direkt dazu auffordern mitzugehen. Die Brüche zeigen sich hier somit nicht auf narrativer Ebene wie bei *Continuity*, sondern auf visueller Ebene: Auch wenn der Film ebenfalls jedes Mal völlig unverändert projiziert wird, wird er durch den eigenen Standpunkt, das Arrangement der Schatten und das Verhalten der anderen Zuschauer/innen niemals identisch wahrgenommen. In diesem Sinne ließe sich zumindest von einer beginnenden Ko-Präsenz von Akteur/innen und Zuschauer/innen sprechen. Auch das Gehen, und damit die Bewegung im Raum, ist für William Kentridge als Wahrnehmungsmodus seiner Werke entscheidend.[17] Es ist allerdings auch eine weitere Parallele zu *Continuity* festzustellen: Das hier Gesagte gilt im Grunde ausnahmslos für jede Filmvorführung, sowohl im Kino

17 Vgl. Christian Posthofen (Hrsg.): *Thinking aloud. William Kentridge – Gespräche mit Angela Breidbach*, aus d. Engl. v. Brigitte Kalthoff. Köln: König 2005, S. 72–73.

als auch in Ausstellungen; es wird durch eine flache Sichtachse und bewegliche Stühle nur unterstützt und für das Werk nutzbar gemacht. Man könnte somit von einer Choreografie der wechselseitigen Anpassung sprechen: Auch wenn die Zuschauer/innen aufgefordert sind, sich zu bewegen, um den Bildern und dem akustischen Rhythmus zu folgen, ist es hier auch der Film, der sich in seiner Ästhetik den Rhythmen und Verhaltensweisen von Besucherinnen und Besuchern auf Kunstausstellungen anpasst.

Ein Tanz der Wiedergänger (*Alter Bahnhof Video Walk*)

Ein völlig anderes Sehdispositiv, welches die Besonderheiten einer Ausstellung zwar anerkennt, aber diesen dennoch größtenteils entgegenläuft, haben Janet Cardiff und Georges Bures Miller mit ihrem *Alter Bahnhof Video Walk* geschaffen: Die Sorge, den Anfang des Filmes zu verpassen, ist hier unberechtigt, da er auf dem Display eines persönlichen Smartphones abgespielt wird. Der Film beginnt somit genau dann, wenn er gestartet wird (und kann pausiert, zurückgespult oder abgebrochen werden. Diese interaktiven Möglichkeiten sind für die künstlerische Arbeit meines Erachtens nicht maßgeblich von Bedeutung, sollen aber als Aspekte einer möglichen Mit-Autorschaft genannt werden). Es ergaben sich allerdings mit zunehmender Popularität der Arbeit Wartezeiten, die mehrere Stunden betragen konnten, so dass sie schließlich seltener zur Verfügung stand als andere (Video-)Arbeiten.

Ausgestattet mit dem Smartphone und speziellen binauralen Kopfhörern wird man aufgefordert, auf einer Bank in der Halle des Bahnhofs Platz zu nehmen und dort das Video zu starten. Der Ort der Vorführung hat somit nichts von der Abgeschiedenheit von Black Box oder White Cube, sondern ist im Gegenteil öffentlich. Nur ein Ausschnitt des Sichtfeldes wird durch das Display eingenommen, könnte als privater Raum angesehen werden. Dort zeigt sich ebenfalls der Bahnhof, der von eben dieser Bank aus aufgenommen wurde.[18] Es lässt sich von einer visuellen Verdopplung der Realität sprechen.

18 Die ersten Minuten des Video Walks sind online unter https://www.youtube.com/watch?v=sOkQE7m31Pw (Zugriff am 04.04.2014) abrufbar. Fast alle Sequenzen, auf die sich dieser Text bezieht, sowie alle wörtlichen Zitate von Janet, die in diesem Aufsatz verwendet wurden, sind darin enthalten.

„Als RezipientIn ertappt man sich […] immer wieder dabei, peinlichst genau die Perspektive Janet Cardiffs treffen zu wollen und […] [das] Wiedergabegerät verwandelt sich in der Handhabe schleichend zur Kamera. So gesehen versucht man interaktiv zu jener einen, objektiven Realität zurückzukehren."[19] Damit ist die üblicherweise hauptsächlich aufnehmende Haltung bereits durch einen dem Medium immanenten Auftrag gebrochen.

Auch die klassische Position des Sitzens wird schnell durch die sprachliche Aufforderung aufgelöst, den auf dem Display zu sehenden Musikern zu folgen, welche durch die beschwingte Traurigkeit des gespielten melancholischen Seeräuberliedes als Mitglieder eines Trauerzugs identifiziert werden können.[20] So beginnt man, auf den Spuren der Unbekannten – im Folgenden als Janet[21] bezeichnet – wandelnd, den einen Raum zu durchschreiten, während man gleichzeitig zwei sich ähnelnde Räume visuell und auditiv wahrnimmt, die sich überlagern und durchmischen. Dieser Modus der Wahrnehmung wirkt gespenstisch, Bild und Ton werden zu Wiedergängern, zu Gespenstern – ebenso wie man selbst die zuvor von Janet abgegangenen Wege wieder geht.[22] Auch Stuart Horoder stellt fest: „Walking with her (via audio) is like walking with a ghost."[23] Janet taucht nicht nur als Stimme auf, sondern angeblich auch als visuell wahrnehmbare Person: „That's me in the white coat down there." Betrachterinnen und Betrachter dieser Arbeit betreten „einen Zwischenraum zwischen der Vergangenheit *Janets* und […] [ihrer] aktuell-erlebten Gegenwart. Dieser Zwischenraum formiert sich zwischen Präsenz und Absenz, Vergangenheit und Gegenwart, Leben und Tod"[24].

In dem früheren Audio Walk *Her long black Hair* (2004) referiert Janet Cardiff Bezüge zum Mythos um Orpheus und Eurydike, die

19 Karin Baumgartner / Maria Weinberger: Janet Cardiff & George Bures Miller. Alter Bahnhof Videowalk. In: *Kunst und Kirche. Ökumenische Zeitschrift für zeitgenössische Kunst und Architektur* 4 (2012): Religion und dOCUMENTA (13), S. 21–23, hier S. 22.

20 Vgl. ebd. S. 21.

21 Es handelt sich um die Stimme von Janet Cardiff, die sich aber nicht als Künstlerin, sondern als Gesprächspartnerin positioniert, so dass mir eine Verwendung ihres Vornamens in dieser Rolle als Differenzierung zur Künstlerin sinnvoll erscheint.

22 Vgl. Fischer: *Walking Artists*, S. 271–272.

23 Stuart Horodner: *Walk Ways*. New York: ICI 2002, S. 21.

24 Fischer: *Walking Artists*, S. 265.

gemeinsam aus dem Reich der Toten zu entkommen suchen, und stellt diesen in Bezug zur aktuellen Situation: „I keep thinking I hear somebody behind us. But we can't look back. That's one of the rules today. He wasn't supposed to but he did."[25] Abgesehen davon, dass der Betrachter zeitlich versetzt den Spuren von Janet folgt, verfolgen sich auch die Betrachter untereinander und bilden dadurch ein choreographisch beschreibbares Ensemble. Dies führt bei einer so stark frequentierten Installation wie *Alter Bahnhof Video Walk* zu besonderen Momenten: Direkt zu Beginn soll das Display auf ein Fenster gerichtet werden. Auf dem Video steht dort eine Frau. Möglicherweise befindet sich auch in dem diesseitigen Fenster eine Person, da der Video Walk die Betrachter/innen genau dorthin leitet, so dass man später selbst vom Fenster hinab auf eine andere Person blickt, die gerade hinaufschaut. Sabine Flach weißt auf das Motiv des Doppelgängers in vielen Videoinstallationen hin, welches hier in einer besonderen Form zum Tragen kommt, zumal auch die Praktiken des Gehens, auch des Doppelgehens oder Wiedergehens, in dieser Arbeit eine entscheidende Rolle spielen.[26]

Für *Alter Bahnhof Video Walk* werden Themen wie Abschied, Vergänglichkeit, Abwesenheit und Trauer, die Janet Cardiff bereits in früheren Walks behandelt hat, anhand des vorgefundenen Ortes neu verhandelt.[27] Besonders eindrücklich ist der Besuch auf einem heute unscheinbaren Gleis, während Janet berichtet, dass hier die Züge warteten, in denen Kasseler Juden in die Arbeits- und Vernichtungslager deportiert wurden. Aber auch Einzelschicksale – wobei unklar bleibt, ob sie historisch oder doch fiktional sind – werden gezeigt: Ein alter Mann berichtet von der Bombardierung Kassels, ein anderer liegt von einer Menschentraube umringt am Boden; ob er verletzt ist oder tot, bleibt unklar. Immer wieder richtet sich Janet direkt an die Rezipierenden und hält so die scheinbar persönliche Verbindung aufrecht: „How do other people deal with memories they don't want? Do they just close a suitcase?" Da man von der Stimme Janets

25 Mirjam Schaub (Hrsg.): *Janet Cardiff. The Walk Book*, i. A. v. Thyssen-Bornemisza Art Contemporary. Köln: König 2005, S. 53.

26 Vgl. Sabine Flach: *Körper-Szenarien. Zum Verhältnis von Körper und Bild in Videoinstallationen.* München: Fink 2003, S. 229–240.

27 Vgl. Fischer: *Walking Artists*, S. 258.

direkt angesprochen wird, positioniert man sich selbst nicht bloß als abstrakte Seh-Instanz, losgelöst vom Objekt der Wahrnehmung, sondern fühlt sich gleichzeitig als Teil des Wahrgenommenen.[28] Dazu den Weg des Auditiven zu nutzen, scheint eine erfolgreiche Strategie zu sein, denn „die Augen vor einer Inszenierung oder Szenographie kann man schließlich leicht verschließen, die Ohren aber umso viel schwerer. Tatsächlich beginnen die Ohren nun auch zu sehen."[29] Gleiches gilt für das Begreifen durch die Hände, das Abschreiten durch die Füße und andere Formen der partizipativen Wahrnehmung. Man sollte deshalb bei solchen Arbeiten nicht mehr bloß von Betrachtenden, sondern von Teilnehmenden sprechen –oder für diesen Wechsel des Konsumierenden zum Co-Produzierenden den noch stärkeren Begriff des *Prosumers* nutzen, der die Begriffe *Producer* und *Consumer* sprachlich und inhaltlich zusammenführt.[30]

Wenn es sich hier um Teilnehmende an einem Kunstwerk oder sogar Prosumer eines solchen handelt, lässt sich die Frage stellen, was die stofflichen Komponenten dieses Werkes sind: Das Wiedergabegerät, der Bahnhof oder die Teilnehmenden? „Passanten am Bahnhof nehmen von dieser Arbeit lediglich umherstreifende, verträumte Menschen mit technischem Gerät war. Personen, die das Werk durch ihre je eigene Innerlichkeit ermöglichen, vervollständigen und somit ein individuelles Ganzes schaffen."[31] Bei längerer Beobachtung verfestigt sich dieses Umherstreifen allerdings zu einer Choreografie mit festen Regeln, die Ralph Fischer als „chronotopischen Text, der [...] über Kopfhörer diktiert wird"[32] bezeichnet. Besonders deutlich wird dies innerhalb der abschließenden Sequenz: In einer großen, aber fast ungenutzten Seitenhalle tanzt ein Paar, nur sichtbar über das Display. Diese Sequenz wird nicht mehr von Janet kommentiert, sie steht für

28 Vgl. Daniela Zyman: At the Edge of the Event Horizon. In: Schaub (Hrsg.): *The Walk Book*, S. 11–13, hier S. 13.

29 Pamela C. Scorzin: MetaSzenografie. *The Paradise Institute* von Janet Cardiff & George Bures Miller als inszenatorischer Hyperraum der Post-ästhetischen Szenografie. In: Ralph Bohn / Heiner Wilharm (Hrsg.): *Inszenierung und Ereignis. Beiträge zur Theorie und Praxis der Szenografie*. Bielefeld: Transcript 2009, S. 301–314, hier S. 309.

30 Vgl. Peter Weibel: User Art. Nutzerkunst. In: Christine Weber (Hrsg.): *YOU_ser: Das Jahrhundert des Konsumenten*. Katalog zur gleichn. Ausstellung. Karlsruhe: ZKM 2007, S. 1–7.

31 Baumgartner / Weinberger: Alter Bahnhof Videowalk, S. 23.

32 Fischer: *Walking Artists*, S. 264.

sich. In dem großen leeren Raum außerhalb des Films stehen etliche Personen, die in dieselbe Richtung schauen und doch völlig isoliert sind. Sie wirken selbst gespenstisch und beobachten doch bloß eine Erscheinung, die für Unbeteiligte unsichtbar bleibt. Der tatsächlichen Choreografie des Tanzes innerhalb des Videos wird hier eine Choreografie des Stillstands entgegengesetzt, nachdem zuvor auf unsichtbaren, aber dennoch festgelegten Pfaden gewandelt wurde.

Bei aktivierenden Videoarbeiten wie dieser werden also verschiedene Räume mit jeweils eigenen Rezeptions- und Handlungsmustern verschränkt: der Schau-Raum, der Hör-Raum und der Ritual-Raum (Ausstellung und Kino).[33] Diese werden außerdem mit der faktisch vorhandenen Umgebung konfrontiert, in diesem Fall mit den Menschen, die sich als Teil der Choreografie (oder zufällige Passanten) darin bewegen sowie dem Ort selbst: dem alten Hauptbahnhof. Michel de Certeau spricht von Orten, die erst durch die Aktualisierung, das Auswählen der Handlungsmöglichkeiten, zu einem Raum werden – in diesem Fall durch den Akt des Gehens. Wahrnehmung hängt also auch von der Art der Fortbewegung – gehen, laufen, tanzen – ab.[34] Denn der

> durchquerte Raum ist kein homogen-geographisches Territorium, dass sich auf Stadtplänen einzeichnen lässt, sondern ein in Erinnerung getränkter, heterogener Affekt-Raum, an dem sich Geschichten und Emotionen sedimentiert haben. Ein Ort, der von Erinnerungen heimgesucht wird.[35]

An dieser Stelle kann man zu dem ursprünglich von den Situationisten entwickelten Begriff des *détournements* zurückkehren, der das Verfremden der Räume durch die Konstruktion von Situationen als dynamischen Prozess unaufhaltsamer Störungen beschreibt. „Die Stadtbegehungen [des *dérive*] reflektieren die alltägliche Umgebung und fragen nach den politischen Dispositiven."[36] Nicht nur der Video Walk wird begangen, auch der Ort des Bahnhofs wird erfahren, aktiviert und verändert.

33 Vgl. Scorzin: MetaSzenografie, S. 308.

34 Vgl. Michel de Certeau: *Kunst des Handelns*, aus d. Franz. v. Ronald Voullié. Berlin: Merve 1988, S. 218.

35 Fischer: *Walking Artists*, S. 257.

36 Brigitte Marschall: Öffentlicher Raum als theatraler Raum. Praktiken des Gehens und Strategien der Stadtnutzung. In: Bohn / Wilharm (Hrsg.): *Inszenierung und Ereignis*, S. 171–188, hier S. 179.

Schaut man sich *Alter Bahnhof Video Walk* losgelöst vom Ort an oder entschließt sich, diesen nicht zu aktualisieren (z. B. indem man sich einen stillen Sitzplatz sucht), wird das Werk selbst gar nicht erst konstituiert. „Der Rezipient ist kein Betrachter oder Zuschauer, der ein künstlerisches Artefakt oder eine Aufführung aus sicherer Distanz betrachtet, vielmehr bringt er den künstlerischen Prozess, durch seine physische Partizipation, überhaupt erst hervor."[37] Die Partizipierenden oder Prosumer sind gleichwertige Weggefährten Janets bei der Konstitution des Werkes, das „Gehen fungiert [dabei] als elementare operative Geste im Akt der Rezeption."[38] Gehen als künstlerische Praktik zielt, wie auch andere Handlungsweisen, nicht auf die Schaffung beständiger Werke ab, sondern auf Erfahrung. Das „Herstellen von Relationen, das Wieder-Finden und Neu-Erfinden der Beziehung zwischen Subjekt und Raum in einer veränderten soziokulturellen Lebenswirklichkeit steht im Zentrum [...] jener ästhetischen Prozesse, die so flüchtig sind, wie der Akt des Geschehens selbst."[39]
Vergegenwärtigt man sich diese Notwendigkeit des Körpers, wird deutlich, warum Kitty Scott innerhalb des Katalogtextes die Arbeiten von Janet Cardiff und Georges Bures Miller mit dem Body Cinema verknüpft[40], denn es handelt sich um Filme, die Christian Fuchs zufolge „Erregung evozieren, Tränen und Angst und/oder Übelkeit. Filme, die – pathetisch formuliert – Narben auf der Netzhaut hinterlassen."[41] Dieser verweist hier auch auf die wackelige Kameraführung von Filmen im Dogma-Stil, die durchaus mit Handyfilmen verglichen werden können. In ihrer Unruhe vermögen diese „auf heftige, suggestive Weise den Zuschauer-Körper aus seiner saturierten Gegenwarts-Lethargie zu reißen"[42]. Das Dispositiv des tragbaren Videogeräts legt die nötige Intimität an, obwohl es die Abgeschiedenheit des Kinosaals einbüßt, da es weder ein Gegenüber noch eine Verlängerung des Körpers darstellt, sondern als wie ein eingebauter

37 Fischer: *Walking Artists*, S. 254.

38 Ebd., S. 253.

39 Ebd., S. 289–290.

40 Vgl. Kitty Scott: Janet Cardiff & George Bures Miller. In: Scharrer: *dOCUMENTA (13). Das Begleitbuch*, S. 334.

41 Fuchs: Let's get physical.

42 Ebd.

Teil empfunden wird, so dass dadurch von einer Ko-Präsenz gesprochen werden kann.[43] Gleichzeitig befinden sich die Betrachter/innen durch diese Prothese in sicherer Distanz zum Dargestellten. Und obwohl der Film auf dem Display des Smartphones unveränderlich und wiederholbar ist, bleibt es die entstandene Beziehung zwischen Subjekt, Raum und Kunstwerk, die sich auf der Schwelle zur Performance ansiedelt.

Prosumer als Täterkollektiv (*The Fall of a Hair*)

Auch die aus verschiedenen Teilen bestehende Mixed-Media-Installation *The Fall of a Hair* von Rabih Mroué, die „einen szenografierten Bilderraum als begeh- und erfahrbaren Denkraum“[44] anbietet, verbindet die visuelle Erfahrung von Tod und Sterben mit dem körperlichen Empfinden der Rezipierenden. Präsentiert werden drei sehr unterschiedliche Filmprojektionen, einige Fotografien, ein Text, sowie ein Tisch mit Daumenkinos. All diese Werke beschäftigen sich mit im Internet gefundenen Handyfilmen von Protestierenden, die, während sie die Situation im syrischen Bürgerkrieg dokumentierten, ihren eigenen Tod aufnahmen. Einige erfassten dabei sogar die Täter, die Rabih Mroué als großformatige, aber aufgrund der schlechten Qualität des Ausgangsmaterials völlig unscharfe und verpixelte Fotoabzüge präsentiert. Diese wirken wie eine Umkehrung der berühmten Fotografie von Robert Capa, die den Moment des Einschlags der Kugel zeigt, die den Milizionär Federico Borrell Garcia während des Spanischen Bürgerkrieges 1936 tödlich verwundete.[45] Carol Martin stellt aber sehr treffend fest: „Mroué presents terrible violence without showing it. We never see anyone die. But we experience what may have been […] actual deaths.“[46] Er macht sich das Primat des Fühlens, des Selbst-Erlebens, über das bloße Sehen zunutze, und verwendet

43 Vgl. Fischer: *Walking Artists*, S. 270.

44 Pamela C. Scorzin: Shooting Ourselves to Death. Wie die Handykamera die Fotografie revolutioniert. In: *Cahiers – Hefte zur Fotografie* 1 (2013), S. 42–47, hier S. 44.

45 Vgl. Thomas Macho: Verdunkelte Blicke. In: Urs Stahel (Hrsg.): *Darkside II. Fotografische Macht und fotografische Gewalt, Krankheit und Tod.* Göttingen: Steidl 2008, S. 111–113, hier S. 111.

46 Carol Martin: Uploaded and Unsanctioned. Introduction to *The Pixelated Revolution* by Rabih Mroué. In: *TDR. The Drama Review* 56,3 (2012), S. 19–24, hier S. 24.

dazu in zwei seiner Arbeiten Strategien der Verkörperung, um die Rezipierenden zu erreichen. Er sagt selbst:

> Ich möchte keine Beobachter, kein Publikum, das kommt, um sich zu entspannen oder sich identifiziert in diesem Raum. Ich will, dass die Zuschauer engagiert sind, involviert, dass sie sich mit dem, was sie sehen, als Realität auseinandersetzen. Mit dem Raum und dem Jetzt. Da stellt sich erst die Frage, ob das echt ist oder nicht, Fiktion oder nicht.[47]

An dieser Stelle sollen zunächst einige Gedanken nachgezeichnet werden, die Rabih Mroué in seiner Lecture-Performance *The Pixelated Revolution* entwickelt, die den ersten Teil der Werkgruppe darstellt, um dann zu untersuchen, wie er diese in anderen Teilen künstlerisch vermittelt. „Obwohl sie wie Geschichten mit offenem Ausgang wirken, sind seine Performances [...] minutiös geplant und sorgfältig inszeniert, um den Zuschauer an der strukturellen Entfaltung der Ideen teilhaben zu lassen."[48] Deshalb ist es bei diesem Film anders als bei *Continuity* oder *Refusal of Time* zwingend notwendig, ihn von Anfang bis Ende in der vorgesehenen Abfolge zu sehen. Dieses Anliegen des Künstlers wird in der Ausstellung durch einen Countdown visualisiert, der darüber informiert, wann die nächste Vorführung beginnt. Hier sollen sich also ganz deutlich die Besucher/innen der Ausstellung an die strukturgebenden Vorgaben des Films halten. Eine Teilhabe, die über das Nachvollziehen der zu entwickelnden Gedanken hinausgeht, ist zunächst nicht intendiert.

Rabih Mroué stellt in seinem Vortrag fest, dass es 2011 in Syrien keine Journalisten vor Ort gab, die über die Revolution hätten berichten können, sodass die Öffentlichkeit nicht die Möglichkeit hatte, zu erfahren, was dort tatsächlich passierte. Die einzige Quelle neben dem Staatsfernsehen waren Videos von syrischen Bürgerinnen und Bürgern.[49] Diese Filme wurden ins Internet geladen, um der Weltöffentlichkeit einen scheinbar direkten Blick auf die Ereignisse zu

47 Rabih Mroué, Lina Saneh, Helena Waldmann, Frank Raddatz und Kathrin Tiedemann (Moderation) im Gespräch: Keine Angst vor Repäsentation? Im Fadenkreutz von Artaud und Brecht, Body Art und Zuschauerpartizipation. In: Kathrin Tiedemann / Frank M. Raddatz (Hrsg.): *Reality strikes back II. Tod der Repräsentation – Die Zukunft der Vorstellungskraft in einer globalisierten Welt.* Berlin: Theater der Zeit 2010, S. 90–99, hier S. 96.

48 Eva Scharrer: Rabih Mroué. In: Dies.: *dOCUMENTA (13). Das Begleitbuch*, S. 354.

49 Vgl. Martin: Uploaded and Unsanctioned, S. 19.

ermöglichen. Doch wie ist es möglich, dass einige dieser Menschen ihre Mörder und ihren eigenen Tod aufnahmen, scheinbar ohne wirklich zu realisieren, in welcher akuten Gefahr sie schwebten? Rabih Mroué spricht von einem *Double Shooting* – ein Vergleich, der zunächst grotesk wirkt: „One is shooting with a camera and the other is shooting with a rifle. One shoots for his life and one shoots for the life of his regime."[50] Er entwickelt im Folgenden eine Theorie, welche die Stellvertreterposition aus dem Body Cinema zunächst umkehrt, um sie dann noch stärker rückzubinden:

> I assume that the eye sees more than it can read, analyze, understand, and interpret. For example, when the eye sees the sniper lifting the gun towards it in order to shoot and kill, the eye keeps on watching without really understanding that it might be witnessing its own death. Because, by watching what is going on through a mediator – the little screen of a mobile phone – the eye sees the event as isolated from the real, as if it belongs to the realm of fiction.[51]

> It is as if the camera and the eye have become united in the same body, I mean the camera has become an integral part of the body. Its lens and its memory have replaced the retina of the eye and the brain. In other words, their cameras are not cameras, but eyes implanted in their hands – an optical prothesis.[52]

> This means that our eyes are an extension of the cameraman's eyes and, as we established, his eyes are an extension of his mobile phone's lens. This leads us to the logic that when the bullet hits the lens, then logically it should hit the cameraman's eye and should hit our eyes as well. Metaphorically, we should be killed once we watch this video.[53]

Dieser Übertrag ist radikal, zumal die gleichen Metaphern von Prothesen und Narben auf der Netzhaut verwendet werden wie bei *Alter Bahnhof Video Walk* und vorher herausgearbeitet wurde, dass erst die Prothese der Kamera es dem Menschen als Stellvertreter möglich macht, Gefahren ungefährdet anzusehen.[54] Tatsächlich ist es wohl das Nicht-Fiktionale, das den Betrachtenden viel stärker angreift. Auch die Rezipierenden als Teil der Gesellschaft „haben die Gewalt aus ihrer Mitte verbannt und in die Unterwelt sowie an ihre Ränder

50 Rabih Mroué: The Pixelated Revolution. In: *TDR* 56,3 (2012), S. 25–35, hier S. 29.

51 Ebd., S. 30–31.

52 Ebd., S. 29–30.

53 Ebd., S. 35.

54 Vgl. Mary Lucier: Light and Death. In: Doug Hall / Sally Jo Fifer (Hrsg.): *Illuminating Video. An Essential Guide to Video Art.* New York: Aperture 1990, S. 456–463, hier S. 467.

abgedrängt. Die Sichtbarmachung entfesselter Gewalt wird darum [...] selbst zur Gewalt im Sinne eines Angriffs auf das politische Selbstverständnis des Angegriffenen."[55] Der Installation von Rabih Mroué hängt somit auch die Sorge an, etwas zu sehen oder zu fühlen, dass man nicht sehen möchte, nicht erträgt – und das obwohl tatsächlich keine konkreten Opfer gezeigt wurden. Oliviero Toscani liefert in diesem Zusammenhang einen bemerkenswerten Gedankengang:

> Man soll sich vor den Bildern nicht fürchten, man muss sie nur lesen können und sie von jener unmenschlichen Gewalt unterscheiden, die es wirklich gibt. Es gibt keinen Überschuss an Gewaltdarstellungen, wenn wir sie mit dem vergleichen, was tatsächlich in der Welt passiert. Wie weit soll also die Gewalt von uns entfernt sein, damit wir verstehen können, dass es sie wirklich gibt? Wir werden erst an dem Tag zivilisiert sein, wenn uns kein Foto mehr schockieren kann, und es vielleicht nicht einmal mehr nötig sein wird, es zu zeigen.[56]

Da der Autor annimmt, dass die heutige Gesellschaft diese Haltung (noch) nicht eingenommen hat, müssten demzufolge weitere Bilder der Gewalt produziert werden. Um dies den Protestierenden zu ermöglichen und dennoch das eigene Leben und (annähernd gleichwertig verhandelt) das Filmdokument zu schützen, formuliert Rabih Mroué unter dem Titel *Instructions and Advice How to Shoot Today* neunzehn Regeln. Diese sind an das Dogma-95-Manifest angelehnt, welches unter anderem ebenfalls auf eine unmittelbare Wirkung auf den Betrachter abzielte. Die sechste Regel des Dogma-95-Manifests („The film must not contain superficial action. (Murders, weapons, etc. must not occur.)"[57]), wird in Rabih Mroués Version zu:

> The film should not contain superficial action (such as killing, the use of weapons, etc. Of course, it is allowed to film the action of killing, if it is real; and the weapon, if it actually kills).[58]

Dieser fast naiven Verfremdung werden sehr ernste Passagen entgegengestellt:

55 Herfried Münkler: Die Rolle der Medien in den neuen Kriegen. In: Erika Fischer-Lichte / Clemens Risi / Jens Roselt (Hrsg.): *Kunst der Aufführung. Aufführung der Kunst.* Berlin: Theater der Zeit 2004, S. 245–249, hier S. 249.

56 Oliviero Toscani; zit. n. Milena Massalongo: Was von der Gewalt in Bildern übrig bleibt. In: Stahel (Hrsg.): *Darkside II*, S. 255–258, hier S. 255.

57 Lars von Trier / Thomas Vinterberg: DOGME 95; zit. n. Matthias N. Lorenz (Hrsg.): *DOGMA 95 im Kontext. Kulturwissenschaftliche Beiträge zur Authentisierungsbestrebung im dänischen Film der 90er Jahre.* Wiesbaden: DUV 2003, S. 219–220, hier S. 220.

58 Mroué: The Pixelated Revolution, S. 27.

> Be cautious not to let your phone slip from your hand and get lost in the crowd; it might fall into the hands of the Security Forces, which will result in your pursuit, as well as the pursuit and arrest and interrogation and torture of all the names found in the phone's directory. For security purposes, it is vital to preserve the secrecy of everybody's names.[59]

Es wird deutlich, dass Medien im Allgemeinen „selbst zu einem zentralen Element der Kriegführung geworden [sind], als hätten Berichte und insbesondere Bilder gleichsam Waffenqualität bekommen."[60] Rabih Mroué unterscheidet allerdings anhand der Ereignisse am 11. September 2001 zwischen zwei Formen der Dokumentation. Die wenigen Bilder des ersten Einschlags in den Nordturm des *World Trade Centers* sind zufällig gefilmt, und wirken dadurch unvermittelt und authentisch – und sind mit den Bildern seiner Werkreihe zu vergleichen. Die Bilder der Attacke auf den Südturm sind aufgrund der Vorbereitungszeit der Dokumentierenden klarer, offizieller und in unser kollektives Gedächtnis eingeschrieben – zeigen aber ebenso deutlich verschiedene Inszenierungen: sowohl die der Attentäter, als auch die der Medien.[61] Die wesentliche Veränderung liegt jedoch im „Zeitalter des Web 2.0 in der Emanzipation der User, vormals Dilletanten genannt, die ihre Bilder weltweit rege miteinander teilen"[62] und somit als echte Prosumer gelten können, da sie selbst nicht nur konsumieren, sondern auch produzieren. In Bürgerkriegen treffen Gegner aufeinander, die hinsichtlich Bewaffnung, Organisation und Handlungslogik völlig verschieden sind. Diese Asymmetrie kann durch den Einsatz der Medien, die für eine breite Öffentlichkeit nutzbar sind, so verschoben werden, dass die asymmetrisch Starken zu Tätern stilisiert werden, während die Schwachen als Opfer erscheinen.[63] Die Prosumer machen also durch ihre große Anzahl und schnelle Kommunikation eine Kontrolle durch den Staat oder assoziierte Medien unmöglich.[64] Beide Parteien führen deshalb auch einen Krieg um die Kontrolle der Berichterstattung.[65]

59 Mroué: The Pixelated Revolution, S. 27.

60 Münkler: Die Rolle der Medien in den neuen Kriegen, S. 246.

61 Vgl. Martin: Uploaded and Unsanctioned, S. 23.

62 Scorzin: Shooting Ourselves to Death, S. 43.

63 Vgl. Münkler: Die Rolle der Medien in den neuen Kriegen, S. 247.

64 Vgl. Asiem El Difraoui: Die Rolle der neuen Medien im Arabischen Frühling. http://www.bpb.de/internationales/afrika/arabischer-fruehling/52420/die-rolle-der-neuen-medien (Zugriff am 04.04.2014).

65 Vgl. Münkler: Die Rolle der Medien in den neuen Kriegen, S. 248.

Es steht fest, dass

> Smartphones [dabei geholfen haben], insbesondere durch ihre Kamerafunktion und die Möglichkeit zu twittern, [...] Informationen und Bilder zeitnah und weit zu verbreiten und dadurch Massen zu mobilisieren. Dies war für die Protestbewegung entscheidend – vor allem auch in kleineren Städten auf dem Land.[66]

Der arabische Frühling wurde deshalb auch als Smartphone-Revolution oder Facebook-Revolution bezeichnet. Aber:

> „Die Revolution hat auf der Straße stattgefunden, nicht im virtuellen Raum. Sie hat 800 Menschen das Leben gekostet", sagt der junge Blogger Abdallah aus Kairo. Der Ausdruck „Facebook-Revolution" macht ihn fast wütend. Denn der arabische Frühling hatte ganz reale politische und sozio-ökonomische Hintergründe, die zur Verzweiflung einer ganzen Generation führten.[67]

Auch Rabih Mroué sagt es ganz deutlich: „The Syrian protesters are recording their own deaths."[68] Seine Arbeit befindet sich somit innerhalb eines Spannungsfeldes zwischen einer am Ende gefahrlosen Auseinandersetzung mit Filmen, für die andere ihr Leben opferten und eben dieser maximalen Preisgabe des eigenen Lebens. Es ist notwendig, dieses Missverhältnis zu vergegenwärtigen, um überhaupt begreifen zu können, worum es sich bei diesen Dokumentationen handelt, die den Rezipierenden am scheinbar unverfänglichen Ort der Kunstausstellung begegnen, denn wir leben heute

> in einem digitalisierten Universum [...]. In allen Bereichen haben wir zunehmend das Ding ohne sein Wesen. Wir haben Bier ohne Alkohol, Kaffee ohne Koffein, virtuellen Sex ohne Sex. Nun haben wir auch virtuelle Wirklichkeit: Realität ohne Realität, gänzlich reguliert und dinghaft. Aber die Sache hat eine Kehrseite: In unserem Universum toter Konventionen muss die einzig wirklich authentische Erfahrung ein äußerst gewaltsames, erschütterndes Erlebnis sein. Dann haben wir das Empfinden, wieder im wirklichen Leben angekommen zu sein. [...] Damit die Erfahrung authentisch wird, muss sie extrem gewaltsam sein.[69]

Die physische Destruktion ist eine der letzten Möglichkeiten im Kampf um den Rest der Leidenschaften in dieser virtuellen Wirklichkeit. „Die Protagonisten erhaschen Authentizität, indem sie ihren

66 Difraoui: Die Rolle der neuen Medien im Arabischen Frühling.

67 Ebd.

68 Mroué: The Pixelated Revolution, S. 25.

69 Slavoj Zizek, zit. n. Fuchs: Let's get physical.

Körper selbst ins Spiel bringen oder, ganz wortwörtlich, aufs Spiel setzen, ihn verletzen, opfern und zerstören."[70]

Mit einer zunächst scheinbar völlig harmlosen Form der Filmpräsentation ermöglicht Rabih Mroué auch den Besucherinnen und Besuchern der Ausstellung, ihre Körper ins Spiel zu bringen, wenn auch auf gänzlich andere Weise: Auf einem Tisch liegen unter dem Titel *Thicker than Water* einige Daumenkinos bereit, die ebenfalls die Filme beinhalten, die den Tod des Aufnehmenden dokumentieren. In diesem Fall ist es nicht nur so, dass die Teilnahme des Rezipierenden das Werk erst vollständig macht wie bei *Alter Bahnhof Video Walk*, sondern der Film läuft tatsächlich erst ab, wenn man ihn körperlich aktiviert. Dabei ist es möglich, ihn schnell, langsam, vorwärts oder rückwärts oder nur in Teilen zu aktivieren. Es steht dem Rezipienten auch offen, den Film und das darin Dargestellte zu wiederholen. In diesem Aspekt ähnelt das Daumenkino dem Computerspiel, bei dem es nach dem Ableben des Avatars – eines Stellvertreters – ohne Weiteres möglich ist, unbeschadet einen früheren Spielstand zu laden.[71] Die spielerische Unbedarftheit der Rezipierenden bricht Rabih Mroué allerdings damit, dass die Daumenkinos auf Stempelkissen liegen und die Finger der Benutzenden schmutzig machen, man hat – zumindest metaphorisch – selbst Blut an seinen Händen. Dadurch wird deutlich, dass man in dieser Choreografie nicht etwa als Stellvertreter der Opfer (und somit der Leidtragenden) fungiert, sondern in die Rolle eines Täters kommt, der unbedarft das Dispositiv genutzt und dabei zuvor Ungeahntes angerichtet hat: Wäre es nicht möglich, die Argumentationskette Rabih Mroués, dass man selbst sterben müsse, wenn man einen solchen Film sieht, umzukehren? Durch die Aktivierung des Daumenkinos lösen Prosumer den tödlichen Schuss immer und immer wieder aus, sorgen immer wieder dafür, dass – zumindest visuell – ein Leben ausgelöscht wird. So betrachtet haben Fotografien der Gewalt also durchaus das Potential das Kollektiv der Täter zu vermehren.[72] Eine weitere Arbeit dieser Art wurde durch einen 16mm-Film mit dem Titel *„Eye" vs. „Eye"* konzipiert, der von

70 Zizek, zit. n. Fuchs: Let's get physical.

71 Vgl. Britta Neitzl: Zurück auf Anfang. Der Tod im Computerspiel. In: Missomelius (Hrsg.): *ENDE*, S. 82–90.

72 Vgl. Macho: Verdunkelte Blicke, S. 111.

den Rezipierenden selbst in Bewegung gehalten und so zur Projektion gebracht werden sollte. Diese Arbeit wurde allerdings aus ausstellungstechnischen Gründen automatisiert und büßt dadurch das Teilhabe-Potential ein.
Um „sich mit der Thematik als solcher überhaupt mental auseinander setzen zu können, ohne von dem Ereignis selbst ganz überwältigt zu werden“[73], nutzen die Arbeiten ein Potential darstellerischer und narrativer Fiktionalität. Auch bei den nicht-fiktionalen Arbeiten von Rabih Mroué ist es nicht trivial zu betonen, dass es einen gewaltigen Unterschied für das Erlebnis ausmacht, einem Todesschützen real gegenüberzustehen oder diese Konfrontation über ein Medium zu erfahren – es gleichsam aus der eigenen Realität zu entrücken. Im zweiten Fall ist es „ein szenografisches Konzept, dessen Schock die nachhaltigere, weil nicht tödliche oder traumatisch lähmende, kathartische Wirkung entfaltet. Wir brauchen, so zynisch und paradox es auch klingen mag, folglich auch die Sichtbarkeit von Bildern des Todes und der Gewalt in unserer Kultur.“[74]

Am Ende ist es unausweichlich…

Es wurde gezeigt, dass die verschiedenen Dispositive der hier vorgestellten Video-Installationen die Rezipierenden jeweils dazu auffordern, aktiv in das Geschehen und die eigene Wahrnehmung des Kunstwerkes einzugreifen. Was bei *Continuity* noch als stilistische Ausnutzung des gegebenen Verhaltens der Ausstellungsbesucher beschrieben werden konnte, wurde mit *Refusal of Time* und *Alter Bahnhof Video Walk* schrittweise zu Choreografien, denen man sich anschließen musste, um das Werk zu konstituieren. Den Rezipierenden wurde eine Mitautorschaft zugesprochen, so dass von Prosumern gesprochen werden konnte. Bei *The Fall of a Hair / Thicker Than Water* zeigt sich aber am deutlichsten, dass die vermeintlichen Prosumer nur in der Lage sind hervorzubringen, was bereits in der Arbeit angelegt ist. Es bleibt, was Erika Fischer-Lichte als Merkmale des Films herausstellt: Die Inhalte sind unveränderlich; nur in der Erfahrung derjenigen, die die Arbeit aktiv rezipieren und eventuell derjenigen, die diese Rezipierenden beobachten, gibt es Möglichkeiten der

73 Scorzin: Shooting Ourselves to Death, S. 45.

74 Ebd.

Veränderung. Diese zeigt sich aber in keinem der Beispiele in einer Umdeutung des Dargestellten, sondern in einer Umpositionierung der Rezipierenden. Die Künstler machen ihr Gegenüber so zu Mittätern und Mittäterinnen, degradieren sie im Grunde zu bloß Mitlaufenden ihres autoritären Dispositivs. Es sollte somit stets kritisch hinterfragt werden, ob die Möglichkeit, sich in Ausstellungen körperlich zu bewegen, also auch den Film im Gehen zu sehen oder ihn erst durch eine Bewegung zum Laufen zu bringen, tatsächlich eine kritische Haltung in Bezug auf die dominanten Wahrnehmungssysteme des Kinos und der Ausstellung einzunehmen ermöglicht.[75]

Überwindet man die Euphorie, die mit dem Begriff Prosumer einhergeht, lässt sich eher von einem *Scripted Space* – also einem choreografierten Bewegungsraum – sprechen, der seine machtvolle Autorität und seine manipulativen Tendenzen hinter interaktiven Special Effects verbirgt.[76] Der Rezipient bzw. die Rezipientin muss

> zunächst einmal auch einen Großteil seiner [/ ihrer] Freiheit dafür freiwillig aufgeben, vielleicht auch etwas mehr als nur den Kontrollverlust dafür bezahlen, um nicht zu sagen, wie beim Antritt einer Geisterbahnfahrt auch seinen [/ ihren] gesunden Menschenverstand erst einmal aufzugeben, um sich Visionen, Emotionen und Illusionen vollkommen hingeben und ausliefern zu können, sich bewusst täuschen oder eine fiktive Situation und emotional fesselnde Erzählungen führen zu lassen.[77]

Am deutlichsten tritt dieses Regelwerk, dem sich untergeordnet werden soll, im Titel des von Rabih Mroué entlehnten Manifests auf: *Instructions and Advice How to Shoot Today.* Anweisungen und Hinweise, wie ein Display zu nutzen, ein Film zu sehen und auch zu verstehen ist, sind in allen Beispielen enthalten – die Rezipierenden dieser zeitgenössischen Totentänze sind aufgefordert mitzutanzen, und nicht, neue Choreografien innerhalb des Displays zu entwickeln. Das Ergebnis dieser Tänze ist stets unausweichlich, dennoch ermöglicht es die physische Involviertheit der Teilnehmer/innen, das Dargestellte erlebbar und mitfühlbar zu machen – die Membran der Leinwand zu sprengen.

75 Vgl. Nash: Bildende Kunst und Kino, S. 131.

76 Vgl. Scorzin: MetaSzenografie, S. 308.

77 Ebd.

Der Totentanz im elektronischen Unbewussten
Die Videokunst von Alessandro Amaducci

Mariaelisa Dimino

Die Ikonografie des Totentanzes entsteht im 15. Jahrhundert in Europa und gilt bis zur Gegenwart als ein archetypisches Darstellungsmuster der komplexen Beziehung zwischen Leben und Tod.
Der älteste bekannte Totentanz ist die sogenannte *Danse Macabre* von Paris. Es handelte sich um ein großes Fresko, das auf die Mauer des Arkadenbeinhauses im Cimetière des Saints Innocents gemalt war. Die Wandmalerei – um 1425 entstanden – wurde erst im 17. Jahrhundert zerstört. Guyot Marchants Holzschnitte, die den Pariser Totentanz nachbildeten, hatten dennoch im mittelalterlichen Frankreich viel Erfolg, sodass ihre zahlreichen Ausgaben die Bilder und den Text der *Danse Macabre* bis heute überliefern konnten.[1]
Von Frankreich aus verbreitete sich das Motiv des Totentanzes im gesamten spätmittelalterlichen Europa, sodass man Zeugnisse von Totentanz-Darstellungen auch in England, in Deutschland, in Italien, in der Schweiz wie auch im östlichen Europa, in Skandinavien und in den baltischen Staaten finden kann.[2] Der proteische Charakter dieses Motivs ist vor allem darin sichtbar, dass die verschiedenen Totentanz-Darstellungen trotz einer gewissen Homogenität von Inhalt und Struktur normalerweise besondere Einzelheiten zeigten,

1 Vgl. Elina Gertsman: *The Dance of Death in the Middle Ages. Image, Text, Performance.* Turnhout: Brepols 2010.

2 Fast alle Totentänze in Europa wurden im Laufe der Jahrhunderte zerstört, sodass die noch heute bestehenden nur ein kleines Korpus bilden. Für einen vollständigen Katalog der noch bestehenden Totentänze vgl. ebd., S. 8–13.

die durch den jeweiligen lokalen Kontext geprägt wurden.[3] Deswegen sollte streng genommen nicht einfach von ‚dem Totentanz', sondern von ‚Totentänzen' im Plural gesprochen werden. Dennoch geht dieser Beitrag davon aus, dass in den mittelalterlichen Totentänzen ein Grundmuster enthalten ist, das es erlaubt, vom Totentanz zu sprechen. So kann der Pariser Totentanz als ein Modell betrachtet werden, um dessen archetypische Struktur als Darstellungsform zu beschreiben. Die Wandmalerei bildete eine lange Prozession aller Ständevertreter: Laien und Kleriker, Reiche und Arme, Jüngere und Ältere, alle zusammen nahmen mit ihren tanzenden, leichenhaften Doppelgängern an dem Ringelreihen des Todes teil.

Der Erfolg dieses Darstellungsmusters stammt wahrscheinlich aus der engen Verbindung zwischen dem Nachdenken einer Zivilisation über den Tod und der Fähigkeit, Darstellungen und Kulturmuster herzustellen. Wie Jan Assmann erklärt, biete den Menschen das Bewusstsein ihrer Sterblichkeit den höchsten Anreiz, Kultur hervorzubringen: Das Nachdenken über die Endlichkeit der menschlichen Existenz führe zur Schöpfung einer artifiziellen Welt, in der die Menschen die Möglichkeit haben, nicht nur an das eigene Selbstverständnis heranzureichen, sondern es auch zu überschreiten – während sie ihren Sinnhorizont begrenzen und zugleich, durch die Eröffnung neuer jenseitiger Sphären, erweitern können.[4]

Heute können die Neuen Medien unsere Wirklichkeitsempfindung aktivieren, sodass der Eindruck entsteht, jedes Individuum hätte direkten Zugang zu einer solchen artifiziellen Welt, welche mehr immersiv und interaktiv als die Erfahrungswelt erscheint und in der die Beziehung zwischen Bild, Körper, Identität, Tod und Sterblichkeit umgestaltet wird.

In diesem Beitrag werden die Werke des italienischen Videokünstlers Alessandro Amaducci als ein Beispiel des Nachlebens des Totentanz-Darstellungsmusters im Kontext der gegenwärtigen digitalen Kultur untersucht. Im Besonderen wird es hier um Amaduccis Video-Serie *Electric Self – Temporary Anthology* gehen, die zur Elaboration des

3 Der Totentanz von Clusone zeigt beispielsweise zusammen mit der üblichen Prozession eine Szene des Triumphs des Todes, während die Prozession des Berliner Totentanzes durch das Bild des Gekreuzigten unterbrochen ist und einige Todesfiguren des Totentanzes von Kermaria Tiermasken tragen.

4 Vgl. Jan Assmann: *Tod und Jenseits im Alten Ägypten*. München: Beck 2001, S. 10.

Totentanzes als digitale Daten erscheint, im Gegensatz zur Natürlichkeit des Begriffs vom ‚Ende'.

Alessandro Amaducci – Ein ‚elektronischer Bricoleur'[5]

Als Forscher an der Universität Turin, Autor und Herausgeber von Büchern, aber auch Performer, Musikautor, Theaterautor, elektronischer ‚Bricoleur' und VJ ist Alessandro Amaducci einer der vielseitigsten Videokünstler in Italien.

Die bedeutendste Tatsache in seiner Biografie ist vielleicht, dass er zu jener Generation gehört, die „mit dem Fernseher im Haus"[6] zur Welt kam: Das prägt nicht nur seinen kritischen Ansatz sondern auch und vor allem sein künstlerisches Handeln; ein Handeln, das, wie Sandra Lischi hervorhebt, nach dem Vorbild einer schnellen, wechselhaften, täglichen, beweglichen, für das Unvorhergesehene offenen Programmierung gestaltet sei und immer wieder zwischen Schauspiel und theoretischer Überlegung, Poesie und Performance, Gedächtnis und Tanz, Videoclip und Bildung schwankend erscheine.[7]

Das audiovisuelle Experimentieren Amaduccis dreht sich um die Natur des elektronischen Bildes: Wenn man vom elektronischen Bild spreche, gehe es, wie der Autor erklärt, um das Phänomen der Übermittlung von elektromagnetischer Energie, die zu Lichtenergie werde; ganz im Gegensatz zu Kinobildern, die diskrete Einheiten bilden, welche, mit einer bestimmten Geschwindigkeit in Bewegung gesetzt, nur einen Eindruck von Dynamik vermitteln können. Also erscheint die Bewegung als eine *strukturelle* Komponente des elektronischen Bildes, die in seine physische Natur eingeboren ist. Dabei hat das elektronische Bild keine bestimmte Form: Da es aus in Echtzeit vermittelten Informationen und elektromagnetischen Signalen besteht, ist es nicht optisch sichtbar. Daraus folgt auch die charakteristische Wandelbarkeit und Unbeständigkeit des elektronischen Bildes, das *per definitionem* immer modifizierbar ist.[8]

5 Vgl. Sandra Lischi: Palinsesti della memoria. In: Alessandro Amaducci (Hrsg.): *Banda anomala. Un profilo della videoarte monocanale in Italia.* Turin: Ed. Lindau 2003, S. 149–153, hier S. 149.

6 Ebd.

7 Vgl. ebd.

8 Vgl. Alessandro Amaducci: *Segnali Video. I nuovi immaginari della videoarte.* Santhià: GS 2000, S. 21–32.

Das Entstehungsverfahren des bewegten Bildes in der elektronischen Technologie lasse sich, sagt Amaducci, durch das Phänomen des *Schnees* veranschaulichen:[9] Auch wenn das empfangene Signal nicht klar ist, sieht man auf dem Schirm eine magmatische Menge von bewegten leuchtenden Punkten. In zwei seiner ersten Videos spielen das Phänomen des Schnees und im Allgemeinen die Störungen des elektronischen Bildes eine wichtige Rolle für die Initiation Amaduccis in die Welt der Videokunst: Das Video *L'Urlo*[10] zeigt verschiedene weibliche schreiende Gesichter, die langsam vom elektronischen Schnee einverleibt werden. Hier stellt der Schrei die technische Besonderheit der visuellen Darstellung der Videowelle dar, nämlich den Schnee, der durch das typische weiße Rauschen begleitet wird; also betraut Amaducci das Bild des weiblichen Gesichtes damit, die Videobilder gewissermaßen durch ein mäeutisches Verfahren (wieder) zusammenzusetzen. In dem Video *Fantasmi*[11] werden „das filmische Fleisch Antonin Artauds und der Gespenster seiner Fantasie durch das Videobild zerfleischt"[12], sagt Amaducci. Das Bild Artauds wird zu einem Gespenst der elektronischen Bildwelt, einem Symbol. Die Gesichter dieser zwei Videos lassen sich dann nicht mehr als Zeichen der Persönlichkeit interpretieren, vielmehr erwerben sie die Funktion einer Ikone: Ihre regungslosen und halluzinierten Ausdrücke enthalten einen Hinweis auf die durch die Fotografie und das Fotogramm dargestellte Starrheit des Todes, die hier der ständigen Beweglichkeit und Instabilität des elektronischen Bildes entgegengesetzt wird.

In den späteren Werken Amaduccis wird diese Entgegensetzung jedoch allmählich verschwinden, während die Todesfigur immer mehr die Eigenschaften des elektronischen Bildes erwirbt. Das Video *Solo per i tuoi occhi*[13] (im Jahr 1996 aus Anlass der mailändischen Ausstellung *Tazio Secchiaroli – The Original Paparazzo* gefertigt) erscheint als eine filmisch-elektronische Collage, die berühmte Filmszenen, historisches Archivfilmmaterial und Kriegsdokumentarfilme

9 Vgl. Amaducci: *Segnali Video*, S. 24.

10 Alessandro Amaducci: *L'Urlo* (VHS, 1991, 1').

11 Alessandro Amaducci: *Fantasmi* (Betacam, 1991–95, 5').

12 Alessandro Amaducci: Solo per i tuoi occhi. In: Chicca Bergonzi / Patrizia Pesko (Hrsg.): *Invideo. Mostra internazionale di video d'arte e ricerca.* Ausstellungskatalog Triennale di Milano / Palazzo dell'Arte. Mailand: Charta 1998, o. Pag.

13 Alessandro Amaducci: *Solo per i tuoi occhi* (Betacam, 1996, 10').

zusammensetzt. Hier inszeniert Amaducci eine Art von Apologie des skopischen Begehrens, die sich entlang einer Strecke über das filmisch-fotografische Gedächtnis windet: Er seziert das Videobild, das als eine im unaufhörlichen Werden, aus tausenden Raum- und Zeitfragmenten bestehende Fläche erscheint.[14] Die überwiegende Dimension ist die Direktsendung, in der die Augen und der ausgestellte Blick die Hauptrolle spielen. So sagt Amaducci selbst: „Der Live-Tod, die Live-Zeit des elektronischen Bildes ist die äußerste Nekrologie, die unserem Blick geschenkt wird“[15].

Die in dem Video zitierten Filme sind alle mit dem Thema der Darstellung des Gedankens und des Traums verknüpft: von Man Rays *Emak Bakia*[16] bis zu *Caligari*[17] und *Blow-Up*.[18] In diesem Zusammenhang ist es aber bemerkenswert, dass das filmische Bild und der mit diesem letzten verbundene ikonographische Bestand für Amaducci nicht als Zitate, sondern als Fundstücke erscheinen,[19] die in dem Gedächtnis-Strom des Videomagmas schwimmen. So zeichnet sich die Analogie zwischen der Gestaltung von Gedankenbildern oder Träumen und der Entstehung der elektronischen Bilder ab. In dieser Hinsicht spricht Amaducci von einer *strukturellen* Analogie: Das elektronische Bild sei also ein technologischer Spiegel der Arbeitsweise des Gedankens, sowohl im Wachzustand als auch im Schlaf. Phänomene wie das Videofeedback und der Loop, wobei erkennbare Formen und bewegte Bilder (z. B. die Spirale) aus der zufälligen Bewegung der leuchtenden Punkte auf dem Schirm entstehen, betrachtet Amaducci als die echte Visualisierung der Arbeitsweise des Gedächtnisses.[20] Angeboren in der Sprache der visuellen Technologien gebe es, so der Künstler, eine Art von elektronischem Unbewussten, das sich mit unserem persönlichen Unbewussten (von Amaducci als das ‚Regime der bewegten Formen‘ bezeichnet) vermischen lasse. Also wird die

14 Vgl. Bruno Di Marino: Elogio della levità. In: *Segnocinema* 89 (1998), S. 69.

15 Vgl. Presseschau über das Video *Solo per i tuoi occhi* unter http://www.alessandroamaducci.net/node/31 (Zugriff am 20.02.2014).

16 *Emak Bakia* (FR 1926, R: Man Ray).

17 *Das Cabinet des Dr. Caligari* (D 1920 R: Robert Wiene).

18 *Blow-Up* (*Blow Up*, UK 1966 R: Michelangelo Antonioni).

19 Vgl. Amaducci: *Segnali video*, S. 228–243.

20 Vgl. ebd., S. 167–179.

durch die Videos dargestellte Dimension zu einer hybriden Bildwelt, die zum Teil der Maschine, zum Teil den Menschen gehört.

Electric Self – Temporary Anthology

Die (vorläufige) Anthologie *Electric Self* besteht aus 16 verbundenen und zugleich selbständigen Videos, die von eigens dafür geschaffener Musik Amaduccis begleitet werden. Im Folgenden werden einige der bedeutendsten Videos der Anthologie kurz beschrieben.

In dem Video *Anywhere Out of the World*[21] inszeniert Amaducci die Alchemie des Fleisches: Der Körper des Modells Morgan Hide wird bearbeitet und in ein 3D-Modell verwandelt; die digitale Technologie trifft auf die Körper, um neue Darstellungsmöglichkeiten der Schönheit und der Wahrheit zu bieten. Die Dimension eines halluzinierten Sehens enthält hier einen Hinweis sowohl auf die Flüssigkeit des elektronischen Bildes als auch auf das Symbol des Wassers: Die Welt des Unbestimmten und Potenziellen, das Meer des mütterlichen Unbewussten und des Ursprungs des Lebens. Es handelt sich hier um die Wiederentdeckung eines kindlichen Schattens, einer Uterus-Dimension, in der das Leben und das Sterben noch untrennbar sind.

In dem Video, das denselben Titel der Anthologie trägt, *Electric Self*[22], erscheint die Vision einer schwangeren Frau auf dem Hintergrund einer amniotischen Dunkelheit in der Schwebe zwischen Leben und Tod; das Bild der Frau multipliziert sich und gebiert ambivalente Formen: Das Elektro-Selbst wird von der Dunkelheit und dem Körper geboren. Langsam verwandelt sich der hypnotische Rhythmus der Musik in das typische Geräusch eines sich ins Internet einwählenden Modems: Die Frauenkörper werden von Fliegenbildern ersetzt, sodass das Modemgeräusch sich als ein Insektenbrummen interpretieren lässt (Abb. 1). Hier ruft Amaducci das Bild der Verwesung wach: Schöne, synthetische, mutierende Frauenkörper schließen die Idee des Todes mit ein (Abb. 2).

Außerdem inszenieren die Körper der Anthologie Amaduccis das skopische Paradox des Virtuellen. Je vehementer die neuen Technologien die Wahrnehmungsfähigkeiten des Körpers verstärken und mächtige

21 Alessandro Amaducci: *Anywhere Out of the World* (DVcam, 2007, 5').

22 Alessandro Amaducci: *Electric Self* (DVcam, 2006, 4').

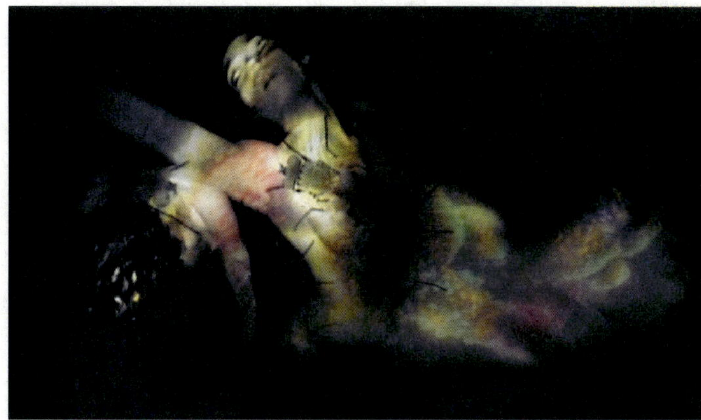
Abb. 1

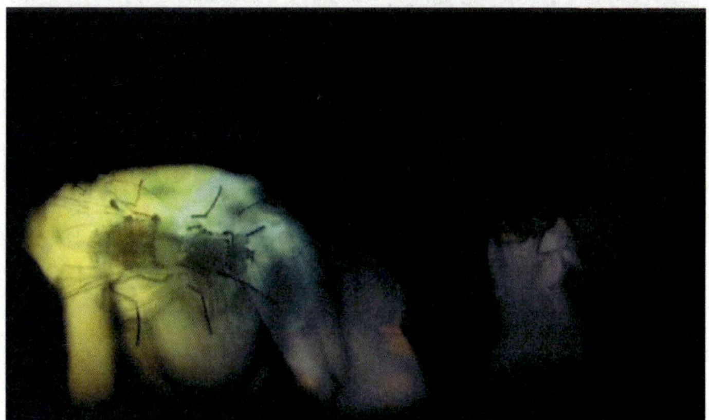
Abb. 2

skopische Subjekte schaffen, desto mehr findet sich derselbe Körper ungenügend, oder besser: als skopisches Objekt uninteressant.[23] Es handelt sich hier um ein Drama des Körpers und der Identität, das sich im elektronischen Unbewussten entfaltet und sich oft von dem Bild des tanzenden Körpers zu einem Todessinnbild verwandelt.
In dem Video *The Web*[24] treffen (amateur-)pornografische Körper aus dem Internet auf das Trugbild eines echten Körpers. Das Netz nimmt aber den Körper gefangen und zeigt seinen innersten Teil, der

23 Vgl. Gianni Canova: *L'alieno e il pipistrello. La crisi della forma nel cinema contemporaneo.* Mailand: Studi Bompiani 2000, S. 141.

24 Alessandro Amaducci: *The Web* (DVcam, 2007, 7').

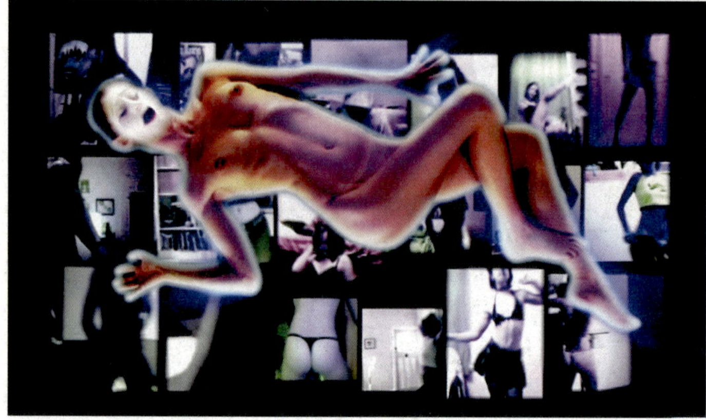

Abb. 3

Abb. 4

aus sich multiplizierenden Körper-Simulakren besteht. So wird der Körper zum reinen Bild und lässt sich – einst in die Regeln des Schauspiels integriert – als pornografisches oder ‚nekrografisches' Subjekt interpretieren. Im Internet, erklärt Amaducci, wird die Dimension des Körpers nur in der Form eines durch ein Medium vermittelten Bildes dargestellt, was dem Blick des Voyeurs erlaubt, die beiden Extreme der Pornografie und der Nekrophilie zu erleben (Abb. 3).

In den Videos *Flesh Paths*[25] und *Fear of Me*[26] stellt er den atavistischen Wunsch dar, den Körper zu durchsuchen. Hier zeigt er den durch

25 Alessandro Amaducci: *Flesh Paths* (DVcam, 2007, 6'30").

26 Alessandro Amaducci: *Fear of Me* (digital, 2008, 5'00").

einen medizinischen Blick gefilterten Körper, der schließlich seziert und aufgelöst erscheint – genauso wie auf dem anatomischen Tisch. Besonders werden in beiden Videos die Körper zu anatomischen Modellen, von denen man sogar einen ‚Deckel' abnehmen kann: Es handelt sich hier um eine Art von Verdinglichung des Organischen, von jenem Rückschritt zum Zustand des Dings, zu jener Trennung des Körpers aus der Welt als Raum der Ich-Projektion, die der Tod verursacht.

Das Video *Discussion on Death*[27] lässt sich als die Summe dieser Themen betrachten. Am Anfang sieht man die sich multiplizierende Figur einer Frau, die eine Gasmaske über dem Gesicht trägt. Die Umrisse ihres Körpers scheinen verschwommen und unbeständig und die Frauenfiguren, die zuerst auf einem unklaren und flüssigen Hintergrund wogen, sind später durch Triptychon-Gestalten eingerahmt. Einige Sekunden darauf kann man die Namen verschiedener berühmter Medikamente lesen, die auf dem Schirm als vielfarbiger Wirbel vorüberziehen. Dann tritt auf dem Hintergrund der bunten Schriften der Körper einer sexualisierten Krankenschwester auf, die statt des Kopfes ein riesiges Auge hat (Abb. 4). Danach folgen zwei Totentanz-Szenen: Zum einen drehen sich unter einem in der Luft kreisenden Schädel zwei Reihen von in 3D-Grafik bearbeiteten menschlichen Figuren um ihre eigene Achse. Vor der ganzen Szene erstrecken sich zwei Hände, deren Knochen wie in einer Radiografie sichtbar sind (Abb. 5). Zum anderen kreist eine Knochenspirale um den Körper einer Frau, die einen Zwillingskörper gebiert (Abb. 6). Die beiden Szenen sind durch die Erscheinung von anatomischen Bildern eines Torsos gekennzeichnet. Dann erscheint auf dem schwarzen Hintergrund die Figur einer Frau, die statt der Brustwarzen und des Nabels Augen hat. Sie hält zwei große Augen in den Händen und ihr Mund wird durch ein gelbes Licht ersetzt. Die Arme werfen eine Art Schatten-Spiegelung, ein Hinweis auf die Figur des hinduistischen Gottes Shiva. Zum Schluss erscheinen auf dem Hintergrund einer roten magmatischen Spirale verschiedene Abbildungen aus dem Buch Geoffroy St. Hilaires *Histoire générale et particulière des anomalies de*

27 Alessandro Amaducci: *Discussion on Death* (DVcam, 2006, 6').

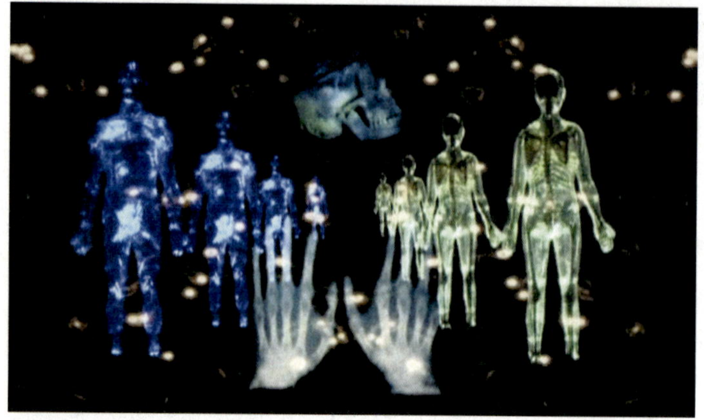

Abb. 5

Abb. 6

l'organisation chez l'homme et chez les animaux ou Traité de tératologie,[28] die siamesische Zwillinge zeigen.

Die Symbologie dieses Videos ist sehr komplex: Die Frauenfigur enthält einen Hinweis auf die Natur des elektronischen Bildes, aber sie bezieht sich auch auf die Frage nach dem Status der Körper im Virtuellen: Die Gasmaske stellt eine technische Ergänzung des Menschlichen dar. Also wird der Körper zu einer Hybride, die durch die Technologisierung des Körpers und die Verkörperung der Technologie geschaffen wird. Die Triptychon-Gestalten stellen einen Bezug

28 Vgl. Geoffroy St. Hilaire: *Histoire générale et particulière des anomalies de l'organisation chez l'homme et chez les animaux ou Traité de tératologie*, Bd. 3. Paris: Baillière 1837.

Abb. 7

zu einer christlich-religiösen Dimension und im Besonderen zu der Figur der Madonna als Schaffenskraft des Göttlichen her. Die Medikamente und die Figur der sexualisierten Krankenschwester lassen sich als Hinweise auf die Ewigkeitsversprechen der Wissenschaft und der Medizin interpretieren: In der digitalen Welt existieren die Begriffe ‚Grenze' und ‚Tod' nicht mehr. Das riesige Auge der Krankenschwester stellt die Verstärkung der menschlichen Wahrnehmungsfähigkeiten durch die Technologie dar. Doch taucht das Bild des Todes in den beiden Totentanzszenen wieder auf: Der Tod ist hier als ein Symbol dargestellt, das im elektronischen Unbewussten zirkuliert. Der Bezug zu Shiva und die Betonung der Sehfähigkeit symbolisieren wiederum eine göttliche Schaffenskraft des Virtuellen, doch mit einem Hinweis auf die Figur des Todes: Shiva stellt in der hinduistischen Religion ein positives Zerstörungsprinzip dar, das einen Neuanfang voraussetzt. Schließlich beziehen sich die Bilder der siamesischen Zwillinge wiederum auf den hybriden, technisch geschaffenen Körper.

Eines der neuesten Videos der Anthologie ist von Amaducci als ein echter Totentanz geschaffen worden: *Pagan Inner*[29] zeigt einen dunklen, siderischen Raum, der mit Glasscherben übersät ist. Hier liegt, zusammengekauert, eine nackte Frau, die langsam aufsteht und einen Tanz mit einem Skelett anfängt (Abb. 7). Plötzlich wird der Rhythmus der Musik schneller, und die zwei Figuren tanzen einen ekstatischen

29 Alessandro Amaducci: *Pagan Inner* (hdv, 2010, 6'30").

Abb. 8

Tanz, von einem unwiderstehlichen Wind gestoßen (Abb. 8). Danach multipliziert sich das Skelett und die hinzugekommenen Skelette tanzen einen Ringelreigen um die beiden ursprünglichen Figuren. Zum Schluss verschwinden alle Figuren wie in einer Explosion und ein einziges Skelett tanzt berauscht weiter (Abb. 9).

Unter einem symbolischen Gesichtspunkt ist hier der Ringelreigen das wichtigste Element: Der Tanz stellt nicht nur einen letzten Widerstandsversuch gegen den Tod dar, sondern auch und vor allem einen Trance-Tanz, der den Tod in der zyklischen Feier des Werdens und Vergehens wiederherstellt. So werden die Skelette Amaduccis zu einer Art sonderbarer Marionetten, die durch den Zauber der Digitaltechnologie lebendig werden.

Man kann verschiedene Elemente erkennen, die das archetypische Totententanz-Darstellungsmuster mit der Anthologie Amaduccis verbinden, und zwar erstens auf der Ebene der episodischen Struktur, zweitens auf der Ebene der Inszenierung der Figur des Todes/Körpers, drittens auf der Ebene der Darstellung des Tanzes und viertens auf der Ebene der Rolle des Zuschauers. Im mittelalterlichen Totentanz führt das Element des Ringelreigens auf die Idee der Rekursivität zurück: Die einzelnen Paare – die Lebenden mit ihren verwesenden Doppelgängern – folgen aufeinander, als Fragmente einer bewegenden Kreisstruktur, in Anfang und Ende übereinstimmend.

In dem tödlichen Ringelreigen aber enthüllt der Tod seine paradoxe Natur: Die tanzenden Leichen gelten als Personifizierung sowohl des ‚gemeinsamen Todes' als auch des ‚Todes von jedem Einzelnen',

Abb. 9

sodass nicht nur „die Reihenfolge des Leichenbildes in den Totentanz den Widerspruch zwischen einem einzigen Tod als universelle Figur und verschiedenen individuellen und vielfach artikulierten Todesfällen einführt“[30], sondern auch die Figur des Todes „zugleich unsere körperliche Unannehmlichkeit zu unserer individuellen Identität und unsere Teilnahme an der Gemeinschaft des Körpers wachruft“[31]. Deswegen erscheint die Poetik des Totentanzes vor allem als eine Poetik des Körpers: Obwohl die Betonung der menschlichen Körperlichkeit ein charakteristisches Merkmal der mittelalterlichen makabren Gattung bildet,[32] spielt im Totentanz das Bild des tanzenden Körpers eine besonders wichtige Rolle, da er durch die Dynamik des Tanzes inszeniert wird. Auch der Tanz enthüllt nämlich im Totentanz

30 Seeta Chaganti: Danse Macabre in the Virtual Churchyard. Eine Fassung ohne Abbildungen ist verfügbar unter http://postmedievalcrowdreview.wordpress.com/papers/chaganti/ (Zugriff am 07.02.2014).

31 Ashby Kinch: The Danse Macabre and the Medieval Community of Death. In: *Mediaevalia* 1,23 (2002), S. 159–202, hier S. 164.

32 Die makabre Gattung wird vor allem durch drei verschiedene Darstellungsformen vertreten: den Totentanz, die Ikonografie der ‚Begegnung der drei Lebenden und der drei Toten‘ und die sogenannten *Transi*. Zur Entwicklung und Bedeutung des mittelalterlichen Makabren vgl. Gertsman: *The Dance of Death in the Middle Ages*, S. 23–32; Philippe Ariès: *Essais sur l'histoire de la mort en occident. Du Moyen Age à nos jours*. Paris: Seuil 1975; Alberto Tenenti: *Il senso della morte e l'amore per la vita nel Rinascimento*. Turin: Einaudi 1957; Roberto Gigliucci: *Lo spettacolo della morte. Estetica e ideologia del macabro nella letteratura medievale*. Anzio: De Rubeis 1994; Jane H. M. Taylor (Hrsg.): *Dies Illa. Death in the Middle Ages*. Liverpool: Francis Cairnes 1984.

seine paradoxe Natur: Wie Seeta Chaganti betont, bestehe der Tanz nicht nur aus den einzelnen Gebärden und Bewegungen eines Tänzers, sondern er drücke sich auch auf einer ‚virtuellen' Ebene aus, auf der jede Gebärde und Bewegung ein Wechselspiel von virtuellen Kräften in der Wahrnehmung der Zuschauer eröffne. Auf dieser virtuellen, von den Fresken geschaffenen Ebene sei das Bild des Tänzers omnipräsent, da es als einheitliche Inszenierung und zugleich als Reihe von diskreten Gebärden und Bewegungen betrachtet werden kann.[33]

Außerdem sollten die Zuschauer mit ihren echten Körpern an der gemeinsamen Bewegung des Totentanzes teilnehmen, da die riesige Dimension der Fresken den Zuschauer aufforderte, die Wände entlang zu laufen, während sie gleichzeitig auch die entgegengesetzte Ausrichtung von Bildern und begleitenden Texten erleben konnten.[34] Also konvergieren hier Bild, Text und Tanz in der *Performance* und stellen, von der körperlichen Dimension ausgehend, den Zuschauer in Frage.

Der mittelalterliche Totentanz als monumentales Bild-Text-Programm kann in erster Linie als ein komplexes kulturelles Artefakt interpretiert werden: Wie Gertsman betont, strukturiere er die Rezeptionserfahrung seiner Zuschauer, während er seinerseits immer wieder von ihr neugestaltet würde.[35]

Vor dem Hintergrund eines Bezugs auf die spezifische *Leib-Zentriertheit*[36] der mittelalterlichen ‚Kultur der Performance', in der die Kontinuität von Aufführungen, Ritualen, Zeremonien und Festen eine besondere Dimension von körperlicher Einbeziehung ergab und die Grenze zwischen Zuschauer und Performer verschwand – hat Gertsman erklärt, wie diese Einbeziehungsprozesse auch im Totentanz wirksam seien: Die lebensgroßen Bilder, die Struktur des begleitenden Textes, die Eingliederung des Tanzes und der Bewegung in das Darstellungsmuster, die Gestik der Figuren und das Wechselspiel mit anderen anliegenden architektonischen Elementen können sich auf

33 Vgl. Chaganti: Danse Macabre in the Virtual Churchyard.

34 Vgl. Gertsman: *The Dance of Death in the Middle Ages*, S. 123–124.

35 Vgl. ebd., S. 14.

36 Vgl. Erika Fischer-Lichte: *Performativität. Eine Einführung*. Bielefeld: Transcript 2012, S. 14.

die emotionale Einbeziehung des Zuschauers auswirken und Einfühlungsprozesse auslösen.[37] Die Fresken des Totentanzes erscheinen also als eine Art zweidimensionale Version der „Negoziation zwischen Zuschauer und Performer“, so Gertsman, die in der Performance stattfand: die Lehre des mittelalterlichen Totentanzes werde von der Flüchtigkeit der Performance befreit und auf die Beständigkeit des Gemäldes übertragen.[38]

In *Electric Self* wird die fragmentarische Form des Totentanzes nicht nur in der anthologischen Form, sondern auch in der antinarrativen und antinaturalistischen Linie der Darstellung der einzelnen Videos wiedergespiegelt: Wenn einerseits jedes Video jeder einzelnen Begegnung mit dem Tod entspricht, sind andererseits alle Videos durch ihre fragmentarische Sprache gekennzeichnet. Denn das Fragment ist die treffende Ausdrucksform für Amaducci, nicht nur weil es einer ikonoklastischen Haltung entspricht, die in erster Linie kodifizierte Darstellungsformen – z. B. die Narrativität des klassischen Films – verneint, sondern weil es eine Anpassung an die zeitgenössische Erfahrung der Vielfältigkeit, der Serialität, der Vielzahl der Gesichtspunkte darstellt. Amaducci bietet ein avantgardistisches Darstellungsmodell, das mit den Regeln der konsequenten Logik der Narrativität bricht; denn, wie Amaducci betont, dasselbe Leben sei keine sich ordentlich entwickelnde Erzählung, sondern eine Gesamtheit unwiederholbarer und chaotischer Vorfälle.[39]

Im Unterschied zum mittelalterlichen Totentanz-Darstellungsmuster gibt es in *Electric Self* keinen Text: Dagegen gestalten sich die audiovisuellen Fragmente der vorläufigen Anthologie als der Raum der Durchdringung von Bildern und Musik, in dem die zu den beiden semiotischen Systemen gehörenden Elemente in einer paradigmatischen Beziehung stehen. Wie in einem Videoclip, unterhalten Bilder und Musik in den Fragmenten dieser Anthologie eine synkretistische Beziehung: Die Musik regelt das Tempo und baut die Stimmung des Videos auf, doch bleibt sie immer eine selbstständige Komponente,

37 Vgl. Gertsman: *The Dance of Death in the Middle Ages*, S. 123–124.

38 Vgl. ebd.

39 Vgl. das Video-Interview anlässlich der 16. Edition der mailändischen Ausstellung Invideo unter http://www.alessandroamaducci.net/node/219 (Zugriff am 20.02.2014).

sodass sie eine Art Linearität in den fragmentarischen Bildsequenzen wiederherstellt.

Genauso wie der Zuschauer des mittelalterlichen Totentanzes sich aktiv mit der virtuellen Ebene des dargestellten Tanzes auseinandersetzte, so löst die relative Autonomie von Bildern und Musik, die Veränderungen des Rhythmus und die Desynchronisation der Anthologie Amaduccis bestimmte präkognitive und rhythmische Einbeziehungsprozesse aus, die direkt im phänomenologischen Körper des Zuschauers stattfinden.[40] Wie man sieht, stellt hier die Hintergrundmusik der Videos einen direkten Bezug zu der Dimension des Tanzes her, sowohl auf der Ebene der Inszenierung des Körpers als auch auf einer strukturellen Ebene, da das elektronische Bild an sich eine ‚bewegte Natur' zeigt. Hauptfiguren der Anthologie Amaduccis sind die tanzenden, meist weiblichen Körper, die, auf einem visuell-magmatischen Hintergrund wogend, diesen Synkretismus zwischen Bildern und Musik verkörpern. Die weiblichen Figuren werden also zu einem esoterischen Ort, einem symbolischen Raum: Sie gelten als Metapher der Schöpfung, der unaufhörlichen Verwandlung. Der in den Videos inszenierte Körper erscheint als eine geschmeidige und modulierbare diskursive Instanz, das Objekt zahlloser Manipulationen, die zwischen den beiden Extremen der Betonung des anatomischen Details und dem Verlust der subjektiven Identität schwankt.[41] Im technologischen Unbewussten erscheint aber dieser metamorphische Charakter als eine Anspielung auf eine vermeintliche Befreiung von den engen und strengen Grenzen des physischen Körpers; dies wird dagegen zu einem utopischen, manipulierbaren und *vorläufigen* Gegenstand, von dem ausgehend man seine Identität willkürlich neugestalten kann.

In *Electric Self* verkehrt sich das Bild des Körpers immer wieder in das Bild des Todes – sei er als Maschinenmensch, Gliederpuppe oder Skelett dargestellt. Das Bild des tanzenden Todes ist nach Amaducci vor allem ein elektronisches Bild: Wie viele Autorinnen und Autoren (darunter auch Susan Sontag[42]) erklären, enthalte die regungslose

40 Vgl. Paolo Peverini: *Il videoclip. Strategie e figure di una forma breve*. Roma: Meltemi 2004, S. 50.

41 Vgl. ebd., S. 100.

42 Vgl. Susan Sontag: *Sulla Fotografia. Realtà e immagine nella nostra società*, aus d. Engl. v. Ettore Capriolo. Torino: Einaudi 1978, S. 15.

Zeit der Fotografie einen Hinweis auf die Idee der Unterbrechung des Lebens und darauf, dass der Film eine Dynamisierung desselben Begriffes sei: ‚La Mort au Travail', nach der berühmten Bezeichnung Jean Cocteaus. Also erscheint das Bild, sei es fotografisch oder filmisch, als der phantasmagorische Doppelgänger des Lebendigen, als ein geisterhafter Spiegel der Realität, als ein Gespenst aus einem Jenseits, das nicht mehr oder nur die Höhle Platons ist. In seiner elektronischen Videowelt geht Amaducci vielleicht einen Schritt weiter und kommentiert selbst: „Das Zeit- und Körpergefrieren des filmisch-photographischen Bildes zerstreut sich im Videochaos. Daher bringt es ein unvorhersehbares Zum-Leben-Zurückkehren hervor"[43]. Dennoch erscheint der Tod im elektronischen Unbewussten nur als reines Bild: Er ähnelt den Simulakra von Baudrillard,[44] die das Reale durch seine operative Verdoppelung ersetzen, von diesem auch beschrieben als „System des Todes"[45] bzw. „System der vorweggenommenen Wiederauferstehung, wo dem Ereignis, selbst dem Ereignis des Todes, keine Möglichkeit mehr bleibt"[46]. Folglich kann die Anthologie Amaduccis als ein gegenwärtiger Totentanz interpretiert werden: Durch die Einbeziehung des phänomenologischen Körpers des Zuschauers beruft er sich auf die Erinnerung an die biologische Grenze der menschlichen Natur.

43 Vgl. Presseschau über das Video *Solo per i tuoi occhi* unter http://www.alessandroamaducci.net/node/31 (Zugriff am 20.02.2014).

44 Vgl. Jean Baudrillard: *Der symbolische Tausch und der Tod*, aus d. Franz. v. Gerd Bergfleth / Gabriele Ricke / Ronald Voullié. München: Matthes & Seitz 1982.

45 Jean Baudrillard: Die Präzession der Simulakra. In: Ders.: *Agonie des Realen*, aus d. Franz. v. Lothar Kurzawa / Volker Schaefer. Berlin: Merve 1978, S. 7–70, hier S. 9.

46 Ebd.

Notizen zum Bon Odori

Andreas Becker

Totenfeste gelten hierzulande – man denke an den *Totensonntag*, *Karfreitag*, *Allerseelen* und auch *Allerheiligen* – als traurige Anlässe. Man erinnert sich an Menschen, die nicht mehr auf Erden sind (die Vorfahren, Freunde, bekannte und unbekannte Heilige, Jesus Christus), pflegt deren Gräber und Gedenkstätten, wahrt Ruhe. An diesen ‚stillen Feiertagen' darf in öffentlichen Räumen in Deutschland keine laute Musik gespielt werden, in Discos gibt es Tanzverbot, bestimmte Filme werden nicht aufgeführt, weil sie die Befindlichkeiten zu stören drohen, kurzum: Man ist andächtig. Wer im Spätsommer nach Japan reist, wird an vielen Orten und Stadtteilen in der abendlichen Sommerhitze Menschen in *yukata* (Sommerkimonos) sehen, die auf etwas versteckt liegenden Plätzen um einen mehrere Meter hohen Holzturm (*yagura*) im Kreis herum tanzen, dazu rhythmisch klatschen und singen. Bunte Lampions hängen vom Turm herab, Eis wird an die Kinder verteilt, die Musik von Trommeln und Gesang weht durch die Luft.[1] Der, der die Hintergründe dieser Feste – der *Bon-Odori-Feste* also – nicht kennt, mag geneigt sein, sich in den lächelnden Reigen von jung und alt fröhlich einzureihen und die perpetuierenden Bewegungen nachzuahmen versuchen, gerade auch, weil es an Aufforderungen dazu nicht fehlt. Dass es sich hierbei um Tänze zu Ehren der Toten handelt und mit den Geistern der Toten ‚getanzt' wird,[2]

1 Die folgenden Beobachtungen beziehen auch auf Eindrücke, die der Verfasser bei einem Japanbesuch 2009 und dem Besuch eines *Bon-Odori-Festes* in Tôkyô hatte.

2 So heißt es bei Nakagawa: „The spirits of the ancestors are not visible, but people try to call them in the text, ‚namuamidabutsu (holy ancestors), let's dance

erschließt sich den fremden Besucherinnen und Besuchern vielleicht gar nicht, eben weil der Tod in der modernen westlichen Kultur mit Trauer konnotiert ist und es uns irritiert, dass bei einem Andenken an die Toten *gelächelt* und *getanzt* wird. Schaut man allerdings genauer hin, so bemerkt man schon, dass es eine gewisse mimische Etikette ist, die sich über die Trauer legt und dass hier getanzt wird, nicht nur, um der Toten zu gedenken, sondern auch, weil man sich selbst – lächelnd – in eine bestimmte Haltung dem Tod gegenüber hineinbegibt – und diese im tanzenden Vollzug einübt. Der Tod ist nicht nur der der Anderen, sondern auch der *eigene*, zukünftige. Vielleicht ist es überinterpretiert, aber bei diesem Anlass ist es ganz auffällig, dass oft alle Generationen der Familien tanzen, vom Enkelkind bis hin zu den betagten Groß- und Urgroßeltern. Die Wiederholung, die hierin liegt, ergibt ihren Sinn auch dadurch, dass dieser Tanz von jenen, die jetzt gealtert sind, bereits als Kind getanzt wurde und so der Kreislauf von Geburt und Tod gemeinschaftlich und ganz physisch, Jahr für Jahr durchschritten wird:

> The Bon-odori possesses time and space not only in the form of an outer framework, but also as an inner framework […] within which we can see time and space in the context of the world. On the other hand, we can say that time and space in a worldly context are interpreted as having actualized whithin it.[3]

Es sind gerade Mädchen und Jungen, die die großen *Taiko-Trommeln* oben in den Türmen schlagen. Schnell wird deutlich, dass diese Form des Tanzes nur ein Oberflächenbild einer (zen-)buddhistischen Glaubenshaltung ist, die das Altern und Sterben als kollektiven Lebenszyklus erfahrbar macht.

Der Tanz des *Bon Odori* ist in Japan (und auch etwa in Regionen Hawaiis)[4] weit verbreitet und populär, variiert aber in seinem Ablauf von Region zu Region.[5] Das Fest dauert mindestens drei Tage, vom 13. bis zum 15. Juli, wobei sich der Beginn nach dem Mondkalender

together…"' (Shin Nakagawa: Time and Space of Bon-odori (Bon Dance). In: Rüdiger Schumacher (Hrsg.): *Von der Vielfalt musikalischer Kultur*. Anif: Müller-Speiser 1991, S. 355–367, hier S. 360.)

3 Ebd., S. 363.

4 Vgl. Barbara B. Smith: The Bon-Odori in Hawaii and in Japan. In: *International Folk Music Journal* 14 (1962), S. 36–39.

5 Nakagawa: Time and Space of Bon-odori, S. 356–357. Nakagawa spricht auch am Beispiel der Stadt Totsukawa (in der Nara-Präfektur) von stabilen *patterns*, die von Elementen der Improvisation und Veränderung durchzogen seien.

richtet (heute pragmatisch variiert und teilweise auf August gelegt).[6] Lafcadio Hearn, dem so viele Schilderungen Japans zu verdanken sind, hat das Fest bei einem Tempel in Kamiichi folgendermaßen beschrieben:

> In der Mitte des Hofes steht ein Bambusgestell, auf dem eine große Trommel ruht; und ringsherum hat man Bänke aufgestellt, Bänke aus dem Schulhaus, auf denen Landleute sitzen. […] Und ich weiß, dass die Lichter die weißen Laternen der Toten sind, wie sie nur in Friedhöfen hängen, und dass die grauen Formen Silhouetten von Gräbern sind. Plötzlich erhebt sich ein Mädchen von seinem Sitz und schlägt einmal auf die große Trommel. Das ist das Signal für den Tanz der Seelen. Aus dem Schatten des Tempels gleitet ein Zug Tanzender in das Mondlicht und macht plötzlich Halt – lauter junge Frauen und Mädchen in ihren erlesensten Gewändern […]. Und nach einem zweiten Trommelschlag beginnt ein Schauspiel, das Worte unmöglich wiedergeben können, etwas Unsagbares – ein Tanz, eine Phantasmagorie, eine Offenbarung. Wie auf ein Zeichen gleiten alle zugleich mit dem rechten Fuß einen Schritt vorwärts, ohne die Sandalen vom Boden zu heben, und alle strecken beide Hände nach rechts mit einer seltsam fließenden Wellenbewegung und einer lächelnden geheimnisvollen Verbeugung. Dann wird der rechte Fuß zurückgezogen, mit einem abermaligen Händewinken und geheimnisvollen Neigen. Dann treten alle mit dem linken Fuß vor und wiederholen die früheren Bewegungen mit einer halben Wendung nach links.[7]

Der traditionelle Ablauf des Festes lässt sich grob einteilen.[8] Am ersten Tag stellen die Bewohner Laternen vor die Türen ihrer Häuser, um den Seelen der Toten den Weg zu weisen (*mukae-bi*, dt. Willkommensfeuer), dann wird der Hausaltar gereinigt und Opfergaben gebracht, Priester beten für die Verstorbenen, man besucht die Gräber. Am letzten Tag werden die Geister der Toten mit dem

6 Zum Zeitablauf und dessen Form der Energiekonvergenz vgl. ebd., S. 358–359; Ensho Ashikaga: The Festival for the Spirits of the Dead in Japan. In: *Western Folklore* 9,3 (1950), S. 217–228, hier S. 217–218; Hideo Haga / Gordon Warner: *Japanese Festivals*. Ôsaka: Hoiku-Sha 1979, S. 70–71. Zum japanischen Kalendarium vgl. Florian Coulmas: Zeit der Feste. In: Ders.: *Japanische Zeiten. Eine Ethnografie der Vergänglichkeit*. Reinbek: Kindler 2000, S. 95–119.

7 Lafcadio Hearn: Bon Odori. In: Ders.: *Das Japanische Lächeln*, aus d. Engl. v. Berta Franzos. Leipzig: Deltus 2000, S. 59–72, hier S. 67–68. Das Lied, auf das getanzt wird, heißt *tankô bushi* (wörtl. *Kohlebergwerk-Melodie*). Und die Bewegungen scheinen das Schaufeln von Kohle zu imitieren, auch wird die Miike-Kohlemine im Liedtext erwähnt.

8 Ich folge hier insb. Ashikaga: The Festival for the Spirits of the Dead in Japan, S. 217–218; Hisayoshi Takeda: Jahresbrauchtum in einem japanischen Dorf. In: *Folklore Studies* 8 (1949), S. 1–269, hier S. 218–219.

okuribi, dem Abschiedsfeuer, in das Totenreich zurück geleitet. Seinen Ursprung hat das *Bon Odori* (oder auch *Obon-Fest*) in Indien, dort wird folgende Geschichte des Buddha-Schülers Mokuren überliefert:

> [W]hen Mokuren (Skt: Maudgalyâyana) had attained within himself the six supernatural powers, he wished to deliver his parents from sin and its penalty in requital of the favors he had received. By his supernatural powers he scanned all existence (from heaven down to hell) and discovered his mother, reduced to a mere skeleton, suffering the torments of the hell of hunger.[9]

Mokuren geht schließlich zu Buddha, der ihm sagt, dass seine Mutter gerettet werden könne, wenn er ihnen am 15. Tag des siebten Monats (*parvârana*) Opfergaben bringe:

> All was done as the Buddha had commanded; whereupon on that day of ‚pravârana' Mokuren's mother was delivered from the torments of the hell of hunger. Mokuren, with great joy, asked the Buddha if this festival should be established throughout all future generations. In reply the Buddha said: „All Buddhists, who must be filial and grateful to their parents and ancestors for their love, should keep this service on the fifteenth of the seventh moon every year."[10]

Wie Ensho Ashikaga weiter schreibt, finden sich schon in der japanischen Chronik *Nihonshoki* Schilderungen des *Bon-Odori-Festes.*

Das *Bon Odori* verbindet nicht nur topisch das Reich der Lebenden und Toten miteinander – dies kennt man auch aus der europäischen Kultur, etwa dem *Hades* –, es lässt die ‚Welten' durchlässig werden, indem es Zeichen an das Jenseits sendet. Man begibt sich nicht, wie Odysseus, an den *Hades*, sondern lädt die Toten zu sich ein. Diese Verbindung diesseitiger und jenseitiger Welt ist in der japanischen Kultur ganz gewöhnlich. Auch das *Nô-Theater* kennt in seinen berühmten Geschichten, wie etwa in *Atsumori* oder *Funa-Benkei*, das Auftreten von Totengeistern, mit denen wiederum tänzerisch und gesanglich umgegangen wird. Ashikaga weist darauf hin, dass es bei dem synchronen Volkstanz des *Bon Odori* auch darum gehe, mehrere hundert Menschen in einen kollektiven Körper zu inkorporieren.[11]

Die kulturellen Prämissen, die dem *Bon Odori* zugrunde liegen, können hier nur skizzenhaft thematisiert werden. Im *Bon Odori* konkretisiert sich eine buddhistische Vorstellungswelt, die natürlich auch

9 Ashikaga: The Festival for the Spirits of the Dead in Japan, S. 218–219.

10 Ebd., S. 220.

11 Vgl. ebd., S. 225.

modernisiert, teilweise verkitscht, aber dennoch Leben und Tod als kollektiven Zyklus denkt.[12] Die Ästhetisierung und Stilisierung der (aufgeführten) Tänze mit den Geistern der Toten ist eine Alternative zu deren Separierung, die sich im Westen durchgesetzt hat (z. B. in Form von Friedhofsmauern und Nekropolen).[13] Dadurch wandeln sich auch ganz konkret emphatische Äußerungen: Man denke an einen weiteren Bericht Lafcadio Hearns, der eine Dienerin beschreibt, die *lächelnd* zu ihrer Dame kommt, „als sei ihr etwas sehr Angenehmes passiert, und sagt: Ihr Mann sei gestorben, und sie bitte, seiner Bestattung beiwohnen zu dürfen“[14].

Ein weiteres Beispiel sind die ‚Beerdigungszeremonien zu Lebzeiten‘ (*seizensô*), die man in Japan ausrichten kann. Man könnte meinen, dies seien bloß anders bezeichnete Jubiläumsfeiern. Eine solche Auffassung erklärt allerdings nicht, warum bei diesen Anlässen der Tod offensichtlich eine beträchtliche Thematisierung erfährt. So berichtet die japanische Zeitung *Asahi Weekly* 1993 über die (vor allem wegen ihrer Rollen im japanischen Film der 1950er und 60er Jahre berühmt gewordene) Schauspielerin Takiko Mizunoe, dass diese sich für eine solche Zeremonie entschieden habe, weil sie unglücklich gewesen sei wegen der Abläufe bei der Zeremonie ihrer Schwester.[15] Zwar ersetzen diese Riten, wie Kawano schreibt, nicht die Beerdigungsfeiern,[16] aber sie als bloße Selbstinszenierungen zu verstehen, geht sicher fehl. Es handele sich hierbei um neuartige Riten: „Pre-funerals are new life-cycle rites for older persons, in which themes of death and rebirth recur.“[17] Andere Autoren betonen bei der Veränderung der

12 Für eine sehr komprimierte Darstellung des Buddhismus und seiner Geschichte vgl. Richard C. Bush (Hrsg.): *The Religious World. Communities of Faith*, New York: Macmillan 1993, insb. S. 127–197 (Kap. 5: „Buddhism“). Zur japanischen Religion und den Glaubenssystemen vgl. Paul L. Swanson / Clark Chilson (Hrsg.): *Nanzan Guide to Japanese Religions*. Honolulu: University of Hawaii Press 2006.

13 Auch die Separierung gibt es in Japan, die Zusammenhänge sind allerdings zu vielschichtig, um sie hier in Kürze diskutieren zu können.

14 Lafcadio Hearn: Das Japanische Lächeln. In: Ders.: *Das Japanische Lächeln*, S. 142–156, hier S. 145.

15 Satsuki Kawano: Pre-Funerals in Contemporary Japan. The Making of a New Ceremony of Later Life among Aging Japanese. In: *Ethnology* 43,2 (2004), S. 155–165, hier S. 156.

16 Vgl. ebd.

17 Ebd., S. 161.

Riten und Abläufe auch die modernen Beerdigungsindustrien und fassen diese unter den Stichwörtern Individualisierung und Privatisierung zusammen. Auch werden die Bestattungsriten zunehmend aus dem buddhistischen Glaubenskontext gelöst.[18] Es wäre zu untersuchen, inwieweit die mediale Darstellung und massenmediale Abbildung der Riten diese verändert.

18 Huruyo Inoue: Contemporary Transformation of Japanese Death Ceremonies. In: Hiraku Suzuki: *Death and Dying in Contemporary Japan*, London: Routledge 2013, S. 123–137, insb. S. 125–126; Mark Rowe: Stickers for Nails. The Ongoing Transformation of Roles, Rites, and Symbols in Japanese Funerals. In: *Japanese Journal of Religious Studies* 27,3–4 (2000), S. 353–378; Elizabeth Kenney / Edmund T. Gilday: Mortuary Rites in Japan. In: Ebd., S. 163–178.

Epilog

Am 25. Oktober 1980 fand sich die Band *Ton Steine Scherben* im Studio ein, um Tarotkarten zu ziehen. Die 22 großen Arkana des Tarot sollten den 22 Titeln des ‚schwarzen Albums' als Grundlage und Inspiration dienen. Als die Karte *Der Tod* gezogen wurde, entstand „Filmkuß"[1]:

Du fällst aus den Träumen ins Licht
Nachtaugentief im Morgentau
Ohne Gewicht, fernes Gesicht
Du nimmst mich mit
Ein Vogel schreit
Wie ein Filmkuß – atemlos

Du sorgst dich um jeden
Bist plötzlich da, vergißt nicht einen
Wie die Liebe, hast immer Zeit
Du hungerst nicht
Bist dir selbst genug
Wie ein Filmkuß – atemlos

Du sagst nie nein
Du bist mir sicher
Machst weiß aus schwarz
Die Blumen weinen
Spiegelverkehrt
Wie ein Filmkuß – atemlos

Du bist Feuer, du machst kalt
Du verbrennst dich, du verbrennst mich
Der Himmel ist göttlich
wenn es ihn gibt
Wie ein Filmkuß – zeitenlos
Du bist so einfach
Ende.

1 Ton Steine Scherben: „Filmkuß" (*Ton Steine Scherben IV*, David Volksmund Produktion 1981, Text: Hannes Eyber, Komposition: Rio Reiser), abgedruckt mit freundlicher Zustimmung von Hannes Eyber, Gert Möbius und David Volksmund Produktion.

Bibliographie

Adorno, Theodor W. / Siegfried Kracauer: *Briefwechsel 1923–1966. „Der Riß der Welt geht auch durch mich…“*, hrsg. v. Wolfgang Schopf. Frankfurt am Main: Suhrkamp 2008.

Adorno, Theodor W.: *Gesammelte Schriften*, 20 Bde., hrsg. v. Rolf Tiedemann, unter Mitarb. v. Gretel Adorno / Susan Buck-Morss / Klaus Schultz. Frankfurt am Main: Suhrkamp 1970–1980.

Amaducci, Alessandro: Solo per i tuoi occhi. In: Chicca Bergonzi / Patrizia Pesko (Hrsg.): *Invideo. Mostra internazionale di video d'arte e ricerca.* Ausstellungskatalog Triennale di Milano / Palazzo dell'Arte. Mailand: Charta 1998, o. Pag.

—: *Segnali Video. I nuovi immaginari della videoarte.* Santhià: GS 2000.

Amann, Caroline / Philipp Brunner: Todesdarstellung. In: *Lexikon der Filmbegriffe.* http://filmlexikon.uni-kiel.de (Zugriff am 16.10.2014).

Anâm, Mohammed: *Hugo von Hofmannsthal und Maurice Maeterlinck. Zur Darstellung und Rezeption der Maeterlinckschen Todesauffassung und Theaterästhetik bei Hugo von Hofmannsthal.* Freiburg im Breisgau: Hochschul-Verlag 1995.

Ariès, Philippe: *Essais sur l'histoire de la mort en occident. Du Moyen Age à nos jours.* Paris: Seuil 1975 (dt. Ausg.: *Studien zur Geschichte des Todes im Abendland.* München: Hanser 1976).

—: Der ins Gegenteil verkehrte Tod. Die Veränderung der Einstellungen zum Tode in den westlichen Gesellschaften. In: Ders.: *Studien zur Geschichte des Todes im Abendland*, S. 157–189.

—: *Bilder zur Geschichte des Todes.* München: Hanser 1984.

—: *Geschichte des Todes.* München: dtv 2005.

Arnheim, Rudolf: Melancholy Unshaped. In: *Journal of Aesthetics and Art Criticism* 21,3 (1963), S. 291–297.

Ashikaga, Ensho: The Festival for the Spirits of the Dead in Japan. In: *Western Folklore* 9,3 (1950), S. 217–228.

Assmann, Jan: *Tod und Jenseits im Alten Ägypten.* München: Beck 2001.

Assmann, Jan / Rolf Trauzettel (Hrsg.): *Tod, Jenseits und Identität. Perspektiven einer kulturwissenschaftlichen Thanatologie.* Freiburg: Alber 2002.

Augusta, Georg: Die Droge und die Frage der Unentscheidbarkeit von Gabe und Gift (Mauss, Derrida, Lacan). In: *Wiener Zeitschrift für Suchtforschung* 31,1 (2008), S. 13. http://www.api.or.at/wzfs/beitrag/WZ_31_2008_1_02_Augusta.pdf (Zugriff am 15.05.2014).

Bär, Gerald: *Das Motiv des Doppelgängers als Spaltungsphantasie in der Literatur und im deutschen Stummfilm.* Amsterdam / New York: Rodopi 2005.

Barthel, Korinna: *Das Quentchen Gewalt. Heiße und Kalte Gewalt in den Filmen Quentin Tarantinos.* Marburg: Tectum 2005.

Barthes, Roland: *Die helle Kammer. Bemerkungen zur Photographie.* Frankfurt am Main: Suhrkamp 1989.

Battaglia, Letizia: *Passion, Justice, Freedom – Photographs of Sicily.* New York: Aperture 1999.

Baudrillard, Jean: Die Präzession der Simulakra. In: Ders.: *Agonie des Realen*, aus d. Franz. v. Lothar Kurzawa / Volker Schaefer. Berlin: Merve 1978, S. 7–70.

—: *Der symbolische Tausch und der Tod*, aus d. Franz. v. Gerd Bergfleth / Gabriele Ricke / Ronald Voullié. München: Matthes & Seitz 1982.

Baumgartner, Karin / Maria Weinberger: Janet Cardiff & George Bures Miller. Alter Bahnhof Videowalk. In: *Kunst und Kirche. Ökumenische Zeitschrift für zeitgenössische Kunst und Architektur* 4 (2012): Religion und dOCUMENTA (13), S. 21–23.

Bazin, André: Ontologie des fotografischen Bildes. In: Ders.: *Was ist Kino? Bausteine zur Theorie des Films*, aus d. Franz. v. Barbara Peymann. Köln: DuMont 1975, S. 20–44.

Beattie, James: An Essay on Laughter and Ludicrous Composition. In: Ders.: *The Philosophical and Critical Works of James Beattie*, Bd. I: Essays (1776), hrsg. v. Bernhard Fabian. Hildesheim / Zürich / New York: Olms 1975, S. 582–705.

Beauvoir, Simone de: *Briefe an Sartre*, 2 Bde., hrsg. v. Sylvie Le Bon de Beauvoir. Reinbek: Rowohlt 1997.

Becker, Barbara: Atmosphäre. Über den Hintergrund unserer Wahrnehmung und seine mediale Substitution. In: Christian Filk / Michael Lommel / Mike Sandbothe (Hrsg.): *Media Synaesthetics. Konturen einer physiologischen Medienästhetik.* Köln: Halem 2004, S. 43–58.

—: Con-tact – On the Problem of the Absence of Eye Contact and Physical Contact in Virtual Interaction. In: Ipke Wachsmuth (Hrsg.): *Modeling Communication with Robots and Virtual Humans. Revised Selected Papers.* Berlin / Heidelberg / New York: Springer 2008, S. 169–180.

—: *Taktile Wahrnehmung. Phänomenologie der Nahsinne*, hrsg. v. Sebastian Ostermann / Kristin Wenzel. Paderborn: Fink 2011.

Beiler, Berthold: *Die Gewalt des Augenblicks. Gedanken zur Ästhetik der Fotografie.* Leipzig: VEB Fotokinoverlag 1969.

Belting, Hans: Bild und Tod. Verkörperung in frühen Kulturen (Mit einem Epilog zur Photographie). In: Ders.: *Bild-Anthropologie. Entwürfe für eine Bildwissenschaft*, hrsg. v. Gottfried Boehm / Karlheinz Stierle. München: Fink 2001, S. 143–188.

Bersani, Leo / Ulysse Dutoit: *Forms of Being: Cinema, Aesthetics, Subjectivity.* London: BFI 2008.

Die Bibel. *Altes und Neues Testament. Einheitsübersetzung.* Freiburg / Basel / Wien: Herder 1999.

Blaseio, Geron / Claudia Liebrand: ‚Revenge is a dish best served cold.' ‚World Cinema' und Quentin Tarantinos *Kill Bill.* In: Achim Geisenhanslüke / Christian Steltz (Hrsg.): *Unfinished Business. Quentin Tarantinos* Kill Bill *und die offenen Rechnungen der Kulturwissenschaften.* Bielefeld: Transcript, 2006, S. 13–33.

Blasi, Luca di / Manuele Gragnolati / Christoph F. E. Holzhey (Hrsg.): *The Scandal of Self-Contradiction. Pasolini's Multistable Subjectivities, Geographies, Traditions.* Wien, Berlin: Turia + Kant 2012.

Bleasdale, John: Terrence Malick's Histories of Violence. In: Thomas Deane Tucker / Stuart Kendall (Hrsg.): *Terrence Malick. Film and Philosophy.* New York: Continuum 2011, S. 40–57.

Bleek, Jennifer: *Blick und Welt. Filmästhetische Konstruktionen beim frühen Terrence Malick.* München: Fink 2009.

Bloch, Ernst: *Briefe 1903–1975*, 2 Bde., hrsg. v. Karola Bloch / Jan Robert Bloch et al. Frankfurt am Main: Suhrkamp 1985.

Bock, Hans-Michael / Claudia Lenssen (Hrsg.): *Joe May. Regisseur und Produzent.* München: Ed. text + kritik 1991.

Bockris, Victor: *Lou Reed. Eine Biografie*, aus d. Amerikan. v. Sabine Reinhards / Gerald Jung. Höfen: Hannibal 2001.

Bohleber, Werner (Hrsg.): *Depression. Neue psychoanalytische Erkundungen einer Zeitkrankheit* (Sonderheft *Psyche – Zeitschrift für Psychoanalyse und ihre Anwendungen*). Stuttgart: Klett-Cotta 2010.

Bohn, Ralph / Heiner Wilharm (Hrsg.): *Inszenierung und Ereignis. Beiträge zur Theorie und Praxis der Szenografie.* Bielefeld: Transcript 2009.

Bragg, Melvyn: *The Seventh Seal.* London: BFI 1993.

Brand-Claussen, Bettina: „…lassen sich neben den besten Expressionisten sehen" – Alfred Kubin, Wahnsinns-Blätter und die „Kunst der Irren". In: Herwig Guratzsch / Thomas Röske (Hrsg.): *Expressionismus und Wahnsinn.* München: Prestel 2003, S. 136–149.

Brandes, Stanley H.: *Skulls to the Living, Bread to the Dead. The Day of the Dead in Mexico and Beyond.* London: Wiley 2007.

Breidecker, Volker: „Ferne Nähe". Kracauer, Panofsky und „the Warburg tradition". In: *Siegfried Kracauer – Erwin Panofsky. Briefwechsel 1941–1966*, hrsg., komm. u. mit einem Nachw. v. Volker Breidecker. Berlin: Akademie 1996, S. 129–226.

Brenner, Anita: *Idols Behind Altars. Modern Mexican Art and Its Cultural Roots.* New York: Dover 2002.

Briesemeister, Dietrich (Hrsg.): *Bilder der Todes.* Unterschneidheim: Uhl 1970.

Bryant, Clifton D. (Hrsg.): *Handbook of Death and Dying.* Thousand Oaks: Sage 2003.

Bulgakowa, Oksana: *Eisenstein. Eine Biographie.* Berlin: PotemkinPress 1997.

Bush, Richard C. (Hrsg.): *The Religious World. Communities of Faith*, New York: Macmillan 1993.

Bushart, Magdalena: *Der Geist der Gotik und die expressionistische Kunst. Kunstgeschichte und Kunsttheorie 1911–1925.* München: Schreiber 1990.

Campbell, Neil: The Highway Kind. Badlands, Youth, Space and the Road. In: Hannah Patterson (Hrsg.): *The Cinema of Terrence Malick. Poetic Visions of America.* London / New York: Wallflower 2007, S. 40–51.

Canova, Gianni: *L'alieno e il pipistrello. La crisi della forma nel cinema contemporaneo.* Mailand: Studi Bompiani 2000.

Carlsen, Per Juul: The Only Redeeming Factor is the World Ending. In: *Film* 72 (2011): Cannes Issue, S. 5–8.

Caroll, Noël: Der nicht-fiktionale Film und der postmoderner Skeptizismus. In: Eva Hohenberger (Hrsg.): *Bilder des Wirklichen. Texte zur Theorie des Dokumentarfilms.* Berlin: Vorwerk 8 2012, S. 34–62.

Certeau, Michel de: *Kunst des Handelns*, aus d. Franz. v. Ronald Voullié. Berlin: Merve 1988.

Chaganti, Seeta: Danse Macabre in the Virtual Churchyard. http://postmedieval crowdreview.wordpress.com/papers/chaganti/ (Zugriff am 07.02.2014).

Cheshire, Godfrey: Hollywood's New Hit Men (November 1994). In: Gerald Peary (Hrsg.): *Quentin Tarantino. Interviews.* Jackson: Mississippi University Press 1998, S. 89–96.

Chiesi, Roberto: Das träumende Ich. Das Motiv der Vision im Werk Pasolinis. In: Bernhart Schwenk / Michael Semff (Hrsg.): *P. P. P. – Pier Paolo Pasolini. Pasolini und der Tod.* Ostfildern-Ruit: Hatje Cantz 2005, S. 83–106.

Clark, James A. B. Albertus: *Death and the Visual Arts.* Nachdruck. New York: Arno 1977.

Cocteau, Jean: Vom Tod. In: Rudolf Schäfer: *Der ewige Schlaf / Visages de morts.* Hamburg: Kellner 1995, o. Pag.

Cooke, Lynne: B(e)aring Meaning. In: Marijke van Warmerdam (Hrsg.): *Single, Double, Crosswise.* Eindhoven: Stedelijk Van Abbemuseum 1997, S. 8.

Cornish, Matt: The Future, Unhurried. In: *PAJ 95. A Journal of Performance and Art* 32,2 (2010), S. 39–50.

Cortez, Carlos (Hrsg.): *Viva Posada! A Salute to the Great Printmaker of the Mexican Revolution.* Chicago: Kerr 2002.

Corvisier, André: *Les danses macabres.* Paris: PUF 1998.

Cosacchi, Stephan: M*akabertanz. Der Totentanz in Kunst, Poesie und Brauchtum des Mittelalters.* Meisenheim am Glan: Hain 1965.

Coulmas, Florian: Zeit der Feste. In: Ders.: *Japanische Zeiten. Eine Ethnografie der Vergänglichkeit.* Reinbek: Kindler 2000, S. 95–119.

Deplazes, Gion: Saut dals morts / Totentanz. In: Andreas Kotte (Hg.): *Theaterlexikon der Schweiz*, Bd. 3. Zürich: Chronos 2005, S. 1568–1569.

Derrida, Jacques: Die Zeit des Königs. In: Ders.: *Falschgeld. Zeit geben I*, aus d. Franz. v. Andreas Knop / Michael Wetzel. München: Fink 1993, S. 9–48.

—: Platons Pharmazie. In: Ders.: *Dissemination*, aus d. Franz. v. Hans-Dieter Gondek. Wien: Passagen 1995, S. 106–160.

Deuber-Mankowski, Astrid: Cinematographic Aesthetics as Subversion of Moral Reason in Pasolini's *Medea.* In: Luca di Blasi / Manuele Gragnolati / Christoph F. E. Holzhey (Hrsg.): *The Scandal of Self-Contradiction. Pasolini's Multistable Subjectivities, Geographies, Traditions.* Wien, Berlin: Turia + Kant 2012, S. 255–266.

Difraoui, Asiem El: Die Rolle der neuen Medien im Arabischen Frühling. http://www.bpb.de/internationales/afrika/arabischer-fruehling/52420/die-rolle-der-neuen-medien (Zugriff am 04.04.2014).

Dreier, Rolf Paul: *Der Totentanz – Ein Motiv der kirchlichen Kunst als Projektionsfläche für profane Botschaften (1425–1650).* Mit CD-Rom (Verzeichnis der Totentänze). Leiden: Brill 2010.

Dubois, Philippe: *Der fotografische Akt. Versuch über ein theoretisches Dispositiv*, hrsg. u. mit einem Vorw. v. Herta Wolf, aus d. Franz. v. Dieter Hornig. Amsterdam / Dresden: Verlag der Kunst 1998.

Echle, Evelyn: Wenn der Tod zum Tanz einlädt. Herk Harveys *Carnival of Souls* als filmisches Niemandsland zwischen Diesseits und Jenseits. In: *L'art macabre. Jahrbuch der Europäischen Totentanz-Vereinigung* 8 (2007), S. 53–60.

—: Vexierspiel von Somatik und textueller Abstraktion. Die Figur des personifizierten Todes als filmische Allegorie (01.01.2008). http://www.nachdemfilm.de/content/vexierspiel-von-somatik-und-textueller-abstraktion (Zugriff am 27.09.2014).

—: *Danse Macabre im Kino. Die Figur des personifizierten Todes als filmische Allegorie.* Stuttgart: ibidem 2009.

—: Tod im Film – Personifikationen des Todes. In: *Lexikon der Filmbegriffe.* http://filmlexikon.uni-kiel.de (Zugriff am 16.10.2014).

—: Tod im Film. In: Ebd. (Zugriff am 16.10.2014).

Eisenstein, Sergei M.: Introduction to the Scenario of *¡Qué viva México!* In: Marie Seton: *Sergei M. Eisenstein. A Biography.* London: Dobson 1978, S. 504–512 (Appendix V).

—: *Yo – Ich selbst. Memoiren*, 2 Bde., hrsg. v. Naum Klejman / Walentina Korschunowa. Wien: Löcker 1984.

—: *¡Que viva Mexico!* London: Vision 1951.

Eisenstein, Sergei M. / Upton Sinclair: *The Making and Unmaking of ¡Que Viva Mexico!*, hrsg. v. Harry M. Geduld / Ronald Gottesmann. London: Thames & Hudson 1979.

Eisner, Lotte H.: *Fritz Lang*, hrsg. v. David Robinson, aus d. Amerikan. v. Gertrud Mander. New York / London: Secker & Warburg 1976.

Euripides: *Medea*, aus d. Altgriech. v. J. J. Donner. Stuttgart: Reclam 1991.

Evertson, Matthew: Fields of Vision. Human Presence in the Plain Landscapes of Terrence Malick and Wright Morris. In: Thomas Deane Tucker / Stuart Kendall (Hrsg.): *Terrence Malick. Film and Philosophy.* New York: Continuum 2011, S. 101–126.

Faldini, Franca / Goffredo Fofi (Hrsg.): *Pier Paolo Pasolini. Lichter der Vorstädte – Die abenteuerliche Geschichte seiner Filme.* Hofheim: Wolke 1996.

Fest, Joachim: *Der tanzende Tod. Über Ursprung und Formen des Totentanzes vom Mittelalter bis zur Gegenwart.* Lübeck: Lucifer 1986.

Fibicher, Bernhard: *Six Feet Under. Autopsie unseres Umgangs mit Toten / Autopsy of Our Relation to the Dead.* Katalog zur gleichn. Ausstellung, Kunstmuseum Bern. Bielefeld / Leipzig: Kerber 2006.

Fischer, Kai (Hrsg.): *Totentanz. Skulpturen und Drucke von Klaus Hack.* Ausstellungskatalog. Bremen: Gerhard-Marcks-Stiftung 2001.

Fischer, Ralph: *Walking Artists. Über die Entdeckung des Gehens in den performativen Künsten.* Bielefeld: Transcript 2011.

Fischer-Lichte, Erika: *Ästhetik des Performativen.* Frankfurt am Main: Suhrkamp 2004.

—: *Performativität. Eine Einführung.* Bielefeld: Transcript 2012.

Flach, Sabine: *Körper-Szenarien. Zum Verhältnis von Körper und Bild in Videoinstallationen.* München: Fink 2003.

Freud, Sigmund: *Vorlesungen zur Einführung in die Psychoanalyse. Gesammelte Werke*, Bd. 11. Frankfurt am Main: Fischer 1960.

—: *Zwang, Paranoia und Perversion. Studienausgabe*, Bd. 7. Frankfurt am Main: Fischer 2007.

—: *Psychologie des Unbewußten. Studienausgabe*, Bd. 3. Frankfurt am Main: Fischer 1997.

Frey, Winfried (Hrsg.): *„Ihr müßt alle nach meiner Pfeife tanzen." Totentänze vom 15. bis zum 20. Jahrhundert aus den Beständen der Herzog-August-Bibliothek Wolfenbüttel und der Bibliothek Otto Schäfer Schweinfurt.* Ausstellungskatalog. Wiesbaden: Harrassowitz 2000.

Freytag, Hartmut: Literatur- und kulturhistorische Anmerkungen und Untersuchungen zum Lübecker und Revaler Totentanz. In: Ders. (Hrsg.): *Der Totentanz der Marienkirche in Lübeck und der Nikolaikirche in Reval (Tallinn). Edition, Kommentar, Interpretation.* Köln / Weimar / Wien: Böhlau 1993, S. 13–57.

Fuchs, Christian: Let's get physical. Anmerkungen zum Körperkino. In: Robert Rotifer / Martin Pieper (Hrsg.): *FM4 – Das Buch #1: You're at home baby.* Wien / Frankfurt am Main: Deuticke 2002.

Fürst, Michael / Florian Krautkrämer / Serjoscha Wiemer: *Untot. Zombie – Film – Theorie.* München: Belleville 2011.

Gansera, Rainer: Der Tod lässt mit sich reden. In: *Süddeutsche Zeitung*, 19.11.2008. http://www.sueddeutsche.de/kultur/im-kino-palermo-shooting-der-tod-laesst-mit-sich-reden-1.496876 (Zugriff am 21.09.2014).

Gates Jr., Henry Louis: Tarantino ‚Unchained', Part 1: *Django* Trilogy? (Q&A with Quentin Tarantino for *The Root*). http://www.theroot.com/articles/history/2012/12/django_unchained_trilogy_and_more_tarantino_talks_to_gates.html (Zugriff am 01.04.2014).

Gaudeaux, Ariane: *La Balade Sauvage de Terrence Malick*. Chatou: Ed. La Transparence 2011.

Gehring, Petra: *Theorien des Todes zur Einführung*. Hamburg: Junius 2011.

Gertsman, Elina: *The Dance of Death in the Middle Ages. Image, Text, Performance*. Turnhout: Brepols 2010.

Gigliucci, Roberto: *Lo spettacolo della morte. Estetica e ideologia del macabro nella letteratura medievale*. Anzio: De Rubeis 1994.

Gillespie, David: Sergei Eisenstein and the articulation of masculinity. In: *New Zealand Slavonic Journal*. 42 (2008), S. 1–53.

Goethe, Johann Wolfgang von: Faust. Der Tragödie zweiter Teil in fünf Akten. In: Ders.: *Werke. Hamburger Ausgabe*, Bd. 3: Dramatische Dichtungen, hrsg. v. Erich Trunz. München: Beck 1986, S. 146–364.

Goldmark, Daniel / Yuval Taylor (Hrsg.): *The Cartoon Music Book*. Chicago: Cappella 2002.

Goodwin, James: Eisenstein, Ecstasy, Joyce and Hebraism. In: *Critical Inquiry* 26,3 (Frühling 2000), S. 529–557.

Grierson, John: Grundsätze des Dokumentarfilms. In: Eva Hohenberger (Hrsg.): *Bilder des Wirklichen. Texte zur Theorie des Dokumentarfilms*. Berlin: Vorwerk 8 2012, S. 90–102.

Gross, Angelika: Zur Bedeutung der Totentanz-Sequenz in Jean Renoirs Film *Die Spielregel* von 1939. In: *L'art macabre. Jahrbuch der Europäischen Totentanz-Vereinigung* 6 (2005), o. Pag.

Groß, Bernhard: Reconciliation and Stark Incompatibility. Pasolini's ‚Africa' and Greek Tragedy. In: Luca di Blasi / Manuele Gragnolati / Christoph F. E. Holzhey (Hrsg.): *The Scandal of Self-Contradiction. Pasolini's Multistable Subjectivities, Geographies, Traditions*. Wien, Berlin: Turia + Kant 2012, S. 167–186.

Groß, Dominik / Christoph Scheikardt (Hrsg.): *Die Realität des Todes. Zum gegenwärtigen Wandel von Totenbildern und Erinnerungskulturen*. Frankfurt / New York: Campus 2010.

Grözinger, Karl-Erich: *Jüdisches Denken. Theologie – Philosophie – Mystik*, Bd. 2: Von der mittelalterlichen Kabbala zum Hasidismus. Frankfurt am Main: Campus 2005.

Guthmann, Jens: Die Bedrohung des Menschen durch den Menschen. Totentanz in der bildenden Kunst seit dem Zweiten Weltkrieg. In: Winfried Frey (Hrsg.): *„Ihr müßt alle nach meiner Pfeife tanzen." Totentänze vom 15. bis zum 20. Jahrhundert aus den Beständen der Herzog-August-Bibliothek Wolfenbüttel und der Bibliothek Otto Schäfer Schweinfurt*. Ausstellungskatalog. Wiesbaden: Harrassowitz 2000, S. 231–276.

Guynn, William Howard: Der Dokumentarfilm und sein Zuschauer. In: Eva Hohenberger (Hrsg.): *Bilder des Wirklichen. Texte zur Theorie des Dokumentarfilms*. Berlin: Vorwerk 8 2012, S. 240–258.

Haga, Hideo / Warner, Gordon: *Japanese Festivals*. Ôsaka: Hoikusha, S. 70–71.

Hahn, Alois: *Einstellungen zum Tod und ihre soziale Bedingtheit. Eine soziologische Untersuchung*. Stuttgart: Enke 1968.

Hammerstein, Reinhold: *Tanz und Musik des Todes. Die mittelalterlichen Totentänze und ihr Nachleben*. Bern / München: Francke 1980.

Hansen, Miriam Bratu: „With Skin and Hair." Kracauer's Theory of Film, Marseille 1940. In: *Critical Inquiry* 19,3 (Frühling 1993), S. 437–469.

—: Introduction. In: Siegfried Kracauer: *Theory of Film. The Redemption of Physical Reality*. Princeton: Princeton University Press 1997, S. vii-xlv.

—: *Cinema and Experience. Siegfried Kracauer, Walter Benjamin and Theodor W. Adorno*, hrsg. v. Edward Dimendberg. Berkeley / Los Angeles / London: University of California Press 2011.

Harbou, Thea von: *Metropolis. Roman*, hrsg. u. mit einem Nachw. v. Herbert W. Franke. Frankfurt am Main / Berlin / Wien: Ullstein 1984.

Hausner, Renate / Winfried Schwab (Hrsg.): *Den Tod tanzen? Tagungsband des Totentanzkongresses Stift Admont 2001*. Anif: Müller-Speiser 2002.

Hayslip, Bert: Death Denial. Hiding and Camouflaging Death. In: Bryant (Hrsg.): *Handbook of Death and Dying* Bd. 1: The Presence of Death. Thousand Oaks: Sage 2003, S. 34–42.

Hearn, Lafcadio: *Das Japanische Lächeln*, aus d. Engl. v. Berta Franzos. Leipzig: Deltus 2000.

Heppe, Karl Bernd (Hrsg.): *Bilder und Tänze des Todes. Gestalten des Todes in der europäischen Kunst seit dem Mittelalter*. Katalog zur gleichn. Ausstellung. Unna: Kreis Unna 1982.

Hess, Ralf: Der sanfte Plünderer. Über Querverweise und Inspirationsquellen von *Kill Bill*. In: *steadycam* 48 (2005): Quentin Tarantinos *Kill Bill*, S. 56–93.

Hohenberger, Eva (Hrsg.): *Bilder des Wirklichen. Texte zur Theorie des Dokumentarfilms*. Berlin: Vorwerk 8 2012.

Horodner, Stuart: *Walk Ways*. New York: ICI 2002.

Hülsen-Esch, Andrea von / Hiltrud Westermann-Angershausen (Hrsg.): *Zum Sterben schön. Alter, Totentanz und Sterbekunst von 1500 bis heute*, 2 Bde. Regensburg: Schnell + Steiner 2006.

Inoue, Huruyo: Contemporary Transformation of Japanese Death Ceremonies. In: Hiraku Suzuki: *Death and Dying in Contemporary Japan*. London: Routledge 2013, S. 123–137.

Jacobsen, Wolfgang (Hrsg.): *Berlin im Film. Die Stadt, die Menschen*. Berlin: Argon 1998.

Jähn, Hannes (Hrsg.): *Das Werk von José Guadalupe Posada. The Works of José Guadalupe Posada*. Frankfurt am Main: Zweitausendeins 1997.

Jhering, Herbert: Der Metropolisfilm. Ufa-Palast am Zoo. In: *Berliner Börsen-Courier*, 11.01.1927, S. 2.

Johnson, William: Badlands (Film Review). In: *Film Quaterly* 27,3 (Frühling 1974), S. 44.

Kaiser, Gert (Hrsg.): *Der tanzende Tod. Mittelalterliche Totentänze*. Frankfurt am Main: Insel 1983.

Kamalzadeh, Dominik / Michael Pekler: *Terrence Malick*. Marburg: Schüren 2013.

Karpf, Ernst / Doron Kiesel / Karsten Visarius (Hrsg): *Kino und Tod. Zur filmischen Inszenierung von Vergänglichkeit*. Marburg: Schüren 1993.

Kasten, Friedrich W. (Hrsg.): *Thema Totentanz. Kontinuität und Wandel einer Bildidee vom Mittelalter bis heute*. Katalog zur gleichn. Ausstellung, Mannheimer Kunstverein. Baden-Baden: Battert 1987.

Kathrin Tiedemann im Gespräch mit Rabih Mroué, Lina Saneh, Helena Waldmann und Frank Raddatz: Keine Angst vor Repäsentation? Im Fadenkreutz von Artaud und Brecht, Body Art und Zuschauerpartizipation. In: Kathrin Tiedemann / Frank M. Raddatz (Hrsg.): *Reality strikes back II. Tod der Repräsentation – Die Zukunft der Vorstellungskraft in einer globalisierten Welt*. Berlin: Theater der Zeit 2010, S. 90–99.

Kaul, Susanne / Jean-Pierre Palmier: *Quentin Tarantino. Einführung in seine Filme und Filmästhetik*. München: Fink 2013.

Kawano, Satsuki: Pre-Funerals in Contemporary Japan. The Making of a New Ceremony of Later Life among Aging Japanese. In: *Ethnology* 43,2 (2004), S. 155–165.

Kenney, Elizabeth / Gilday, Edmund T.: Mortuary Rites in Japan. In: *Japanese Journal of Religious Studies* 27,3–4 (2000), S. 163–178.

Kesting, Marianne: *Die Diktatur der Photographie. Von der Nachahmung der Kunst bis zu ihrer Überwältigung*. München / Zürich: Piper 1980.

Kiening, Christian: *Das andere Selbst. Figuren des Todes an der Schwelle zur Neuzeit*. München: Fink 2003.

Kinch, Ashby: The Danse Macabre and the Medieval Community of Death. In: *Mediaevalia* 1,23 (2002), S. 159–202.

Klein, Melanie: *Das Seelenleben des Kleinkindes und andere Beiträge zur Psychoanalyse*. Stuttgart: Klett-Cotta 2006.

Klippel, Heike: Tödliche Mischung. Zum Giftmotiv im Spielfilm. In: Andrea Ellmeier / Doris Ingrisch / Claudia Walkensteiner-Preschl (Hrsg.): *Ratio und Intuition. Wissen|s|Kulturen in Musik, Theater, Film*. Wien / Köln / Weimar: Böhlau 2013, S. 93–115.

Knoben, Martina: Die Reste von Mutter. In: *Süddeutsche Zeitung*, 17.05.2010. http://www.sueddeutsche.de/kultur/neu-im-kino-sieben-mulden-und-eine-leiche-die-reste-von-mutter-1.187114 (Zugriff am 07.09.2014).

Koller, Erwin: *Totentanz. Versuch einer Textembeschreibung*. Innsbruck: Inst. f. Germanistik 1980.

Kord, Susanne: *Murderesses in German Writing, 1720–1860. Heroines of Horror*. Cambridge / New York: Cambridge University Press 2009.

Kracauer, Siegfried: *From Caligari to Hitler. A Psychological History of the German Film.* New York: Princeton University Press 1947.

—: *Theorie des Films.* Frankfurt am Main: Suhrkamp 1985.

—: *Werke in neun Bänden*, hrsg. v. Inka Mülder-Bach / Ingrid Belke. Frankfurt am Main: Suhrkamp 2004–2012.

—: Marseiller Entwurf zu einer Theorie des Films. In: Ders.: *Werke*, Bd. 3: Theorie des Films. Die Errettung der äußeren Wirklichkeit, S. 521–779.

—: Ideenskizze zu meinem Buch über den Film. In: Ebd., S. 807–809.

—: Die Jupiterlampen brennen weiter. Zur Frankfurter Aufführung des Potemkin-Films. In: Ders.: *Werke*, Bd. 6.1: Kleine Schriften zum Film 1921–1927, S. 234–237.

—: Berliner Notizen. In: Ders.: *Werke*, Bd. 6.2: Kleine Schriften zum Film 1928–1931, S. 356–358.

—: Pariser Filmbrief. In: Ders.: *Werke*, Bd. 6.3: Kleine Schriften zum Film 1932–1961, S. 223–226.

—: Das Ornament der Masse. In: Ders.: *Werke*, Bd. 5.2: Aufsätze 1927–1931, S. 57–67.

—: Die Photographie. In: Ebd., S. 83–98.

—: Zu den Schriften Walter Benjamins. In: Ebd., S. 119–124.

—: Instruktionsstunde in Literatur. In: Ebd., S. 308–311.

Kristeva, Julia: *Powers of Horror. An Essay on Abjection*, aus d. Franz. v. Leon Roudiez. New York: Columbia University Press 1982.

—: *Die Revolution der poetischen Sprache*, aus d. Franz. v. Reinold Werner, Frankfurt am Main: Suhrkamp 1999.

Fritz Lang über seinen Film. In: *Atlas-Filmheft*, Bd. 38: Der deutsche Film I. Die zwanziger Jahre – Atlas-Retro-Programm von Erwin Leiser. Frankfurt am Main: Atlas Film + Medien [ca. 1964], o. Pag.

Lang, Fritz: Vom gütigen Tod. In: *Berliner Tageblatt*, 01.01.1927, o. Pag.

Lee, Newton / Krystina Madej: *Disney Stories. Getting to Digital.* New York et al.: Springer 2012.

Lenz, Felix: *Sergej Eisenstein: Montagezeit. Rhythmus, Formdramaturgie, Pathos.* München: Fink 2008.

Leßmann, Thomas: Der Totentanz. In: Petra Missomelius (Hrsg.): *ENDE – Mediale Inszenierungen von Tod und Sterben.* Marburg: Schüren 2008, S. 15–27.

Lewin, Louis: *Die Gifte in der Weltgeschichte.* Wien: Tosa 2007.

Lindgren, Ernest: Introduction. In: Sergei M. Eisenstein: *Que viva Mexico!* London: Vision 1951, S. 5–25.

Link, Franz (Hrsg.): *Tanz und Tod in Literatur und Kunst.* Berlin: Duncker & Humblot 1993.

Liptay, Fabienne: Leerstellen im Film. Zum Wechselspiel von Bild und Einbildung. In: Ders. / Thomas Koebner / Thomas Meder (Hrsg.): *Bildtheorie und Film.* München: Ed. text + kritik 2006, S. 108–134.

Lischi, Sandra: Palinsesti della memoria. In: Alessandro Amaducci (Hrsg.): *Banda anomala. Un profilo della videoarte monocanale in Italia.* Turin: Ed. Lindau 2003, S. 149–153.

Lorenz, Matthias N. (Hrsg.): *DOGMA 95 im Kontext. Kulturwissenschaftliche Beiträge zur Authentisierungsbestrebung im dänischen Film der 90er Jahre.* Wiesbaden: DUV 2003.

Lucier, Mary: Light and Death. In: Doug Hall / Sally Jo Fifer (Hrsg.): *Illuminating Video. An Essential Guide to Video Art.* New York: Aperture 1990, S. 456–463.

MacDonald, Scott: Interview with Kenneth Anger. In: Ders.: *A Critical Cinema 5. Interviews with Independent Filmmakers.* Berkeley / Los Angeles / London: University of California Press 2006, S. 16–54.

Macho, Thomas: *Todesmetaphern. Zur Logik der Grenzerfahrung.* Frankfurt am Main: Suhrkamp 1990.

—: Woran der Tod nicht heranreicht. In: Rüdiger Kramer (Hrsg.): *Alles Sterbliche ist wie das Gras. Bildnisse Verstorbener.* Würzburg: Echter 1995, S. 7–16.

—: Tod und Trauer im kulturwissenschaftlichen Vergleich. In: Jan Assmann (Hrsg.): *Der Tod als Thema der Kulturtheorie. Todesbilder und Totenriten im Alten Ägypten.* Frankfurt am Main: Suhrkamp 2000, S. 89–120.

—: Verdunkelte Blicke. In: Urs Stahel (Hrsg.): *Darkside II. Fotografische Macht und fotografische Gewalt, Krankheit und Tod.* Göttingen: Steidl 2008, S. 111–113.

Macho, Thomas / Kristin Marek: Die neue Sichtbarkeit des Todes. In: Dies. (Hrsg.): *Die neue Sichtbarkeit des Todes.* München: Fink 2007, S. 9–21.

Maher, Paul: *One Big Soul. An Oral History of Terrence Malick.* Raleigh: Lulu 2012.

Massmann, Hans Ferdinand: *Literatur der Totentänze*, Nachdr. (Leipzig: Weigel 1840), mit einem Nachw. v. Rainer Taepper, Gesamtreg. v. Hans Herbert Napp. Hildesheim / Zürich / New York: Olms 2002.

Terrence Malick im Interview mit Michel Ciment. In: *Positif. Revue mensuelle de cinema* 170 (Juni 1975), S. 30–34.

Terrence Malick im Interview mit Beverly Walker. In: *Sight and Sounds* 44,2 (Frühling 1975), S. 82–83.

Marschall, Brigitte: Öffentlicher Raum als theatraler Raum. Praktiken des Gehens und Strategien der Stadtnutzung. In: Ralph Bohn / Heiner Wilharm (Hrsg.): *Inszenierung und Ereignis. Beiträge zur Theorie und Praxis der Szenografie.* Bielefeld: Transcript 2009, S. 171–188.

Martin, Adrian: Things to Look into. http://www.rouge.com.au/10/malick.html (Zugriff am 06.02.2014).

Martin, Carol: Uploaded and Unsanctioned. Introduction to *The Pixelated Revolution* by Rabih Mroué. In: *TDR. The Drama Review* 56,3 (2012), S. 19–24.

Massalongo, Milena: Was von der Gewalt in Bildern übrig bleibt. In Urs Stahel (Hrsg.): *Darkside II. Fotografische Macht und fotografische Gewalt, Krankheit und Tod.* Göttingen: Steidl 2008, S. 255–258.

Mauss, Marcel: *Die Gabe. Form und Funktion des Austauschs in archaischen Gesellschaften*, aus d. Franz. v. Eva Moldenhauer. Frankfurt am Main: Suhrkamp 1990.

McGilligan, Patrick: *Fritz Lang. The Nature of the Beast.* London: Faber & Faber 1997.

McKim Webster Goodwin, Sarah: *Kitsch and Culture. The Dance of Death in Nineteenth-Century Literature and Graphic Arts.* New York: Garland 1988.

Merrit, Russell / J. B. Kaufmann: *Walt Disney's Silly Symphonies. A Companion to the Classic Cartoon Series.* Bloomington: Indiana University Press Press 2007.

Michael, Klaus: Vor dem Café. Walter Benjamin und Siegfried Kracauer in Marseille. In: Michael Opitz / Erdmut Wizisla (Hrsg.): *„Aber ein Sturm weht vom Paradiese her." Texte zu Walter Benjamin.* Leipzig: Reclam 1992, S. 203–221.

Michaels, Lloyd: *Terrence Malick.* Urbana / Chicago: University of Illinois Press 2009.

Erwin Michelberger im Interview mit Dorothee Krings. In: *Rheinische Post*, 18.04.2011, S. 7 (Kulturteil für Düsseldorf).

Missomelius, Petra: Death Goes Digital – Der Tod zwischen Technik und Tabu. In: Dies. (Hrsg.): *ENDE – Mediale Inszenierungen von Tod und Sterben.* Marburg: Schüren 2008, S. 4–14.

Mollenauer, Lynn Wood: *Strange Revleations. Magic, Poison, and Sacrilege in Louis XIV's France.* University Park: Penn State University Press 2007.

Moreau, Felix von: *Sergei Eisenstein's ¡Qué viva México! The Discovery of a Lost Masterpiece of Cinema.* http://www.quevivamexico.info (Zugriff am 15.01.2014).

Morrison, James / Thomas Schur: *The Films of Terrence Malick.* Westport / London: Praeger 2003.

Mottram, Ron: All Things Shining. The Struggle for Wholeness, Redemptionand Transcendence in the Films of Terrence Malick. In: Hannah Patterson (Hrsg.): *The Cinema of Terrence Malick. Poetic Visions of America.* London / New York: Wallflower 2007, S. 14–26.

Münkler, Herfried: Die Rolle der Medien in den neuen Kriegen. In: Erika Fischer-Lichte / Clemens Risi / Jens Roselt (Hrsg.): *Kunst der Aufführung. Aufführung der Kunst.* Berlin: Theater der Zeit 2004, S. 245–249.

Nakagawa, Shin: Time and Space of Bon-odori (Bon Dance). In: Rüdiger Schumacher (Hrsg.): *Von der Vielfalt musikalischer Kultur.* Anif: Müller-Speiser 1991, S. 355–367.

Nash, Mark: Bildende Kunst und Kino. Einige kritische Bemerkungen. In: Heike Ander (Hrsg.): *Documenta11_Plattform 5: Ausstellung.* Katalog, i. A. der Documenta u. Museum Fridericianum Veranstaltungs-GmbH. Ostfildern-Ruit: Hatje Cantz 2002, S. 128–136.

Neitzl, Britta: Zurück auf Anfang. Der Tod im Computerspiel. In: Petra Missomelius (Hrsg.): *ENDE – Mediale Inszenierungen von Tod und Sterben.* Marburg: Schüren 2008, S. 82–90.

Neumann, Wolfgang (Hrsg.): *Tanz der Toten – Todestanz. Der monumentale Totentanz im deutschsprachigen Raum.* Katalog zur gleichn. Ausstellung, i. A. des Zentralinstituts und Museums für Sepulkralkultur. Dettelbach: Röll 1998.

Nichols, Bill: *Introduction to Documentary.* Bloomington: Indiana University Press 2010.

Nowak, Cornelia: „Die Expressionisten im Dom." Mittelaltersehnsucht, Gotikbegeisterung und künstlerischer Aufbruch. In: Dies. / Kai Uwe Schierz / Justus H. Ulbricht (Hrsg.): *Expressionismus in Thüringen. Facetten eines kulturellen Aufbruchs.* Katalog zur gleichn. Ausstellung, Galerie am Fischmarkt Erfurt. Jena: Glaux 1999, S. 304–315.

Nusser, Peter: *Schwarzer Humor.* Stuttgart: Reclam 1987.

Öhner, Vrääth: „Das Reale muss zur Dichtung werden, damit es gedacht werden kann." Jacques Rancières Begriff der (dokumentarischen) Fiktion. In Drehli Robnik / Thomas Hübel / Siegfried Mattl (Hrsg.): *Das Streit-Bild. Film, Geschichte und Politik bei Jaques Rancière.* Wien / Berlin: Turia + Kant 2010, S. 131–144.

Oosterwijk, Sophie / Stefanie Knoell (Hrsg.): *Mixed Metaphors. The Danse Macabre in Medieval and Early Modern Europe.* Newcastle upon Tyne: Cambridge Scholars 2011.

Panofsky, Erwin: Style and Medium in the Motion Pictures (1947). In: Ders.: *Three Essays on Style.* Cambridge: MIT Press 1995, S. 91–125.

Pasolini, Pier Paolo: *Medea.* Mailand: Garzanti 1970.

—: *Ketzererfahrungen. Schriften zu Sprache, Literatur und Film*, aus d. Ital. v. Reimar Klein. Frankfurt am Main / Berlin / Wien: Ullstein 1982.

—: Anmerkungen zur Einstellungssequenz. In: Peter W. Jansen / Wolfram Schütte (Hrsg.): *Pier Paolo Pasolini.* München: Hanser 1985, S. 77–84.

Patalas, Enno: *Metropolis in / aus Trümmern. Eine Filmgeschichte.* Berlin: Bertz 2001.

Patterson, Hannah: Two Characters in Search of a Direction. Motivation and the Construction of Identity in *Badlands.* In: Dies. (Hrsg.): *The Cinema of Terrence Malick. Poetic Visions of America.* London / New York: Wallflower 2007, S. 27–39.

Paz, Octavio: *Das Labyrinth der Einsamkeit.* Frankfurt am Main: Suhrkamp 1990.

Perger, Mischa von: Der Tod als Spieler im Film. In: *L'Art macabre. Jahrbuch der Europäischen Totentanz-Vereinigung* 12 (2011), S. 169–224.

Pest in Florenz (Decla-Film). In: *Erste Internationale Film-Zeitung* 13/41 (1919), S. 54–55.

Peverini, Paolo: *Il videoclip. Strategie e figure di una forma breve.* Roma: Meltemi 2004.

Posthofen, Christian (Hrsg.): *Thinking aloud. William Kentridge – Gespräche mit Angela Breidbach*, aus d. Engl. v. Brigitte Kalthoff. Köln: König 2005, S. 72–73.

Prinzhorn, Hans: *Bildnerei der Geisteskranken. Ein Beitrag zur Psychopathologie der Gestaltung.* Wien / New York: Springer 2011.

Puttnies, Hans / Gary Smith (Hrsg.): *Benjaminiana. Eine biografische Recherche.* Gießen: Anabas 1991.

Rancière, Jacques: Fiktion der Erinnerung. In: Natalie Binczek / Martin Rass (Hrsg.): *„sie wollen eben sein, was sie sind, nämlich Bilder…" Anschlüsse an Chris Marker.* Würzburg: Königshausen & Neumann 1999, S. 27–38.

—: Die Aufteilung des Sinnlichen. Ästhetik und Politik. In: Ders.: *Die Aufteilung des Sinnlichen. Die Politik der Kunst und ihre Paradoxien*, aus dem Franz. u. hrsg. v. Maria Muhle. Berlin: b_books 2006, S. 21–73.

Reck, Hans Ulrich: *Pier Paolo Pasolini.* Paderborn: Fink 2010.

Robnik, Drehli / Thomas Hübel / Siegfried Mattl (Hrsg.): *Das Streit-Bild. Film, Geschichte und Politik bei Jaques Rancière.* Wien / Berlin: Turia + Kant 2010.

Rosenfeld, Hellmut: *Der mittelalterliche Totentanz. Entstehung, Entwicklung, Bedeutung.* Köln / Wien: Böhlau 1974.

Rowe, Mark: Stickers for Nails. The Ongoing Transformation of Roles, Rites, and Symbols in Japanese Funerals. In: *Japanese Journal of Religious Studies*, 27,3–4 (2000), S. 353–378.

Rybin, Steven: Voicing Meaning. On Terrence Malick's Characters. In: Thomas Deane Tucker / Stuart Kendall (Hrsg.): *Terrence Malick. Film and Philosophy.* New York: Continuum 2011, S. 13–39.

—: *Terrence Malick and the Thought of Film.* Lanham et al.: Lexington 2012.

Saint-Hilaire, Étienne Geoffroy: *Histoire générale et particulière des anomalies de l'organisation chez l'homme et chez les animaux ou Traité de tératologie*, Bd. 3. Paris: Baillière 1837.

Salazkina, Masha: *In Excess. Sergei Eisenstein's Mexico.* Chicago: University of Chicago Press 2009.

Scharf, Friedhelm: Straccis makabrer Tod. Zu Gesellschaftskritik und Bildsprache in Pier Paolo Pasolinis *La Ricotta.* In: *L'art macabre. Jahrbuch der Europäischen Totentanz-Vereinigung* 11 (2010), o. Pag.

Scharf, Friedhelm: Der Triumph des Todes in Palermo: Sozialbeschwichtigung im aragonischen Sizilien. In: *L'art macabre. Jahrbuch der Europäischen Totentanz-Vereinigung*, Bd. 4 (2003), o. Pag.

Scharrer, Eva: Omer Fast. In: *dOCUMENTA (13). Das Begleitbuch – Katalog 3/3*, hrsg. v. Cordelia Marten i. A. der Documenta u. Museum Fridericianum Veranstaltungs-GmbH, aus d. Engl. v. Gerrit Jackson. Ostfildern: Hatje Cantz 2012, S. 256.

—: Rabih Mroué. In: Ebd., S. 354.

Schaub, Mirjam (Hrsg.): *Janet Cardiff. The Walk Book*, i. A. v. Thyssen-Bornemisza Art Contemporary. Köln: König 2005.

Schidrowitz, Leo: *Sittengeschichte des Hafens und der Reise. Eine Beleuchtung des erotischen Lebens in der Hafenstadt, im Hotel, im Reisevehikel – Die Sexualität des Kulturmenschen während des Reisens und in fremdem Milieu.* Wien / Leipzig: Verlag für Kulturforschung 1927.

Schneid, Bernd: *Die Sopranos, Lost und die Rückkehr des Epos. Erzähltheoretische Konzepte zu Epizität und Psychobiographie.* Würzburg: Köngishausen & Neumann 2012.

Schneider, Gerhard / Ralf Gottschlich / Christiane Ladleif (Hrsg.): *Der Erste Weltkrieg im Spiegel expressiver Kunst. Kämpfe, Passionen, Totentanz – Werke aus der Sammlung Gerhard Schneider und aus Künstlernachlässen.* Ausstellungskatalog. Reutlingen: Städt. Kunstmuseum Spendhaus 2014.

Schneider, Gerhard: Alfred Hitchcocks ‚Die Vögel' – Der Einbruch in ein narzißtisches Universum als Apokalypse. In: *Psyche – Zeitschrift für Psychoanalyse und ihre Anwendungen* 61,12 (2007), S. 1226–1240.

Schulte, Brigitte: Der Totentanz vor dem Hintergrund der industriellen Revolution und den Auswirkungen des Ersten Weltkrieges. In: Winfried Frey (Hrsg.): *„Ihr müßt alle nach meiner Pfeife tanzen." Totentänze vom 15. bis zum 20. Jahrhundert aus den Beständen der Herzog-August-Bibliothek Wolfenbüttel und der Bibliothek Otto Schäfer Schweinfurt.* Ausstellungskatalog. Wiesbaden: Harrassowitz 2000, S. 203–230.

Schuster, Eva (Hrsg.): *Mensch und Tod. Graphiksammlung der Universität Düsseldorf.* Bestandskatalog. Düsseldorf: Triltsch 1989.

Schüttpelz, Erhard: Medientechnik der Trance. Eine spiritistische Konstellation im Jahr 1872. In: Ders. / Marcus Hahn (Hrsg.): *Trancemedien und Neue Medien um 1900. Ein anderer Blick auf die Moderne.* Bielefeld: Transcript 2009, S. 275–309.

Schwikart, Georg: *Tod und Trauer in den Weltreligionen.* Kevelaer: Topos 2010.

Scorzin, Pamela C.: MetaSzenografie. *The Paradise Institute* von Janet Cardiff & George Bures Miller als inszenatorischer Hyperraum der Post-ästhetischen Szenografie. In: Ralph Bohn / Heiner Wilharm (Hrsg.): *Inszenierung und Ereignis. Beiträge zur Theorie und Praxis der Szenografie.* Bielefeld: Transcript 2009, S. 301–314.

—: Shooting Ourselves to Death. Wie die Handykamera die Fotografie revolutioniert. In: *Cahiers – Hefte zur Fotografie* 1 (2013), S. 42–47.

Scott, A. O.: Blood Bath & Beyond. In: *The New York Times*, 10.10.2003. http://www.nytimes.com/2003/10/10/movies/10KILL.html (Zugriff am 01.04.2014).

Scott, Kitty: Janet Cardiff & George Bures Miller. In: Eva Scharrer: *dOCUMENTA (13). Das Begleitbuch – Katalog 3/3*, hrsg. v. Cordelia Marten i. A. der Documenta u. Museum Fridericianum Veranstaltungs-GmbH, aus dem Engl. v. Gerrit Jackson. Ostfildern: Hatje Cantz 2012, S. 334.

Seidel, Willy: Der Film des Todes. In: *Jugend*, 25 (1924), S. 635–641.

Seghers, Anna: *Transit*, mit einem Nachw. v. Sonja Hilzinger. Berlin: Aufbau 1993.

Seton, Marie: *Sergei M. Eisenstein. A Biography.* London: Dobson 1978.

Siebert, Jan: *Flexible Figuren. Medienreflexive Komik im Zeichentrickfilm.* Bielefeld: Aisthesis 2005.

Smith, Barbara B.: The Bon-Odori in Hawaii and in Japan. In: *International Folk Music Journal* 14 (1962), S. 36–39.

Smith, Jim: *Tarantino.* London: Virgin 2005.

Sobchack, Vivian: Die Einschreibung ethischen Raums – Zehn Thesen über Tod, Repräsentation und Dokumentarfilm. In: Eva Hohenberger (Hrsg.): *Bilder des Wirklichen. Texte zur Theorie des Dokumentarfilms*. Berlin: Vorwerk 8 2012, S. 165–194.

Sontag, Susan: *Sulla Fotografia. Realtà e immagine nella nostra società*, aus d. Engl. v. Ettore Capriolo. Torino: Einaudi 1978.

Sörries, Reiner: Der monumentale Totentanz. In: Wolfgang Neumann (Hrsg.): *Tanz der Toten – Todestanz. Der monumentale Totentanz im deutschsprachigen Raum*. Katalog zur gleichn. Ausstellung, i. A. des Zentralinstituts und Museums für Sepulkralkultur. Dettelbach: Röll 1998, S. 9–51.

—: *Herzliches Beileid. Eine Kulturgeschichte der Trauer*. Darmstadt: Primus 2012.

Spanke, Kai: Fun ist ein Blutbad. Zur Komik von Gewalt und Tod im amerikanischen Verfolgungscartoon. In: Susanne Kaul / Oliver Kohns (Hrsg.): *Politik und Ethik der Komik*. München: Fink 2012, S. 133–149.

Specovius, Günther: *Die Russen sind anders. Mensch und Gesellschaft im Sowjetstaat*. Düsseldorf / Wien: Econ 1963.

Stahel, Urs (Hrsg.): *Darkside II. Fotografische Macht und fotografische Gewalt, Krankheit und Tod*. Göttingen: Steidl 2008.

Stalder, Helmut: *Siegfried Kracauer. Das journalistische Werk in der Frankfurter Zeitung 1921–1933*. Würzburg: Königshausen & Neumann 2003.

Stammler, Wolfgang: *Der Totentanz. Entstehung und Deutung*. München: Hanser 1948.

Stiegler, Bernd: *Bilder der Photographie. Ein Album photographischer Metaphern*. Frankfurt am Main: Suhrkamp 2006.

Stiglegger, Marcus: Haptische Bilder. Das performative Körperkino von Philippe Grandrieux. In: Ders. / Ivo Ritzer (Hrsg.): *Global Bodies. Mediale Repräsentationen des Körpers*. Berlin: Bertz + Fischer 2012, S. 42–54.

Stöckli, Rainer: *Zeitlos tanzt der Tod. Das Fortleben, Fortschreiben, Fortzeichnen der Totentanztradition im 20. Jahrhundert*. Konstanz: UVK 1996

Sturm, Georges: *Die Circe, der Pfau und das Halbblut. Die Filme von Fritz Lang 1916–1921*. Trier: WVT 2001.

Suchsland, Rüdiger: Gymnasiastenpoesie in Palermo. Ein künstlerischer Offenbarungseid. http://www.artechock.de/film/text/kritik/p/pashoo.htm (19.04.2012).

Swanson, Paul L. / Chilson, Clark (Hrsg.): *Nanzan Guide to Japanese Religions*. Honolulu: University of Hawaii Press 2006.

Tabor, Jürgen: Dalís Aktschädel – Der weibliche Körper als Fetisch und Abjekt. In: *L'art macabre. Jahrbuch der Europäischen Totentanz-Vereinigung* 8 (2007), S. 231–246.

Takeda, Hisayoshi: Jahresbrauchtum in einem japanischen Dorf. In: *Folklore Studies* 8 (1949), S. 1–269.

Tarantino, Quentin: Quentin Tarantino Tackles Old Dixie by Way of the Old West (by Way of Italy). In: *New York Times Magazine*, 30.09.2012. http://www.nytimes.com/2012/09/30/magazine/quentin-tarantino-django.html (Zugriff am 01.04.2014).

Taylor, Jane H. M. (Hrsg.): *Dies Illa. Death in the Middle Ages.* Liverpool: Cairnes 1984.

Tedjasukmana, Chris: *Mechanische Verlebendigung. Ästhetische Erfahrung im Kino.* Paderborn: Fink 2014.

Telotte, J. P.: *The Mouse Machine. Disney and Technology.* Urbana / Chicago: University of Illinois Press 2008.

Tenenti, Alberto: *Il senso della morte e l'amore per la vita nel Rinascimento.* Turin: Einaudi 1957.

Tervooren, Helmut / Johannes Spicker (Hrsg.): *Die Begegnung der drei Lebenden und der drei Toten. Eine Edition nach der maasländischen und ripuarischen Überlieferung.* Berlin: Schmidt 2011.

Töteberg, Michael: *Fritz Lang.* Mit Selbstzeugnissen und Bilddokumenten. Reinbek: Rowohlt 2005.

Tresmin-Trémolières: *Yoshiwara. Die Liebesstadt der Japaner*, hrsg. v. Iwan Bloch, aus d. Franz. v. Bruno Sklarek. Berlin: Marcus [ca. 1910].

Tucker, Thomas Deane: Worlding the West. An Ontopology of *Badlands.* In: Ders. / Stuart Kendall (Hrsg.): *Terrence Malick. Film and Philosophy.* New York: Continuum 2011, S. 80–100.

Ulatowski, Joseph: Stuck in the Middle with You. Mr. Blonde and Retributive Justice. In: Richard Greene / Silem K. Mohammad (Hrsg.): *Quentin Tarantino and Philosophy. How to Philosophize with a Pair of Pliers and a Blowtorch.* Chicago: Open Court 2007, S. 97–107.

Vogeler, Heinrich: *Zwischen Gotik und Expressionismus-Debatte. Schriften zur Kunst und Geschichte*, hrsg. u. eingel. v. Siegfried Bresler. Bremen: Donat 2006.

Wahrig, Bettina: Zweifelhafte Gaben. Die andere Pharmazie und das Weib. In: Christoph Friedrich / Joachim Telle (Hrsg.): *Pharmazie in Geschichte und Gegenwart.* Stuttgart: WVG 2009, S. 517–532.

Wall, Jeff: *Catalogue Raisonné 1978–2004*, hrsg. v. Theodora Vischer. Göttingen: Steidl 2005.

Warda, Susanne: *Memento Mori. Bild und Text in Totentänzen des Spätmittelalters und der Frühen Neuzeit.* Köln / Weimar / Wien: Böhlau 2011.

Wehrens, Hans Georg: *Der Totentanz im alemannischen Sprachraum. „Muos ich doch dran – und weis nit wan".* Regensburg: Schnell & Steiner 2012.

Weibel, Peter: User Art. Nutzerkunst. In: Christine Weber (Hrsg.): *YOU_ser: Das Jahrhundert des Konsumenten.* Katalog zur gleichn. Ausstellung. Karlsruhe: ZKM 2007, S. 1–7.

Weiler, Inge: *Giftmordwissen und Giftmörderinnen. Eine diskursgeschichtliche Studie.* Tübingen: Niemeyer 1998.

Wells, Paul: *Understanding Animation.* New York: Routledge 1998.

Wim Wenders im Interview mit Martin Große (vom *Kulturfalter* in Halle): Ich kann mir gut vorstellen, hier zu arbeiten. http://www.kulturfalter.de/index.php?id=wim-wenders-interview (Zugriff am 30.09.2014).

Wim Wenders im Interview mit Ralf Krämer: Als Fotograf bin ich überhaupt nicht überzeugt von der digitalen Technik. http://planet-interview.de/interview-wim-wenders-25112008.html (Zugriff am 20.09.2014).

Wessely, Joseph Eduard: *Die Gestalten des Todes und des Teufels in der darstellenden Kunst.* Leipzig: Vogel 1876.

Westheim, Paul: *Der Tod in Mexiko. La calavera.* Hanau am Main: Müller & Kiepenhauer 1987.

Wiggershaus, Rolf: *Theodor W. Adorno*, München: Beck 2006.

Wilhelm-Schaffer, Irmgard: „Ihr mußet alle in diß dantzhus." Zu Aussage, Kontext und Interpretation des mittelalterlichen Totentanzes. In: Winfried Frey (Hrsg.): *„Ihr müßt alle nach meiner Pfeife tanzen." Totentänze vom 15. bis zum 20. Jahrhundert aus den Beständen der Herzog-August-Bibliothek Wolfenbüttel und der Bibliothek Otto Schäfer Schweinfurt.* Ausstellungskatalog. Wiesbaden: Harrassowitz 2000, 9–26.

Wortmann, Thomas: Der Tod und die Leinwand. Zeitkritik und selbstreflexive Momente in Ingmar Bergmans *Siebentem Siegel.* In: *L'art macabre. Jahrbuch der Europäischen Totentanz-Vereinigung.* 11 (2010), S. 289–302.

Wunderlich, Uli: *Der Tanz in den Tod. Totentänze vom Mittelalter bis zur Gegenwart.* Freiburg im Breisgau: Eulen 2001.

Zechner, Anke: *Die Sinne im Kino. Eine Theorie der Filmwahrnehmung.* Frankfurt am Main: Stroemfeld 2013.

Zickgraf, Peer: *Völkerschau und Totentanz. Deutsches (Körper-)Weltentheater zwischen 1905 und heute.* Marburg: Jonas 2012.

Zoepfl, Friedrich: Totentanz. In: *Lexikon für Theologie und Kirche*, Bd. 10: Teufel – Zypern, hrsg. v. Josef Höfer / Karl Rahner. Freiburg: Herder 1965, S. 277–279.

Zyman, Daniela: At the Edge of the Event Horizon. In: Mirjam Schaub (Hrsg.): *Janet Cardiff. The Walk Book*, i. A. v. Thyssen-Bornemisza Art Contemporary. Köln: König 2005, S. 11–13.

Filmographie / Filmregister

Vermutlich ist es schwieriger, Filme ausfindig zu machen, in denen der Tod überhaupt keine Rolle spielt, als diejenigen, in denen ihm besondere Aufmerksamkeit geschenkt wird – scheinen doch allein für Genres wie Kriminal-, Kriegs-, Action- und Horrorfilm der Tod, das Töten und das Sterben konstitutiv zu sein. Entscheidend ist jedoch, dass sie dort primär narrativ eingesetzt und nicht für sich genommen problematisiert werden. Die vorliegende Filmographie führt neben den Filmen, die Totentänze im engen Sinne wie auch Personifikationen des Todes enthalten, solche Titel auf, in denen die Auseinandersetzung mit dem Tod auf ganz unterschiedliche Weise im Zentrum steht. Damit bleibt das Feld bewusst weit abgesteckt, so dass zwar kein Anspruch auf Vollständigkeit erhoben werden kann, wohl aber darauf, Interessierten vielfältige Anregungen für die weitere Forschung zum Thema *Tod und Totentanz im Film* zu bieten. Erfasst wurden Filme von 1898 bis 2014 in chronologischer Folge.[1] Im Buch behandelte Filme sind im Folgenden mit * und Seitenzahl(en) markiert.

1890er

1900er

1910er

1920er

1 Für zahlreiche wichtige Ergänzungen der Filmographie danke ich Daniel S. Ribeiro, Felix Lenz und Tonio Nitsche.

Das Indische Grabmal II – Der Tiger von Eschnapur (D 1921, R: Joe May)* S. 20

Der müde Tod (D 1921, R: Fritz Lang)* S. 12, 22, 144, 147

Körkarlen (*Fuhrmann des Todes*, SE 1921, R: Victor Sjöström)* S. 19

Nosferatu. Eine Symphonie des Grauens (D 1922, R: Friedrich Wilhelm Murnau)

Броненосец Потёмкин (*Panzerkreuzer Potemkin*, SU 1925, R: Sergei M. Eisenstein)* S. 49–50, 59

Phantom of the Opera (*Das Phantom der Oper*, USA 1925, R: Rupert Julian)

Emak Bakia (FR 1926, R: Man Ray)* S. 227

The Temptress (*Totentanz der Liebe / Dämon Weib*, USA 1926, R: Fred Niblo / Mauritz Stiller)

Metropolis (D 1927, R: Fritz Lang)* S. 23–29

Habeas Corpus (Kurzfilm, USA 1928, R: James Parrott)

Steamboat Willie (Animationsfilm, USA 1928, R: Ub Iwerks / Walt Disney)* S. 34

Haunted House (USA 1929, R: Walt Disney)* S. 33

The Skeleton Dance (*Tanz der Skelette*, Animationsfilm, USA 1929, R: Walt Disney)* S. 12, 31–32, 34, 112

The Three Passions (UK 1929, R: Rex Ingram)

1930er

Dracula (USA 1931, R: Tod Browning)

Frankenstein (USA 1931, R: James Whale)

¡Que viva Mexico! (SU 1931/1932, unveröffentlicht, R: Sergei M. Eisenstein)* S. 47–57, 65, 67

The Mummy (*Die Mumie*, USA 1932, R: Karl Freund)

Eisenstein in Mexico (USA 1933, R: Sergei M. Eisenstein)* S. 52

Thunder over Mexico (*Donner über Mexiko*, USA 1933, R: Sergei M. Eisenstein)* S. 52, 65

Death Day (USA 1934, R: Sergei M. Eisenstein)* S. 47, 52, 58–60, 65–67

Death Takes a Holiday (*Die schwarze Majestät*, USA 1934, R: Mitchell Leisen)

Der Dibuk (*Der Dibbuk*, PL 1937, R: Michal Waszynski)

Skeleton Frolics (USA 1937, R: Ub Iwerks)* S. 33

La règle du jeu (*Die Spielregel*, FR 1939, R: Jean Renoir)

Spook Sport (USA 1939, R: Mary Ellen Bute / Norman McLaren)

1940er

Time in the Sun (*Unter Mexikos Sonne*, USA 1940, R: Sergei M. Eisenstein)* S. 53

Mexican Symphony (USA 1941, R: Sergei M. Eisenstein)* S. 53

Arsenic and Old Lace (*Arsen und Spitzenhäubchen*, USA 1944, R: Frank Capra)

Kind Hearts and Coronets (*Adel verpflichtet*, UK 1949, R: Robert Hamer)

1950er

Que viva México (FR 1950, R: Sergei M. Eisenstein)

Il Cristo proibito (IT 1951, R: Curzio Malaparte)

Tôkyô monogatari (*Die Reise nach Tokio*, JP 1953, R: Yasujirō Ozu)

East of Eden (*Jenseits von Eden*, USA 1955, R: Elia Kazan)* S. 109

Rebel without a Cause (*…denn sie wissen nicht, was sie tun*, USA 1955, R: Nicolas Ray)* S. 104

The Ladykillers (*Ladykillers*, UK 1955, R: Alexander Mackendrick)

Det sjunde inseglet (*Das siebente Siegel*, SE 1957, R: Ingmar Bergman)* S. 12, 144, 147

The Curse of Frankenstein (*Frankensteins Fluch*, UK 1957, R: Terence Fisher)

Eisenstein's Mexican Film – Episodes for Study (USA 1958, R: Sergei M. Eisenstein)* S. 53

The Horror of Dracula (*Dracula*, UK 1958, R: Terence Fisher)

Orfeu Negro (BR/FR/IT 1959, R: Marcel Camus)

The Mummy (*Die Rache der Pharaonen*, UK 1959, R: Terence Fisher)

1960er

Macario (MX 1960, R: Roberto Gavaldón)* S. 22

The Little Shop of Horrors (*Kleiner Laden voller Schrecken*, USA 1960, R: Roger Corman)

Jedermann (AT 1961, R: Gottfried Reinhardt)

Carnival of Souls (*Tanz der toten Seelen*, USA 1962, R: Herk Harvey)* S. 11

La Ricotta (Kurzfilm, IT 1962, R: Pier Paolo Pasolini)* S. 10

Jason and the Argonauts (*Jason und die Argonauten*, USA/UK 1963, R: Don Chaffey)

The Birds (*Die Vögel*, USA 1963, R: Alfred Hitchcock)* S. 162

Danza macabra (*Castle Of Blood*, IT 1964, R: Antonio Margheriti)

Blow-Up (*Blow Up*, UK 1966 R: Michelangelo Antonioni)* S. 129, 143–144, 227

Django (IT/ES 1966, R: Sergio Corbuccis)* S. 122

Navajo Joe (*Kopfgeld – Ein Dollar*, IT/ES 1966, R: Sergio Corbucci)* S. 121

2001: A Space Odyssey (*2001: Odyssee im Weltraum*, USA/UK/FR 1968, R: Stanley Kubrick)* S. 156–157

De Düva (*The Dove*, USA 1968, R: Anthony Lover / George Coe)

House of Evil / Dance of Death (MX 1968, R: Jack Hill & Juan Ibanez)

Il grande silenzio (*Leichen pflastern seinen Weg*, IT/FR 1968, R: Sergio Corbucci)* S. 121

La Mariée était en noir (*Die Braut trug schwarz*, FR/IT 1968, R: François Truffaut)

Night of the Living Dead (*Die Nacht der lebenden Toten*, USA 1968, R: George A. Romero)

A Walk with Love and Death (*Eine Reise mit der Liebe und dem Tod*, USA 1969, R: John Huston)

Dr. Strangelove or: How I Learned to Stop Worrying and Love the Bomb (*Dr. Seltsam oder: Wie ich lernte, die Bombe zu lieben*, UK 1969, R: Stanley Kubrick)

Medea (IT 1969, R: Pier Paolo Pasolini)* S. 69, 71–72, 78, 80–81, 87

1970er

Love Story (USA 1970, R: Arthur Hiller)

The House That Dripped Blood (*Totentanz der Vampire*, UK 1970, R: Peter Duffell)

Harold and Maude (USA 1971, R: Hal Ashby)

Morte a Venezia (*Tod in Venedig*, IT 1971, R: Luchino Visconti)

Солярис (*Solaris*, SU 1972, R: Andrei Tarkowski)* S. 156

Badlands (*Zerschossene Träume*, USA 1973, R: Terrence Malick)* S. 89, 91–93, 95–96, 98, 102, 106–109

Mandingo (USA 1974, R: Richard Fleischer)* S. 122

Love and Death (*Die letzte Nacht des Boris Gruschenko*, USA 1975, R: Woody Allen)

Der Amerikanische Freund (D/FR 1977, R: Wim Wenders)

Dawn of the Dead (*Zombie*, USA 1978, R: George A. Romero)

Days of Heaven (*In der Glut des Südens*, USA 1978, R: Terrence Malick)* S. 102

Die Hamburger Krankheit (D 1978–79, R: Peter Fleischmann)

Apocalypse Now (USA 1979, R: Francis Ford Coppola)* S. 99

Nosferatu. Phantom der Nacht (D/FR 1979, R: Werner Herzog)

Да здравствует Мексика! (*Que viva México – Es lebe Mexico!*, SU 1979, R: Sergei M. Eisenstein)* S. 53

1980er

Gevatter Tod (D 1980, R: Wolfgang Hübner)

Heaven's Gate (*Heaven's Gate – Das Tor zum Himmel*, USA 1980, R: Michael Cimino)

Lightning Over Water (*Nick's Film – Lightning Over Water*, D/SE 1980, R: Wim Wenders / Nicholas Ray)

The Evil Dead (*Tanz der Teufel*, USA 1981, R: Sam Raimi)

„Michael Jackson – Thriller“ (Musikvideo, USA 1983, R: John Landis)* S. 44

The Meaning of Life (*Der Sinn des Lebens*, UK 1983, R: Terry Jones)

Day of the Dead (*Zombie 2*, USA 1985, R: George A. Romero)

1990er

The Nightmare before Christmas (Animationsfilm, USA 1993, R: Henry Selick)

Dellamorte Dellamore (*Cemetery Man*, IT/FR/D 1994, R: Michele Soavi)

Interview with the Vampire (*Interview mit einem Vampir*, USA 1994, R: Neil Jordan)

Keiner liebt mich (D 1994, R: Doris Dörrie)

Mary Shelley's Frankenstein (USA/JP/UK 1994, R: Kenneth Branagh)

Sátántangó (*Satanstango*, HU/D/CH 1994, R: Béla Tarr)

Shallow Grave (*Kleine Morde unter Freunden*, UK 1994, R: Danny Boyle)

Dead Man (USA/JP/D 1995, R: Jim Jarmusch)

Dead Man Walking (*Dead Man Walking – Sein letzter Gang*, USA 1995, R: Tim Robbins)

Schlafes Bruder (D 1995, R: Joseph Vilsmaier)

Cannibal! The Musical (USA 1996, R: Trey Parker)

Dance Lexie Dance (Kurzfilm, UK 1996. R: Tim Loane)

Ich hätte noch so viel zu sagen (Dokumentarfilm, D 1996, R: Herbert Link)

Knockin' on Heaven's Door (D 1996, R: Thomas Jahn)

Niki de Saint Phalle (Dokumentarfilm, D/CH 1996, R: Peter Schamoni)

Solo per I tuoi occhi (Video, IT 1996, R: Alessandro Amaducci)* S. 226–227, 239

The Frighteners (NZ/USA 1996, R: Peter Jackson)

„The Prodigy – Breathe" (Musikvideo, UK 1996, R: Walter Stern)

„Aphex Twin – Come To Daddy" (Musikvideo, UK 1997, R: Chris Cunningham)

„Daft Punk – Around the World" (Musikvideo, FR 1997, R: Michel Gondry)

Das Lied von der Vergänglichkeit – Mahlers Sechste (CH 1997, R: Adrian Marthaler)

La vita è bella (*Das Leben ist schön*, IT 1997, R: Roberto Benigni)

Lost Highway (USA 1997, R: David Lynch)

The Sweet Hereafter (*Das süße Jenseits*, CA 1997, R: Atom Egoyan)

Meet Joe Black (*Rendezvous mit Joe Black*, USA 1998, R: Martin Brest)

The Thin Red Line (*Der schmale Grat*, USA 1998, R: Terrence Malick)* S. 89, 92, 99, 101

The Wisdom of Crocodiles (*Die Weisheit der Krokodile*, UK 1998, R: Po-Chih Leong)

„Totentanz" (TV-Serie *Poltergeist*, USA/CA, Folge 57 (3.14), 26.06.1998, R: Gilbert Shelton)

Waking Ned (*Lang lebe Ned Devine!*, UK/IE/FR 1998, R: Kirk Jones)

„Chemical Brothers – Hey Boy Hey Girl" (Musikvideo, UK 1999, R: Dominic Hawley / Nick Goffey)

Fight Club (USA 1999, R: David Fincher)

Lebenslust und Totentanz (Dokumentarfilm, D 1999, R: Bernd C. Langnickel)

Ôdishon (*Audition*, JP 1999, R: Takashi Miike)

Sleepy Hollow (USA 1999, R: Tim Burton)

The Green Mile (USA 1999, R: Frank Darabont)

The Sixth Sense (USA 1999, R: M. Night Shyamalan)

The Virgin Suicides (USA 1999, R: Sofia Coppola)

2000er

American Psycho (USA/CA 2000, R: Mary Harron)

Batoru rowaiaru (*Battle Royale*, JP 2000, R: Kinji Fukasaku)

Die andere Seite (Dokumentarfilm, D 2000, R: Herbert Link)

„Die Toten Hosen – Warum werde ich nicht satt“ (Musikvideo, D 2000, R: Wim Wenders)* S. 129

Final Destination (USA 2000, R: James Wong)

Glückliches Ende (Kurzfilm, D 2000, R: Jochen Alexander Freydank)

„Hollywood A.D.“ (TV-Serie *The X-Files*, USA, Folge 158 (7.19), 30.04.2000, R: David Duchovny)

„At the Drive-In – Invalid Litter Dept.“ (Musikvideo, MX/USA 2000, R: Tony Hajjar / Paul Hinojos)

„Robbie Williams – Rock DJ“ (Musikvideo, UK 2000, R: Vaughan Arnell)

Shadow of the Vampire (UK/USA/LU 2000, R: E. Elias Merhige)

To Dance with Death (USA 2000, R: Jay Lind)

Eris quod sum (Dokumentarfilm, D 2001, R: Herbert Link)

Jisatsu sâkuru (*Suicide Club*, JP 2001, R: Shion Sono)

Koroshiya Ichi (*Ichi the Killer*, JP 2001, R: Takashi Miike)

„Pilot“ (TV-Serie *Six Feet Under*, USA, Folge 1 (1.1), 03.06.2001, R: Alan Ball)* S. 186

„Radiohead – Pyramid Song“ (Musikvideo, UK 2001, R: Shynola)

The Others (USA/ES/FR/IT 2001, R: Alejandro Amenábar)

„Tool – Schism“ (Musikvideo, USA 2001, R: Adam Jones)

28 Days Later (UK 2002, R: Danny Boyle)

„Coldplay – The Scientist“ (Musikvideo, UK 2002, R: Jamie Thraves)

How to Cope with Death (Kurzfilm, UK 2002, R: Ignacio Ferreras)

Katakuri-ke no Kōfuku (*The Happiness of the Katakuris*, JP 2002, R: Takashi Miike)

Plots with a View (*Grabgeflüster – Liebe versetzt Särge*, USA/UK/D 2002, R: Nick Hurran)

Wilbur Wants to Kill Himself (DK/UK/SE/FR 2002, R: Lone Scherfig)

A Certain Kind of Death (USA 2003, R: Grover Babcock & Blue Hadaegh)

De grønne slagtere (*Dänische Delikatessen*, DK 2003, R: Anders Thomas Jensen)

Gokudô kyôfu dai-gekijô – Gozu (*Gozu*, JP 2003, R: Takashi Miike)

House of 1000 Corpses (*Haus der 1000 Leichen*, USA 2003, R: Rob Zombie)

Janghwa, Hongryeon (*A Tale of Two Sisters*, KR 2003, R: Kim Jee-woon)

Kill Bill – Volume 1 (USA 2003, R: Quentin Tarantino)* S. 111, 113, 117–118, 123, 125–126

Les invasions barbares (*Die Invasion der Barbaren*, CN/FR 2003, R: Denys Arcand)

My Life Without Me (*Mein Leben ohne mich*, ES/CA 2003, R: Isabel Coixet)

Oldeuboi (*Oldboy*, KR 2003, R: Chan-wook Park)

„Pilot" (TV-Serie *Dead Like Me*, USA, Folge 1 (1.1), 27.06.2003, R: Scott Winant)

Pirates of the Caribbean (*Fluch der Karibik*, USA 2003, R: Gore Verbinski)

The Life of David Gale (*Das Leben des David Gale*, USA/D 2003, R: Alan Parker)

Her Long Black Hair (Mixed Media, USA 2004, R: Janet Cardiff)* S. 209

Johann Wolfgang von Goethe – Totentanz (Animationsfilm, D 2004, R: Steffen Troeger)

Kill Bill – Volume 2 (USA 2004, R: Quentin Tarantino)* S. 117

Mar Adentro (*Das Meer in mir*, ES/FR/IT 2004, R: Alejandro Amenábar)

Marebito (JP 2004, R: Takashi Shimizu)

Shaun of the Dead (UK 2004, R: Edgar Wright)

Corpse Bride (Animationsfilm, USA 2005, R: Tim Burton)

Der Traum vom Schmetterling (Dokumentarfilm, D 2005, R: Herbert Link)

Schneeland (D 2005, R: Hans W. Geißendörfer)

„The Mars Volta – L'Via L'Viaquez" (Musikvideo, USA 2005, R: Omar Rodríguez-López)

Akumu tantei (*Nightmare Detective*, JP 2006, R: Shinya Tsukamoto)

„Dexter" (TV-Serie *Dexter*, USA, Folge 1 (1.1), 01.10.2006, R: Michael Cuesta)

Discussion on Death (Video, IT 2006, R: Alessandro Amaducci)* S. 231

Electric Self (Video, IT 2006, R: Alessandro Amaducci)* S. 224, 228, 237–238

Fido (*Fido – Gute Tote sind schwer zu finden*, CA 2006, R: Andrew Currie)

The Fountain (USA/CA 2006, R: Darren Aronofsky)

Wer früher stirbt ist länger tot (D 2006, R: Marcus H. Rosenmüller)

28 Weeks Later (UK 2007, R: Danny Boyle)

And When Did You Last See Your Father? (*Die Zeit, die uns noch bleibt*, UK 2007, R: Anand Tucker)

Anywhere Out of the World (Video, IT 2007, R: Alessandro Amaducci)* S. 228

Talk Show (Video, D 2009, R: Omer Fast)* S. 203–204

The Lovely Bones (*In meinem Himmel*, USA 2009, R: Peter Jackson)

Totentanz (TV-Film, D 2009, R: Corbinian Lippl)

Veronika Decides to Die (*Veronika beschließt zu sterben*, USA 2009, R: Emily Young)

2010er

„Days Gone Bye“ (TV-Serie *The Walking Dead*, USA, Folge 1 (1.1), 31.10.2010, R: Frank Darabont)

Ente, Tod und Tulpe (Kurzfilm, D 2010, R: Matthias Bruhn)

Hereafter (*Hereafter – Das Leben danach*, USA 2010, R: Clint Eastwood)

Jûsan-nin no shikaku (*13 Assassins*, JP 2010, R: Takashi Miike)

LUS oder Geschmack am Leben (Dokumentarfilm, D 2010, R: Erwin Michelberger)* S. 173, 175, 180–182, 184–185, 188–197

„Marionette“ (TV-Serie *Fringe*, USA, Folge 52 (3.9), 09.12.2010, R: Joe Chappelle)

Never Let Me Go (*Alles, was wir geben mussten*, UK/USA 2010, R: Mark Romanek)

Pagan Inner (Video, IT 2010, R: Alessandro Amaducci)* S. 233

Tucker & Dale vs. Evil (CA 2010, R: Eli Craig)

Aokigahara – Suicide Forest (Dokumentarfilm, JP 2011, R: Santiago Stelley)

A torinói ló (*Das Turiner Pferd*, HU/FR/D/CH/USA 2011, R: Béla Tarr)

Das Meer am Morgen (*La Mer à l'aube*, TV-Film, FR/D 2011, R: Volker Schlöndorf)

Extremely Loud & Incredibly Close (*Extrem laut & unglaublich nah*, USA 2011, R: Stephen Daldry)

50/50 (*50/50 – Freunde fürs (Über)Leben*, USA 2011, R: Jonathan Levine)

Halt auf freier Strecke (D 2011, R: Andreas Dresen)

Into the Abyss – A Tale of Death, a Tale of Life (*Tod in Texas*, Dokumentarfilm, USA/UK/D 2011, R: Werner Herzog)

La guerre est déclarée (*Das Leben gehört uns*, FR 2011, R: Valérie Donzelli)

Melancholia (DK 2011, R: Lars von Trier)* S. 12, 153, 156–165, 168–170

„Pilot“ (TV-Serie *American Horror Story – Murder House*, USA, Folge 1 (1.1), 05.10.2011, R: Ryan Murphy)

Pina (D/FR/UK 2011, R: Wim Wenders)* S. 130

The Tree of Life (USA 2011, R: Terrence Malick)* S. 89, 91–92, 96, 107–109

Alter Bahnhof Video Walk (Mixed Media, USA/D 2012, R: Janet Cardiff / Georges Bures Miller)* S. 200, 208, 210, 213, 216, 220–221

Continuity (Video, D 2012, R: Omer Fast)* S. 200, 203–205, 207, 215, 221

Dark Shadows (USA 2012, R: Tim Burton)

Das Leben ist nichts für Feiglinge (D/DK 2012, R: André Erkau)

Django Unchained (USA 2012, R: Quentin Tarantino)* S. 111, 113–114, 121–126

Frankenweenie (Animationsfilm, USA 2012, R: Tim Burton)

Hotel Transylvania (*Hotel Transsilvanien*, Animationsfilm, USA 2012, R: Genndy Tartakovsky)

Life Before Death (Kurzfilm-Projekt, AU 2012, R: Mike Hill)

Seeking a Friend for the End of the World (*Auf der Suche nach einem Freund fürs Ende der Welt*, USA 2012, R: Lorene Scafaria)

The Fall of a Hair (Mixed-Media, LB 2012, R: Rabih Mroué)* S. 200, 214, 221

The Pixelated Revolution (Mixed Media, LB 2012, R: Rabih Mroué)* S. 214–219

The Refusal of Time (Video-Installation, ZA 2012, R: William Kentridge)* S. 200, 203, 207, 215, 221

The Woman In Black (*Die Frau in Schwarz*, UK/USA/CA/SE 2012, R: James Watkins)

Totentanz – Walliser Sagen (CH 2012, R: Gerald Ruppen)

„Apéritif" (TV-Serie *Hannibal*, USA, Folge 1 (1.1), 04.04.2013, R: David Slade)

Le fil de la vie (*In Würde sterben*, Dokumentarfilm, FR 2013, R: Dominique Gros)

Und morgen Mittag bin ich tot (D 2013, R: Frederik Steiner)

A Girl Walks Home Alone at Night (IR 2014, R: Ana Lily Amirpour)

Hin und weg (D 2014, R: Christian Zübert)

The Book of Life (*Manolo und das Buch des Lebens*, Animationsfilm, USA 2014, R: Jorge Gutierrez)

The Fault in Our Stars (*Das Schicksal ist ein mieser Verräter*, USA 2014, R: Josh Boone)

What Should We Think About Death? (Kurzfilm, UK 2014, R: Hyebin Lee)

What We Do in the Shadows (*5 Zimmer Küche Sarg*, NZ 2014, R: Taika Waititi / Jemaine Clement)* S. 198

Abbildungsnachweise

Silke Hoklas: Todesbilder.

Abb. 1: *Hilde Warren und der Tod* (D 1917, R: Joe May)
© Friedrich-Wilhelm-Murnau-Stiftung

Abb. 2: *Pest in Florenz* (D 1919, R: Otto Rippert)
© Friedrich-Wilhelm-Murnau-Stiftung

Susanne Kaul: Totentanz und Zeichentrick.

Abb. 1: *The Haunted House* (USA 1929, R: Walt Disney)

Abb. 2: *Skeleton Frolics* (USA 1937, R: Ub Iwerks)

Abb. 3–13: *The Skeleton Dance* (USA 1929, R: Walt Disney)

Viola Rühse: Sergei Eisensteins mexikanische *danse macabre*.

Abb. 1–2: *¡Que viva México!* (SU 1931/1932, R: Sergei M. Eisenstein)
Filmarchiv Austria

Anke Zechner: Totentanz mit Brautkleid.

Abb. 1–9: *Medea* (IT/D/FR 1969, R: Pier Paolo Pasolini)

Jessica Nitsche: „The fear of life is the fear of death".

Abb. 1–2, 4–10: *Palermo Shooting* (D/IT 2008, R: Wim Wenders)

Abb. 3: Le Catacombe dei Cappuccini, Palermo
© Jessica Nitsche

Daniel S. Ribeiro: *LUS oder Geschmack am Leben*.

Abb. 1–8: *LUS oder Geschmack am Leben* (D 2010, R: Erwin Michelberger)
© Michelberger Film Produktion, 2010

Mariaelisa Dimino: Der Totentanz im elektronischen Unbewussten.

Abb. 1–2: *Electric Self* (Video, IT 2006, R: Alessandro Amaducci)

Abb. 3: *The Web* (Video, IT 2007, R: Alessandro Amaducci)

Abb. 4–6: *Discussion on Death* (Video, IT 2006, R: Alessandro Amaducci)

Abb. 7–9: *Pagan Inner* (Video, IT 2010, R: Alessandro Amaducci)

Die Autorinnen, Autoren wie auch die Herausgeberin haben sich nach besten Kräften bemüht, alle erforderlichen Nutzungsrechte von Bildern und Texten einzuholen. In einigen Fällen konnte die Rechtslage trotz ausführlicher Recherche oder aufgrund ausbleibender Rückmeldung der Rechteinhaber nicht vollständig geklärt werden. Die Abbildungen und Texte sind nicht herausgenommen worden, weil sie für den Inhalt des Buches und dessen Anschaulichkeit von großer Bedeutung sind. Hierfür bitten wir um Verständnis.

Autorinnen und Autoren

Dr. Andreas Becker ist Wissenschaftlicher Mitarbeiter am Institut für Theater-, Film- und Medienwissenschaft der Goethe-Universität Frankfurt am Main und Leiter des DFG-Projekts „Yasujirô Ozu und der westliche Film". Seine Forschungsschwerpunkte sind der japanische Film, die Zeitdarstellung im Film sowie die (komparative) Film- und Medientheorie. Jüngste Publikationen: ‚When you wash the rice, wash the rice.' About the Cinematic Representation of Cooking and Zen in Doris Dörries *How to Cook your Life* (2007). In: *Contemporary Buddhism. An Interdisciplinary Journal.* 15,1 (2014) (http://dx.doi.org/10.1080/14639947.2014.890345, Zugriff am 16.11.2014); Verirrtes Aufgehobensein. Über den Umgang mit Stereotypen und ästhetischen Ordnungen bei Ozu Yasujirô und Doris Dörrie. In: Stephan Köhn (Hrsg.): *Fremdbilder – Selbstbilder. Paradigmen deutsch-japanischer Wahrnehmung (1861–2011).* Wiesbaden: Harrassowitz 2013, S. 321–336; *Erzählen in einer anderen Dimension. Zeitdehnung und Zeitraffung im Spielfilm.* Darmstadt: Büchner 2012.

Mariaelisa Dimino ist seit 2014 Dottorato in Lingue (Letterature e Culture Straniere Moderne) an der Università degli Studi di Verona. Zuvor arbeitete sie als Wissenschaftliche Hilfskraft am Lehrstuhl für Germanistik an der Fakultät für Geisteswissenschaften der Universität Catania, wo sie 2011 ihr Masterstudium mit einer Arbeit über John Websters dramatische Dichtkunst abschloss. An der Universität von Palermo absolvierte sie einen einjährigen Masterstudiengang in Visueller Kultur- und Kommunikationswissenschaft. In ihrer Abschlussarbeit beschäftigte sie sich mit dem Thema Totentanz und seinem Wiederauftauchen in gegenwärtigen visuellen Medien wie z. B. in Comic, Film, Videoclip und Videokunst. Die Weiterentwicklungen ihrer Forschung zum Totentanz hat sie im Rahmen zweier internationaler Tagungen vorgestellt: *Cultura Visuale in Italia. Prospettive per la Comparatistica Letteraria / Visual Culture in Italy: Perspectives for Comparative Literature* (Palermo 2007) und *„Spiel mir das Lied vom Tod." 18. Jahrestagung der Europäischen Totentanz-Vereinigung* (Graz 2012). Jüngste Publikationen: John Webster, *Il diavolo bianco*, hrsg. u. aus d. Ital. v. Mariaelisa Dimino. Catania: Villaggio Maori Edizioni 2014;

Dissertazione sul tema dell'esilio in uno scrittore arabo. In: *Scirocco* 12 (2004), S. 38–40; *Lettere di orientalisti italiani a Michele Amari*, hrsg. zus. mit A. Borruso. Palermo: Accademia nazionale di scienze, lettere e arti 2003.

Silke Hoklas ist Stipendiatin des DFG-Graduiertenkollegs „Kulturkontakt und Wissenschaftsdiskurs" der Universität Rostock und der Hochschule für Musik und Theater Rostock. Sie untersucht in ihrem Dissertationsprojekt *Eigene Fremde – Konstruktionen des Mittelalters in den Stummfilmen von Fritz Lang* das Bild des Mittelalters als frappierend anders wahrgenommenes Raum-Zeit-Gefüge. Studiert hat sie Germanistik, Anglistik und Amerikanistik an der Universität Rostock, wo sie zunächst als Lehrbeauftragte tätig war. Sie veröffentlichte bisher schwerpunktmäßig zu Mediaevalismen und Fritz Lang. Jüngste Publikationen: Historische Weltstadt und Zukunftsmetropole. Allegorien auf die Attraktionen der modernen Großstadt bei Fritz Lang. In: Gabriele Dietze / Dorothea Dornhof (Hrsg.): *Metropolenzauber – Sexuelle Moderne und urbaner Wahn.* Wien / Köln / Weimar: Böhlau 2014, S. 241–264; Alberich, Repräsentant der finsteren Mächte? Zum Bild des Jüdischen in Fritz Langs Nibelungen-Film. In: Juliane Sucker / Lea Wohl von Haselberg (Hrsg.): *Bilder des Jüdischen. Selbst- und Fremdzuschreibungen im 20. und 21. Jahrhundert.* Berlin / New York: De Gruyter 2013, S. 57–76.

PD Dr. Susanne Kaul ist DFG-Heisenberg-Stipendiatin in der Neueren deutschen Literatur (Schwerpunkt Literatur und Medien) an der Westfälischen Wilhelms-Universität Münster. Sie studierte Literaturwissenschaft, Linguistik und Philosophie an den Universitäten Paderborn und Frankfurt am Main und war DFG-Stipendiatin im Graduiertenkolleg „Zeiterfahrung und ästhetische Wahrnehmung". 2002 wurde sie promoviert und 2007 an der Universität Bielefeld habilitiert. Dort war sie zwischen 2000 und 2008 Wissenschaftliche Assistentin und von 2008 bis 2012 Akademische Oberrätin im Fach Literaturwissenschaft. 2012 hatte sie die Max Kade Distinguished Visiting Professor am Department of German and Russian Languages and Literatures der University of Notre Dame (USA) inne. Sie publizierte zahlreich in den Bereichen Film- und Literaturwissenschaft (u. a. zu Tarantino, Lynch, Kubrick, Shakespeare, Kleist und Kafka).

Dr. Felix Lenz ist Lehrbeauftragter an den Universitäten Frankfurt am Main, Marburg, Bamberg, Bonn, Paderborn, Hamburg sowie dem Filmhaus Frankfurt. Er wurde 2005 mit einer Arbeit über Montage und Zeitorganisation im Werk Eisensteins promoviert (*Sergej Eisenstein: Montagezeit – Rhythmus, Formdramaturgie, Pathos*, München: Fink 2008) und war lange als Drehbuchlektor für junge Autor/innen und die ARD Degeto Film tätig wie auch als Autor, Regisseur und Cutter für Kurzspiel- und Experimentalfilme verantwortlich. 2014 war er Stipendiat der Goethegesellschaft Weimar mit einem Forschungsprojekt zu Goethes *Farbenlehre*, aktuell ist er Wissenschaftlicher Mitarbeiter am Lehrstuhl für Literatur und Medien der Otto-Friedrich-Universität Bamberg. Jüngste Publikationen: Stabilität durch Subtilität. Audiovisueller Rhythmus in Eisensteins *Alexander Newski* (1938). In: Ivana Rentsch / Arne Stollberg (Hrsg.): *Ton-Spuren aus der alten Welt. Europäische Filmmusik bis 1945*. München: Ed. text + kritik 2013, S. 169–185; Urelemente und Milieu – die Coming-of-Age-Filme von Dominik Graf. In: Michael Wedel / Chris Wahl / Jesko Jockenhövel / Marco Abel (Hrsg.): *Im Angesicht des Fernsehens*. München: Ed. text + kritik 2012, S. 156–180; Von euphorischer Gegenwart zu reflektierter Vergangenheit. Elemente der Stadtsinfonien der Weimarer Zeit und ihrer modernen Zwillinge. In: Jessica Nitsche / Nadine Werner (Hrsg.): *Populärkultur, Massenmedien, Avantgarde 1919–1933*. Paderborn: Fink 2012, S. 351–371.

Dr. Jessica Nitsche ist Postdoc-Stipendiatin der Universität Paderborn (Schwerpunkt Medien- und Kunstwissenschaften). Zuvor war sie Wissenschaftliche Mitarbeiterin an der Heinrich-Heine-Universität Düsseldorf (Institut für Medien- und Kulturwissenschaft) und an der Goethe-Universität Frankfurt am Main (Institut für Theater-, Film- und Medienwissenschaft). Sie wurde 2009 mit einer Arbeit über *Walter Benjamins Gebrauch der Fotografie* promoviert (unter gleichem Titel im Kulturverlag Kadmos erschienen). 2004 bis 2007 war sie DFG-Stipendiatin des Graduiertenkollegs „Zeiterfahrung und ästhetische Wahrnehmung". Jüngste Publikationen: Potentialität des Unsichtbaren. Ästhetische und diskursive Dimensionen des Tatorts nach Walter Benjamin und in künstlerischen Strategien der Gegenwart. In: *Nebulosa – Zeitschrift für Sichtbarkeit und Sozialität* 1 (2012), S. 88–104; Ungewollt postkolonial. Populäre Bilder deutscher Kolonien und kolonialer Phantasien. In: Jessica Nitsche / Nadine Werner (Hrsg): *Populärkultur, Massenmedien, Avantgarde 1919–1933*. München: Fink 2012, S. 189–212; Arriving Home and Moving On – The Photographs of Lisl Ponger in Bamako. In: Marie-Hélène Gutberlet / Cara Snyman (Hrsg.): *Shoe Shop. Walking Through Africa, the Arts and Beyond.* Johannesburg: Jacana Media 2012, S. 137–146; zus. mit Doreen Hartmann / Inga Lemke (Hrsg.): *Interventionen. Grenzüberschreitungen in Ästhetik, Politik und Ökonomie*. Paderborn: Fink 2012.

Dr. Jean-Pierre Palmier ist Wissenschaftlicher Referent der Studienstiftung des deutschen Volkes. Zuvor war er Wissenschaftlicher Mitarbeiter im Fachbereich Literaturwissenschaft an der Universität Bielefeld. Dort wurde er mit einer Arbeit über *Gefühlte Geschichten* promoviert. Bisher veröffentlichte er u. a. zu transmedialer Erzähltheorie, Filmästhetik, literaturwissenschaftlicher Emotionsforschung und Kafka. Jüngste Publikationen: *Gefühlte Geschichten. Unentscheidbares Erzählen und emotionales Erleben*. München: Fink 2014; Die Fragwürdigkeit des Individuellen aus erzähltheoretischer Sicht. Überlegungen am Beispiel von Imre Kertész' Roman eines Schicksallosen. In: Marta Famula (Hrsg.): *Das Denken vom Ich. Die Idee des Individuums als Größe in Literatur, Philosophie und Theologie*. Würzburg: Königshausen & Neumann 2014, S. 197–207; zus. mit Susanne Kaul: *Quentin Tarantino. Einführung in seine Filme und Filmästhetik*. München: Fink 2013.

Tim Pickartz ist Wissenschaftlicher Mitarbeiter im Fachbereich Kunst an der Kulturwissenschaftlichen Fakultät der Universität Paderborn, wo er 2010 das Erste Staatsexamen für Gymnasien und Gesamtschulen in den Fächern Kunst und Philosophie erlangte. In seiner Abschlussarbeit *Die Möglichkeit einer Analytik des Hässlichen in Kants Ästhetik* untersucht er die Bedingungen der Möglichkeit, das Hässliche an sich wahrzunehmen. Derzeit arbeitet er an seinem Dissertationsprojekt mit dem Arbeitstitel *Der Tanz war sehr frenetisch. Kuratorische Praxis, Kunstvermittlung und Vermittlungskunst am Beispiel der dOCUMENTA (13)*; 2012 war er als ‚Worldly Companion' der dOCUMENTA (13) tätig. Neben seiner theoretischen Forschungsarbeit ist er mit seinen künstlerischen Arbeiten regelmäßig in Ausstellungen vertreten, zuletzt: *Perspektive: Abriss* (25.07.–08.08.2014), *Wem gehört die Stadt? / Tatort Paderborn* (29.05.–07.09.2014); *Triptychon. Drei szenische Bilder* (22.01.–25.02.2014) und *EINSPRUCH* (16.04.–17.07.2013). Jüngste Publikationen: Aus der Deckung gehen. Die Spring/Summer-Collection 2012 von Seth Price und Tim Hamilton. In: Michael Fisch / Ute Seiderer (Hrsg.): *Hülle und Haut – Verpackung und Umschlag. Techniken des Verkleidens und Umschließens.* Berlin: Rotbuch 2014, S. 248–264; Sabiene Autsch / Tim Pickartz / Lisa Grimm (Hrsg.): *Impulse. Bilder und Texte zur Kunstvermittlung* 2 (2012): dOCUMENTA (13): Kunstvermittlung und ihr Gegenüber; Von Außen betrachtet: Die Peripherie vermittelt ihr Zentrum. In: Ludwig Andert / Anne Röhl (Hrsg.): *Peripherie.* Emsdetten / Berlin: Edition Imorde 2012, S. 111–117.

Viola Rühse ist Wissenschaftliche Mitarbeiterin am Lehrstuhl für Bildwissenschaften der Donau-Universität Krems. Sie studierte Kunstgeschichte und Germanistik an den Universitäten Hamburg und Wien und arbeitet derzeit an ihrer Dissertation zu Siegfried Kracauers Kultur- und Filmtheorie. Zu ihren Arbeitsschwerpunkten gehörten darüber hinaus die Kunst der Reformation und des 18. Jahrhunderts sowie die moderne Kunst und Fotografie. 2012 erhielt sie einen der beiden ausgelobten Preise bei dem Essay-Wettbewerb zu Bazon Brock. Jüngste Publikationen: „dies wunderbare Gemählde" – Ästhetische und kunstpolitische Aspekte in Texten von Clemens Brentano, Achim von Arnim und Heinrich von Kleist zu Caspar David Friedrichs Landschaftsgemälde *Mönch am Meer.* In: Günter Blamberger / Ingo Breuer / Wolfgang de Bruyn / Klaus Müller-Salget (Hrsg.): *Kleist-Jahrbuch 2013.* Stuttgart: Metzler 2013, S. 238–255; Banksy's Quirky and Overhyped Take on the Collection of Bristol City Museum & Art Gallery. In: *ONCURATING.org* 12 (2011): Reinterpreting Collections, S. 16–19; „Chanel Mobile Art" – Architektur, Kunst und Kuratieren im Dienst einer Luxusmarke. In: *kunsttexte.de* 2 (2011): Kunst und Mode (http://edoc.hu-berlin.de/kunsttexte/2011-4/ruehse-viola-2/PDF/ruehse.pdf, Zugriff am 16.11.2014); Vom fotografischen Blue Chip zum Masterpiece der jüngeren Kunstgeschichte. Thomas Struths Retrospektive im Düsseldorfer K20. In: *All-Over* 1 (Juli 2011), S. 46–51.

Daniel S. Ribeiro arbeitet als Wissenschaftliche Hilfskraft im Lehrbereich Medienästhetik an der Kulturwissenschaftlichen Fakultät der Universität Paderborn, wo er 2013 sein Diplomstudium der Medienwissenschaften mit Auszeichnung beendete. In seiner Abschlussarbeit *Die Faszination am Übergang. Zur Flüchtigkeit im Spannungsverhältnis zwischen Fotografie und Tod* wird der Status des Todes in fotografischen Bildern als eine Form dynamischen Oszillierens vorgestellt, das dem menschlichen Ende stets Elemente des Lebens beifügt. Derzeit arbeitet er an seinem Dissertationsprojekt mit dem Arbeitstitel *Im Tod ein Bild. Historische und zeitgenössische Totenfotografie zwischen Dokumentation und Imagination*; darin beleuchtet er die Rolle zeitgenössischer Todesvorstellungen bei fotografischen Darstellungen von Toten und untersucht dafür auch gegenwärtige Erscheinungsformen. Hierfür erhielt er den DGS-Forschungspreis 2014.

Dr. Bernd Schneid ist Vorstandsassistent und Pressereferent beim Verband der Vertragspsychotherapeuten Nordbaden. Er ist als Manuskriptgutachter für die Verlagsgruppe Lübbe tätig und arbeitet als freier Autor. 2012 wurde er mit einer Arbeit über das Epos in Literatur, Film und Fernsehen promoviert. Zuvor studierte er Neuere deutsche Literatur, Theaterwissenschaft und Amerikanische Literaturgeschichte an der Ludwig-Maximilians-Universität in München. Jüngste Publikationen: *Die „Sopranos", „Lost" und die Rückkehr des Epos. Erzähltheoretische Konzepte zu Epizität und Psychobiographie.* Würzburg: Königshausen & Neumann 2012; Der Selbstmord des schreibenden Samurai. Präsenz durch Absenz in Vladimir Nabokovs *Das Modell für Laura.* In: Tanja Prokic / Anne Kolb / Oliver Jahraus (Hrsg.): *Wider die Repräsentation. Präsens/z erzählen in Literatur, Film und Bildender Kunst.* Frankfurt am Main et al.: Lang 2011, S. 159–182; *Shakespeares Schriftraum. Zur textuellen Inszenierungsstrategie des Dramas „Julius Caesar".* Hamburg: Diplomica 2010.

Dr. Anke Zechner forscht an der HBK Braunschweig zum Giftmotiv im Spielfilm. Sie promovierte 2010 zu Filmwahrnehmung jenseits von Identifikation und Repräsentation; ihre Arbeitsschwerpunkte sind Filmtheorie, Filmphilosophie und -wahrnehmung. Jüngste Publikationen: Tableaus des Alltäglichen. Zur Konstruktion des Dokumentarischen bei Corinna Schnitt. In: Ilka Becker / Heike Klippel (Hrsg.): *„Raus aus seinen Kleidern." Essays zum Werk von Corinna Schnitt.* Frankfurt am Main: Stroemfeld 2014, S. 23–33; *Die Sinne im Kino. Eine Theorie der Filmwahrnehmung*. Frankfurt am Main / Basel: Stroemfeld 2013; zus. mit Annette Brauerhoch / Norbert Eke / Renate Wieser (Hrsg.): *Entautomatisierung*. Paderborn: Fink 2014; zus. mit Gaby Babić: An den Rändern des Subjekts. Siegfried Kracauers Konzept der Zurücknahme als Überleben. In: Amália Kerekes / Drehli Robnik / Katalin Teller (Hrsg.): *Film als Loch in der Wand. Kino und Geschichte bei Siegfried Kracauer*. Wien: Turia + Kant 2013, S. 89–102.